职业院校财经类顶岗实习立体化教材

商业银行综合柜台业务

主　编　樊　薇

副主编　王娅楠　董明明　孔德宏　高艳英

参　编　杨泽伟　吴　双　陈　晟　潘砚涛　牛　艳

企业管理出版社

EMPH ENTERPRISE MANAGEMENT PUBLISHING HOUSE

图书在版编目（CIP）数据

商业银行综合柜台业务 / 樊薇主编 . —北京：企业管理出版社，2020.11

ISBN 978-7-5164-2234-2

Ⅰ . ①商… Ⅱ . ①樊… Ⅲ . ①商业银行—银行业务—高等职业教育—教材 Ⅳ . ① F830.33

中国版本图书馆 CIP 数据核字（2020）第 186268 号

书　　名：商业银行综合柜台业务
主　　编：樊　薇
责任编辑：蒋舒娟
书　　号：ISBN 978-7-5164-2234-2
出版发行：企业管理出版社
地　　址：北京市海淀区紫竹院南路 17 号　　　　邮编：100048
网　　址：http://www.emph.cn
电　　话：编辑部（010）68701661　发行部（010）68701816
电子信箱：26814134@qq.com
印　　刷：河北宝昌佳彩印刷有限公司
经　　销：新华书店
规　　格：185 毫米 × 260 毫米　16 开本　16.5 印张　398 千字
版　　次：2021 年 1 月第 1 版　　2021 年 1 月第 1 次印刷
定　　价：54.00 元

前 言

随着我国经济的发展和商业银行网点转型的深入，商业银行管理模式和柜台业务都发生了巨大变化，传统的商业银行柜台业务课程体系已经不适应高等职业教育的新要求，必须根据商业银行综合柜员岗位职业能力要求重新整合。

高等职业院校金融专业学生的就业岗位可分为基层营销、客户经理、理财顾问、银行柜员等。《商业银行综合柜台业务》就是以就业为导向，以银行柜员岗位为核心，根据临柜业务的特点及高等职业院校学生学习习惯设置项目体系，帮助学生通过柜台知识的学习锻炼岗位技能，熟练掌握各项基本业务的柜台操作，使其具备较强的上岗能力。

本教材结合当前商业银行业务新发展，按照银行柜面业务模块制定内容，通过模拟银行实际业务训练来提高学生的柜面操作能力。内容包括：商业银行柜员基本职业能力训练、临柜柜员岗位训练、个人银行业务、对公存款业务操作、代理业务、贷记卡业务、支付结算业务操作、贷款业务操作、表外业务、网银业务和通用业务。除此之外，还做了两个方面的改动。一是根据近年银行业务发展变化调整充实了部分教学内容，增加了实操内容；二是根据"教学做"一体化教学要求充实训练任务，依托深圳智盛信息技术股份有限公司研发的"商业银行岗位技能实习平台"，从具体操作入手，详细讲解柜台业务实操流程，力求帮助学生更快、更有效率地学习此类课程。

本教材主编具备多年的银行从业经验以及高等职业学校的教学经验，在编写过程中参考商业银行培训教材，摘录时下最新案例。本教材反映了银行柜员岗位的新变化，贴近银行实务，具有如下特点。

1. 内容生动，趣味性强，以工学结合式的设计思路，紧扣银行业务综合技能赛项的竞赛内容，通过实训平台的模拟业务办理过程教授商业银行柜面业务规定，清晰而有条理地介绍各项柜台业务，突出实用性和可操作性。

2. 教材充分体现了职业教育的职业性、实践性和仿真性，不仅包含商业银行柜面的主要内容，还包括银行柜员需要具备的点钞、货币识假、小键盘盲打、服务与营销技巧、柜员合规管理、柜面风险防范等内容，而且还在帮助学生提高职业技能的同时培育其职业道德和合规意识。

3. 教材配备了大量的教学资源及电子教学资料包，方便"教学做"一体化的实施，提供的教学资源包括：课程标准、授课计划、教学设计等，供学生学习和使用。

本教材由天津海运职业学院樊薇主编，副主编有天津现代职业技术学院王娅楠，河北工业职业技术学院董明明、孔德宏，廊坊职业技术学院高艳英；参编人员有河北工业职业技术学院杨泽伟，天津城市职业学院吴双，金华职业技术学院陈晟，天津滨海职业学院潘砚涛，兴业银行天津分行牛艳。天津海运职业学院 2018 级学生王宇、吴迪、田翠萍、曲婷婷为本教材的案例整理、实验插图和实操录屏的制作做出了积极的贡献，在此表示诚挚的谢意！

本教材在编写过程中，研究和参考了大量的文献资料、书籍和网站资料，吸收其成果，摘录其专业知识，在此特作说明，并谨向所有的原作者致谢。本教材大纲的确定得到了兴业银行天津分行牛艳经理的指点和帮助，在此向其表示衷心的感谢！

本教材出版得到了企业管理出版社的大力支持，在此对各位编校人员认真负责的工作态度和专业精神表示由衷的钦佩！

本教材的相关电子教学资料，可通过以下联系方式获取。

电话：（010）68701661（企业管理出版社编辑部）

邮箱：qyglcbs@yeah.net

编者

2020 年 8 月

目录

项目一

商业银行柜员基本职业能力训练

学习目标

1. 知识目标

（1）了解综合柜员制的含义及运作机制。

（2）掌握银行柜员基本服务规范。

（3）理解银行行规行纪，培养法律意识。

2. 技能目标

（1）能够规范书写数字。

（2）掌握单指单钞点钞法。

（3）掌握盲打小键盘技巧。

（4）掌握银行柜员服务和营销礼仪。

案例导入

2020年5月某国有商业银行招聘信息

身体健康，无文身，无传染病史。形象气质佳。熟练操作计算机，耐心仔细，保密意识强，具有较强的动手能力、责任心以及抗压性，有良好的团队合作精神及吃苦耐劳精神。

工作职责：个人业务的存取款、开户销户挂失的办理手续、企业账户的申请办理支票的存取等银行业务；接待柜台客户，处理货币结算业务、现金业务等柜台业务工作；编制各类业务凭证、报表，确保各项会计业务的正常开展；开立、撤销和变更客户账户。

请思考：成为一名合格的银行柜员需要掌握哪些技能？

了解综合柜员制和综合应用系统的基本知识。

一、综合柜员制的含义

银行营业机构的劳动组织形式可采用柜员制和复核制，二者区别见表1.1。

表 1.1　柜员制和复核制的区别

劳动组织形式	交易处理	交易复核	责任
柜员制	柜员	柜员	自我复核、自我约束、自我控制、自担风险
复核制	柜员	复核员	明确职责、相互制约、共担风险

银行营业机构的劳动组织形式经历了从复核制到柜员制，再到综合柜员制的发展。目前我国大多数银行都开始实行综合柜员制。

1. 综合柜员制的概念

综合柜员制指在面向客户、面向交易的思想指导下，在具备严密的监控条件下，打破原有的业务分工界限，根据业务核算制度和操作规程，由柜员独立完成各项业务操作并承担相应责任的劳动组织形式。同时通过限制操作人员的操作权限、主管人员严格授权的方式实施业务控制。

2. 综合柜员制下的柜员岗位设置

在实行综合柜员制的银行营业机构，其柜员岗位设置见图 1.1。

其中，普通柜员是具体办理会计核算业务的人员，负责对权限范围内业务的操作和会计资料的初审；主管兼柜员是对经办处理的各类业务进行复核或在规定业务范围内和额度内授权的人员；主管是对超过业务主办权限的重要业务进行授权处理的管理人员，主要包括网点负责人、总会计、各级会计结算部门负责人，以及有关部门聘任的、行使业务主管职责的管理人员。

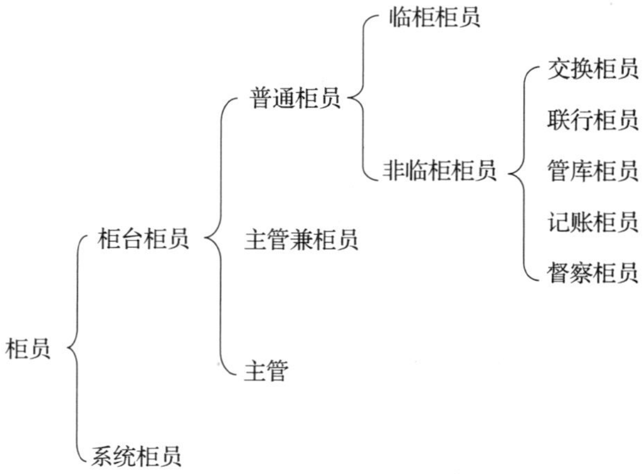

图 1.1　综合柜员制的岗位设置

各类业务应由普通柜员（业务经办）、主管兼柜员（业务主办）、主管（业务主管）逐级办理，这种事权划分是一种内部控制方法。

3. 柜员岗位任职要求

（1）全面了解柜面知识。

（2）熟练掌握操作技能。

（3）处理准确高效。

（4）持证上岗，定期考核。

（5）定期培训，提高技能。

想一想

你知道综合柜员制的“综合”体现在哪吗？

它体现在客户在一个柜员窗口能办理所有柜面业务，而不是指一名柜员能操作所有柜面交易。

知识准备（见表 1.2）

表 1.2　某商业银行业务核算操作权限的规定

业务种类	具体分类	普通柜员	主管兼柜员	主管
现金存款业务	大型网点	10 万元以下	业务经办额度以上授权	自行确定
	中型网点	8 万元以下	业务经办额度以上授权	自行确定
	小型网点	5 万元以下	业务经办额度以上授权	自行确定
现金取款业务	大、中、小型网点	5 万元以下	5 万元（含）至 50 万元的授权	超过 50 万元的授权
转账业务	大型网点	30 万元以下	30 万元（含）至 200 万元的授权	200 万元（含）以上的授权
	中型网点	20 万元以下	20 万元（含）至 150 万元的授权	
	小型网点	10 万元以下	10 万元（含）至 100 万元的授权	

想一想

你知道银行系统账户的账号是如何构成的吗？

它一般由地区号、网点号、应用号、顺序号和校验号构成。

计算机记账的一般操作方法（见图 1.2）。

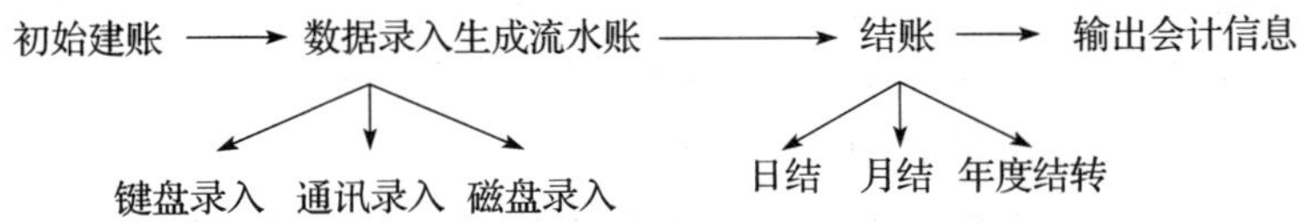

图 1.2　计算机记账操作方法

二、柜员岗位工作流程及业务处理规定

（一）柜台业务基本流程

1. 营业前准备

网点柜台人员每日营业前应提前到达网点，并做好以下工作。

①打扫卫生。

②整理日常用具。

③检查自身着装并挂好工号牌，做到整洁、庄重、规范。

④按有关制度及规定，检查随身携带物品、用具是否符合要求。

⑤检查安全防卫器具是否正常、完好，二道门是否上锁。

⑥现金及重要单证出库。

2. 签到

在完成硬件准备工作后，操作员处理各级系统签到注册，准备办理业务，并按规定更换操作密码，以保证系统及资金安全。

3. 日常柜台业务处理

4. 柜台业务复核

复核是会计核算程序的要求，是严密操作程序、堵塞漏洞、加强制约机制、防止差错和提高效率和质量、确保资金安全的重要一环。

5. 轧账、签退

日终营业结束，先由柜员轧账，后由后台综合柜员总轧账，轧账后进行签退。

知识准备

什么是轧账？

轧账 gá zhàng，轧账是一个经济学词汇，是对财务行为的表述，即账和账、账和实物、账和现金等的核对工作，也称试算。

银行的每个柜员（为储户办理业务的工作人员）在中午或晚上对账，查看自己金柜中的真实的钱数与自己在银行业务系统中办理业务后的钱数是否一致。如果一致，说明没有出错的业务；如果不一致，账上钱多，实际钱少，说明付多了钱；账上钱少，实际钱多，说明少付了钱。

（二）一般业务处理规定

（1）录入的准确性。柜员必须根据合法、有效的原始凭证按照系统操作规定输入业务信息。

（2）业务处理顺序。现金收入，先收款后记账；现金支出，先记账后付款。资金划收，先收报后记账；资金划付，先记账后发报。转账业务，先记借后记贷，代收他行票据，收妥入账。

（3）重大业务双人复核。具体业务的处理，必须有账有据，经审核后，一般业务先记账后监督（复核），超过柜员操作限额的须经授权。

（4）录入交易代码办理业务。柜员根据每笔业务的类型和核算要求必须选择正确交易码进行记账处理。

（5）凭证的复核。柜员记账后根据该笔交易后续业务处理的要求分类归集原始凭证和系统打印的记账凭证，需复核的凭证必须立即提交相应复核人员；事中监督凭证可分批提交；同城交换实物凭证按交换场次及时提交。

（6）档案的保管。柜员不得擅自取消和中断记账交易中的打印的凭证，对柜面记账后产生的凭证、回单或文本进行妥善保管，并按不同用途及时分发处理。

（三）特殊业务和错账业务处理规定

特殊业务内容：凡涉及柜员信息、客户信息、账务信息、业务信息修改的交易均为特殊业务。特殊业务处理原则：柜员必须根据会计主管签发的授权书上机操作，事后监督次日通过对授权交易清单和授权书的核对，对特殊业务处理的合法性和有效性进行检查。

错账业务处理规定如下所述。

（1）当日错账处理规定。当日输入的账务数据发生错误时，应经业务主办或会计主管授权后由柜员根据柜员流水号进行抹账。

（2）跨机构冲正的处理。系统内跨机构抹账交易由原业务发起行写明情况，接收行在书面情况上签字认可后，经办行方可进行冲账处理。

（3）挂账处理。当日现金差错未能查出错账原因的，经会计主管授权使用现金错账交易进行处理，登记出纳长短款登记簿。

（4）隔日错账处理规定。隔日错账、跨年错账的冲正必须填制错账冲正传票，经会计主管审批后方可由操作柜员使用冲补账交易进行处理，柜员在输入错账冲正传票时必须输入冲账内容和错账日期。本年错账以同方向红字冲正，上年错账以反方向蓝字冲正。

任务一　柜员服务规范

一、商业银行柜台服务基本理论

1. 服务及服务原则

银行客户服务原则——以客户为中心的服务原则。

2. 银行客户服务理念

（1）客户永远是对的。

（2）我们永远不说：“不”。

它的基本含义是：我们永远不让客户感到失望。

3.“100–1=0”

它的基本含义是优质服务必须坚持一贯，做好 100 项服务，漏掉 1 个细节也可能功亏一篑。

4.“1=353”

它的含义是有一名客户直接表示不满，可能会失去 353 名客户；真诚服务 1 名客户可能会吸引来 353 名客户。

二、银行窗口服务的一般程序

1. 窗口服务的一般程序

窗口服务程序一般分为 3 个阶段、5 个步骤。

3 个阶段是：①迎接客户阶段；②满足客户阶段；③送别客户阶段。

5 个步骤是：①客户进入视线，站立迎接；②客户进入“一米线”或走近柜台，礼貌问候；③客户提出服务需求，仔细倾听；④按照客户业务需求迅速准确操作；⑤双手递交经办结果，礼貌送别。

2. 使用文明服务用语

构成文明服务用语的基本词汇是：请、您好、对不起、谢谢、再见。使用文明服务用语就是在为客户服务的过程中将上述“10 个字”灵活运用。

知识准备

什么是三声服务？

来有应声、问有答声、走有送声。

三、商业银行柜台服务规范

1. 柜台语言规范

（1）柜面人员上岗时，要语句清晰音量适中，语言文雅、礼貌。

（2）柜面人员工作中，要坚持使用“您好”“请”“谢谢”“对不起”“再见”等文明用语，要规范使用服务用语。

（3）主动对前来办理业务的客户说：“您好！很高兴为您服务！”

（4）客户较多时，对排在后面的客户说：“请稍等。”

（5）客户等候时间长时，应说：“对不起，让您久等了。”

（6）熟人要求优先办理业务时，应说：“对不起，现在人很多，请您一起排队吧，好吗？”

（7）经办人有急事离开柜台时，应对客户说：“对不起，请稍等一会儿。”

（8）客户找错柜台时，说：“请到 ×× 柜台办理，这边请（做手势动作）。”

（9）客户填错单据时，说：“您的 ×× 项内容填写有误，为了您的资金安全，请您重新填写一份，好吗？”

（10）兑付现金或传递票据时，说：“请收好。”

（11）客户遗失了存折（单）、银行卡，前来办理挂失时，说：“您别着急，我马上为您办理。”

（12）当客户短款时，说：“我们这边点的金额与您说的有差异，请您复点一次，好吗？”

（13）办理业务中，服务不周，造成客户不满时，应主动向客户道歉：“实在对不起。”

（14）业务办理完毕，要对客户说：“欢迎下次再来，很高兴为您服务，再见！”

2. 打电话语言规范

（1）接听电话时说：“您好，× 行 ×× 部门。”

（2）来电找人时说：“请稍等。”

（3）对方要找的人不在时说：“您好，××× 不在，需要我为您转告吗？”

（4）对方打错电话时说：“您好，您可能拨打有误，我是 × 行 ×× 支行。”

（5）向外打电话时说：“您好，我是 × 行的 ×××，请找一下 ×××，谢谢。”

3. 25 句服务禁语

（1）这种问题连小孩子都会。

（2）这么简单的事，你都不会？

（3）你要知道，一分钱，一分货。

（4）绝对不可能发生这种事。

（5）你要去问别人，这不是我们的事。

（6）我不知道（不清楚）。

（7）好像是……（可能是……）

（8）我们银行就是这样，要想服务好，你到 ×× 行去。

（9）公司的规定就是这样的

（10）你看不懂吗？

（11）改天再通知你。

（12）这种问题我们见得多了（这样的问题，天天发生）。

（13）不好意思，我们银行关门了。
（14）不好意思，你没预约大额提款，我们银行没这么多钱。
（15）我们的电脑坏了。
（16）还没上班呢，出去等着。
（17）墙上贴着呢，你不会看吗？
（18）不是告诉你了吗？怎么还不明白？
（19）要存（取）钱，快点。
（20）钱太零乱，整理好再给我。
（21）怎么刚存了就马上取，以后想好了再来办理。
（22）急什么，没看见我一直忙着吗？
（23）这是电脑算出来的，还能错吗？回家找人算去。
（24）线路坏了，我有什么办法，明天再来吧。
（25）有意见找领导去。

4. 服务态度

（1）柜面人员必须做到：存款取款一样主动，生人熟人一样热情，忙时闲时一样耐心，表扬批评一样诚恳。

（2）迎接客户主动热情。（3）仔细聆听把握意图。
（4）解答咨询耐心细致。（5）业务办完礼貌道别。
（6）客户失误委婉提醒。

5. 职业形象

（1）服务号牌规范佩戴。（2）统一着装，保持整洁。
（3）发型自然不染异色。（4）仪表大方，装饰得体。
（5）精神饱满，举止端庄。

6. 服务纪律

（1）遵守法纪保守秘密。（2）业务处理规范操作。
（3）准备工作提前进行。（4）对外服务准时满点。
（5）听取意见虚心谦和。（6）利用间隙，柜员轧账。
（7）点验现金不离视线。（8）发现假币明确告知。
（9）发现差错及时说明。（10）遗失物品主动归还。
（11）办理业务客户优先。（12）工作时间不涉他务。
（13）不准以任何方式和借口怠慢、顶撞、刁难、打骂客户。

（14）客户在营业大厅内发生被抢、被盗等事件时，柜面人员应及时通知客户防范，并向有关部门和人员报告。

7. 服务场所

（1）网点外部牌匾规范。（2）网点内部，设施齐全。
（3）环境卫生干净整洁（4）营业证件醒目悬挂。
（5）各项物品，摆放整齐。

8. 服务设施

（1）服务设施性能完好。（2）便民设施干净整洁。

（3）监控设备正常运行。　　　　　　（4）宣传物品美观规范。

（5）营业网点要根据业务需要设置业务咨询台，便于引导、分流客户，回答客户咨询，处理服务纠纷。

（6）设置一米线的营业网点应实行“一米线一对一服务制”。

四、商业银行柜面服务技巧

1. 分类服务和优质客户的识别

优质客户服务的总流程分为：识别引导、接触营销、业务处理和客户关系维护四个部分，其中识别引导是基础性工作。

识别优质客户后，应及时为其提供差别化服务，但要注意提供的差别化服务不应与普通客户服务冲突，柜员要坚持对普通客户提供友好、亲切的服务，避免向普通客户明确表达服务差异。

2. 临柜客户服务的基本技巧

临柜服务中经常会碰到一些问题，在处理这些问题时，临柜柜员应该讲究服务技巧，灵活应对，维护银行的信誉和形象，满腔热忱地为客户服务。

（1）首先要说：“对不起”，对客户的问题表示理解。

（2）要尊重客户，即使客户错了，也不要批评、指责客户，更不要与客户争个“我对你错”，着眼点是如何化解矛盾、问题，有理让三分。

（3）处理服务中的问题时，临柜柜员措辞恰当，语气平和，不要心急，即使客户发火吵闹，也要冷静，不要感情用事，要有受委屈的胸怀。

（4）要倾听客户的意见，让客户把话说完，让客户感受到我们的真诚。

（5）碰到问题时，如员工业务忙或处理不好，基层网点负责人应先处理，不要一有问题就上交行领导，要有一个缓冲，以免陷入被动局面。

（6）如果客户向新闻媒体反映问题，银行工作人员应及时与新闻媒体沟通，主动做好工作，避免损害银行信誉。

3. 柜台服务典型问题的服务技巧

在银行柜台服务中，柜员遇到的问题不仅多，而且情况也很复杂，柜员面对这些问题不要紧张，也不要慌乱，应该冷静妥善处理。下面列示一些典型问题及服务技巧，仅供参考。

（1）遇到假币怎么办？

应该按照银行规定没收假币，并出具银行开出假币没收单据，收到假币之后绝对不允许再递出去给客户看的，而且要当面在假币上面加盖“假币”字样的戳记。

服务忌语：“算你自己倒霉，不会识别真假。”

“假的就是假的，有什么看头。”

（2）在办理业务中，客户缺少相应证件怎么办？

不能用生硬的语气回答客户，要向客户讲清这是规章制度的要求，是为了保护客户的利益，确保客户的存款安全。

客户办理业务所需的证件和资料要交代清楚，避免客户多次往返。

（3）交接班时，客户多怎么办？

交接班时，柜台上应放置“暂停服务，请稍候！”的告示牌。

服务忌语：“我在接班，你等着。”

“你没看见我在交接，我又不是不做。”

要用礼貌用语向客户解释，争取客户的谅解。

（4）电脑发生故障怎么办？

注意：不能只对顾客说：“机器故障，请稍等”；不能顾自办理其他事情；不能给客户乱许愿，乱表态，如“过半个小时再来”，等等。

做柜面解释工作的柜员，态度要诚恳和蔼，面带笑容，因为不能为客户及时办理业务，更应注意自己的服务态度，以防发生服务投诉事件，影响银行形象。

服务忌语：“是电脑坏了，我有什么办法！”

“不知道什么时候能办，你爱等就等吧！”

“又不是我在修电脑，我怎么知道什么时候好！”

“人也要生病，机器当然也有坏的时候！”

“电脑坏了我也没办法，你有意见可向我们行长投诉。”

（5）碰到不宜沟通的客户怎么办？

绝对不能讲损害客户自尊心的话，也不说“火上浇油”的话，更不能同客户争吵。要向客户多讲“对不起”“抱歉”等。

服务忌语：“不用再说了，跟你这样的人没什么话可说！”

“素质真差，理也不用理你！”

“你瞎嚷嚷什么，不懂少开口！”

“有你这种人吗”

（6）碰到客户忘记密码怎么办？

要向客户讲清楚，银行采用密码是为了保证客户的资金安全。

服务忌语：“真弄不清，连自己的密码都记不住。”

（7）老人不会操作密码怎么办？

教老人操作时，要耐心示范；尽量不要代输密码，以免老人担心；让老人感受到亲切感、安全感。

服务忌语：“不会操作，留什么密码。”

“这么简单的事都要忘记，不要自己来取钱了。”

“我看你还是取消密码算了，每次来都这样，烦死了。”

“每个月都来拿的，怎么还不会按呢？”

任务一小结

在本模块，我们一起学习了：商业银行柜台服务基本理论、银行窗口服务的一般程序、商业银行柜台服务规范、商业银行柜面服务技巧等内容。懂得了：银行客户服务理念；窗口服务的一般程序；25句服务禁语；打电话语言规范；柜台服务典型问题的服务技巧等内容。

核心技能与概念

柜台语言规范、服务态度、职业形象、服务纪律、服务场所、服务设施

课堂讨论

1. 为什么说在银行柜台服务中“100−1=0”？

2. 柜台上收到假币应该如何处理？有何注意事项？

任务二　银行柜员书写规范练习

银行、单位和个人填写各种票据和结算凭证是办理支付结算和现金收付的重要依据，关系到支付结算的准确、及时和安全。票据和结算凭证是银行、单位和个人凭以记载账务的会计凭证，是记载经济业务和明确经济责任的一种书面证明。因此，票据和结算凭证的填写必须做到标准化、规范化、要素齐全、数字正确、字迹清晰、不错漏、不潦草、不涂改。

一、中文大写金额数字的书写

1. 书写方法

中文大写金额数字应用正楷或行书填写，如壹、贰、叁、肆、伍、陆、柒、捌、玖、拾、佰、仟、万、亿、元、角、分、零、整（正）等字样，不得用一、二（两）、三、四、五、六、七、八、九、十、毛、另（或0）填写，不得自造简化字。繁体字书写也应受理。

2. 人民币的大写

中文大写金额数字到“元”为止的，在“元”之后应写“整”（或“正”）字。

在“角”之后，可以不写“整”（或“正”）字。

大写金额数字有“分”的，“分”后面不写“整”（或“正”）字。

3.“0”的写法

阿拉伯数字小写金额数字中有“0”时，中文大写应按照汉语语言规律、金额数字构成和防止涂改的要求进行书写。

（1）阿拉伯数字中间有“0”时。

中文大写金额要写“零”字，如￥1409.50应写成“人民币壹仟肆佰零玖元伍角”。

（2）阿拉伯数字中间连续有几个“0”时。

中文大写金额中间可以只写一个“零”字，如￥6007.14应写成“人民币陆仟零柒元壹角肆分”。

（3）阿拉伯数字万位和元位是“0”时。

阿拉伯数字万位和元位是“0”时或者数字中间连续有几个“0”，万位、元位也是“0”，但千位、角位不是“0”时，中文大写金额中可以只写一个“零”字，也可以不写“零”字，如￥1680.32应写成“人民币壹仟陆佰捌拾元零叁角贰分”，或者写成“人民币壹仟陆佰捌拾元叁角贰分”。又如￥107000.53应写成“人民币壹拾万柒仟元零伍角叁分”，或者写成“人民币壹拾万零柒仟元伍角叁分”。

（4）阿拉伯金额数字角位是“0”而分位不是“0”时。

中文大写金额“元”后面应写“零”字，如￥16409.02应写成“人民币壹万陆仟肆佰零玖元零贰分”，又如￥325.04应写成“人民币叁佰贰拾伍元零肆分”。

4. 票据的写法

（1）票据的出票日期必须使用中文大写。

在填写月、日时，月为壹、贰和壹拾的，日为壹至玖和壹拾、贰拾和叁拾的，应在其前加“零”；日为拾壹至拾玖的，应在其前面加“壹”。如2月12日，应写成零贰月壹拾贰日；10月20日，应写成零壹拾月零贰拾日。

（2）票据出票日期使用小写数字填写的，银行不予受理。

大写日期未按规范填写的，银行可予受理；但由此造成损失的，由出票人自行承担。

二、阿拉伯小写数字的书写

1. 不得预印符号

在票据和结算凭证大写金额栏内不得预印固定的“仟、佰、拾、万、仟、佰、拾、元、角、分”字样，阿拉伯小写金额数字前面均应填写人民币符号“¥”，阿拉伯小写金额数字要认真填写，不得连写。

2. 阿拉伯数字的标准写法（见图1.3）

（1）每个数字要大小匀称，笔画流畅；每个数字独立有形，一目了然，不能连笔书写。

（2）书写排列有序，要自右上方向左下方倾斜地写（数字与底线通常成60度的倾斜）。

（3）书写的每个数字要贴紧底线，但上不可顶格。一般每个格内数字占1/2或2/3的位置，要为更正数字留有余地。

（4）会计数码书写时，应从左至右，笔画顺序是自上而下，先左后右，防止写倒笔字。

（5）同行的相邻数字之间要空出半个阿拉伯数字的位置，但也不可预留间隔（以不能增加数字为好）。

（6）除“4”“5”以外的数字，必须一笔写成，不能人为地增加数字的笔画。

（7）“6”要比一般数字向右上方长出1/4，“7”和“9”要向左下方（过底线）长出1/4。

（8）对于易混淆且笔顺相近的数字，在书写时，尽可能地按标准字体书写，区分笔顺，避免混同，以防涂改。例如：“1”不可写得过短，要保持倾斜度，将格子占满，这样可防止改写为“4”“6”“7”“9”；书写“6”时要顶满格子，下圆要明显，以防止改写为“8”；“7”“9”两个数字的落笔可延伸到底线下面；“6”“8”“9”“0”的圆必须封口。

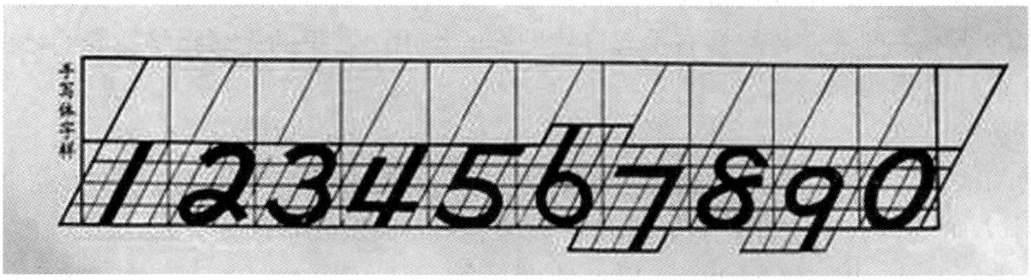

图1.3　数字的小写

任务二小结

数字大小写的书写是银行柜员乃至企业财务人员的常用基本技能，本模块我们一起学习了数字中文大写以及阿拉伯数字小写的方法，同学们学会了吗？

核心技能与概念

中文数字大写、阿拉伯数字小写

课堂练习

请同学们在练习本上练习数字的大小写。

任务三　柜员基本职业技能

一、清点钞票

点钞是按照一定的方法查清票币的数额，即整理、清点钞票的工作，在银行泛指清点各种票币，又称票币整点。现在，金融系统和其他部门的现金流量都很大，因此对前台柜员以及出纳人员来说，清点钞票是一项经常的、大量的、技术性很强的工作。点钞速度的快慢和技术水平的高低，直接影响工作的效率和质量。因此，点钞技术是前台柜员和出纳员的必备技能之一，点钞的质量和效率是考核前台柜员和出纳员业务素质的重要指标，学好点钞技术是做好出纳工作的基础，本模块以银行柜台最常用的单指单张点钞法为例介绍点钞扎把的过程。

1. 点钞前的准备

印泥、图章、腰条等提前按使用顺序固定位置放好，以便点钞时使用顺手。

2. 持钞（见图 1.4）

左手横执钞票，下面朝向身体，左手拇指在钞票正面左端约 1/4 处，食指与中指在钞票背面与拇指同时捏住钞票，无名指与小指自然弯曲并伸向票前左下方，与中指夹紧钞票，食指伸直，拇指向上移动，按住钞票侧面，将钞票压成瓦形，左手拇指将钞票侧面擦过将钞票向上翻成微开的扇形，同时，右手拇指、食指作点钞准备。

3. 清点（见图 1.5）

左手持钞并形成瓦形后，右手食指托住钞票背面右上角，用拇指尖逐张向下捻动钞票右上角，捻动幅度要小，不要抬得过高。要轻捻，食指在钞票背面的右端配合拇指捻动，左手拇指按捏钞票不要过紧，要配合右手起自然助推的作用。右手的无名指将捻起的钞票向怀里弹，要注意轻点快弹。

4. 计数

计数与清点同时进行。在点数速度快的情况下，计数速度慢会影响工作效率，因此计数应该采用以 10 为单位的分组记数法。即：1、2、3、4、5、6、7、8、9、1（即 10）；1、2、3、4、5、6、7、8、9、2（即 20）；以此类推，数到 1、2、3、4、5、6、7、8、9、10（即 100）。

采用这种方法计数既简单又快捷，省力又好记。但注意要默记，不要念出声，做到脑、眼、手密切配合，既准又快。

5. 墩齐扎把

临柜收款采用此种方法，柜员需使用专用捆钞条，具体操作方法介绍如下。

图 1.4 持钞

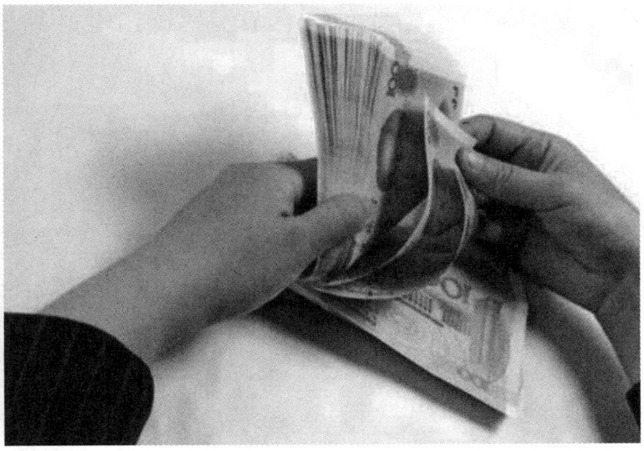

图 1.5 清点

（1）将点过的钞票 100 张墩齐（四条边水平，不露头，卷角拉平）。

（2）左手从长的方向拦腰握着钞票，使之成为瓦状（瓦状的幅度影响扎钞的松紧，在捆扎中幅度不能变）。

（3）右手握着腰条头将其从钞票的长的方向夹入钞票的中间（离一端 1/3 ～ 1/4 处）从凹面开始绕钞票两圈。

（4）在翻到钞票原度转角处将腰条向右折叠 90 度，将腰条头绕捆在钞票的腰条转两圈打结。

（5）整理钞票。

6. 盖名章

腰条上的名章，是分清责任的标志，每个人清点扎把后都要盖章，图章要端正、清晰、可辨认。

二、传票翻打

传票翻打，也称为传票算，是在经济核算过程中，对各种单据、发票或凭证进行汇总计算的一种方法，一般采用加减运算。传票翻打是加减运算在实际工作中的具体应用，它可以为会计核算、财会分析、统计报表提供及时、准确、可靠的基础数字，是财经工作者必备的一项基本功，已被列入全国会计技能比赛的正式项目。

传票本分为 2 种：第一种是订本式传票，是在传票的左上角装订成册，一般在比赛中使用；第二种是活页式传票，全国会计技能比赛中使用。

1. 坐姿端正

（1）身体要自然坐直，两脚放平与胳膊平行，眼睛与屏幕的距离在 40 ～ 50 厘米。

（2）显示器的位置应在视线以下 45 度左右。

（3）右手手指轻放在规定的基准键上，手腕平直，传票放在键盘下方。

2. 正确指法（见图 1.6）

各手指要放在基本键上，输入数字时，每个手指只负责相应的几个键，不要混淆。手腕平直，手指弯曲自然，击键只限于手指指尖，身体其他部分不要接触工作台或键盘。输入时，手稍微抬起，只有要击键的手指才伸出击键，击完后立即收回，停留在基准键上。击键速度要均匀，用力要轻，有节奏感。击键必须依靠手指和手腕的灵活运动，不能靠整个手臂的运动来打。

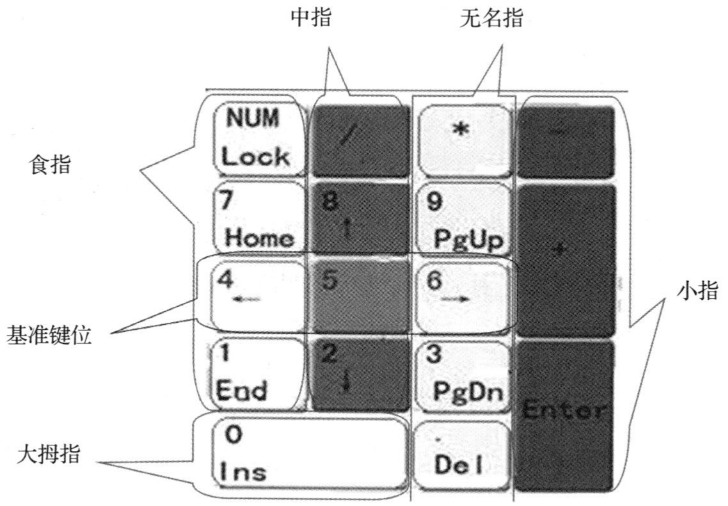

图 1.6　传票翻打的正确指法

3. 翻页快速准确

墩齐：双手拿起传票侧立于桌面墩齐。

开扇：左手固定传票左上角，右手沿传票边沿轻折，打开成扇形，扇形角度约 20 ～ 25 度。

固定：传票的左上角用夹子固定，防止翻打时散乱。

按：左手小指、无名指和中指按住传票的左下端。

翻：左手大拇指逐页翻起传票，并交给食指夹住。

4. 传票翻打口诀要领

先翻一步，眼比手快；

手脑并用，看比按快。

5. 眼手脑协调

左右手协调：左手翻传票时，右手直接将传票上的数字敲入计算器。

眼脑手协调：左手翻开传票时，眼睛迅速看完上面的数字，大脑同步记住数字，右手连续不断地将此行数字敲入计算器。确保右手未打完当页数字时，左手已经翻到下一页，保持动作流畅。

三、假币识别

假币会给人民的财产造成损失，而假币的泛滥则会造成国家经济的不稳定。制假、售假、用假，侵害了人民利益，干扰了货币流通的正常秩序，破坏了社会信用原则，是社会经济生活中的一大毒瘤。因此，普及假币知识，提高人民识别假币的水平，保护人民币的合法地位和人民的根本利益，是当前各金融部门的一件大事。目前，“一看、二摸、三听、四测”是人民银行教授给普通消费者鉴别假币的简单有效办法。

1. 看

仔细观察钞票的颜色、图案、花纹等外观情况。看钞票的水印是否清晰，有无层次感和立体效果；看有无安全线，真币的安全线是在造纸时采用专门工艺夹在纸张中制成的，迎光清晰可见，有的上面还有缩微文字，假币的安全线一般是用特殊油墨描绘在纸张表面，平视可见，迎光看则模糊不清；看专用油墨印刷图案，如第五套人民币上的隐形面额数字和光变油墨面额数字用眼就很容易进行鉴别；看主景、人像图案层次是否分明清晰、逼真，真币的人像表情传神，富有立体感，颜色协调，色调柔和而明亮；看色彩过渡是否自然、准确，整张票面图案颜色是否统一；看底纹线，真币底纹各种线条粗细均匀，直线、斜线、波纹线明晰、光洁，假币有的没有底纹线，或图纹线条粗糙，呈点状结构，机制假币的底纹线是由不连续的多色小点构成的虚线条，复印假币的底纹线周边均有不同程度的毛边；看对印图案，人民币对印制版印刷技术要求精确度很高，所以假币容易出现正背面图景错位现象；看冠字号码字体大小是否一致且排列整齐，是否有重号现象等。

2. 摸

摸是依靠手指触摸钞票的感觉来分辨人民币的真假。真币纸张手感光洁、厚薄均匀、坚挺有韧性；假币用普通商业用纸制造，厚薄不一，手感粗糙、松软、挺度差，有的表面涂有蜡状物，手摸发滑；第四套人民币 5 元以上券别和第五套人民币均采用了凹版印刷，触摸票面上行名、水印、盲文、国徽、主景图案等凹印部位，凹凸感较明显，俗称“打手”；假币一般是平版印刷或复印，手感平滑。

3. 听

根据抖动钞票发出的声音来判别人民币的真伪。真币是专用特制纸张制成的，具有挺韧、耐折、不易撕裂的特点，手持钞票用力凌空抖动，手指轻弹，或用两手一张一弛轻轻对称拉动钞票，均能发出清脆响亮的声音；假币声音发闷，且易撕断。鉴别时要注意用力均匀以及钞票的新旧程度，纸质较软发旧的钞票不适合使用此鉴别方法。

4. 测

对制作手法比较高明、伪造质量较好的假钞，仅靠以上方法是不能够准确鉴别的，需要利用专用工具进行检测。在对钞票进行真伪鉴别时，一般可用 5 倍以上放大镜仔细观察票面的平印隔色、套色、对印是否准确，尤其是平凹接线技术是否一致，看票面上的胶印缩微文字是否清晰等；可用特定波长的紫外光灯检测无色荧光图案，看票面是否有无色荧光纤维，看钞纸是否有荧光反映；可用磁性检测仪测磁性印记；可用尺子来测量钞票的纸幅大小；还可把薄页纸敷在钞票水印位置上用铅笔轻拓，纸上会出现清晰的水印轮廓图等。

前三种方法称为直观比较法，凭经验比较可疑币与真币，从而判别人民币的真伪。第四种鉴别方法需要借助仪器或简单工具，并且掌握一定的技术，称为仪器鉴别法。从市场上发现的假币来看，通过前三种方法一般都能识别出是真币还是假币，如果不能识别，建议到就近的银行去进行鉴别。

想一想

发现假币该怎么办？

如果您误收假币，不应再次使用，应上缴当地银行或公安机关；如果您看到别人持有大量假币，应劝其上缴，或向公安机关报告；如果您发现有人制造、买卖假币，应向公安机关报告。

哪些单位可以没收、收缴假币呢？根据《中华人民共和国人民币管理条例》和《中国人民银行货币鉴别及假币收缴、鉴定管理办法》的规定，公安机关和人民银行有权没收假币，办理货币存取款和外币兑换业务的金融机构可以收缴假币，除以上单位，其他任何单位和个人均无权没收和收缴假币。

哪些金融机构可以鉴定货币真伪？根据《中华人民共和国人民币管理条例》和《中国人民银行货币鉴别及假币收缴、鉴定管理办法》的规定，中国人民银行以及由人民银行授权的中国工商银行、中国农业银行、中国银行、中国建设银行的业务机构可以进行货币真伪鉴定。

对银行收缴假币有异议时应该怎么办？根据《中华人民共和国人民币管理条例》和《中国人民银行货币鉴别及假币收缴、鉴定管理办法》的规定，被收缴人可以自收缴之日起 3 个工作日内，持《假币收缴凭证》直接或通过收缴单位向人民银行当地分支机构或人民银行授权的当地鉴定机构提出书面鉴定申请。经鉴定是假币的，由鉴定单位予以没收，并向收缴单位和被收缴人开具《货币真伪鉴定书》和《假人民币没收收据》。经鉴定是真币的，由鉴定单位交收缴单位，收缴单位按照面额兑换完整券退还被收缴人，收回《假币收缴凭证》。

任务三小结

本模块包含：清点钞票、传票翻打、假币识别等知识点。

核心技能与概念

单指单张点钞

课堂练习

1. 请准备点钞券和捆钞条练习清点钞票技术。
2. 练习盲打小键盘。

任务四　重要凭证和印章管理

一、重要空白凭证的管理

重要空白凭证是经银行或单位填写金额并签章后即具支付效力的空白凭证，是银行凭以办理资金收付的书面依据。重要空白凭证的主要特征为每张凭证上均有凭证号码。

银行的重要空白凭证主要有：现金支票、转账支票、银行本票、银行汇票、商业承兑汇票、银行承兑汇票、单位定期存款开户证实书、单位定期存单、人民银行电子联行贷方补充报单、存款证明书、电汇凭证、银行汇票申请书、银行本票申请书、外币汇票、存折、存单、假币收缴凭证、国债收款凭证、银行卡等。

凡各银行总行统一规定的重要空白凭证，必须严格按照总行的规定订制和使用，不得自行设计格式，不得自行印制；凡总行未统一规定的重要空白凭证，可根据有关规定自行订制或印制，但要报总行备案。

重要空白凭证必须由专人负责保管，建立严密的进、出库和领用制度。各种重要空白凭证纳入表外核算，以一份（本）1 元的假定价格入户。

重要空白凭证一般不得在教学实习或练习中使用。如确实需要重要空白凭证作为教学、技术比赛等用具，应由主办部门提供所需重要空白凭证的种类和数量清单，经批准后方可领用。出库时，由库管员切去右下角，并在凭证明显处加盖“作废”戳记。用后，由主办部门指定专人清点、换人复核后，集中销毁。

对遗失重要空白凭证的当事人，应视情节轻重进行处罚。

1. 领用

柜员向库管员领用重要空白凭证时，应先填制一式两联重要空白凭证调拨单，库管员审核无误后，办理出库手续。柜员领用时，应逐份清点。

柜员领用的重要空白凭证应放置在专用的保管箱内或放置于柜员现金尾箱内，严格执行章、证、押三分管制度，临时离岗时及时上锁，午休时入库或放入保险柜保管，营业终了柜员的重要空白凭证尾箱换人复核无误后，双人封箱，放入库房或专用的保险柜保管，次日营业开始前双人开箱。

在商业银行实际业务处理中，每天日初处理时，银行柜员必须在银行营业之前将重要空白凭证从网点出库的个人钱箱，以备当天的营业操作。在教学实习时，学生应学会并理解此项操作，但不必每天从网点出库重要空白凭证，因为教学允许根据凭证使用情况随时出库使用；柜员出库不同类型的凭证，金额为 1 元一张，例如出库 10 张借记卡凭证，金额 10 元。

2. 出售

出售重要空白凭证时，应按凭证的号码自小到大的顺序出售。银行审核客户填写的空白凭证领用单无误后，办理重要空白凭证的出售手续。可以按本出售的重要空白凭证主要有：现金支票、转账支票、普通支票、电汇凭证、银行汇票申请书、银行本票申请书等，原则上每个账户每次出售一本，对于业务量大的客户，经核实，可以适量出售凭证；对个人客户，可以按份数出售。商业承兑汇票和银行承兑汇票应根据业务需要按份数出售。

出售空白支票时，应预先加盖单位账号和开户行章，参加同城票据清分的机构还应将账号等要素打印在磁码区域内，不得交与客户自行填写。

3. 签发

（1）银行签发的银行汇票、银行本票等重要空白凭证不得交由客户签发，不得预先在重要空白凭证上加盖印章，不得跳号使用重要空白凭证。

（2）柜员应按规定打印或手工填制重要空白凭证，不得自行设置打印格式。

（3）柜员因填错或交易失败造成重要空白凭证作废，应在作废凭证上加盖“作废”戳记，并剪下右下角做相关传票的附件。

（4）柜员应按照号码顺序签发重要空白凭证，不得跳号。

（5）柜员在使用重要空白凭证时，严禁私下调剂。

4. 收回

开户单位销户或银行更换凭证时，银行应将客户剩余未用的重要空白凭证收回，并在销户通知书上列明清单，由开户银行注销；开户单位未交回未使用的重要空白凭证，由此造成的一切经济纠纷，由开户单位承担责任。

柜员应将收回的重要空白凭证逐份剪角并加盖“作废”戳记，交与库管员保管，以备销毁，同时登记《缴回重要空白凭证登记簿》；银行卡在磁条处打双孔，放入尾箱保管，待集中缴给库管员。

二、会计印章管理

会计印章是在会计凭证、账簿、报表等会计资料上加盖并表示业务合法性的特定标识，包括会计业务印章和个人用章。

会计业务印章分为业务专用章和业务公章。业务专用章包括汇票专用章、结算专用章、本票专用章、转讫章、现金清讫章（或业务清讫章）、票据清算（交换）专用章、票据受理专用章、假币收缴专用章等。业务公章包括会计业务公章和储蓄业务公章。

个人用章包括个人名章和个人印鉴章。

1. 业务专用章的使用范围

（1）汇票专用章：用于签发银行汇票和承兑银行承兑汇票，办理商业汇票转贴现和再贴现时的背书等。

（2）结算专用章：用于办理托收承付、委托收款等支付结算业务，办理商业汇票贴现、转贴现的委托收款背书，办理提出他行网上支付结算凭证业务，办理结算业务的查询查复，办理中国人民银行或银行规定的其他结算业务。

（3）本票专用章：用于签发银行本票。

（4）转讫章：用于已完成记账处理或打印输出的银行记账单证、清单及客户付款和收款回单等。

（5）现金清讫章：用于现金收付凭证和现金缴款单回单、现金支票及现金调拨凭证等。

（6）业务清讫章：是转讫章和现金清讫章的合并。

（7）票据清算（交换）专用章：用于同城票据清算提出票据等。

（8）票据受理专用章：用于受理单位提交他行票据时签发客户回单等。

（9）假币收缴专用章：用于收缴假币时加盖在人民币假钞上或装有外币假钞或伪造硬币的专用信封上。

2. 业务公章的使用范围

（1）会计业务公章：用于对外签发对公业务的重要单证及柜台受理部分业务的回单，还用于对外出具存款证明、挂失回单、止付通知、承付通知等，以及其他需要加盖会计业务公章的重要单证或报表，或者按照相关业务管理办法、规定要求加盖会计业务公章的合约、协议等。

（2）储蓄业务公章：用于对外签发个人业务的重要单证及柜台受理部分业务的回单，还用于对外出具存款证明、挂失回单、假币收缴凭证等，以及其他需要加盖储蓄业务公章的重要单证或报表，或者按照相关业务管理办法、规定要求加盖储蓄业务公章的合约、协议等。

3. 个人用章的使用范围

（1）个人名章：用于会计人员经办和记载的凭证、账簿、报表等。对联机完成的账务处理或打印输出的会计凭证、账表必须按规定加盖个人名章，但如果会计凭证、账表上有计算机输出打印的操作员姓名，可代替会计人员的签章；对计算机自动处理的账务，输出打印的会计凭证、账表可以不加盖个人名章。

（2）个人印鉴章：用于各级会计部门经过授权的经办人员在签发银行汇票和银行本票、承兑银行承兑汇票以及办理系统内现金、重要空白凭证和有价单证调拨等业务时，需加盖的个人印鉴章。

4. 会计印章的使用和管理

（1）严禁任何机构和人员擅自刻制会计印章。

（2）领取会计印章后，须及时在《印章保管和交接登记簿》上预留印模，详细登记，并指定专人保管和使用；印章启用时，必须在《印章保管和交接登记簿》上详细记载；在发生交接时，移交人、接收人和监交人必须在登记簿上签署个人名章。《印章保管和交接登记簿》的记录必须完整、真实，严禁涂改。

（3）会计印章的保管和使用，实行"专人使用、专人保管、专人负责"。

（4）使用会计印章必须做到专匣保管、固定存放、人离章收；必须严格按规定的范围使用，严禁错用、串用、提前或过期使用；严禁在空白凭证、登记簿、报表等上预先加盖印章；严禁在无真实会计记录的凭证上加盖印章；不得将会计印章随身携带或带离营业场所；不得将会计印章交他人带走使用；严禁多人同时使用同一枚（套）会计印章；严禁给非会计人员配备会计印章；非营业时间会计印章必须入库或放入保险箱（柜）保管。

（5）个人名章由本人保管和使用；个人印鉴章原则上应由本人保管，不得随意交由他人使用，因特殊原因确实需要由他人使用的必须经过书面授权确认，并在《印章保管和交接登记簿》上办理交接登记。

（6）一般会计人员保管的会计印章交接，必须由业务主管监交；业务主管保管的会计印章交接，必须由部门负责人监交。会计印章交接必须当面办理，并由有权人监交，不得办理隔夜交接，也不得通过第三人办理移交。

（7）因机构撤并、更名或印章样式变更、损毁等原因，使会计印章停止使用的应在《印章保管和交接登记簿》上注明停止使用的原因和日期，并编制清单上缴上级（或同级）会计部门，双方经办人员应在上缴清单上签章确认。上缴清单应至少包括机构名称、印章名称、数量、印章编号、停用原因、上缴日期等相关要素，并加盖印模。

小贴士

密押和重要机具管理

重要机具包括：联行编押器、压数机、磁码机等。

密押操作手册属于绝密级文件，必须按其密级保管规定严加保管，不得泄密和丢失。

重要机具需指定专人使用和保管，实行个人负责制，不得让非经办人员练习和操作，不得在讲课中讲解其使用方法。如发生丢失、被盗，要立即采取有效措施查找并立即上报，查明情况后视情节轻重追究经办人员和有关领导的责任。

营业期间，保管和使用人应做到人在机开，人走机锁；营业结束，上锁寄库保管。使用人员必须爱护机器，轻拿轻放，使用过程中要认真检查。如发生故障，应联络机器保修单位，不得自行拆开机器。使用前要认真阅读有关操作手册。

任务四小结

重要空白凭证管理包括：领用、出售、签发和收回。会计印章管理包括：业务专用章的使用范围、业务公章的使用范围、个人用章的使用范围、会计印章的使用和管理。

核心技能与概念

重要空白凭证管理、会计印章管理、个人用章的使用范围、会计印章的使用和管理

课堂讨论

1. 重要空白凭证管理包括哪些内容?

2. 会计印章管理的范围包括哪些内容?

项目二

临柜柜员岗位训练

学习目标

1. 知识目标

（1）了解柜员工作流程。

（2）掌握日初和日终业务的注意事项。

2. 技能目标

（1）掌握实习平台测评模式下的基本操作规则。

（2）能够掌握实习平台上的日初业务和日终业务操作方法。

案例导入

2014 年 3 月 2 日，某银行一分理处业务自查发现辖内一储蓄所杨某诈骗、盗用银行资金 383.72 万元。

这起案件是分理处在检查内部往来业务时发现的，分理处发现该所与分理处辖内往来科目余额差额较大，立即采取紧急措施，组织人员反复核查账务，查找原因。3 月 3 日，监控嫌疑人——该办事处工作人员杨某，在大量事实面前，经政策攻心，被迫交代了侵占银行资金的部分犯罪事实。经查，杨某从 2002 年 9 月—2003 年 2 月，利用工作之机盗用别的柜员的操作密码，私自填制出库票，偷盖该所印章并签他人名字，先后出库提取现金和转账 23 笔，共计 383.72 万元。

经公安机关和专案组共同努力，查清了 383.72 万元的去向。杨某被逮捕，其他 6 名有关责任人分别给予行政处分和经济处罚。

分析：

（1）有章不循，对账走过场，检查流用形式。行所往来科目按规定每月必须对账，但该所 3 个月没有对账。杨某开始私自填写出库单，盗用储蓄所印章，仅 1 个月就出库 11 笔，如果坚持当日对账，就能及早发现案情。

（2）责任心不强，防范意识差。杨某一案涉及几个不同岗位的操作权限，有的岗位人员也曾对汤某出示的票据表示过怀疑，但由于相信有操作密码设置，他人无法冒用，因而就不再过问。并且，本应 1 个月就应修改操作密码，应嫌麻烦长期不换，导致杨某长期冒用他人操作权限。这反映出工作人员责任心不强，防范意识差。

（3）重要空白凭证管理不当，监督失去作用。杨某挪用企业存款采取不入账，上联存单交企业，底联销毁，微机冲正。事后监督本应抓住不放查到底，但一拖再拖，失去监督作用，以致没能及时发现杨某的犯罪行为。

从思想上、知识技能上做好准备后，同学们将在不同的岗位上开始自己的银行柜员生涯。本项目将根据普通柜员的不同岗位要求对同学们进行训练。

临柜柜员是负责办理直接面向客户的柜台业务操作及相关业务查询、咨询等工作的柜员。作为临柜柜员，一天的工作流程为：签到—出库—日间操作—日终平账—签退。通过本项目的学习与训练，同学们要掌握临柜柜员的基本业务操作。

任务一　签到

临柜柜员每天办理日常业务前必须进行柜员签到，注册后，才能进入综合应用系统进行业务操作。

签到流程：主管开机—临柜柜员—刷卡—登录签到界面—输入密码—登录业务界面。

一、主管开机

柜员签到是在柜员终端进行，签到前必须由三级以上主管进行主机开机。

想一想　为什么要由主管开机?

二、临柜柜员刷卡

在主机开启成功后，临柜柜员用自己的权限卡刷卡，登录签到界面（见图 2.1）。

柜员签到

柜员号：

键盘密码：

请选择：(g) 确认　　(n) 重输　　(q) 退出

图 2.1　柜员签到界面

知识准备

银行安全性操作的发展：输入密码—刷卡、输入密码—手纹辨识。

三、临柜柜员输入柜员号与操作密码

1. 登录柜员账号

柜员号是柜员在一个中心范围内的唯一标识，也是柜员进入综合应用系统的唯一合法身份，通常为4位字符（字母或数字），由系统运行中心按营业机构编码分配。经管辖行批准后，主管对所属柜员号可进行增加、减少和修改。

2. 输入操作密码

每名业务人员首次使用柜员号时，会计结算部门负责人应在计算机上为其启用柜员号，设定初始密码。

设置操作密码时可组合使用数字或英文字母，不得使用初始密码或简单的重复数字、顺序数字，并要严格保密，防止泄露，而且每月至少更换一次操作密码。输入柜员号、密码后，签到完成，柜员进入柜台交易界面。若修改密码，需要输入交易代码，进入“修改密码”界面。

任务一小结

银行柜台签到包括：主管开机、临柜柜员刷卡、临柜柜员输入柜员号与操作密码等步骤。

核心技能与概念

柜员刷卡、登录柜员账号和操作密码

课堂讨论

1. 为什么每月至少更换一次操作密码？
2. 为何不得使用初始密码或简单的重复数字、顺序数字作为密码？

任务二　测评模式下的操作规则

一、信息显示修改

进入软件系统，在主页面单击右键出现（见图2.2）；出现桌面背景、个人信息、修改资料、修改密码、关于和退出系统6个功能菜单，点击相应的功能操作，可以做相应的查看和修改。

二、测评操作

第一步：任务操作区点击【开启】▶图标开始任务操作（见图2.3）。

第二步：点击任务查看【任务说明】及【重要提示】选项卡（见图2.4），在主页面点击图2.5中相对应的操作菜单，即可进行操作。系统根据任务管理中明细信息内的答案关键字给分。

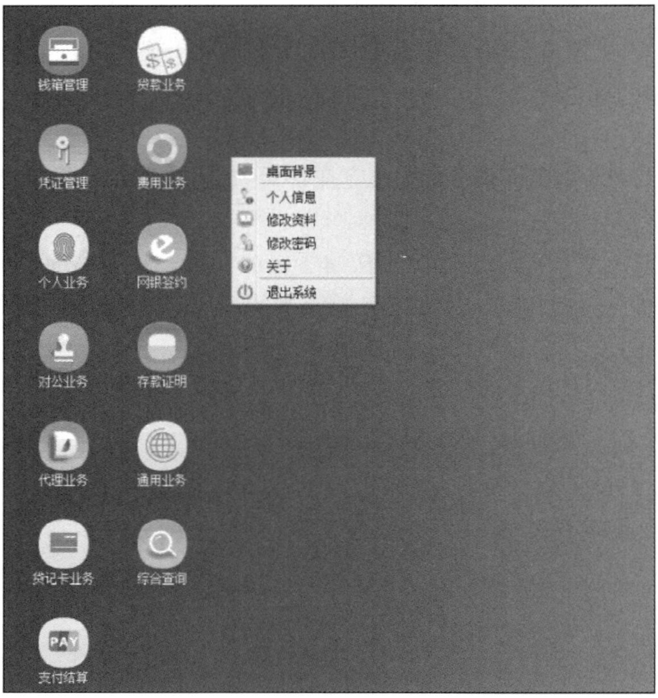

图 2.2　测评模式桌面

图 2.3　任务列表

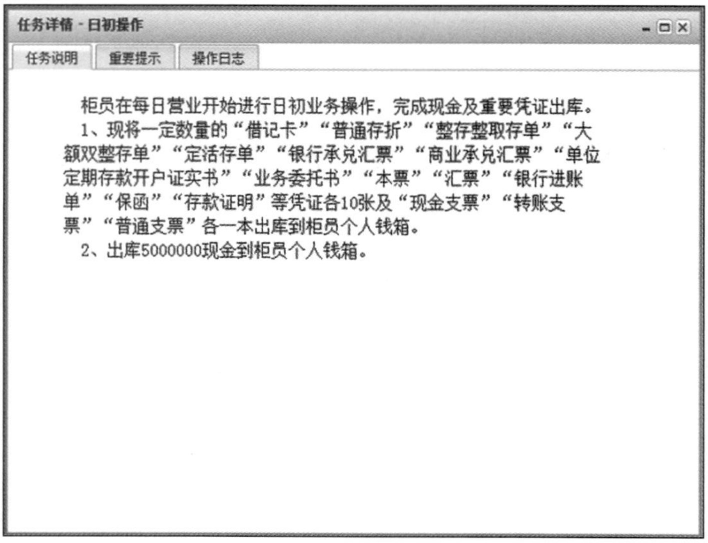

图 2.4　任务详情

第三步：所有竞赛任务完成后再点击“提交”按钮完成竞赛，如果没有完成任务提交后无法退回操作（见图 2.6 中红色区域）。

图 2.5 桌面操作菜单

图 2.6 提交键

任务二小结

测评模式下开启与提交任务的方式。

核心技能与概念

信息修改、测评模式、开启任务

课堂讨论

如何开启新任务?

任务三 出库

临柜柜员办理日间业务操作前，必须领取一定量的现金和重要空白凭证。此外，还要将上日封存入库的“尾箱”从业务库中领出。以上这些业务即是办理出库。

子任务一 现金出库

在现金业务管理中，每个营业机构都要设一个“现金库房”，用于记录库房现金的总数和各券别的数量，并控制库房现金实物的出入库。

每名办理现金业务的临柜柜员，必须由主管为其按币种建立“现金箱”，并设定一定的限额，否则柜员无法办理现金业务。在每天进行日间业务操作前，需匡算当天所需现金数额，从业务库中提取相应现金存入“现金箱”。

知识准备

什么是柜员“现金箱”？

柜员“现金箱”是系统中用于记录办理现金业务的柜员保管的现金总数，控制柜员办理现金交易时对实物收付的现金保管箱，是计算机虚拟现金箱与实际物理现金箱的统一。

一、临柜柜员填制“现金出库单”交管库柜员

当柜员需要从库房领款时，填制两联“现金出库单”，上联交与管库柜员。

各银行柜员现金箱的具体最高限额规定不完全一样，一般来说是 20 万～ 50 万元，根据具体业务量大小确定。

二、主管库柜员配款，副管库柜员复核。

管库柜员收到出库单后，经核对各券别、金额与合计金额无误后，由主管库柜员按填制的券别顺序配款，经副管库柜员复核无误后，在出库单上加盖“出库讫”戳记，再交与领现金的柜员。

课外阅读

配款的一般原则

1. 从大数到小数搭配各种券别，先配主币，后配辅币。
2. 搭配券别要考虑适合市场主辅币流通比例的需要。
3. 考虑计算上的方便。

副管库柜员接到主管库柜员交来的现金和凭证，核对凭证大小写金额，审查凭证各项要素无误后，根据凭证大写金额和填明的付款券别面额、张数、金额，逐一卡点大数，清点尾数。如发现凭证有错误或合计金额加错或现金多缺，应将凭证连同现金全部退还给主管库柜员，不能只退多余款或补足短款，以防出错。成捆券要检查捆扎是否齐紧，封签与票面是否一致，是否符合要求，成叠现金和零头现金必须逐张复点。

三、柜员当面点清大数

先查点捆数，逐捆卡把，验明每捆是否 10 把，再检查封签与券别是否一致，封签和绳索有无破损和异常。无误后将券别捆数、金额与出库单逐项核对相符。柜员可把各种票面分成九平一折或十九平一折，按不同券别分别放入现金箱分格内。清点时应做到操作定型、用具定位、手续严密、有疑必复。

【练一练】用单指单张点钞法点钞。

一、点钞的注意事项

1. 要又快又准

点钞的关键是又快又准，尤其是在银行柜台工作，每日柜员过手的现金数目较大，如只

追求速度不追求准确性会出现操作风险，使得单位和个人的利益受损。

2. 持钞力度要适中

持钞时新手容易出现夹钞不紧，票券松散的情况；夹钞过紧又会出现扇面打得不够开，不便于清点的情况，必须勤加练习，掌握恰当的力度。

3. 不能以计数带领点钞

以计数带领点钞容易出现计数不准的现象，要通过感觉拇指与票面的摩擦计数，点、数合一才能点钞又快又准。

4. 无名指轻弹不要忘

很多初学者不适应用无名指轻弹拇指和食指点过钞票的环节，为追求速度省略此环节，但以无名指轻弹点过票券可排查是否点过的钞票存在多张的现象，确保计数的准确性。

5. 手指要有摩擦力

点钞时使用湿海绵或甘油沾湿中指可增加摩擦力，防止出现捻钞时钞票粘连、错误计数的现象。

二、考核标准

优秀：5 分钟单指单张 600 张，并完成扎把、盖名章。

良好：5 分钟单指单张 400 张，并完成扎把、盖名章。

及格：5 分钟单指单张 300 张，并完成扎把、盖名章。

案例导入

银行柜员在每日营业开始前需进行日初业务操作，完成现金及重要凭证出库。

[上机操作]

（1）开启任务。

点击日初操作右边的 ▶ 按钮，开启任务（见图 2.7）。（本软件所有任务题都要有此操作，完成一个任务后还要点击 ✔ 提交任务。需要重做某一任务时点击 ↺ 按钮。完成所有任务后方可按“提交”按钮。）

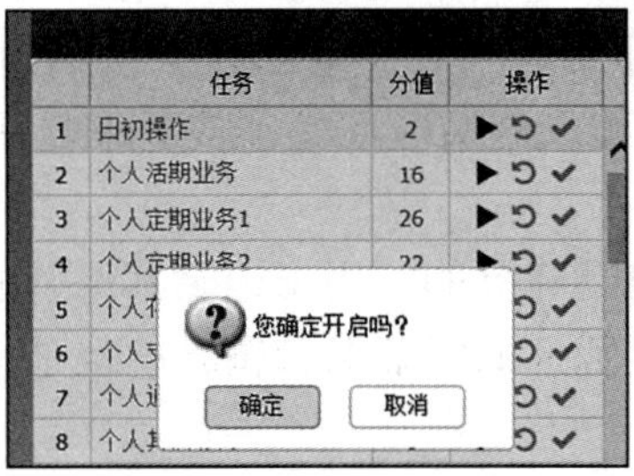

图 2.7　开启任务

（2）现金出库。

钱箱管理—现金出库，录入金额 100000，点击“执行”按钮，完成现金出库（见图 2.8 和图 2.9）。

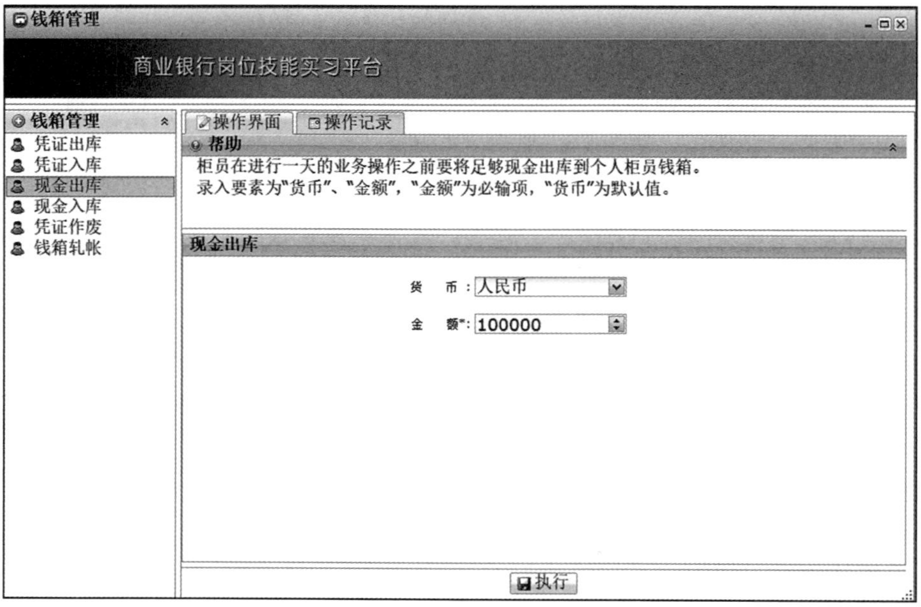

图 2.8 现金出库

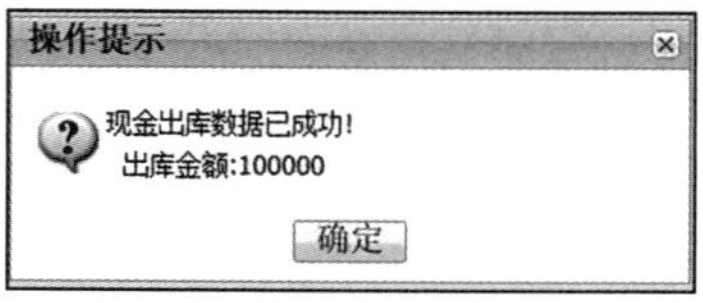

图 2.9 现金出库完成

子任务二 重要空白凭证出库

重要空白凭证是银行印制的、经银行或客户填写金额并签章后即具有支付效力的空白凭证，如支票、银行汇票、商业汇票、不定额银行本票、存折、存单、国债凭证、银行卡、印签卡、内部往来划收（付）款凭证、电子清算划收（付）专用凭证等。

在重要空白凭证管理中，综合应用系统要求每个营业网点都要设一个“凭证库房”；每名办理现金业务的临柜柜员，都要有一个“凭证箱”。对于重要空白凭证，柜员要严格遵守“先领用、再使用”这一操作流程。使用中还必须按凭证号码从小到大的顺序使用，不能跳号使用。

凭证箱是系统为每名柜员自动建立的、用于记录其保管的重要空白凭证数量，并控制柜员按从小到大的凭证号顺序使用凭证的凭证保管箱，它也是计算机虚拟凭证箱与实际物理凭证箱的统一。

案例导入

银行柜员在每日营业开始前需进行日初业务操作，完成现金及重要凭证出库。

出库“借记卡”“普通存折”“整存整取存单”“大额双整存单”“定活存单”“银行承兑汇

票”“商业承兑汇票”“单位定期存款开户证实书”“业务委托书”“本票”“汇票”“银行进账单”“保函”“存款证明”等凭证各 10 张及“现金支票”“转账支票”“普通支票”各一本到柜员个人钱箱，同时出库人民币现金 10 万元到柜员个人钱箱。

[上机操作]

凭证出库。

钱箱管理—凭证出库，根据题目要求，依次出库各种凭证，1 张凭证 1 元（见图 2.10 和图 2.11）。

支票 1 本 25 张，必须整本出售，金额填 25 元。

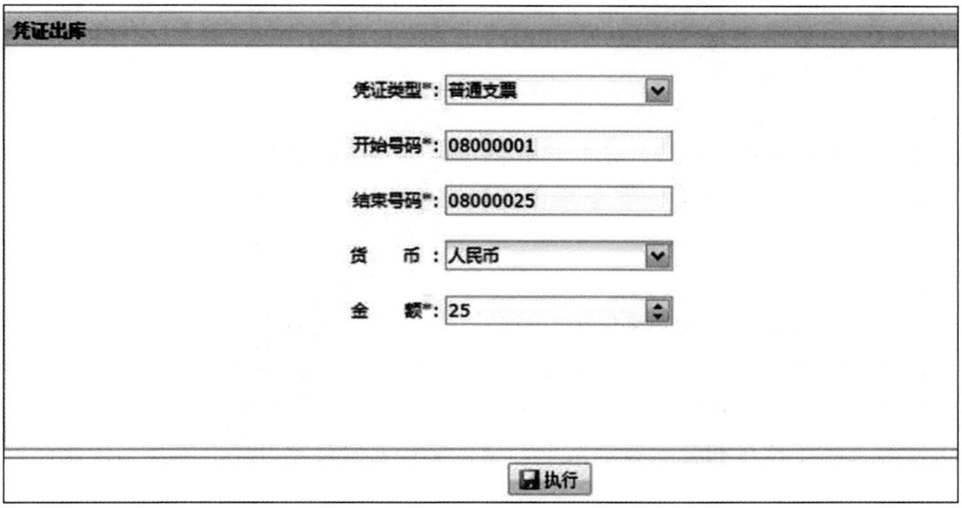

图 2.10　凭证出库

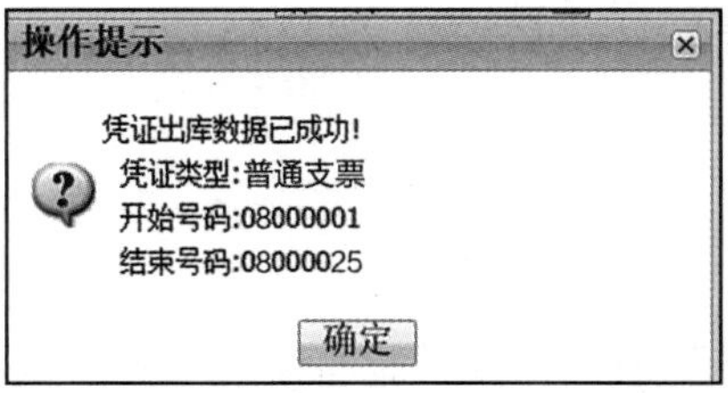

图 2.11　凭证出库完成

案例导入

空白凭证管理不严

2014 年 12 月 1 日，某支行收到该市中级人民法院下达的二审判决书，旷日持久的 7 万元储蓄纠纷案终于画上了句号，但给予我们的警示却远没有结束。

事情发生在 2012 年 3 月，某银行职工华某为完成揽储任务，领出定期存单 1 份，存单已盖好该所业务专用章。当月，华某找到某邮局支局办理邮政储蓄业务的“哥们儿”鲁某帮助组织存款，鲁某言称等些日子给办，现在没有存款。华某将随身带来的空白存单给了鲁某

1份，鲁某要求华某："那你签个字。"华某顺手从桌上拿过一支圆珠笔，大笔一挥，在出纳栏里签上了自己的大名，于是就种下了祸根。

2012年5月，华某找到鲁某，因未搞到存款，便索要空白存单，鲁某说已经扔了，华某信以为真。2014年3月，鲁某及李某找到华某，递过存单，华某看后惊讶不已，对李某说没有这回事，鲁某根本没有搞到存款。李某迅速夺回存单。次日华某赶到李家索要存单被拒绝，尔后又托人说情索要存单。种种"私了"办法均未奏效，李某等人态度强硬。同年5月，李某向法庭正式起诉。围绕存单是否有效，法庭双方律师开始艰苦的调查取证工作。经市公安局笔迹鉴定，确认存单上的华某名字确系本人所写，存单上其余文字、数字均为鲁某所写，复核栏的王某印章系伪造。华某陈述的有关空白存单给鲁某以及签字，向鲁某索要空白存单等经过均有多人向法庭举证。李某叙述其夫在华某寝室向华某交钱的经过，因鲁某人已死，死无对证，真假难辨。

2014年12月1日，法庭依法判决李某所持的定期储蓄存单无效，鉴于被告方管理制度不严，是造成本案的主要原因，应承担因此产生的一切诉讼费用。

结案后，该支行引以为戒，在全辖区开展了重要空白凭证大清理，并严肃处理有关责任人。

分析：

这起储蓄纠纷案发生的主要原因如下所述。

一是违反了储蓄管理有关规定。对重要空白凭证管理不严格，未按规定每日营业终了重要空白凭证的领、发、结存数字应在营业日报表上反映，并与重要空白凭证登记簿、开销户登记簿上的有关数字核对相符。在本案中，领出空白储蓄定期存单长期不结账是严重的违规行为。

二是违反储蓄业务中对公、私印章的管理规定，规定要求签发存单（折）及有价单证要随用随盖，严禁事先盖章备用。

三是对重要空白凭证的监督管理不及时，没有按最长1个月检查一次的规定办事。

子任务三　尾箱出库

尾箱主要指柜员"现金箱"中万元以下流通币的零头。从物理形式上讲，尾箱和现金箱是同一钱箱。营业网点一般要求柜员每天上岗时，空箱上柜，如果不能实现空箱上柜，营业终了，柜员现金箱中的人民币余额不得超过2万元。柜员尾箱采取交叉发放，若柜员现金箱次日由本人继续使用的，营业终了，现金箱实物必须换人复核。

（1）柜员向管库柜员出示"出入库对号牌"。

（2）管库柜员核对箱牌号码无误后，收回对号牌，发出尾箱。

（3）柜员查验尾箱锁或封条是否完整无损。

（4）柜员在《柜员箱包交接登记簿》上签章。

任务三小结

商业银行柜台业务的出库包括：现金出库、重要空白凭证出库、尾箱出库三部分内容。

核心技能与概念

现金出库单、重要空白凭证出库单、柜员箱包交接登记簿

课堂讨论

1. 柜员为什么要当面点清现金大数？

2. 柜员为什么要查验尾箱锁或封条是否完整无损？

任务四　日间操作

在实际业务操作中，银行业务大体可分为存款业务、贷款业务、代理业务、表外业务等。具体划分见图 2.12。

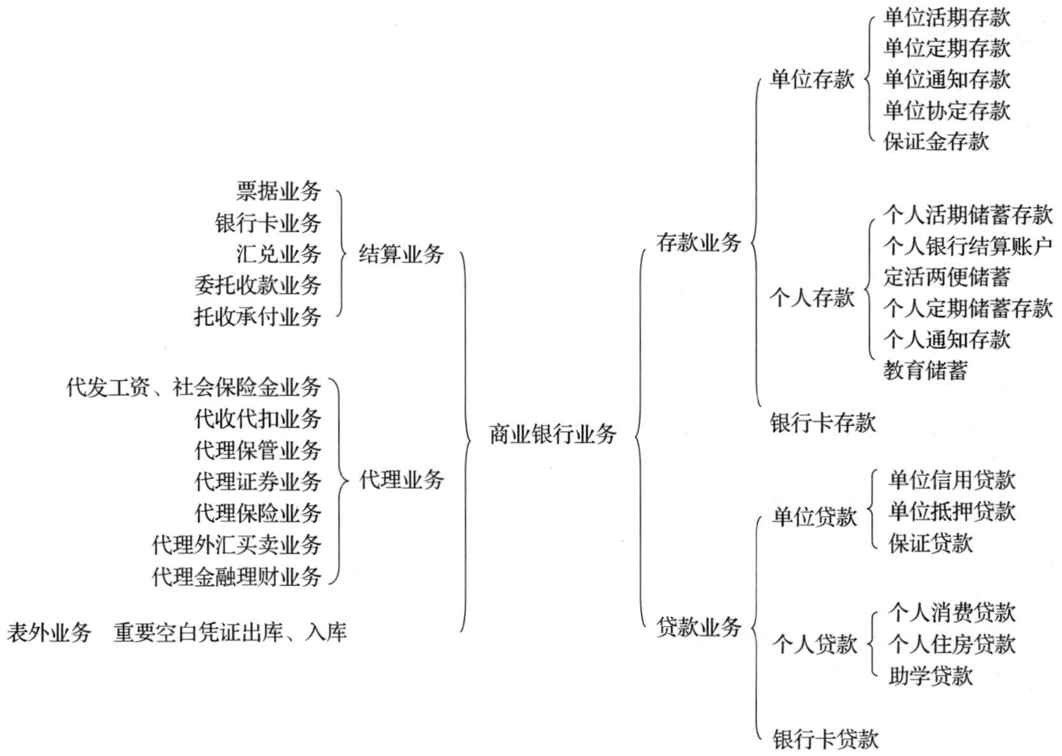

图 2.12　商业银行业务分类

银行存款业务虽然纷繁复杂，但是其操作均可分解为以下几种基本的交易：现金存入、支取，转账存入、支取，对转开户、销户。银行贷款业务主要是由信贷部门负责，柜员只涉及贷款本息的发放、归还的记账工作。结算业务主要由联行、交换柜员完成。代理业务作为新兴业务，在银行竞争中的地位越来越重要。表外业务涉及柜员的主要是重要空白凭证出库和入库。因此，本模块主要以单人临柜为例介绍临柜柜员如何办理存款、代理和结算业务。

知识准备

临柜柜面日常业务，若采用单人临柜，其业务流程如下所述。

柜员审查原始凭证—选择交易—调出业务界面—输入数据—打印交易清单

若采用双人临柜，其业务流程如下所述。

柜员 A 审查原始凭证—选择交易—调出业务界面—输入数据—打印复核流水号—柜员 B 审查原始凭证—选择交易—调出业务界面—输入数据（含柜员 A 的复核流水号）—两次输入数据一致—打印交易清单

任务四小结

商业银行日间业务包括：个人业务、公司业务、贷款业务、结算业务、代理业务、电子银行业务、表外业务、通用业务等

核心技能与概念

个人业务、公司业务、贷款业务、结算业务

课堂讨论

1. 银行常见日间业务包括哪些？
2. 双人临柜业务流程是什么？

任务五　日终业务

在商业银行实际业务中，日终处理通常包括下列内容。

（1）通过终端打印柜员轧账表及储蓄所轧账表，明细核算和综合核算核对相符，做到账账、账实、账证、账款相符。

（2）按定期、活期、零整、通存通兑和综合类的借、贷方凭证加计金额、笔数，与柜员轧账表核对相符。如不相符，通过查询流水账当天交易日志，进行逐笔勾对，发现不符，应及时查明更正。

（3）根据实物分类缮制备忘科目收、付传票，摘要栏内写明起讫号码，并清点剩下的有价单证的张数、金额。

（4）根据各类表内凭证的借、贷方金额，填写现金轧账单，并轧出当日现金库存，与柜员轧账表的库存现金数核对相符，与收付款数字核对相符。

（5）双人会同装箱，钞券打点进库，加总金额与现金轧账单上的当目现金库存核对相符，有价单证、公章进箱。随后再上锁、加封，封签上写明库存现金、有价单证会额、加盖两人私章及日期戳。

在本实训平台中，可在完成全部实训任务后，学生模拟银行柜员完成日终处理。将三种不常用的凭证入库，将个人钱箱中万元以上金额的现金入库。为训练学生的日终操作的概念和意识，通常是模拟在营业终了时，将未使用的凭证入库，并将个人钱箱中剩余的现金入库。

案例导入

银行网点营业结束后，柜员办理日终业务操作，进行现金及重要凭证入库。

1. 柜员将未使用的凭证进行入库操作。

2. 柜员将个人钱箱中的现金进行入库操作。

[上机操作]

（1）凭证入库。

进行凭证入库前，柜员先通过“凭证管理—凭证查询—凭证综合查询”功能，选中日初操作时出库的凭证类型，查询状态为“空闲”的未使用凭证情况（见图 2.13）。

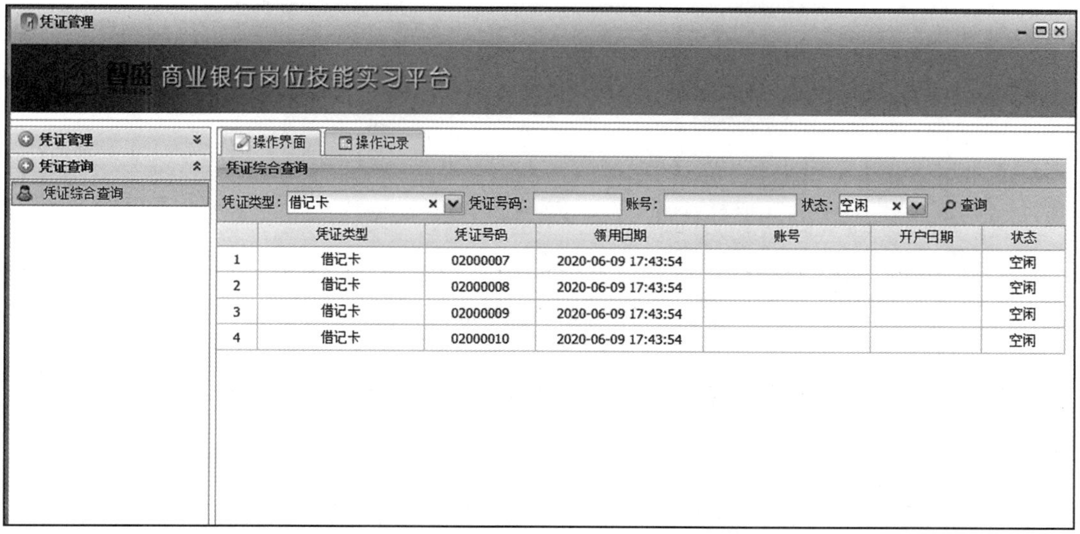

图 2.13　凭证综合查询

钱箱管理—凭证入库，将未使用的凭证在操作界面逐一入库（见图 2.14）。

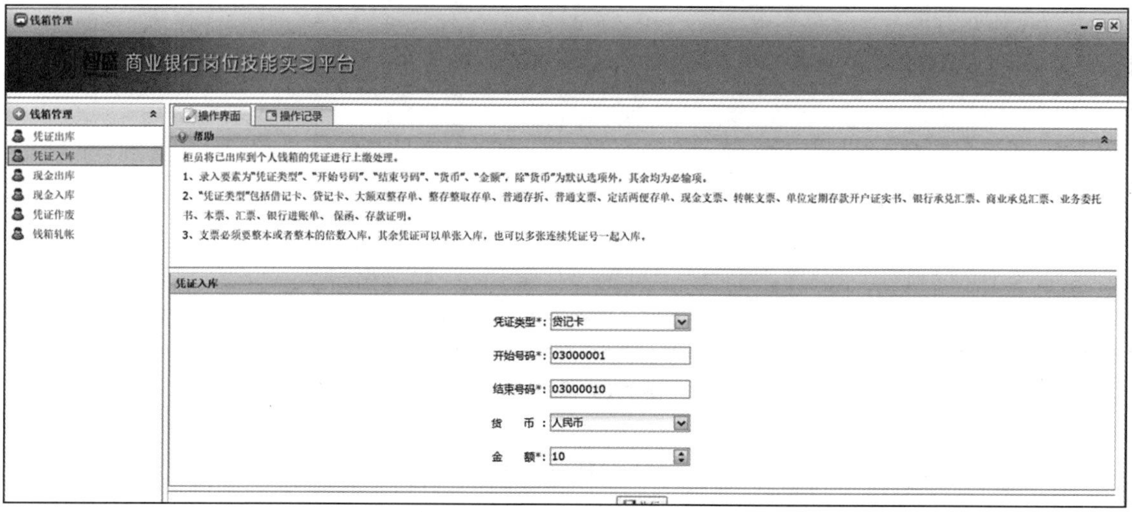

图 2.14　凭证入库

（2）现金入库

钱箱管理—钱箱轧账，在操作界面点击“轧账”按钮，记录现金的“余额”数（见图 2.15）。

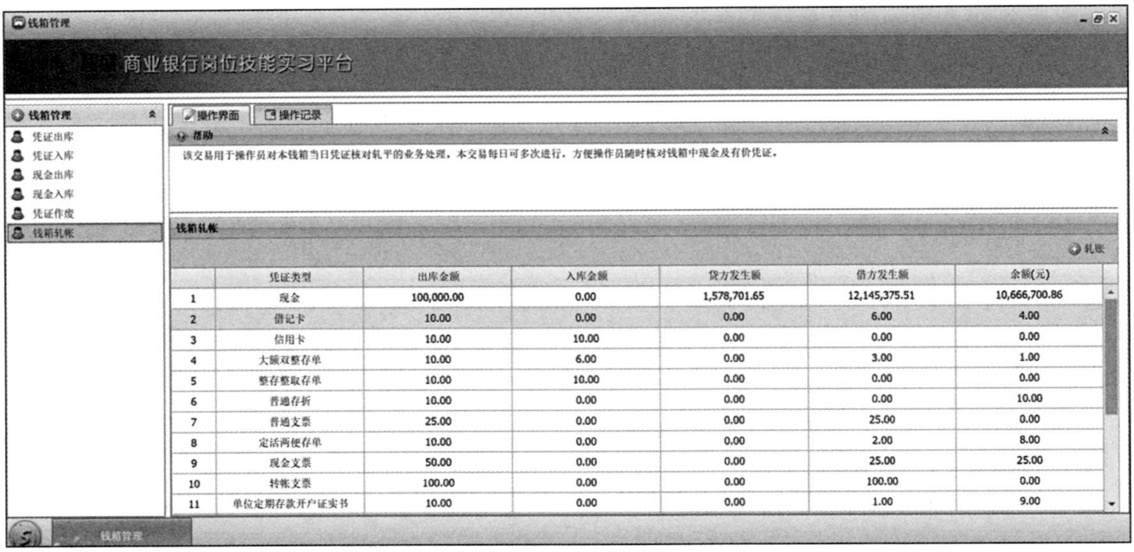

图 2.15　钱箱轧账

钱箱管理—现金入库，在操作界面的“金额”处录入上一步记录的“余额”数，点击“执行”按钮（见图 2.16）。

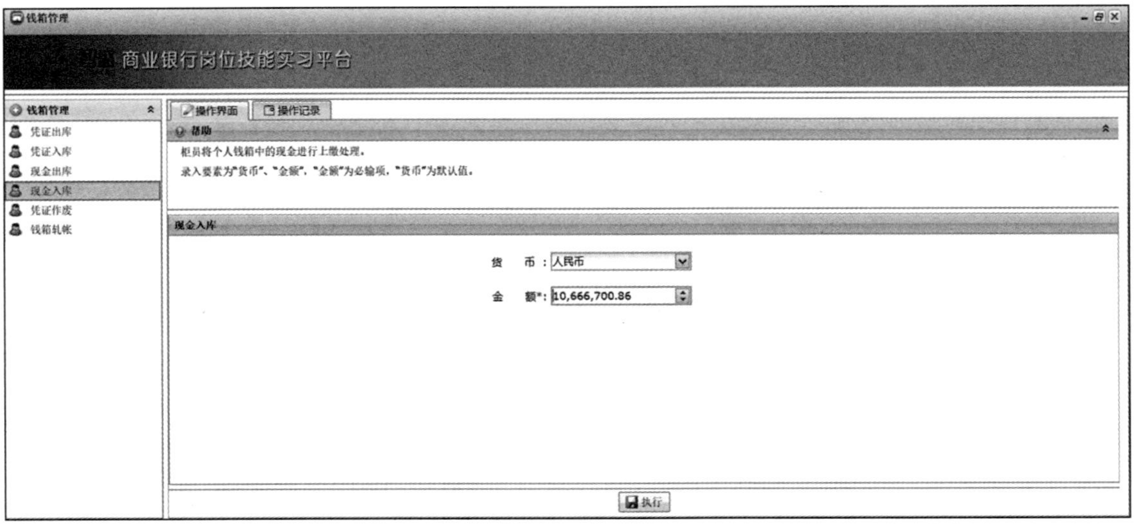

图 2.16　现金入库

所有题目完成后，点击“提交”键，系统显示测试得分。

任务六　印鉴、密押、密码的管理

子任务一　预留印鉴管理

预留印鉴时，应在“存款户印鉴卡片”加盖印鉴，卡片张数由开户行视业务需要而定，并将签章式样和有关证明文件的原件或复印件留存归档。

一、核对

柜员一核对要采用目测和折角相结合的方法，目测签章形状、文字内容和字体，折角应核对重叠一致。

二、管理

（1）存款户更换印鉴，应以正式公函的形式向开户行提交变更申请，写明更换原因、新印鉴启用日期等，并加盖与原印鉴有明显区别的新印鉴；单位客户必须交回所有盖有旧印鉴的重要空白凭证，并在公函上注明凭证的种类、数量、编号等资料。同时应填写作废凭证移交清单；开户行应将收回的盖有旧印鉴的支付凭证当面切角或打洞作废。

（2）存款户挂失预留印鉴，应提交书面申请、开户登记证、营业执照及相关证明文件，经开户行业务主管人员审批同意后，办理印鉴挂失手续。

（3）每日中午休息、临时离岗或营业终了，经办柜员必须将所经管的印鉴卡片放在保险柜（箱）中加锁保管。

（4）存款户主动销户时，由柜员保管和事后监督保管使用的印鉴卡做销户的最后一笔支款凭证的附件。

（5）长期不动户清理，余额转入久悬未取款科目集中管理后，原账户的印鉴卡片应收回集中专人保管。

小贴士

主要业务规定

1. 单位预留印鉴不得使用原子印章（万次印）。对坚持使用原子印章（万次印）的，应与单位客户签订协议，明确因使用原子印章产生的一切后果由单位自行承担。

2. 预留印鉴卡片经审核符合有关规定并加盖经办（受理申请人）、主管印章后方为有效。

3. 无字号的个体工商户的预留印鉴必须包括“个体户”字样和其经营者姓名。

4. 单位银行结算账户名称使用规范化简称的，其预留印鉴必须与账户名称保持一致。

5. 新印鉴于挂失次日后启用，但单位客户必须在公函中注明由此引起的一切损失由单位客户自行负责。

6. 严禁银行内部员工代理客户办理预留印鉴的变更、挂失和保管。

子任务二　银行密押的管理知识

全功能银行系统密押，指在办理银行汇票业务过程中，使用索押交易，由计算机系统按照规定的计算方法，对票据有关要素进行加密运算得出一组数据。

全国联行密押由各商业银行总行统一制定，委托分行核发，只限于总行核准颁发全国联行行号的行处在办理联行业务时使用。联行密押由总行决定启用或废止。经办行的密押主管和密押员不得兼管与密押配套使用的印章、重要空白凭证。

密押员的口令应不定期更换，并不得将本人生日、住宅或单位门牌号码、常用电话号码等常用数码作为启用口令，以防失密。

知识准备

联行密押编制办法和特约数码按全国金融系统保密规定，属于绝密级文件。各级行处必须按“绝密”级管理要求严格管理和控制知密范围。各级行领导必须加强保密安全检查，做到万无一失，保证绝对安全。

联行密押编制办法和特约数码的保管及使用实行个人负责制。经办行由经办联行人员负责保管和使用，发生丢失和泄密要负全责。编押人员因故未上班的由会计主管人员代行保管和编押。管辖行的联行密押编制办法及特约数码（含现用和备用），由会计主管人员或指定人员保管。保管人员只有保管责任，不能直接编押。

保管联行密押的人员变动，必须办理移交手续，由会计主管人员进行监交。编押人员不得私自授受。

已宣布停止使用的联行密押编制办法及特约数码由分行按“号码”验证收回，集中销毁。销毁情况书面报告总行备案。

子任务三　支付密码的使用和管理

使用支付密码的客户应与开户银行签订使用支付密码协议书或承诺书，约定以支付密码作为银行审核付款的条件。

支付密码分为密码器模式和密码答模式。

一、支付密码的使用

（1）凡在商业银行开立基本存款账户、一般存款账户、临时存款账户、专用存款账户的客户，均可购买和使用支付密码器或使用密码单。

（2）同一客户购买的支付密码器可以加载多个账户。

（3）可以和客户约定在现金支票、转账支票、普通支票、业务委托书、电汇、信汇、重要空白凭证领用单、税收缴款书、电话银行付款凭证、收费凭证等支付凭证上使用支付密码，银行凭以审核支付。

（4）客户更改账户密钥，视同更换预留印鉴，遗忘支付密码器最高级别口令或口令被锁，密码器丢失、损坏等，均应持支付密码器和单位公函、经办人身份证向经办行申请办理相应手续。

（5）经办人应建立支付密码户开销户登记簿。支付密码开销户指客户账户在支付密码系统的注册和取消注册。

二、支付密码的管理

（1）各级行会计结算部门负责辖内支付密码业务的管理。

（2）凡客户签发的使用支付密码的支付凭证，核对密码无误后方可进行款项支付。

（3）支付密码错误的支付凭证，银行应视同签章与预留印鉴不符处理。

（4）向选用密码单模式的客户交付密码时，严禁以明码交付。

任务六小结

印鉴、密押、密码的管理包括：预留印鉴管理、银行密押的管理知识、支付密码的管理。

核心技能与概念

预留印鉴管理、银行密押的管理、支付密码的管理

课堂讨论

1. 全功能银行系统密押是什么？

2. 为什么密押员的口令应不定期更换？

任务七　签退

柜员当天业务处理完毕后方能办理正式签退。已办理正式签退的柜员，必须经会计主管（坐班主任）批准并作有关登记后方能办理重新签到手续。柜员临时离岗，必须办理临时签退手续。柜员休假或调离，必须经会计主管（坐班主任）批准并按规定办理交接手续。操作过程与临柜柜员基本相同。

子任务一　日终平账

临柜柜员每天办理完日常业务后必须进行日终平账，具体步骤如下所述：检查柜员平账器—打印柜员平账报告表、柜员重要空白凭证核对表—整理核对交易清单—账实核对，本模块对此进行介绍。

综合运用系统必须建立平账机制，平账机制一般分成4个层次：交易级平账、柜员级平账、部行级平账和全中心平账。交易级平账在日常交易中由计算机操作系统自动完成。本模块仅介绍临柜柜员会涉及的柜员级平账。

一、检查平账器

柜员日终结束业务操作前，必须检查自己负责的平账器是否结平为零，对当日不能核销

账项，可以挂账处理。次日对所挂账务必须查清原因，进行相应处理。

二、柜员打印平账报告表和重要空白凭证核对表

日常中，柜员应该及时打印平账报告表和重要空白凭证核对表。

三、整理核对交易清单

（1）核对交易清单的数量与“柜员平账报告表”上交易清单数是否相符，交易清单上的序号（传票号）是否保持连续。

（2）按传票号从小到大的顺序整理、排列交易清单，原始凭证应作为交易清单的附件。

四、现金实物与现金箱核对

这项核对具体按以下步骤进行。

（1）柜员清点现金实物。

（2）核对电子钱箱和实物钱箱余额。使用“查询钱箱明细”交易查询自己保管的现金，并与现金实物进行金额、券别双核对，如金额一致，但券别不一致时，既可以使用“清点钱箱”选项，也可以使用“兑换钱币”交易调整券别张数，确保两者金额、券别完全一致。金额、券别核对相符后，用“查询打印柜员现金日结单”交易打印出柜员现金日结单和柜员平账报告表，平账报告表与库存现金实物进行核对。

（3）上缴钱箱及现金。检查库存现金余额是否超过柜员日终限额，如超限额使用，“现金上缴”交易将超限额上缴。再使用“缴钱箱”交易将柜员钱箱上缴给管库员。管库员使用“收钱箱”交易将柜员的钱箱收缴上来。

（4）入库。现金实物由业务主管人员复点，并与柜员现金日结单核对，无误后在柜员现金日结单上签章确认。核对无误的现金实物须经双人加锁封包后缴管库员保管。

五、重要空白凭证与凭证箱核对

每日营业终了，柜员应将经营重要空白凭证与相关登记簿进行账实核对，确保账实、账账核对相符。

打印“柜员重要空白凭证轧账单”，核对柜员保管的各种重要空白凭证的数量和起始号码，并与“柜员重要空白凭证核对表”上的凭证数量进行核对。

手工核对公式为：今日余额 = 昨日余额 – 已使用（售出）凭证份数 – 作废凭证份数 + 领入凭证份数。

子任务二　签退

临柜柜员日终平账后，应将“柜员平账报告表”和交易清单一并交与主管，主管确认无误后即可正式签退。

柜员签退时，无论系统操作界面在哪个子系统，柜员可通过输入交易码进入“柜员签退”，屏幕出现签退的提示界面，然后根据签退要求选择相应的签退方式。

小贴士

柜员签退分为两种：临时签退和正式签退。柜员因故离开柜员终端时，必须退出系统，即进行临时签退；柜员按规定办理完当天的全部业务，并在自身账务平衡后才能办理正式签退。

不管柜员是临时签退还是正式签退，只要其所在的营业机构没有办理行所签退，均可再次办理柜员签到进入系统办理业务。

任务七小结

签退业务包括：日终平账以及柜员签退，柜员签退分为正式签退和临时签退。

核心技能与概念

日终平账、柜员签退、正式签退、临时签退

课堂讨论

1. 柜员签退分为哪两种形式？
2. 正式签退和临时签退的区别是什么？

项目三

个人银行业务

学习目标

1. 知识目标

（1）了解储蓄存款的类型。

（2）熟悉有关储蓄存款基本规定。

（3）掌握储蓄存款业务的存取操作。

2. 技能目标

（1）熟练操作个人活期存款业务。

（2）熟练操作个人定期储蓄存款业务。

（3）熟练操作个人支票业务。

（4）熟练操作个人销户业务。

任务一　个人活期存款

储蓄存款是城乡居民把手中待用或节余的货币有条件地存入金融机构的一种信用活动。存款业务是银行重要的资金来源，吸收存款历来都是银行的主要任务，对基层银行网点来说，储蓄存款业务是其主要工作。

储蓄存款的开户、续存、支取、销户既可以以现金方式进行，也可转账进行。但在实际操作中，大多以现金方式进行，本模块将以不同储种的现金、转账开户、续存、支取、销户为例进行介绍。

活期储蓄存款是不定存期、储户随时可以存取款、存取金额不限（通常 1 元起存，外币不低于人民币 20 元的等值外币或外汇，且通常不收辅币及铸币）的一种储蓄方式。

子任务一　借记卡活期业务

- 借记卡指发卡银行向持卡人签发的，没有信用额度，持卡人先存款、后使用的银行卡。
- 存取现金。借记卡大多具备本外币、定期、活期等储蓄功能，借记卡可在发卡银行网点、自助银行存取款，也可在全国乃至全球的 ATM 上取款。

- 转账汇款。持卡人可通过银行网点、网上银行、自助银行等渠道将款项转账或汇款给其他账户。
- 刷卡消费。持卡人可在商户用借记卡刷卡消费。
- 代收代付。借记卡可用于代发工资，也可缴纳各种费用，如通信费、水费、电费、燃气费。
- 资产管理。理财产品、开放式基金、保险、个人外汇买卖、贵金属交易等均可通过借记卡进行签约、交易和结算。
- 其他服务。许多银行借记卡的服务已延伸到金融服务之外，如为持卡人提供机场贵宾通道、医疗健康服务等。

2016 年 11 月 25 日，中国人民银行发布了《中国人民银行关于落实个人银行账户分类管理制度的通知》（银发〔2016〕302 号）。自 2016 年 12 月 1 日起，一个人在同一家银行只能开立一个Ⅰ类账户，如果已经开有Ⅰ类账户，只能再开立Ⅱ类账户或亚类账户。

表 3.1　Ⅰ类账户、Ⅱ类账户、Ⅲ类账户的比较表

	主要功能	使用特点
Ⅰ类账户	1. 用于工资收入、现金存取、大额转账、大额消费、购买投资理财产品、公用事业缴费等 2. Ⅰ类账户可配发银行卡	Ⅰ类账户使用范围和金额不受限
Ⅱ类账户："钱夹"	1. 可办理存款、购买银行自营或代销的投资理财产品等金融产品、限额消费和缴费、限额向非绑定账户转出资金业务 2. Ⅱ类账户可配发银行卡	1. Ⅱ类账户非绑定账户转入资金、存入现金日累计限额合计为 1 万元，年累计限额合计为 20 万元 2. 消费和缴费、向非绑定账户转出资金、取出现金日累计限额合计为 1 万元，年累计限额合计为 20 万元
Ⅲ类账户："零钱包"	1. 用于金额较小、频次较高的交易，尤其适用于目前银行采用创新技术开展的移动支付业务 2. Ⅲ类账户不能配发银行卡	1. Ⅲ类账户余额任意时刻均不得超过 2000 元 2. 非绑定账户转入资金日累计限额合计为 2000 元，年累计限额为 5 万元 3. 消费和缴费、向非绑定账户转出资金日累计限额合计为 2000 元，年累计限额为 5 万元

案例导入

个人客户舒惟楷来我行办理借记卡相关业务，经客户经理推荐，柜员为其办理以下业务：

1. 个人客户舒惟楷先生，身份证号码：255369198503082359，手机号 13111230256，来我行办理Ⅰ类借记卡账户开户业务，签印类别密码（密码自行设置）。

2. 柜员为客户办理借记卡活期存款业务，一次性现金存入 15200 元。

3. 柜员为客户办理借记卡活期取款业务，一次性支取现金 5000 元。

[上机操作]

（1）开个人客户号。

个人业务—个人账户管理—开个人客户号

为个人开立客户号，一般是个人客户首次在银行办理业务时使用。

在商业银行实际业务中，一个身份证只能开立一个客户号，但是我们的教学软件允许同一个身份证开立多个客户号。

根据任务说明中的内容，录入客户信息（* 号内容为必输项）。客户名称：舒惟楷，客户称谓：先生，证件类型：身份证，证件号码：255369198503082359，手机号：13111230256，以上信息录入错误，该题不得分（见图 3.1）。

点击“执行”按钮，记录系统生成客户号。

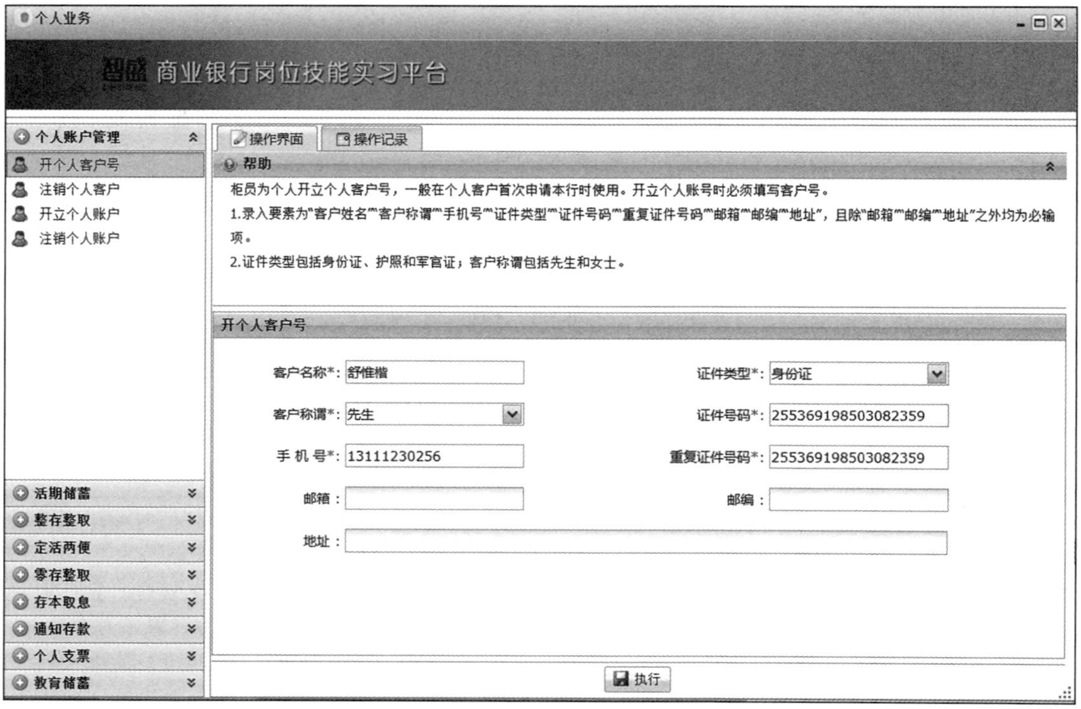

图 3.1 开个人客户号

（2）开立个人账户。

个人业务—个人账户管理—开立个人账户

录入系统生成客户号，点击“查询”按钮，屏幕返显客户信息，录入账户类型：I 类账户；签印类别：密码；凭证类型：借记卡；凭证号码：空闲的借记卡凭证号；交易密码自行设置，密码不要过于复杂以免遗忘。手机号：13111230256；点击“执行”后，记录系统生成账号信息（见图 3.2）。

（3）借记卡活期存款。

个人业务—活期储蓄—借记卡活期存款

图 3.2　开立个人账户

输入账号信息，点击“查询”按钮，客户信息出现，选中该信息，点击“存款”，金额录入 15200，点击“执行”(见图 3.3)。

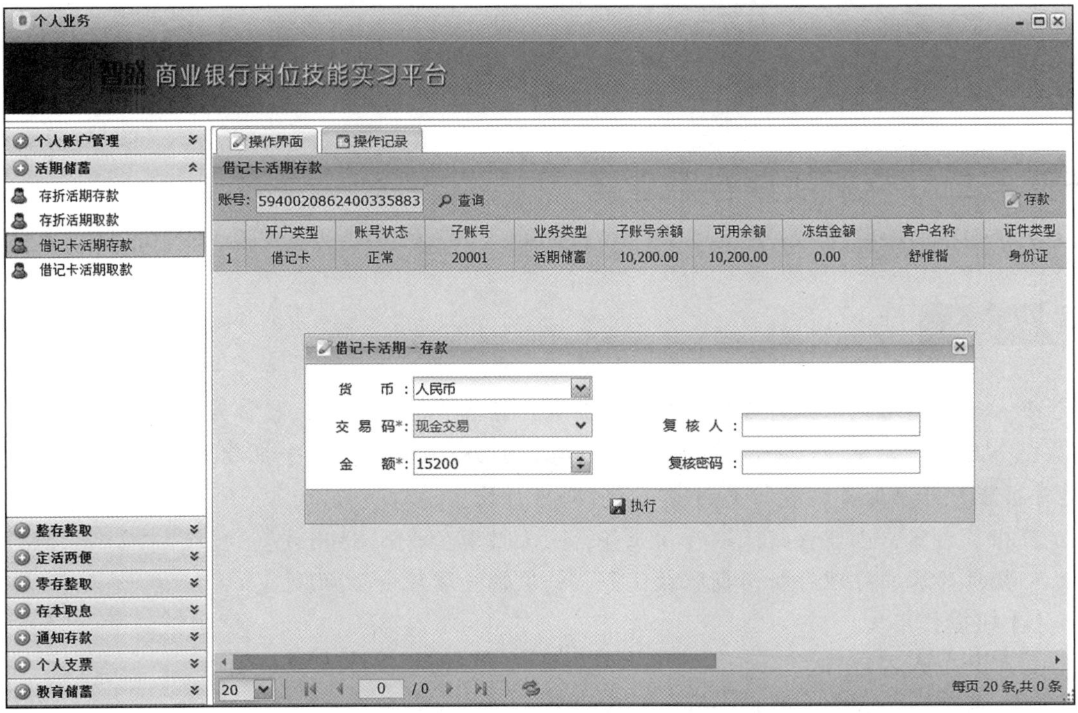

图 3.3　借记卡活期存款

（4）借记卡活期取款。

个人业务—活期储蓄—借记卡活期取款

输入账号信息，点击“查询”按钮后选中客户卡信息，点击“取款”按钮。证件类型：身份证，证件号码：255369198503082359，金额：5000，点击“执行”(见图 3.4)。

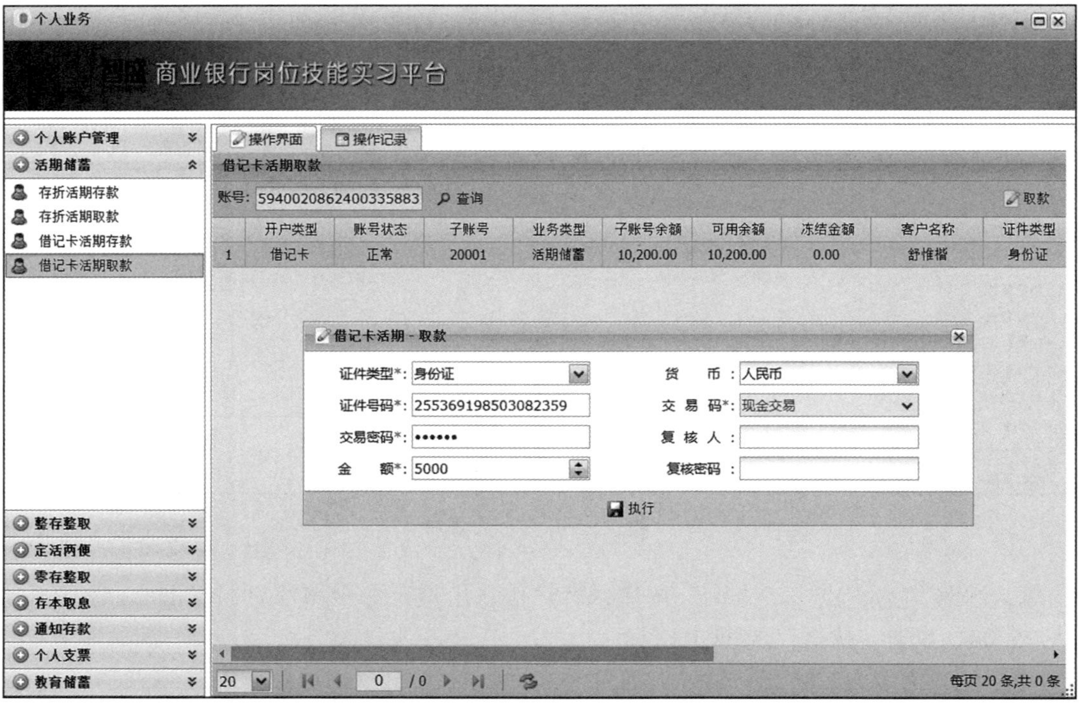

图 3.4　借记卡活期取款

子任务二　存折活期存款业务

案例导入

个人客户廖缘纯来银行办理存折相关业务，经客户经理推荐，柜员为其办理以下业务：

1. 个人客户廖缘纯女士，身份证号码 440159198802061265，手机号 15142568974，办理 I 类存折账户开户业务，签印类别密码（密码自行设置）。

2. 柜员为客户办理存折活期存款业务，一次性现金存入 8800 元。

3. 柜员为客户办理存折活期取款业务，一次性支取现金 3000 元。

[上机操作]

（1）开个人客户号。

个人业务—个人账户管理—开个人客户号

客户名称：廖缘纯，客户称谓：女士，证件类型：身份证，证件号码：440159198802061265，手机号：15142568974，点击“执行”，记录客户号（见图3.5）。

图 3.5 开个人客户号

（2）开立个人账户。

个人业务—个人账户管理—开立个人账户

录入客户号，点击“查询”，屏幕回显客户信息。账户类型：I 类账户；签印类别：密码；凭证类型：普通存折；凭证号码：空闲普通存折凭证号码；手机号：15142568974；点击“执行”，记录存折账号（见图3.6）。

（3）存折活期存款。

个人业务—活期储蓄—存折活期存款

录入存折账号，点击“查询”，屏幕回显账户信息条。选中信息条，点击“存款”，录入金额：8800，点击“执行”，完成存款（见图3.7）。

（4）存折活期取款。

个人业务—活期储蓄—存折活期取款

录入存折账号，点击“查询”，屏幕回显信息条，选中后点击“取款”。录入证件类型：身份证，证件号码：440159198802061265，金额：3000，点击“取款”，完成操作（见图3.8）。

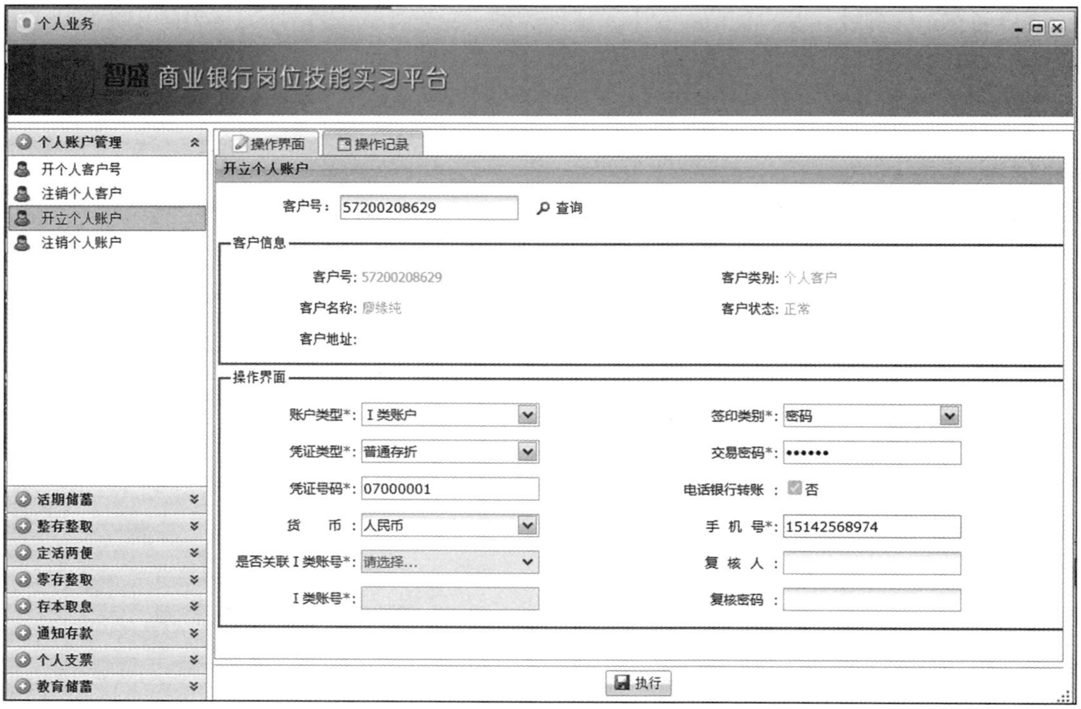

图 3.6　开立个人账户

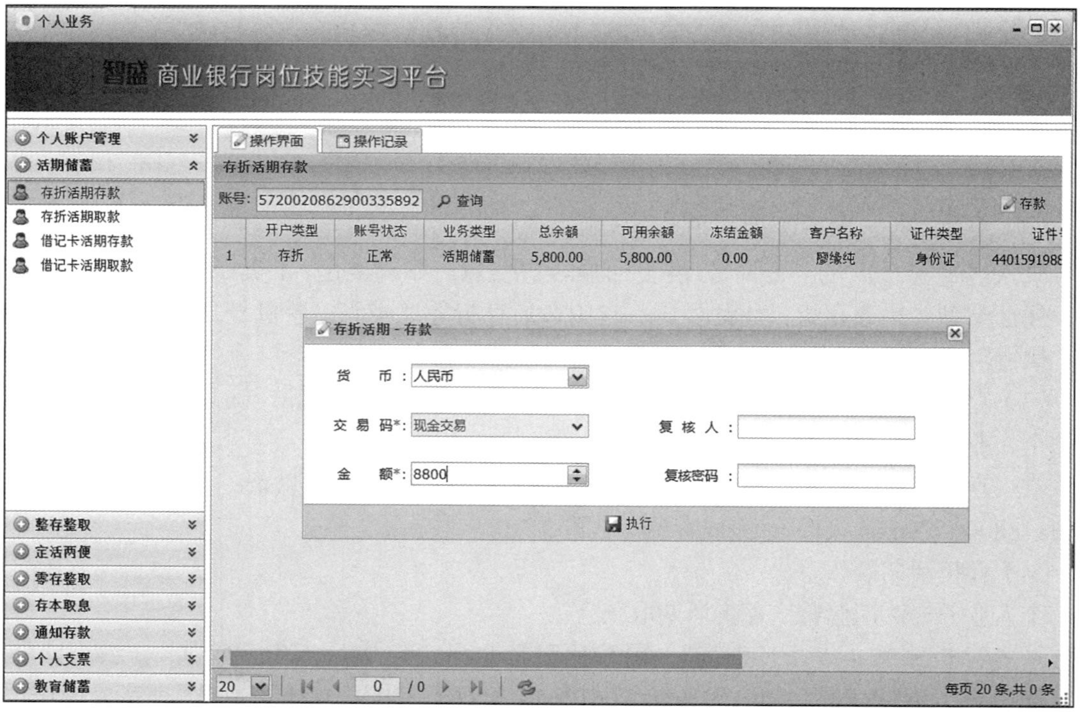

图 3.7　存折活期存款

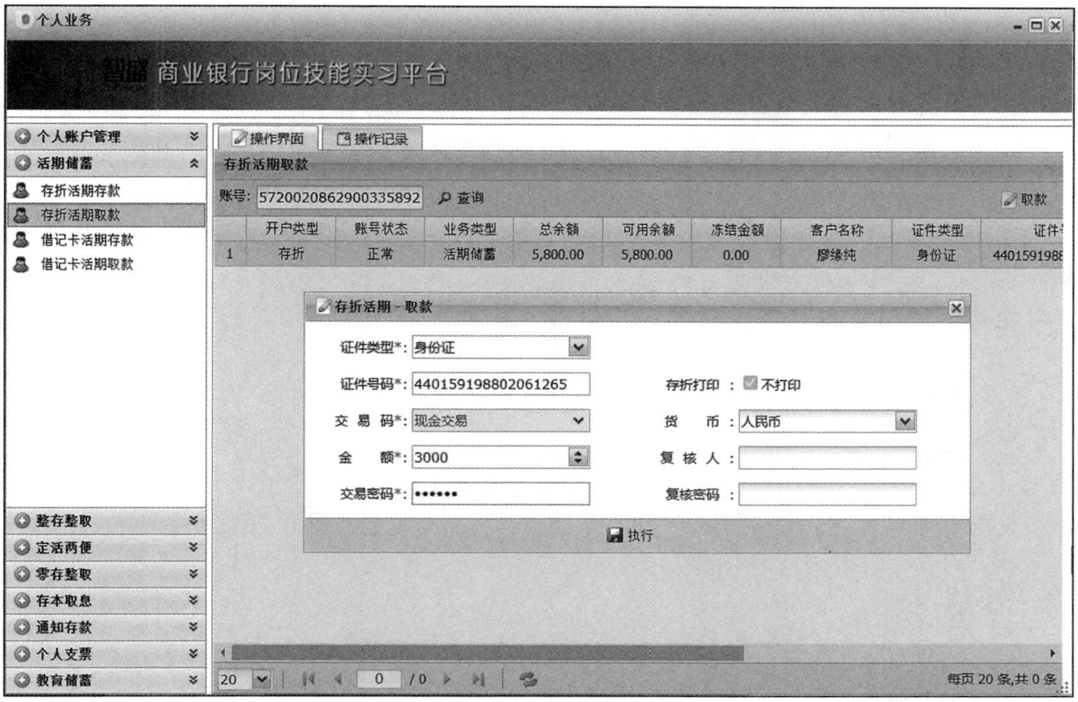

图 3.8　存折活期取款

小贴士

若存折需要更换，柜员如何处理？

换折有三种情况：正常换折、非正常换折和挂失换折，其处理方式不尽相同。

（一）正常换折的处理

1. 在存取款交易界面中弹出凭证号输入框，输入新存折凭证号。

2. 新活期储蓄存折上打印账户账号、户名、账户余额等账户信息。

3. 新活期储蓄存折上加盖存单（折）专用章后交客户，破坏旧活期存折磁条的完整性，作当笔交易业务凭证的附件送监督中心。

若客户留存已换折的旧活期储蓄存折的，柜员将旧活期储蓄存折封面剪下并加盖“换折”印章，以此作为换折依据，同时破坏其磁条完整性后将其余部分交客户。

（二）非正常换折的处理

1. 使用“活期储蓄换折交易”，经有权人授权。预留密码，由取款人输入密码。

2. 新活期储蓄存折上打印账户账号、户名、账户余额等账户信息。

3. 新活期储蓄存折上加盖存单（折）专用章，将存折交客户，破坏旧活期存折磁条的完整性，作表外科目借方凭证的附件送监督中心。

若客户留存已换折的旧活期存折的，将旧活期存折封面剪下并加盖“换折”印章，以此作为换折依据，同时在最后一笔交易记录的下一行，批注“××××年××月××日换折，以下空白”字样（或加盖印章），并破坏磁条完整性后将其余部分交客户。

（三）挂失换折的处理

1. 客户办妥活期账户正式挂失止付手续 7 天后，凭挂失申请书（第一联）及本人身份证件到原挂失网点办理挂失销户手续。

2. 抽出网点留存的挂失申请书（第二联），审核挂失申请书（第二联）及身份证件的有关要素是否齐全、合法、准确、有效。

3. 使用“查询挂失登记簿”交易进行查询，核对该笔挂失记录与挂失申请书内容是否一致。

4. 使用“活期储蓄挂失换折销户”交易，经有权人授权，预留密码，由取款人输入密码。

5. 打印特殊业务凭证和新活期储蓄存折，柜员核对打印内容。

6. 特殊业务凭证上加盖业务清讫章，活期存折上加盖存单（折）专用章。挂失申请书（第二联）经客户签字确认后，新活期储蓄存折、身份证件交客户，挂失申请书（第二联）视同存折做特殊业务凭证送监督中心。挂失申请书（第一联）由监督中心永久保管。

任务一小结

借记卡活期业务；存折活期存款业务的操作方法。

核心技能与概念

开立个人客户号；开立个人账户；个人活期存款；个人活期取款

课堂讨论

个人活期存款的种类是什么？

任务二　个人定期存款

定期储蓄是储户存入款项时预定一定存储时间的储蓄，适合于个人货币收入中结余款项的存储，满足人们为了一定目的、有计划存取款项的需要。定期储蓄存期较长，比较稳定，是银行的一项重要资金来源。定期储蓄的利率较活期储蓄的利率高，但对提前支取的定期储蓄，银行按实际存期支付较低的利息。

定期储蓄主要有：整存整取定期存款、零存整取定期存款、存本取息定期存款、定活两便存款、通知存款、教育储蓄。

1. 整存整取定期存款

整存整取定期存款是在存款时约定存期，一次存入本金，全部或部分支取本金和利息的服务。整存整取定期存款的起存金额是 50 元，存期分为三个月、半年、一年、二年、三年和五年。

2. 零存整取定期存款

零存整取定期存款指客户按月定额存入，到期一次支取本息的服务。零存整取定期存款的起存金额是人民币 5 元，多存不限。零存整取定期存款的存期分为一年、三年和五年。存款金额由客户自定，每月存入一次。

3. 存本取息定期存款

存本取息指存款本金一次存入，约定存期及取息期，存款到期一次性支取本金，分期支取利息的业务。存本取息定期存款是5000元起存，存期分为一年、三年和五年。存本取息定期存款的取息日由客户开户时约定，可以一个月或几个月取息一次；取息日未到，不得提前支取利息；取息日未取息，以后可随时取息，但不计复息。

4. 定活两便存款

人民币定活两便储蓄存款是存款时不确定存期，一次存入本金随时可以支取的业务。定活两便存款是50元起存。

存款利率：存期不满三个月的，按天数计付活期利息；存期三个月以上（含三个月），不满半年的，整个存期按支取日定期整存整取三个月存款利率打六折计息；存期半年以上（含半年），不满一年的，整个存期按支取日定期整存整取半年期存款利率打六折计息；存期在一年以上（含一年），无论存期多长，整个存期一律按支取日定期整存整取一年期存款利率打六折计息。

5. 通知存款

通知存款是一种不约定存期，支取时需提前通知银行，约定支取日期和金额方能支取的存款。通知存款不论实际存期多长，按存款人提前通知的期限长短划分为一天通知存款和七天通知存款两个品种。一天通知存款必须提前一天通知约定支取存款，七天通知存款则必须提前七天通知约定支取存款。

6. 教育储蓄

教育储蓄是一种特殊的零存整取定期储蓄存款，享受优惠利率，更可获取额度内利息免税。起存金额是50元人民币，本金合计最高限额为2万元人民币。

存款利率：存款到期，凭存款人接受非义务教育（全日制高中、大中专、大学本科、硕士和博士研究生）的录取通知书或学校开具的存款人正在接收非义务教育的学生身份证明，可享受整存整取的利率。在存期内遇有利率调整，按开户日挂牌公告的相应储蓄存款利率计付利息，不分段计息。

注意：整存整取、零存整取和存本取息三种定期存款对比见表3.2。

表3.2　三种定期存款对比表

	整存整取	零存整取	存本取息
起存金额	50元	5元	5000元
期限	三个月、六个月、一年、两年、三年、五年	一年、三年、五年	一年、三年、五年
核算内容	开户、到期支取、逾期支取、全部提前支取、部分提前支取	开户、到期支取、逾期支取、全部提前支取	开户、到期支取、逾期支取、全部提前支取
提供功能	开户时可约定自动转存一次； 存期内允许部分提前支取； 预留密码，到期支取可办理通兑	预留密码可通兑，到期支取回原开户机构办理； 不允许部分提前支取； 如有漏存，必须于次月补齐，否则视为违约，按活期存款计息	是手工处理的业务； 不允许部分提前支取； 需按约定时间支取利息，不得提前。如到期日未取，以后可随时支取

子任务一 通知存款业务

案例导入

个人客户杨稚眉来银行办理借记卡相关业务，经客户经理推荐，柜员为其办理以下业务：

1. 个人客户杨稚眉女士，身份证号443129199011221360，手机号14789564589，来我行办理I类借记卡账户开户业务，签印类别密码（密码自行设置）。

2. 柜员为客户办理借记卡活期存款业务，一次性现金存入8万元。

3. 柜员为客户办理借记卡通知存款开户业务，一次性转账存入7万元，签印类别为密码。

4. 柜员为客户办理借记卡通知存款销户业务，时间刚好是开户后1年。

[上机操作]

（1）开个人客户号。

个人业务—个人账户管理—开个人客户号

客户名称：杨稚眉，客户称谓：女士，证件类型：身份证，证件号码：443129199011221360，手机号：14789564589，点击“执行”，记录客户号（见图3.9）。

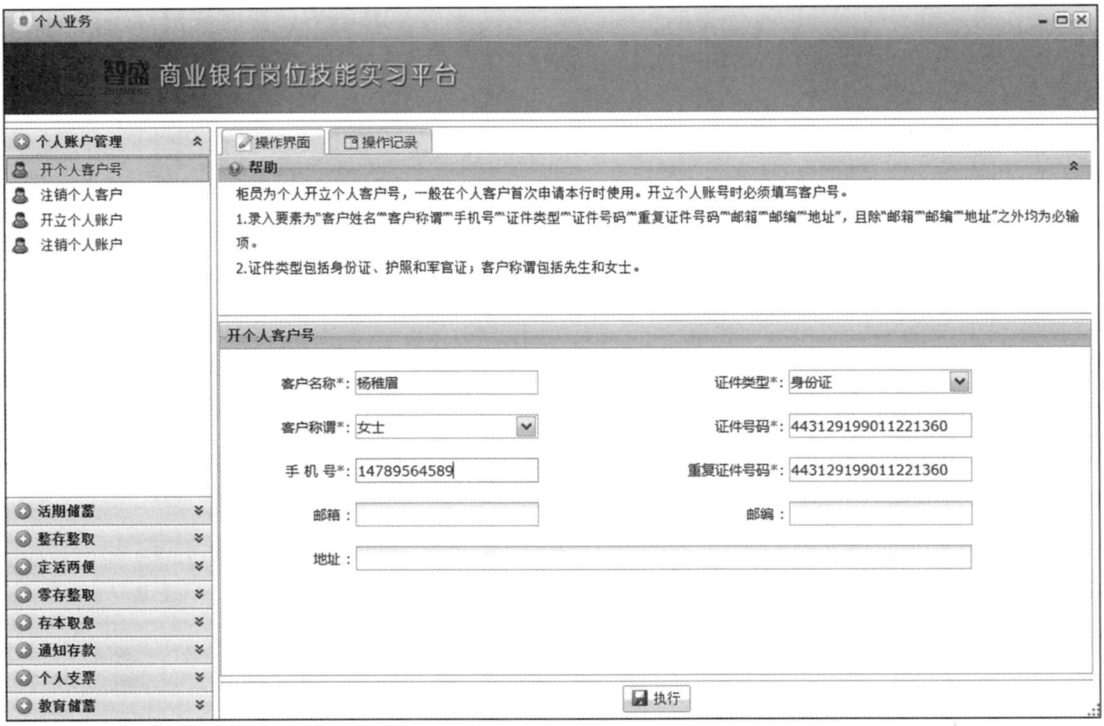

图3.9 开个人客户号

（2）开立个人账户。

个人业务—个人账户管理—开立个人账户

账户类型：Ⅰ类账户；签印类别：密码；凭证类型：借记卡；凭证号码：空闲的借记卡凭证号码；手机号：14789564589，点击“执行”，记录账号（见图 3.10）。

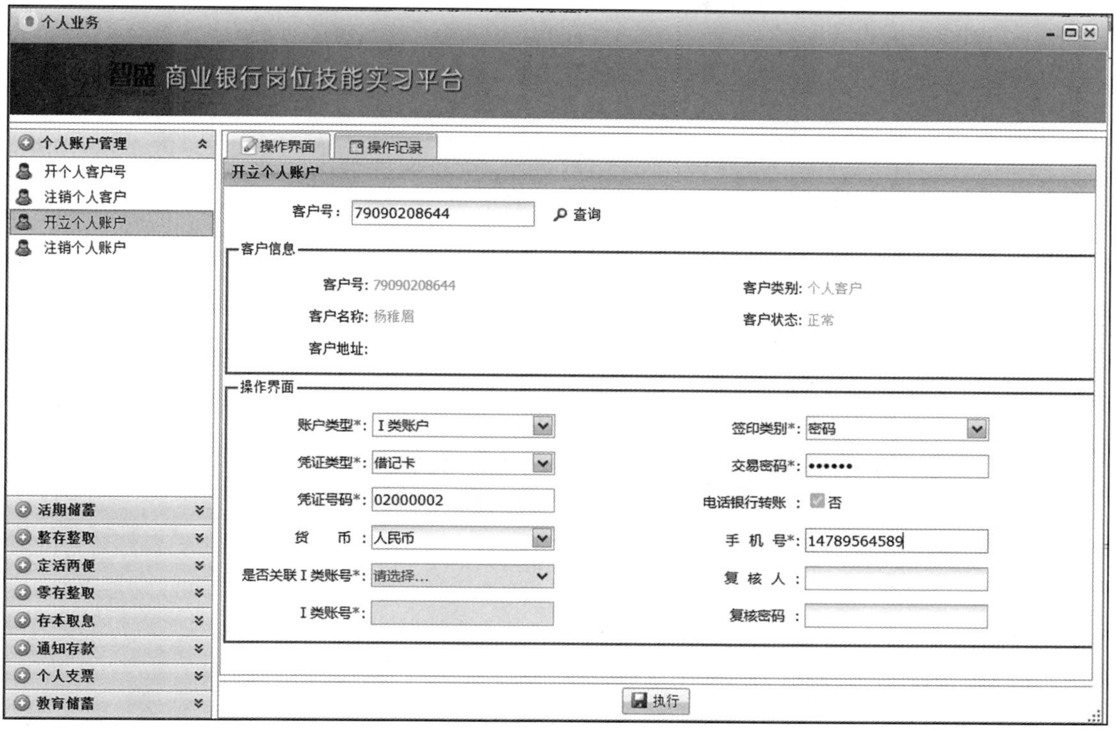

图 3.10　开立个人账户

（3）借记卡活期存款。

个人业务—活期储蓄—借记卡活期存款

录入账号，点击“查询”，屏幕显示该账号信息条。选中后，点击“存款”，录入存款金额：80000，点击“执行”，完成操作（见图 3.11）。

（4）借记卡通知存款开户

个人业务—通知存款—借记卡通知存款开户

录入账号，点击“查询”，屏幕显示该账号信息条。选中后，点击“开户”。

交易码：转账交易；签印类别：密码；金额：70000；交易密码：自行设立；手机号：14789564589。点击“执行”，完成操作（见图 3.12）。

（5）借记卡通知存款销户

个人业务—通知存款—借记卡通知存款销户

录入账号信息，点击“查询”按钮，选中客户账户信息，点击“销户”，核对屏幕回显信息，无误后录入证件类型：身份证，证件号码：443129199011221360。点击“执行”，完成操作（见图 3.13）。

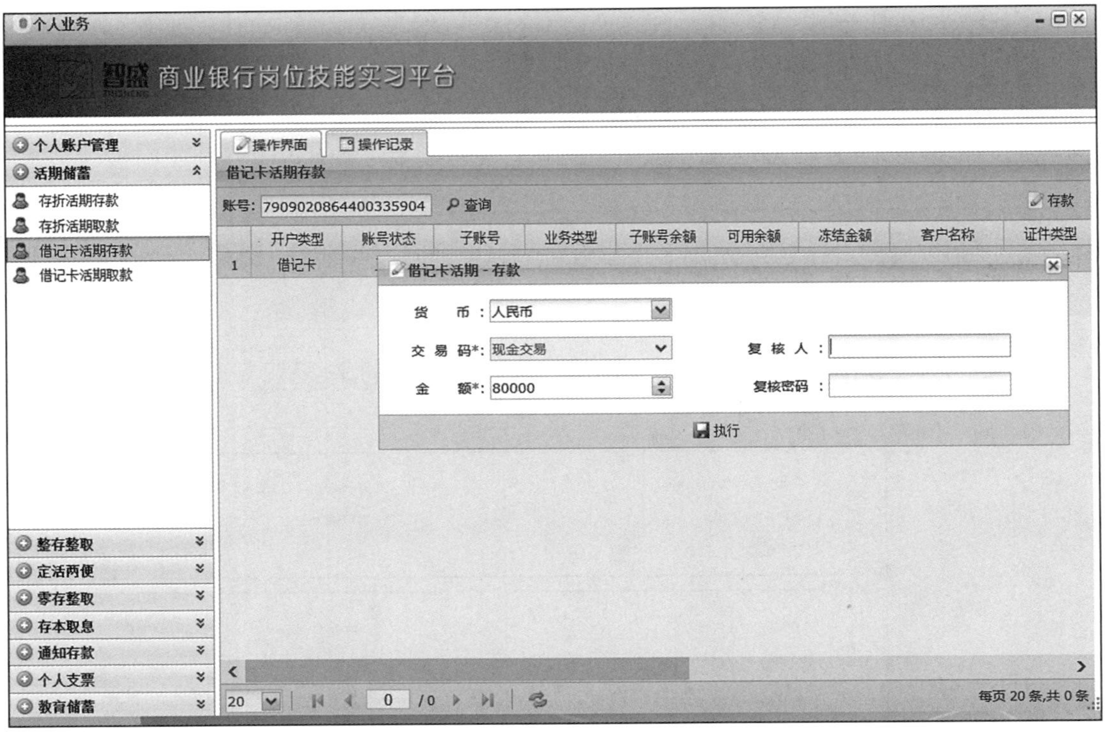

图 3.11　借记卡活期存款

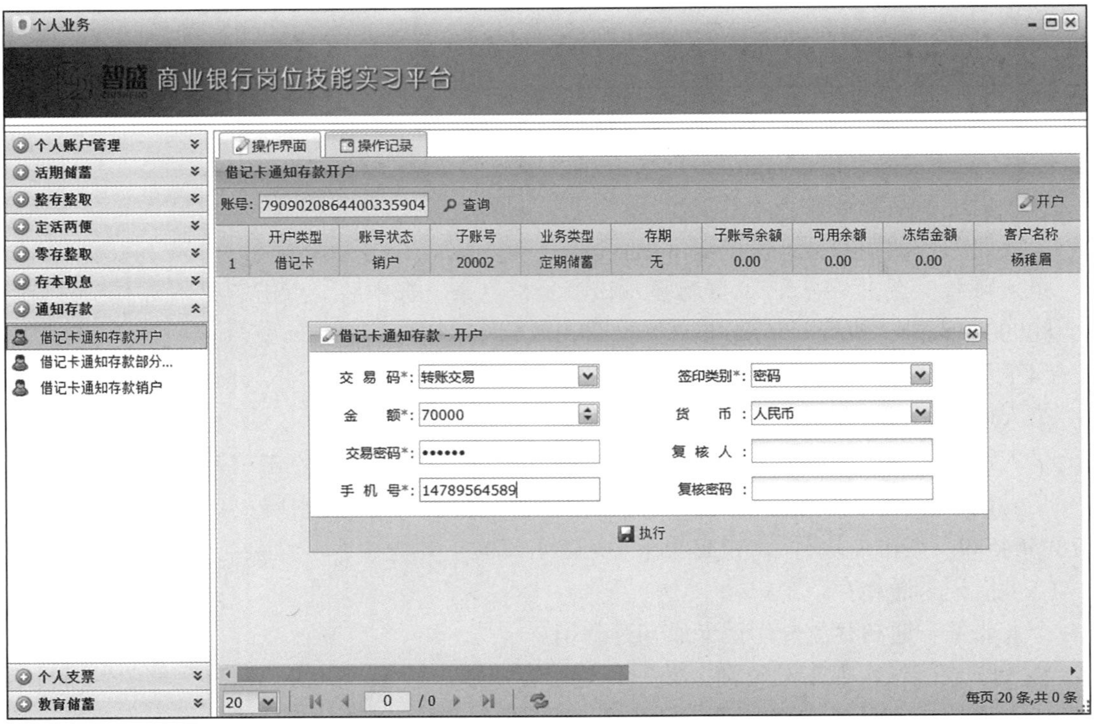

图 3.12　借记卡通知存款开户

图 3.13　借记卡通知存款销户

子任务二　定活两便存款存款

案例导入

个人客户黄宪秋来银行办理借记卡相关业务，经客户经理推荐，柜员为其办理以下业务：

1. 个人客户黄宪秋先生，身份证号码 110125199309140119，手机号 13258964515，来银行办理 I 类借记卡账户开户业务，签印类别密码（密码自行设置）。

2. 柜员为客户办理借记卡活期存款业务，一次性现金存入 3.6 万元。

3. 柜员为客户办理借记卡定活两便开户业务，一次性转账存入 8000 元，签印类别为密码。

4. 柜员为客户办理借记卡定活两便销户业务（日期自行选择）。

[上机操作]

（1）为客户黄宪秋开个人客户号

个人业务—个人账户管理—开个人客户号

客户名称：黄宪秋，客户称谓：先生，证件类型：身份证，证件号码：110125199309140119，手机号：13258964515，点击“执行”按钮，记录客户号（见图 3.14）。

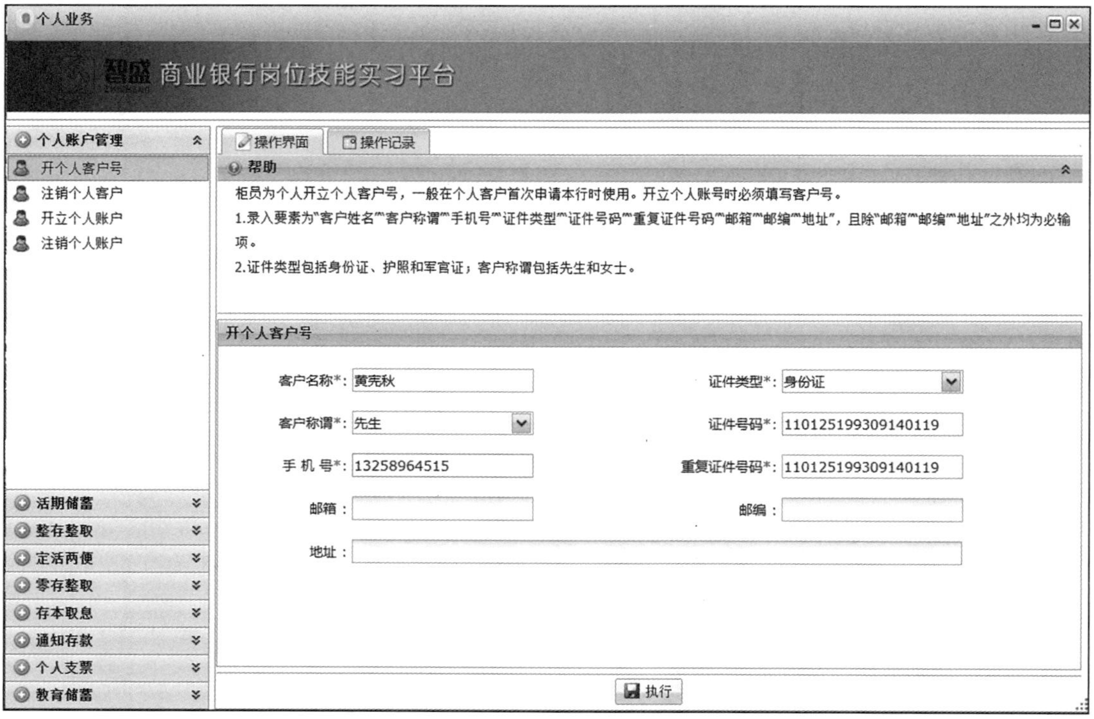

图 3.14　开个人客户号

（2）开立个人账户。

个人业务—个人账户管理—开立个人账户

录入客户号，点击“查询”，屏幕回显客户信息。账户类型：Ⅰ类账户；签印类别：密码；凭证类型：借记卡；凭证号码：空闲的借记卡凭证号；手机号：13258964515，点击“执行”，记录账号（见图 3.15）。

（3）为客户黄宪秋办理借记卡活期存款。

个人业务—活期储蓄—借记卡活期存款

录入账号信息，点击“查询”，选中客户信息，点击“存款”，录入存款金额 36000。点击“执行”，完成操作（见图 3.16）。

（4）为客户办理借记卡定活两便开户业务。

个人业务—定活两便—借记卡定活两便开户

录入账号信息，无须点击“查询”，直接点击“开户”；录入交易码：转账交易，金额：8000，点击“执行”完成（见图 3.17）。

（5）办理定活两便销户业务。

个人业务—定活两便—借记卡定活两便销户

录入该客户借记卡定活两便账号，点击“查询”，选中客户信息，按“销户”按钮，在销户界面内录入证件类型：身份证，证件号码：110125199309140119；金额：8000；销户日期：自行选择；点击“执行”，完成操作（见图 3.18）。

图 3.15　开立个人账户

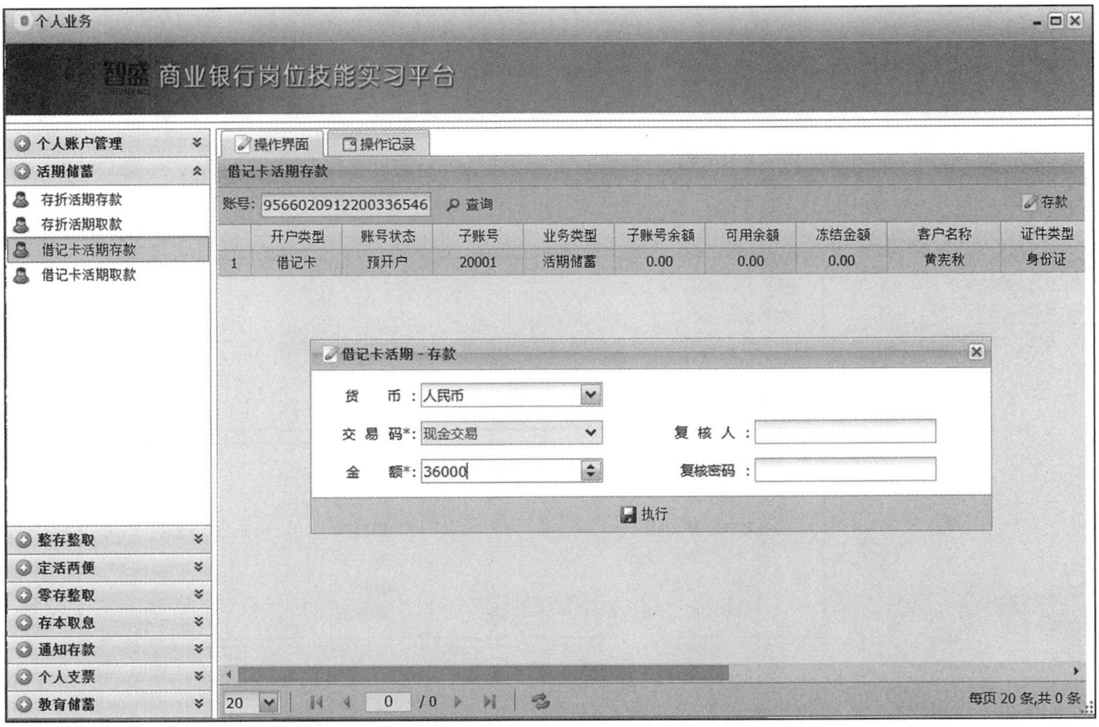

图 3.16　借记卡活期存款

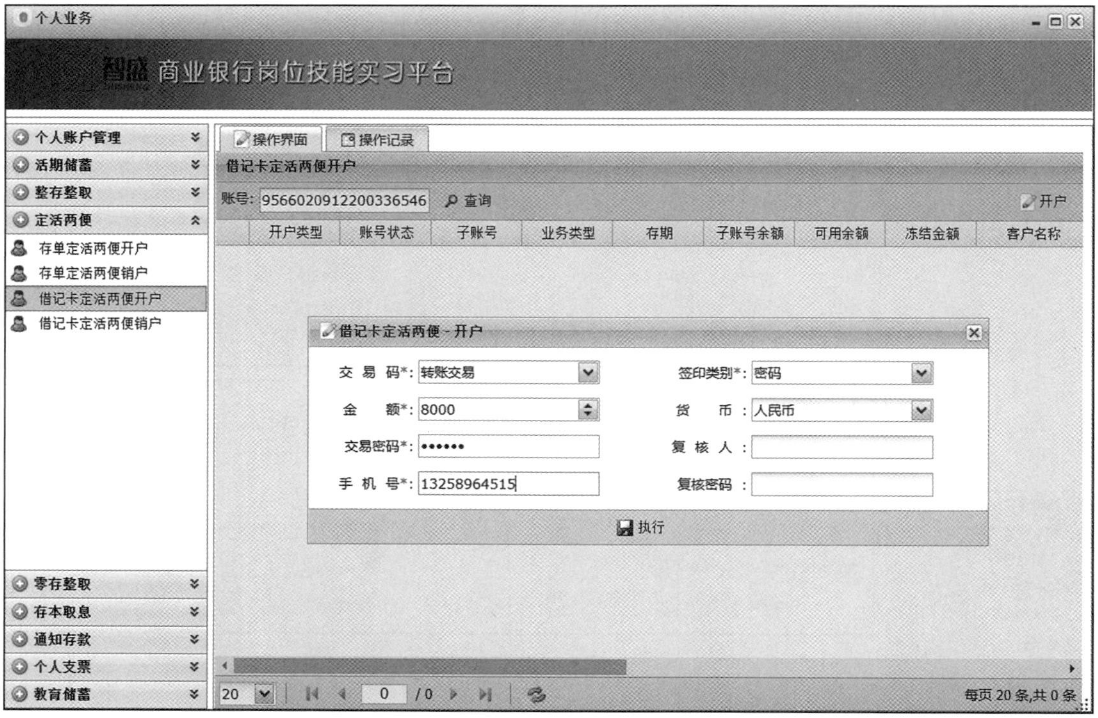

图 3.17　借记卡定活两便开户

图 3.18　借记卡定活两便销户

子任务三 个人整存整取业务

案例导入

个人客户杨稚眉女士来银行开立整存整取存单，一次性现金存入6万元，签印类别密码，手机号14789564589，存期1年。（涉及之前相关信息在个人通知存款业务，密码自行设置）

1. 3个月后，柜员为客户办理存单整存整取提前支取，一次性现金支取1万元。

2. 1年后，柜员为客户办理存单整存整取销户业务，现金支取余额。

[上机操作]

（1）存单整存整取开户。

个人业务—整存整取—存单整存整取开户

录入杨稚眉客户号，点击“查询”，屏幕回显客户信息，核对无误后录入交易码：现金交易；存期：一年；金额：60000；手机号：14789564589；复核人、复核密码：999999；点击“执行”，完成并记录系统生成的存单整存整取账号（见图3.19）。

图3.19 存单整存整取开户

（2）存单整存整取提前支取。

个人业务—整存整取—存单整存整取提前支取

录入杨稚眉存单整存整取账号，点击“查询”，屏幕回显客户信息。凭证号码：存单整存整取开户时所用凭证号；替换凭证号：空闲的存单整存整取凭证号；证件类型：身份证，证件号码：443129199011221360，交易码：现金交易，金额：10000，点击“执行”完成（见图3.20）。

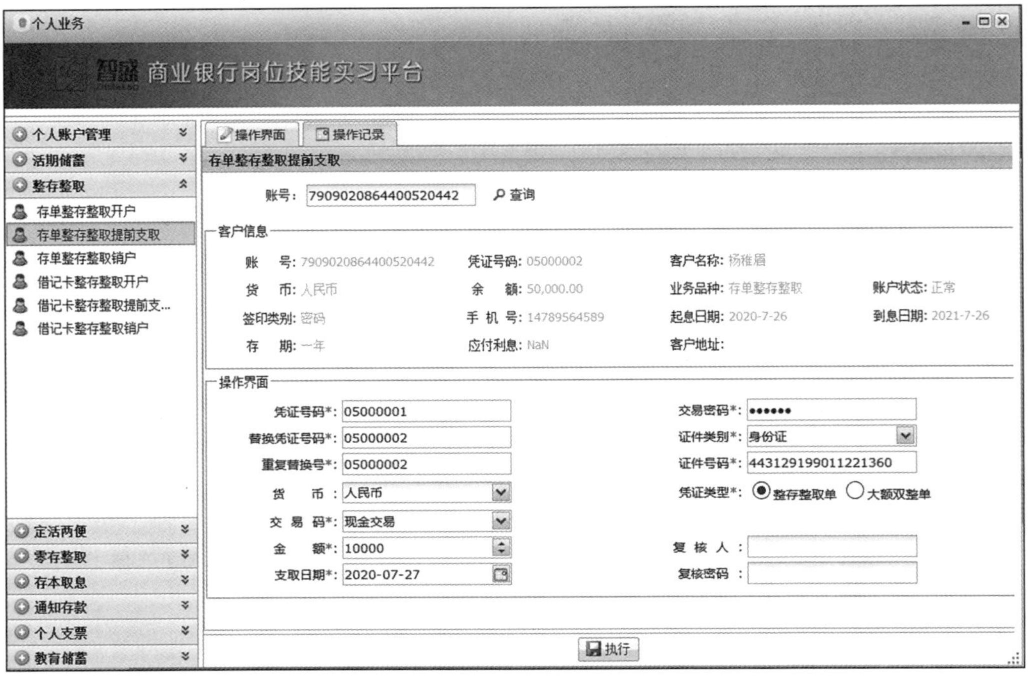

图 3.20　存单整存整取提前支取

（3）存单整存整取销户业务。

个人业务—整存整取—存单整存整取销户

录入杨稚眉存单整存整取账号，点击“查询”，屏幕回显客户信息，核对无误后录入证件类型：身份证，证件号码：443129199011221360，交易码：现金交易，点击“执行”完成操作（见图 3.21）。

图 3.21　存单整存整取销户

子任务四　借记卡存本取息业务

案例导入

1. 柜员为黄宪秋先生办理借记卡存本取息开户业务，一次性转账存入 1 万元，存期三年，取息间隔 3 个月，手机号 13258964515，签印类别密码。(此客户在个人定活两便业务中已开 I 类借记卡账户以及活期子账户)

2. 客户于 3 个月后来银行支取第一次利息。

3. 1 年后，柜员为客户办理借记卡存本取息销户业务。

[上机操作]

（1）借记卡存本取息开户。

个人业务—存本取息—借记卡存本取息开户

输入客户黄宪秋的账号，不要按“查询”按钮，直接点击“开户”按钮。交易码：转账交易，取息间隔（月）：3，存期：三年，金额：10000（见图 3.22）。

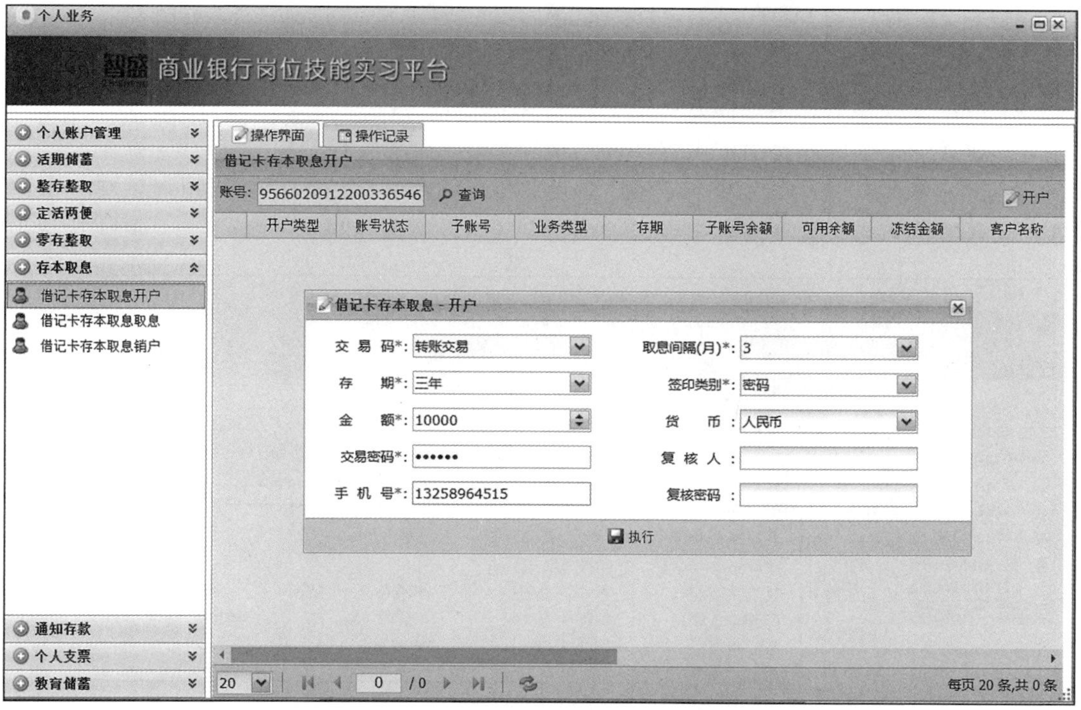

图 3.22　借记卡存本取息开户

（2）借记卡存本取息。

个人业务—存本取息—借记卡存本取息取息

输入客户账号，点击“查询”，选中查询出的客户信息，点击“取息”按钮，核对屏幕回显客户信息后在操作界面录入关键字。证件类型：身份证，证件号码：110125199309140119；交易码：现金交易；取息日期自选，金额依据屏幕回显“应付利息”填写（见图 3.23）。

图 3.23 借记卡存本取息取息

（3）借记卡存本取息销户业务。

个人业务—存本取息—借记卡存本取息销户

录入客户账号信息后，点击“查询”，选中客户信息后按“销户”按钮，核对屏幕回显信息，录入红色 * 号必输项内容，点击“执行”完成（见图 3.24）。

图 3.24 借记卡存本取息销户

子任务五　借记卡教育储蓄业务

案例信息

个人客户刘志怡来银行办理借记卡相关业务，经客户经理推荐，柜员为其办理以下业务：

1. 个人客户刘志怡先生，身份证号码330127199810011035，手机号13718492545，来银行办理Ⅰ类借记卡账户开户业务，签印类别密码（密码自行设置）。

2. 柜员为客户办理借记卡教育储蓄开户业务，一次性存入现金500元，存期三年，签印类别密码。

3. 柜员为客户办理借记卡教育储蓄存款业务，现金存入500元。

4. 3年后，柜员为客户办理借记卡教育储蓄销户业务。

[上机操作]

（1）开个人客户号。

个人业务—个人账户管理—开个人客户号

客户名称：刘志怡，客户称谓：先生，证件类型：身份证，证件号码：330127199810011035，手机号：13718492545（见图3.25）。

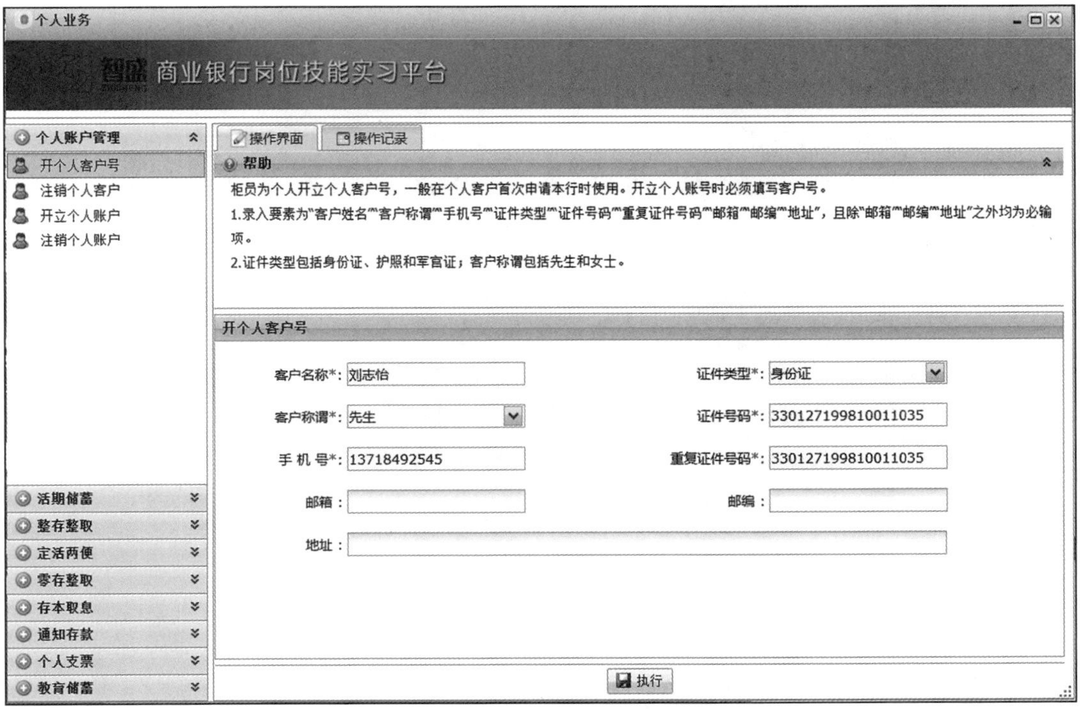

图3.25　开个人客户号

（2）开立个人账户。

个人业务—个人账户管理—开立个人账户

账户类型：Ⅰ类账户，签印类别：密码，凭证类型：借记卡，手机号：13718492545（见图 3.26）。

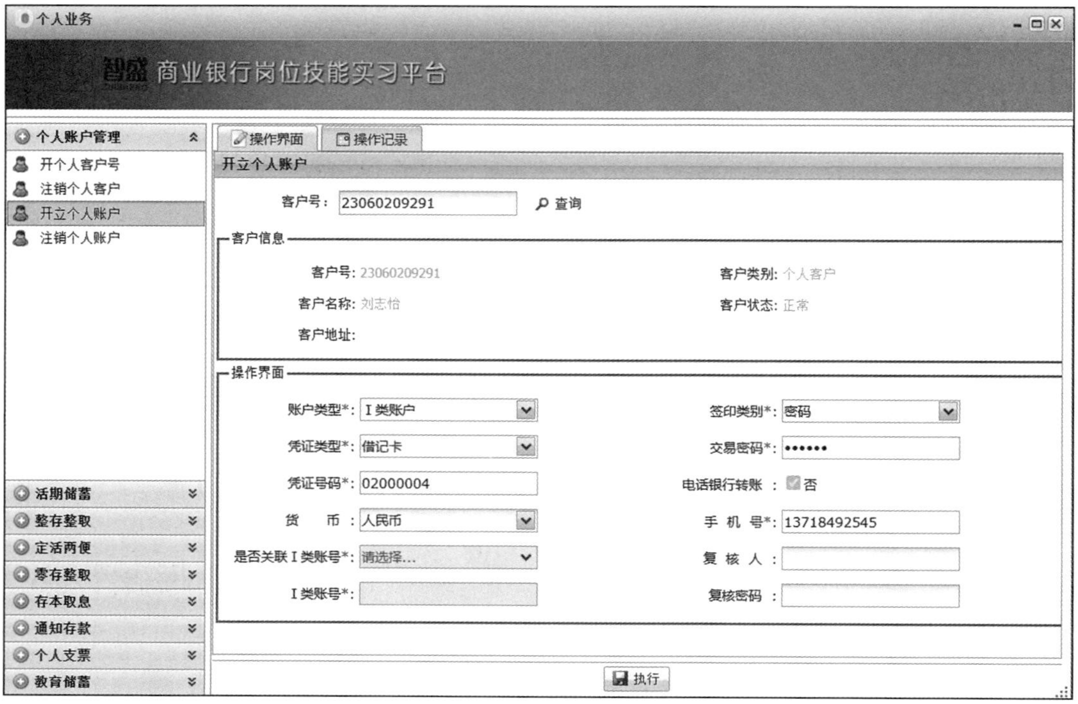

图 3.26　开立个人账户

（3）借记卡教育储蓄开户。

个人业务—教育储蓄—教育储蓄开户；点击“开户”，现金存入 500 元，存期三年，签印类别密码（见图 3.27）。

图 3.27　借记卡教育储蓄开户

（4）借记卡教育储蓄存款。

个人业务—教育储蓄—借记卡教育储蓄存款

录入账号，点击“查询”，屏幕回显客户信息条，选中后点击“存款”。交易码：现金交易；金额：500；点击“执行”，完成操作（见图 3.28）。

（5）借记卡教育储蓄销户业务。

个人业务—教育储蓄—借记卡教育储蓄销户

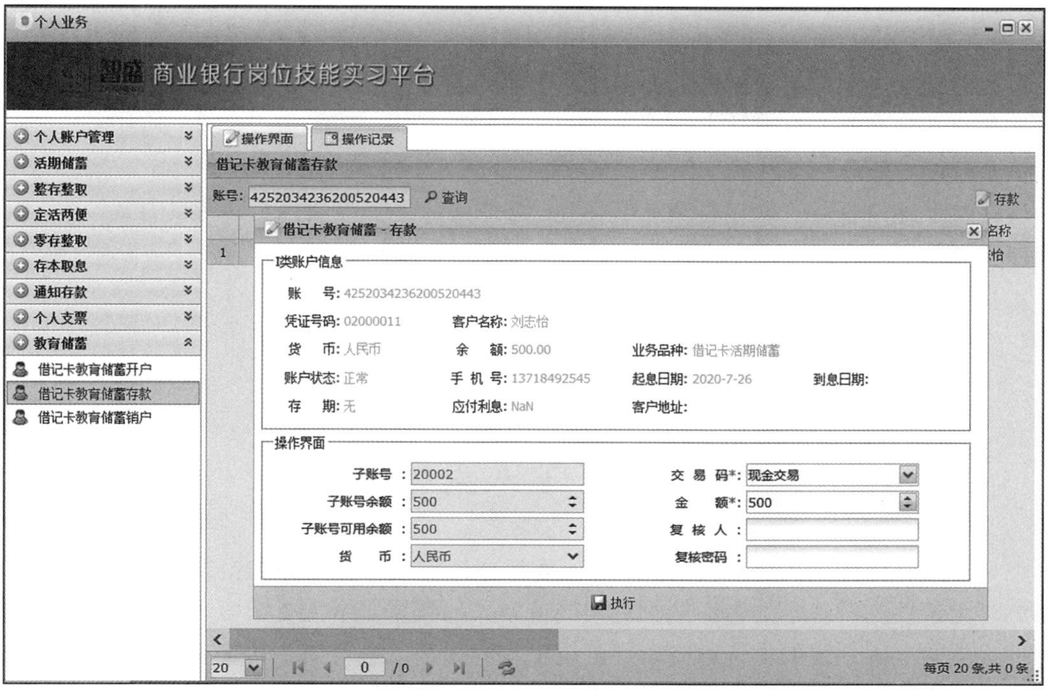

图 3.28 借记卡教育储蓄存款

录入账号，点击“查询”，屏幕回显账号信息，选中后点击“销户”，弹出框内录入证件类型：身份证；证件号码：330127199810011035；金额：500；销户日期：开户后 3 年。点击“执行”，完成销户（见图 3.29）。

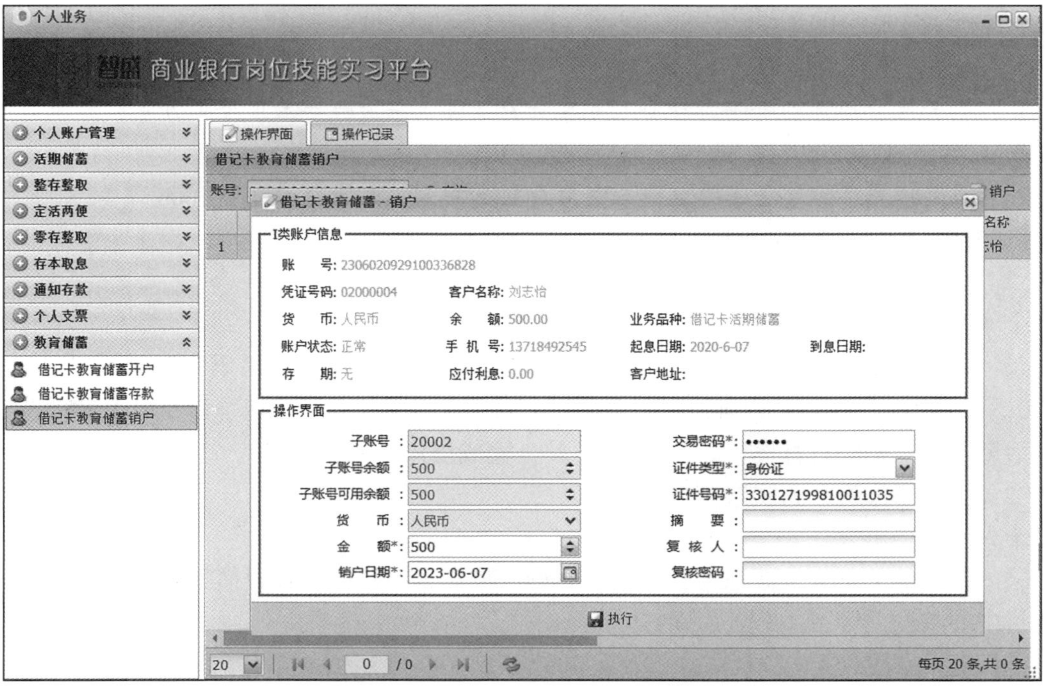

图 3.29 借记卡教育储蓄销户

任务二小结

通知存款业务；定活两便存款业务；个人整存整取业务；借记卡存本取息业务；借记卡教育储蓄业务的办理流程。

核心技能与概念

整存整取定期存款；零存整取定期存款；存本取息定期存款；定活两便存款

课堂讨论

定期储蓄主要有几种？

任务三　个人支票业务

个人支票是由出票人（个人）签发的，委托办理支票存款业务的银行或者其他金融机构在见票时无条件支付确定的金额给收款人或持票人的票据。个人支票分为现金支票和转账支票两种。支票上未划线的是普通支票，可用于支取现金，也可用于转账。在普通支票左上角划两条平行线的是转账支票，只能用于转账，不能支取现金。

子任务一　个人支票的开户业务

案例导入

1. 柜员为客户廖缘纯女士办理个人支票开户业务，一次性存入现金 1 万元，签印类别密码，手机号 15142568974。

2. 柜员为客户廖缘纯女士办理个人支票存款业务，一次性存入现金 5000 元。

[上机操作]

（1）为客户廖缘纯开立个人支票账户。

个人业务—个人支票—个人支票开户

录入客户号，点击查询屏幕回显客户信息，操作界面录入交易码：现金交易，金额：10000；手机号：15142568974，签印类别：密码。点击“执行”按钮。涉及相关信息在个人存折活期业务，密码自行设置。点击“执行”，完成操作（见图 3.30）。

（2）为客户办理个人支票存款。

个人业务—个人支票—个人支票存款

录入廖缘纯的个人支票账号，点击“查询”按钮，屏幕回显客户信息，核对无误后，录入题目中要求的关键字（见图 3.31）。

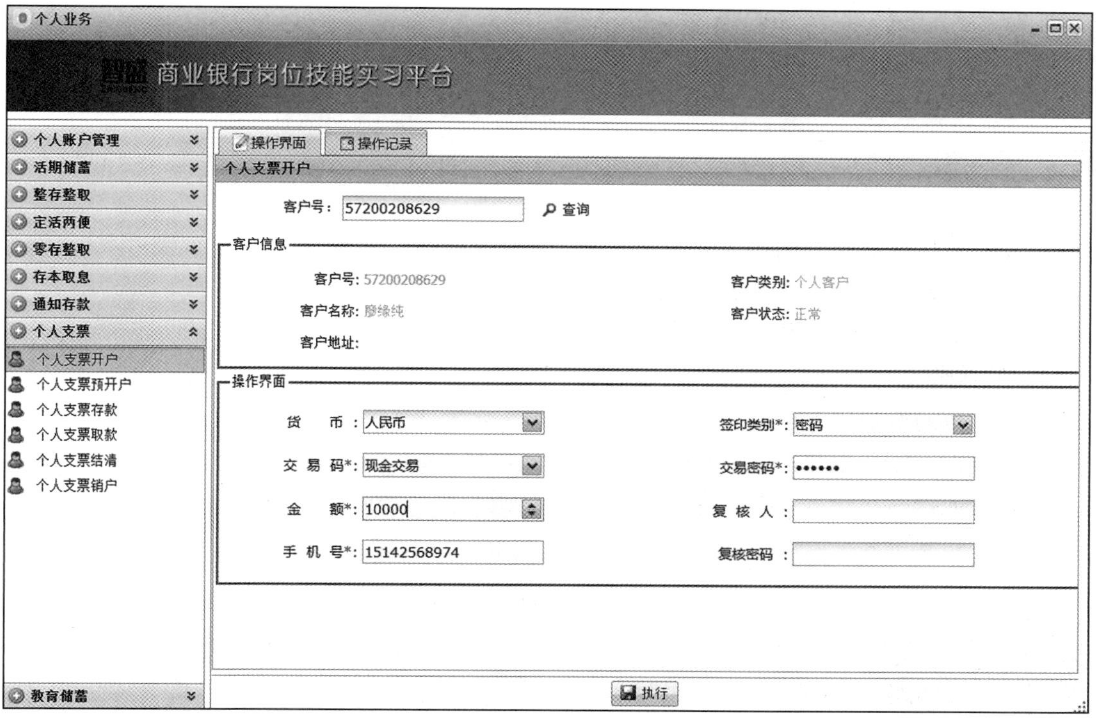

图 3.30　个人支票开户

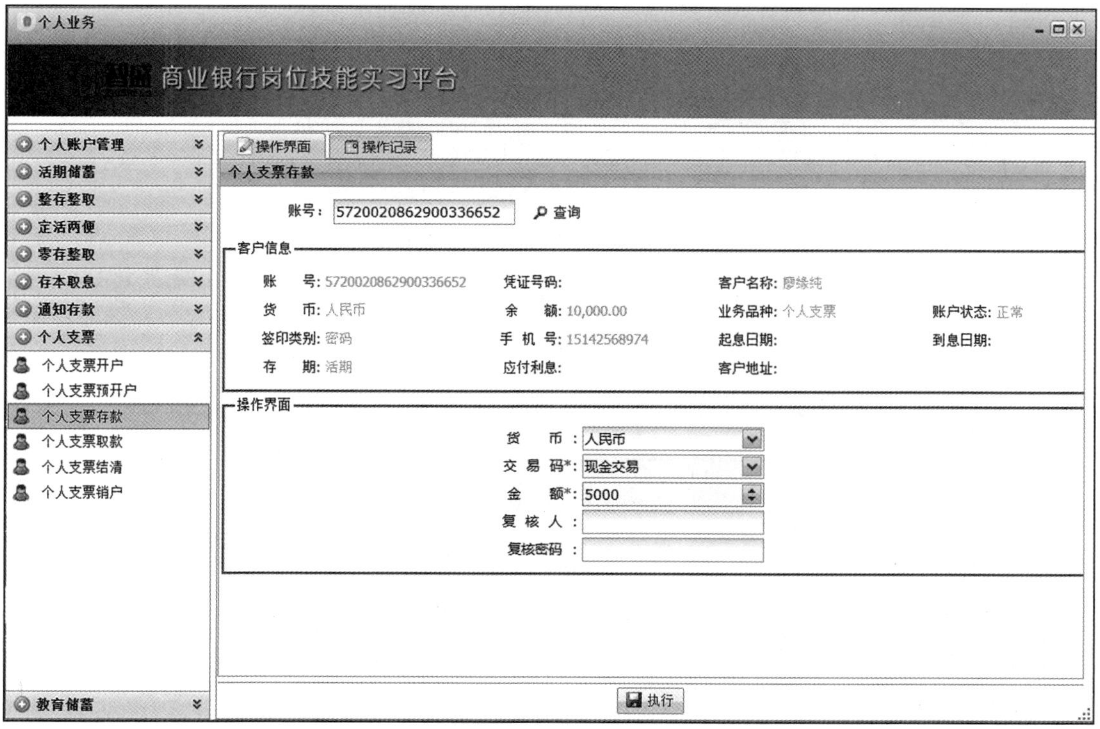

图 3.31　个人支票存款

子任务二　个人支票的其他业务

案例导入

1. 客户廖缘纯向柜员购买 1 本普通支票，共计 25 张。
2. 柜员为客户办理支票挂失业务。
3. 柜员为客户办理支票解挂业务。

［上机操作］

（1）柜员向客户廖缘纯出售一本普通支票。

凭证管理—支票出售。录入廖缘纯的个人支票账号，点击“查询”按钮，屏幕回显客户信息。核对无误后，录入客户身份证号，凭证类型选择：普通支票，开始号码和结束号码为整本可用普通支票凭证号码（见图 3.32）。

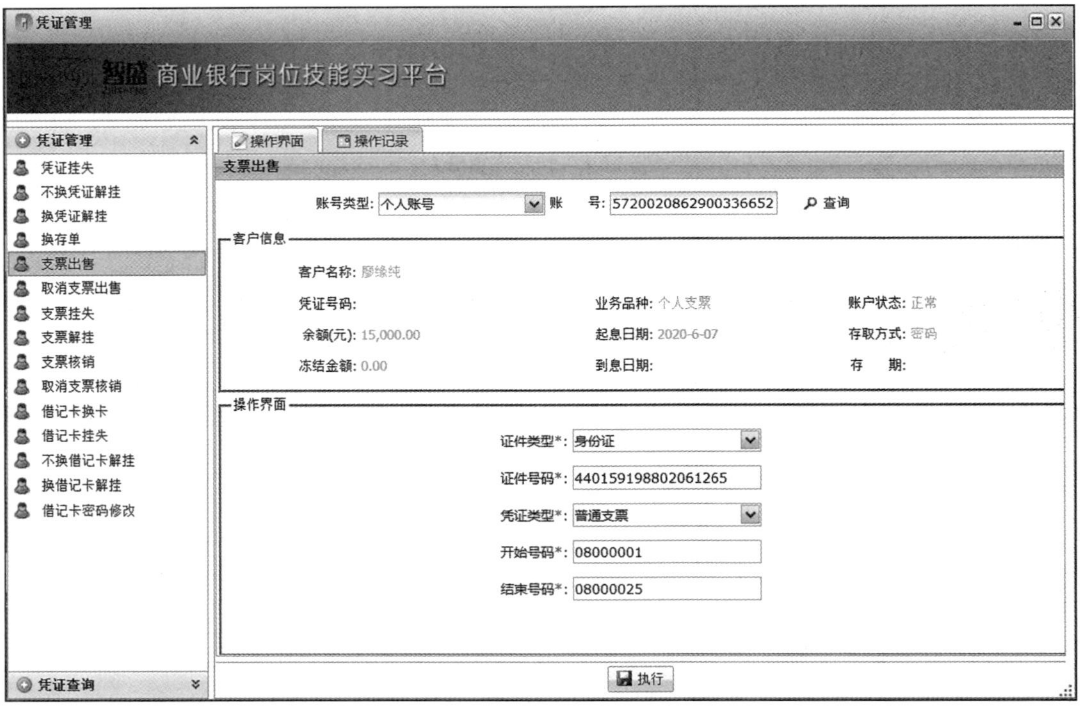

图 3.32　支票出售

（2）支票挂失业务。

凭证管理—支票挂失。录入廖缘纯的个人支票账号，点击“查询”按钮，核对屏幕回显信息，无误后，录入廖缘纯证件号，凭证号码：普通支票，开始号码、结束号码：080000001（见图 3.33）。

（3）支票解挂业务。

凭证管理—支票解挂。录入廖缘纯的个人支票账号，点击“查询”按钮，核对屏幕回显信息，无误后，录入廖缘纯证件号，凭证号码：普通支票，开始号码、结束号码：080000001（见图 3.34）。

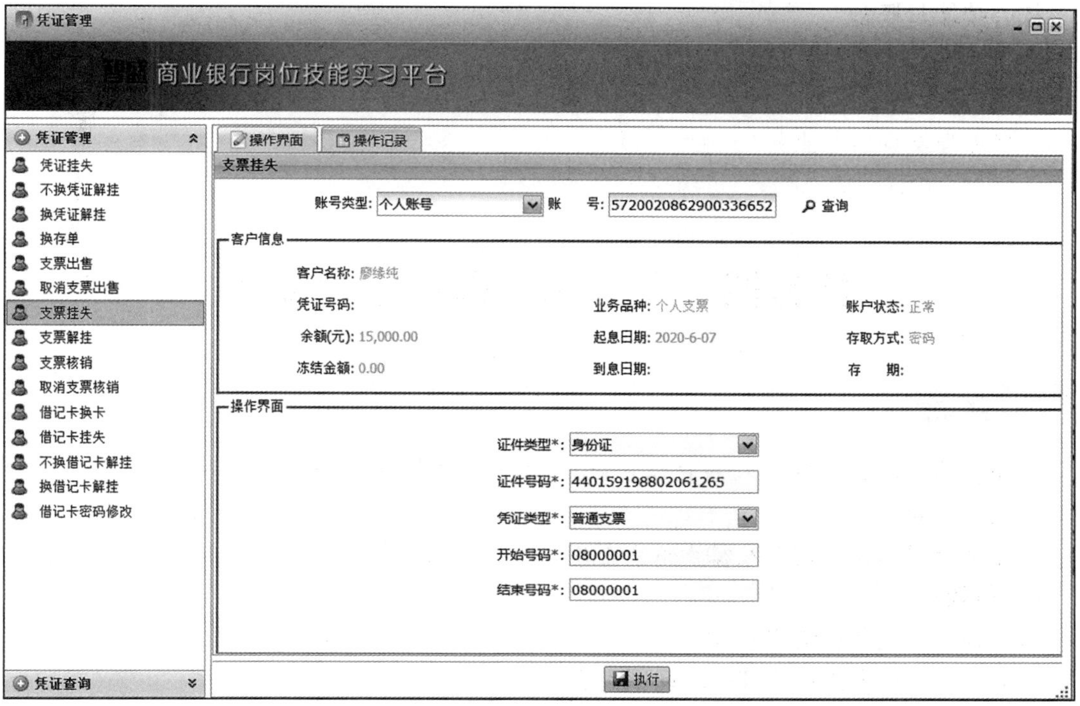

图 3.33　支票挂失

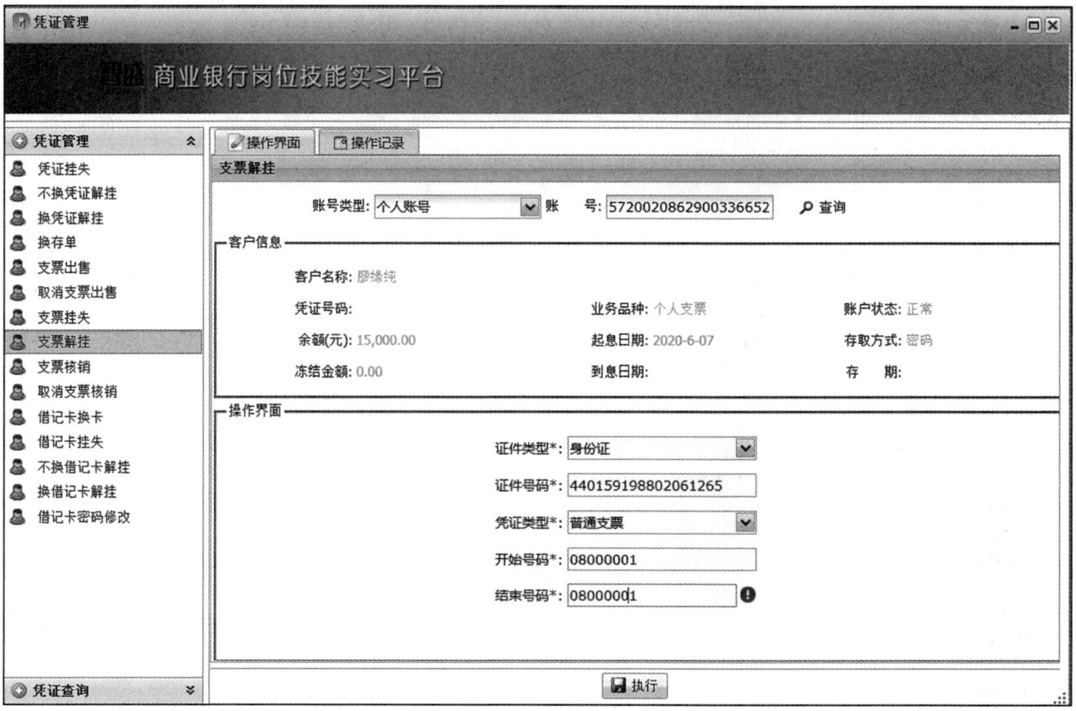

图 3.34　支票解挂

任务三小结

个人支票业务；个人支票的开户业务；个人支票其他业务的办理流程。

核心技能与概念

个人支票开户；支票存款；出售支票；支票挂失

课堂讨论

如何办理支票出售业务？

任务四　个人银行账户销户业务

案例导入

1. 柜员为刘志怡办理个人账户销户业务。（此客户在个人借记卡教育储蓄业务中已开过账号以及客户号）

2. 柜员为刘志怡办理个人客户销户业务。

[上机操作]

（1）办理个人账户销户业务。

个人业务—个人账户管理—注销个人账户

录入客户账号信息，点击“查询”，核对屏幕回显信息，在操作界面录入交易密码，证件类型：身份证，证件号码：330127199810011035，点“执行”完成（见图 3.35）。

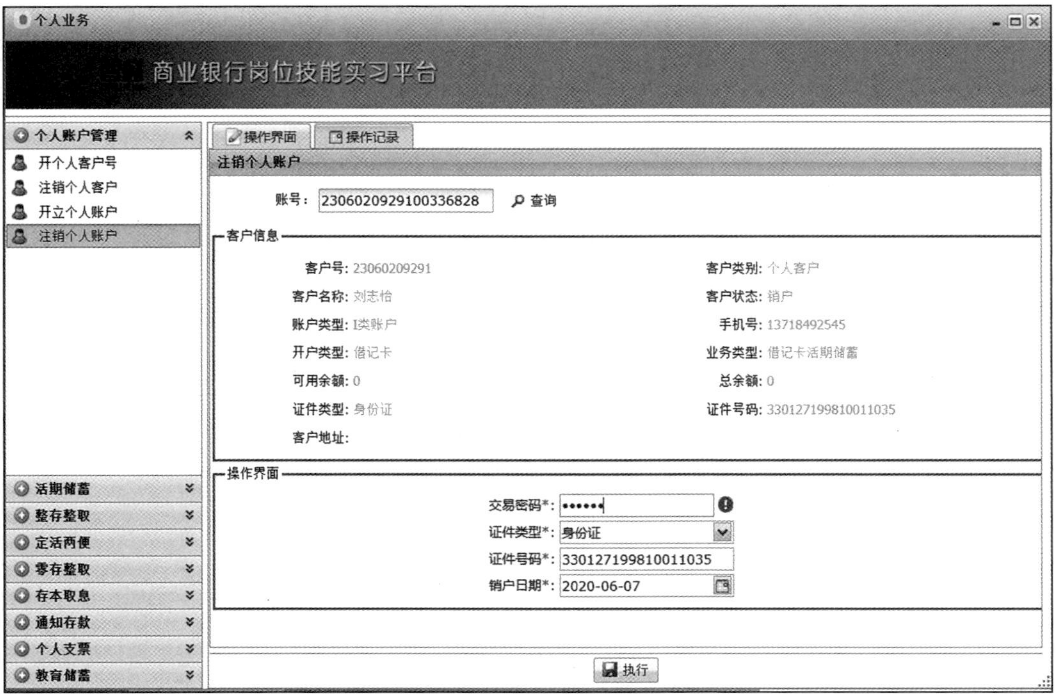

图 3.35　注销个人账户

（2）个人客户销户业务。

个人业务—个人账户管理—注销个人客户

输入客户号，点击“查询”，核对屏幕回显信息，操作界面录入证件信息，点击“执行”完成（见图 3.36）。

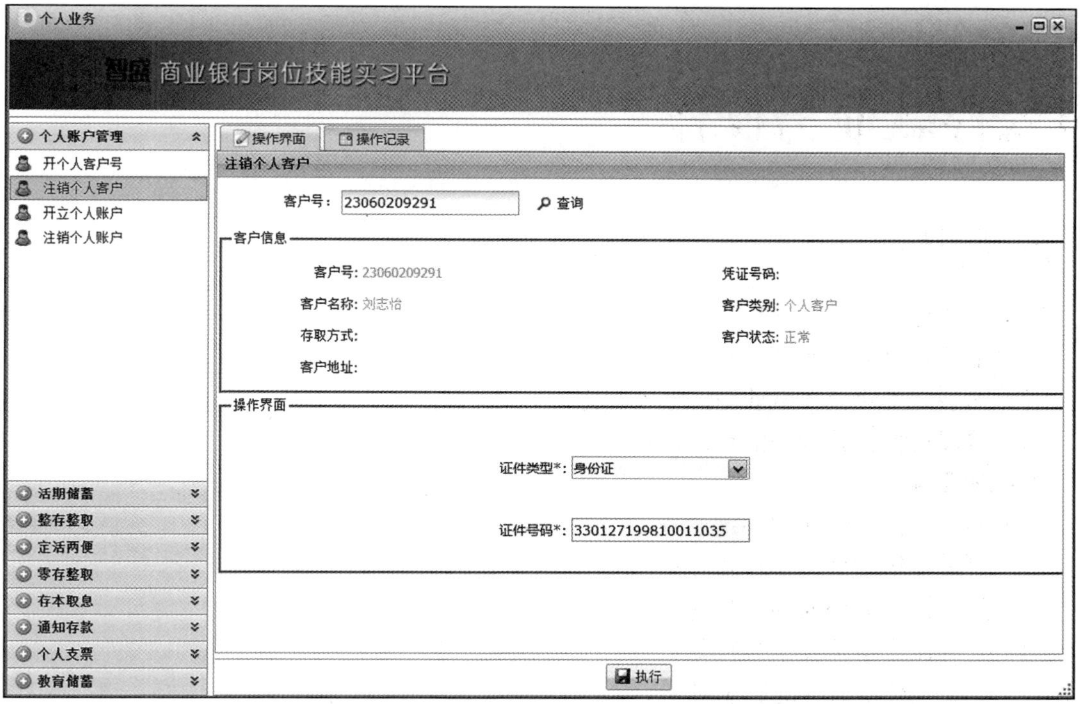

图 3.36　注销个人客户

任务四小结

个人银行账户销户业务

核心技能与概念

注销个人账户；注销个人客户

课堂讨论

办理个人银行账户销户时，先注销个人账户还是先注销个人客户？

项目四

对公存款业务操作

学习目标

1. 知识目标

（1）了解对公存款业务的类型。

（2）熟悉有关对公存款业务的基本规定。

（3）掌握对公存款业务的存取操作。

2. 技能目标

（1）熟练操作对公活期存款业务。

（2）熟练操作对公定期存款业务。

（3）熟练操作对公通知存款业务。

（4）熟练操作单位保证金存款业务。

（5）熟练操作对公协定存款业务。

存款业务是银行和其他金融机构以信用方式组织动员社会闲散待用货币资金的一种重要业务活动，是银行一项传统的、主要的业务。根据存款对象划分，它可分为对公存款和个人储蓄存款两类。同时，存款也是各单位办理转账结算的前提，各单位只有在银行存款账户上拥有足够的存款，才能实现与其他单位的经济交往。

在实际业务中，单位的各类存款具体操作要求不尽相同，如表 4.1 所示。

表 4.1　单位的各类存款具体操作

存款类型	开户	续存	支取	销户
单位活期存款	转账 对转	现金 转账 对转	现金 转账 对转	现金 转账 对转
单位定期存款	现金 转账	———	转账	转账
单位通知存款	现金 转账	———	转账	转账
对公协定存款	现金 转账	现金 转账	现金 转账	转账
保证金存款	转账	转账	转账	转账

任务一　对公活期储蓄业务

对公活期存款是一种随时可以存取、按结息计算利息的对公存款。对公的活期存款账户是银行为对公存款人开立的用于办理现金存取、转账结算等资金收付活动的银行结算账户。单位活期存款除不能用现金开户外，续存、支取、销户均可采用现金、转账、对转进行。

单位银行结算账户的开户一般都是从其他账户转入，但必须在正式开立之日起、3个工作日后才能正式生效，生效后方可办理对外支付，但由注册验资的临时存款账户转为基本存款账户、借款转存的一般存款账户除外。在账户正式生效前，开户行不得向单位客户出售重要空白凭证。账户开立必须做到受理、审核、操作三分离，在此处仅介绍操作环节。

小贴士

四种账户的管理规定

1. 基本存款账户。

基本存款账户是单位客户因办理日常转账结算和现金收付需要开立的银行结算账户。

2. 一般存款账户。

一般存款账户是单位客户因借款或其他结算需要，在基本存款账户开户银行以外的银行营业机构开立的银行结算账户。

单位客户基本存款账户开户行不得为其开立一般存款账户。单位客户从其基本存款账户开户行取得的贷款，通过其基本存款账户核算。

3. 专用存款账户。

专用存款账户是单位客户按照法律、行政法规和规章，对其特定用途资金进行专项管理和使用而开立的银行结算账户。

4. 临时存款账户。

临时存款账户是单位客户因临时需要并在规定期限内使用而开立的银行结算账户。

子任务一　对公活期现金存款

案例导入

1. 深圳丰汇科技有限公司（注册资金600万元人民币，行业类别为商业客户），联系人张宜枫，手机号 15574332562，法定代表人欧阳直树，预留手机号为 15174301544，财务人员来银行开立一个商业存款基本户，银行柜员为其办理上述公司账户开立业务。

2. 深圳丰汇科技有限公司现有一笔 10 万元的现金货款入账，公司财务人员为了安全起见，将这笔现金货款一次性存入公司的基本户。

［上机操作］

（1）开对公客户号。

对公业务—对公账户管理—开对公客户号

客户名称：深圳丰汇科技有限公司，证件号码：912037584125789654，注册资金（万元）：600，其他信息依据题意填写，非关键字（见图 4.1）。

图 4.1　开对公客户号

（2）开对公存款账号。

对公业务—对公账户管理—开对公存款账号

填写账户类别：商业存款，存期：活期，账号标识：基本户，点击“执行”完成，并记录系统生成的账号信息（见图 4.2）。

（3）现金存款。

对公业务—单位活期存款—现金存款，录入账号信息，点击“查询”，核对屏显信息，操作界面内录入金额 100000，点击“执行”完成（见图 4.3）。

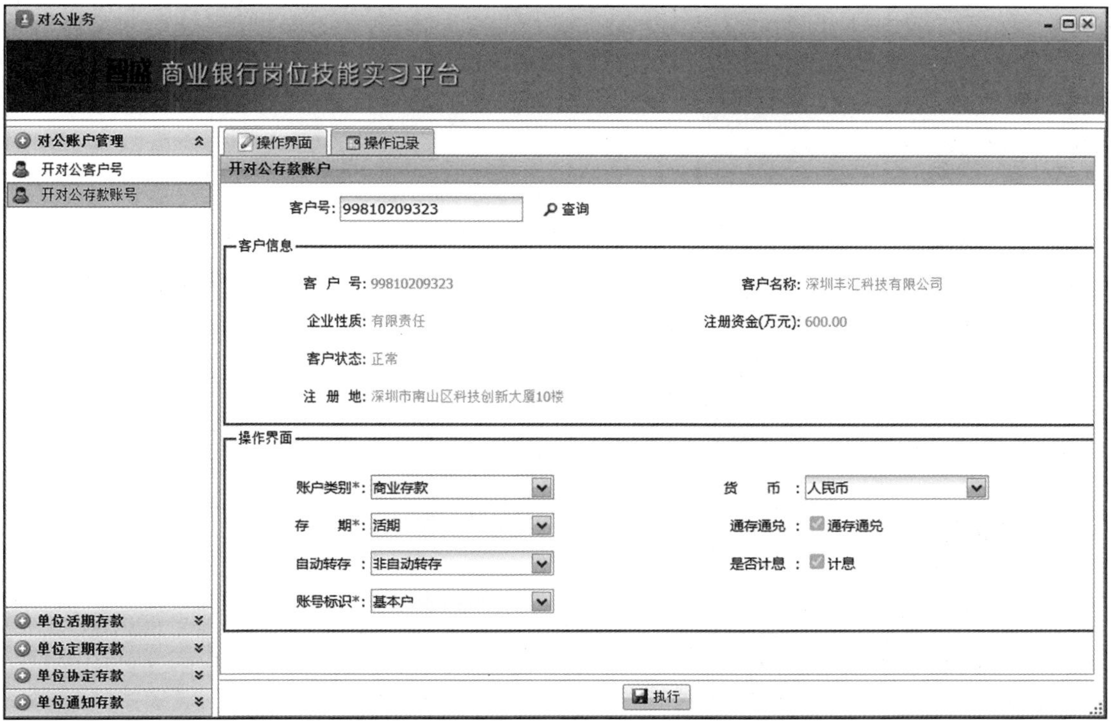

图 4.2　开对公存款账号

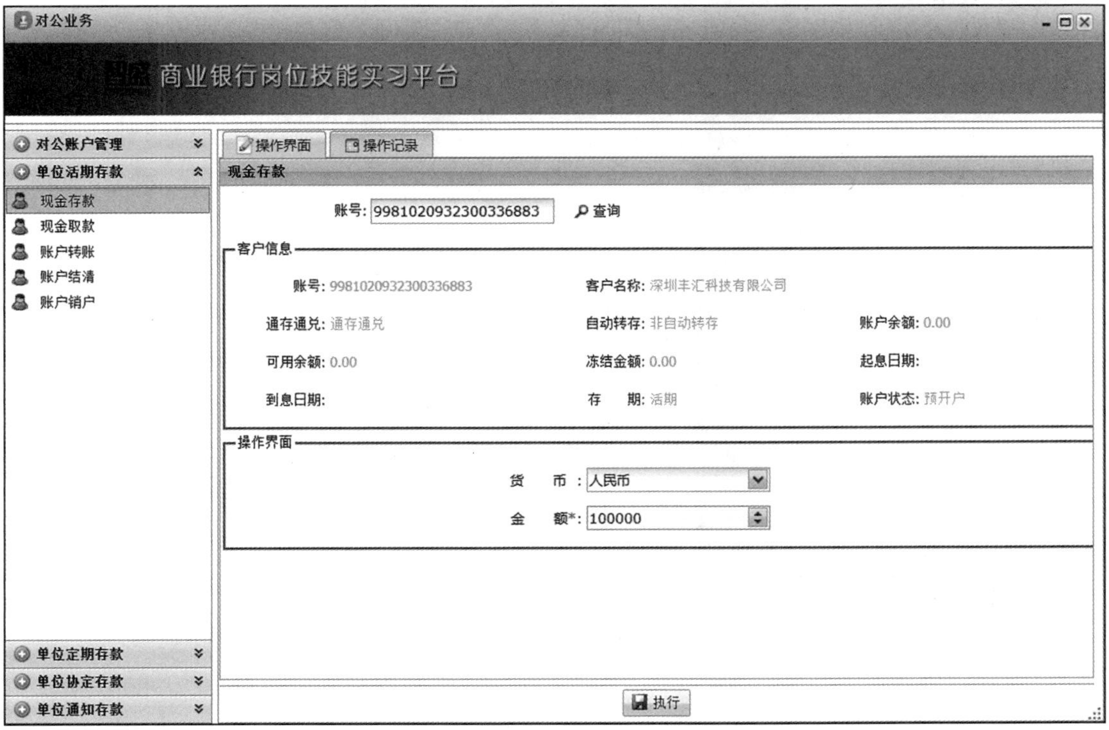

图 4.3　现金存款

子任务二　对公活期取款业务

案例导入

1. 深圳浩金同建筑股份有限公司营业执照916015894521023549，注册资金1000万元，注册日期2014年2月7日，行业类别建筑业客户，法定代表人赵路麦，身份证440127198204171434，法定代表人手机号15252528270；联系人夏温仪，联系人手机15011512669。在银行开立了一个建筑企业存款基本户，开户一次性存入现金152360元。

2. 柜员为深圳浩金同建筑股份有限公司出纳办理购买一本“现金支票”业务。

3. 深圳浩金同建筑股份有限公司出纳从基本户中一次性支取现金1万元用于端午节福利发放。

[上机操作]

（1）开对公客户号。

对公业务—对公账户管理—开对公客户号

系统预设关键字。客户名称：深圳浩金同建筑股份有限公司，证件号码：916015894521023549，注册资金（万元）：1000。根据题意填写其他内容，点击“执行”完成，记录系统生成客户号（见图4.4）。

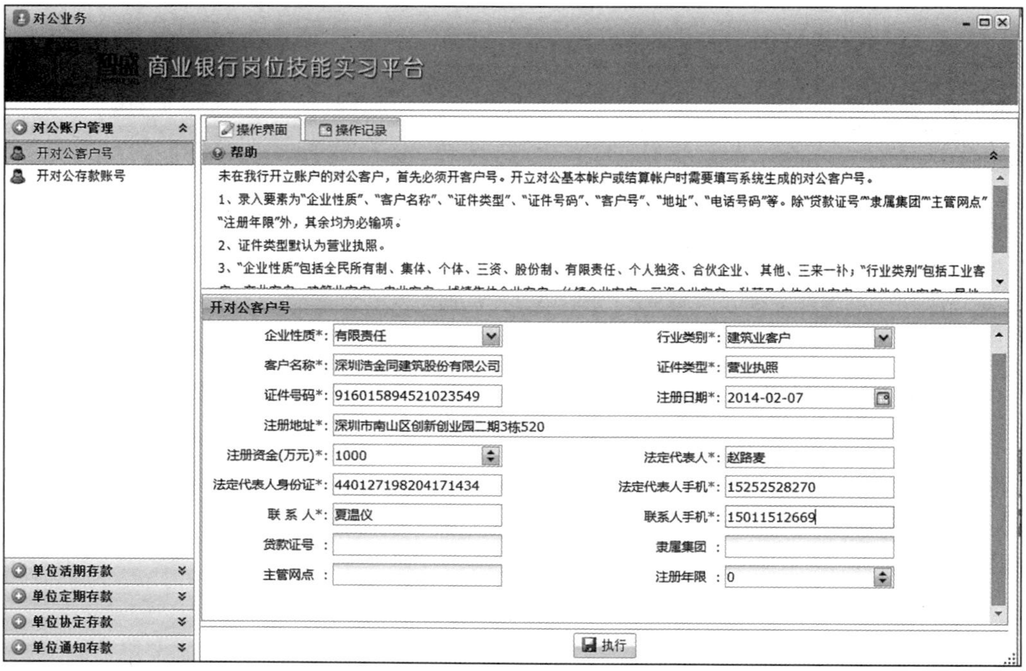

图4.4　开对公客户号

（2）开对公存款账号。

输入客户号，点击“查询”按钮，屏幕回显客户信息，账户类别选择“建筑企业存款”；存期：活期；账号标识：基本户。点击“执行”完成记录账号信息（见图4.5）。

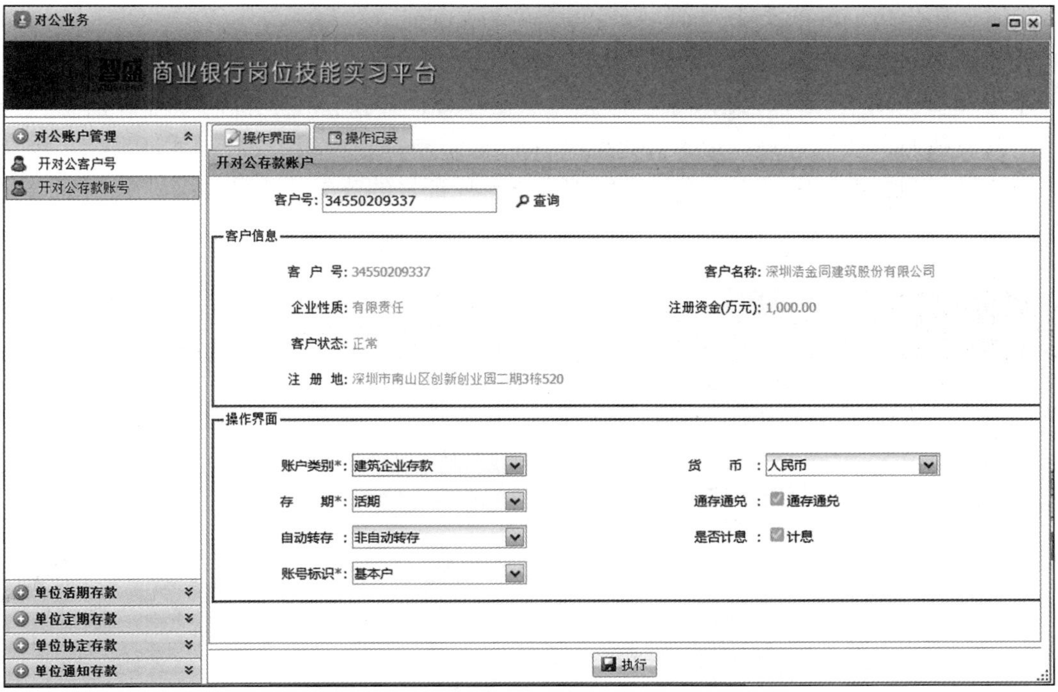

图 4.5　开对公存款账号

（3）现金存款。

对公业务—单位活期存款—现金存款

输入账号信息，点击“查询”按钮，屏幕回显客户信息，录入金额 152360（见图 4.6）。

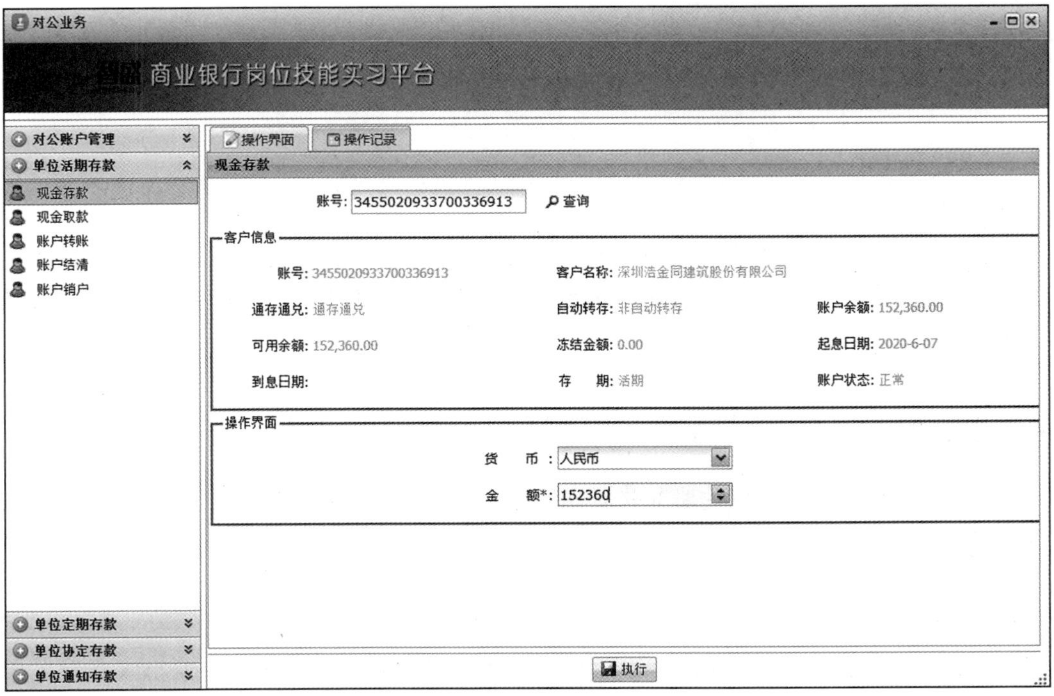

图 4.6　现金存款

（4）支票出售。

凭证管理—支票出售

账号类型：对公账户，录入账号信息，点击“查询”按钮，屏幕回显客户信息。证件类型：营业执照；证件号码：录入营业执照右上角的统一社会信用代码；凭证类型：现金支票；开始号码和结束号码需为一个整本的现金支票凭证号的范围（见图 4.7）。

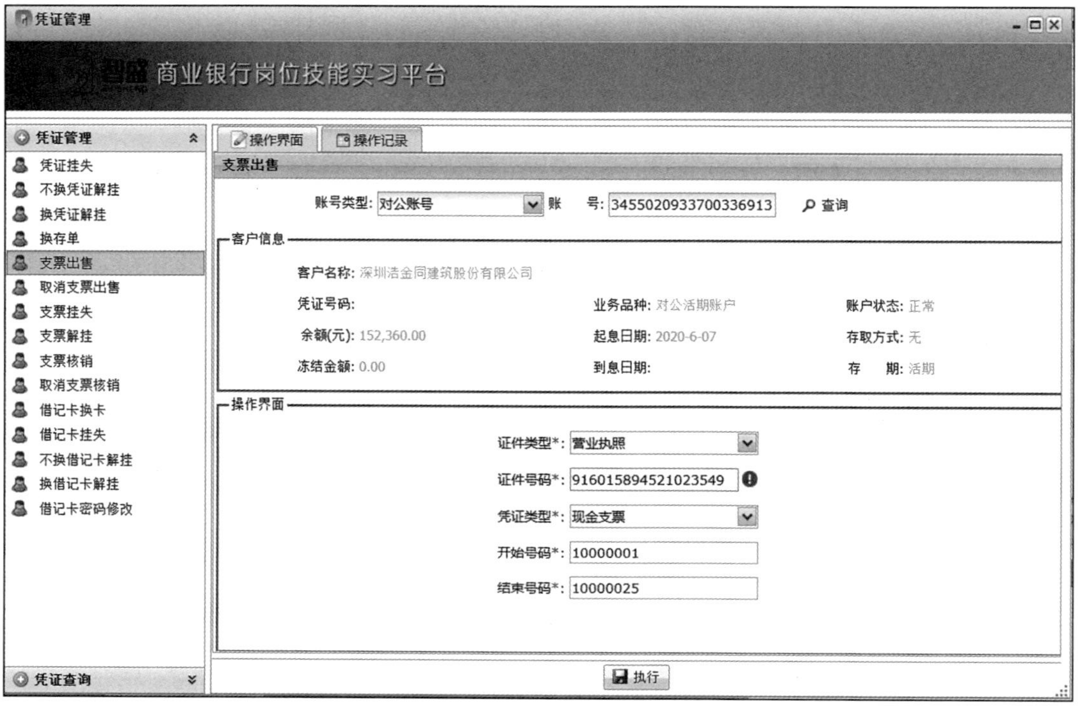

图 4.7　支票出售

（5）现金取款。

对公业务—单位活期存款—现金取款

录入对公账号信息，点击“查询”按钮，屏幕回显客户信息后，录入取款金额 10000；凭证类型选择“现金支票”，录入出售的现金支票的第一张凭证号；点击“执行”完成现金取款（见图 4.8）。

任务一小结

对公活期现金存款；对公活期取款业务的操作流程

核心技能与概念

对公账户管理；开对公客户号；单位活期存款；支票出售

课堂讨论

对公账户类型为基本户和临时户才能出售现金支票，个人支票账户只能出售普通支票。

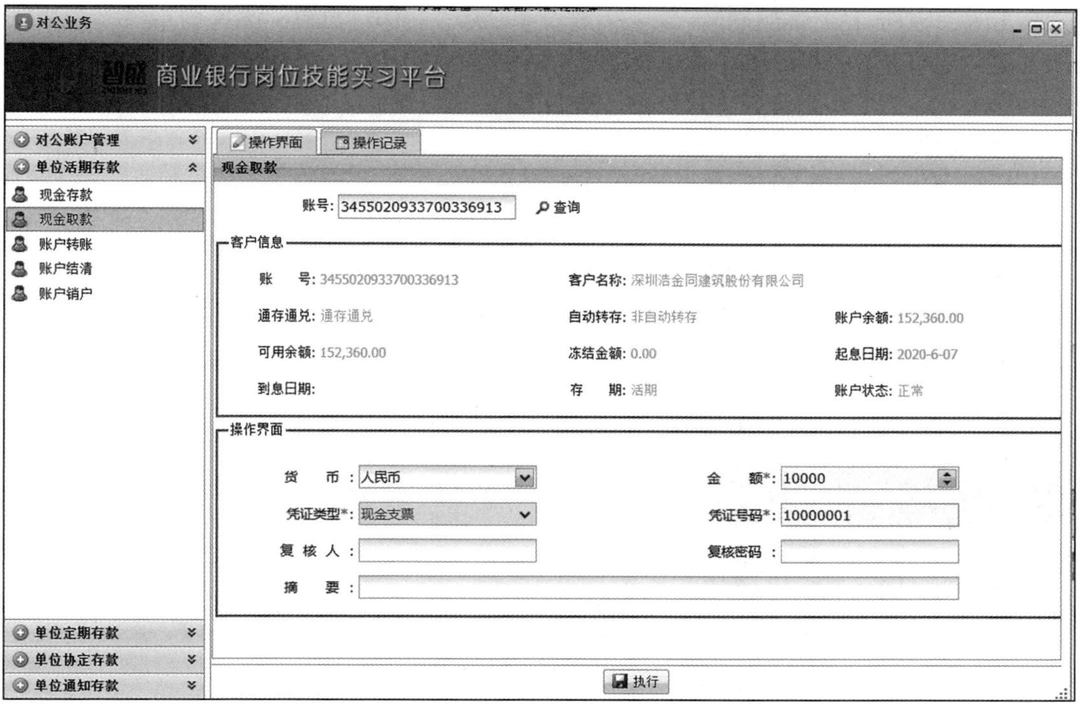

图 4.8　现金取款

任务二　对公定期业务

对公定期存款是由存款单位约定期限，到期支付本息的一种存款。对公定期存款 1 万元起存，多存不限，但如果单笔金额超过 1000 万元（含 1000 万元）或同一存款单位累计超过 2000 万元（含 2000 万元）时，经办银行将实行报告制度，逐级报上级行和当地人民银行。存款期限有三个月、半年、一年三个档次。

对公定期存款可采用现金存入，也可采用转账存入；但支取时只能以转账方式转入其基本账户，不得将定期存款用于结算或从定期存款中提取现金。本模块以对公定期存款转账开户和转账销户为例进行介绍。

企事业单位、机关、团体、学校的闲置自由资金，地方财政结余款项等，可按银行规定办理定期存款。但不得将贷款、财政拨款和预算内资金转作定期存款。

子任务一　对公定期存款业务

案例信息

1. 深圳欣鼎商贸公司（注册资金 300 万元人民币，行业类别为商业客户），联系人花茵凡，联系人手机号 13919858425，法定代表人手机号 13919152355，公司财务人员来银行开立一个两年期的定期存款账户，账户类别为一年以上定期存款，账号标识为其他。

2. 深圳欣鼎商贸公司往定期账户中一次性存入 30 万元现金。

[上机操作]

（1）开对公客户号。

对公业务—对公账户管理—开对公客户号

录入关键字信息。客户名称：深圳欣鼎商贸公司，证件号码：910245121452254879，注册资金（万元）：300；其他信息依据题意（见图 4.9）。

注意：证件类型要录入营业执照上的统一社会信用代码。

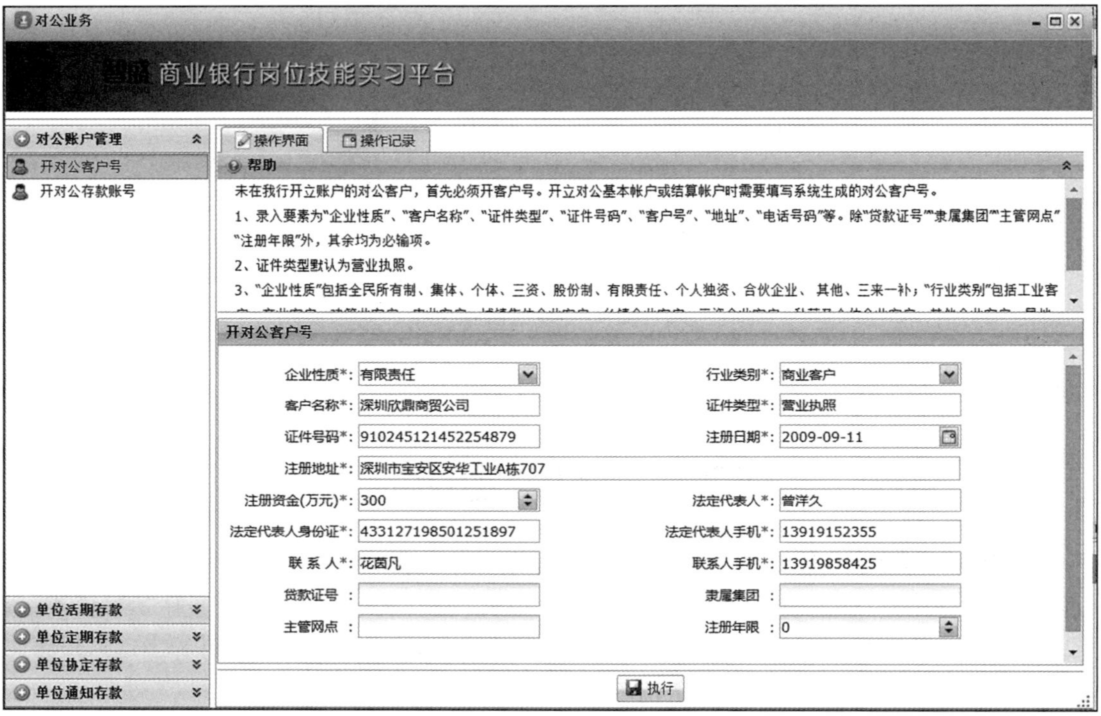

图 4.9　开对公客户号

（2）开对公存款账号。

开对公存款账号—对公账户管理—开对公存款账号

输入客户号后点击“查询”按钮，核对屏幕回显客户信息。在操作界面选择账户类别：一年以上定期存款，存期：两年期，账号标识：其他（见图 4.10）。

（3）新开户现金存款。

对公业务—单位定期存款—新开户现金存款

录入单位定期存款开户证实书号：12000001，交易金额：300000，点击“执行”完成存款操作（见图 4.11）。

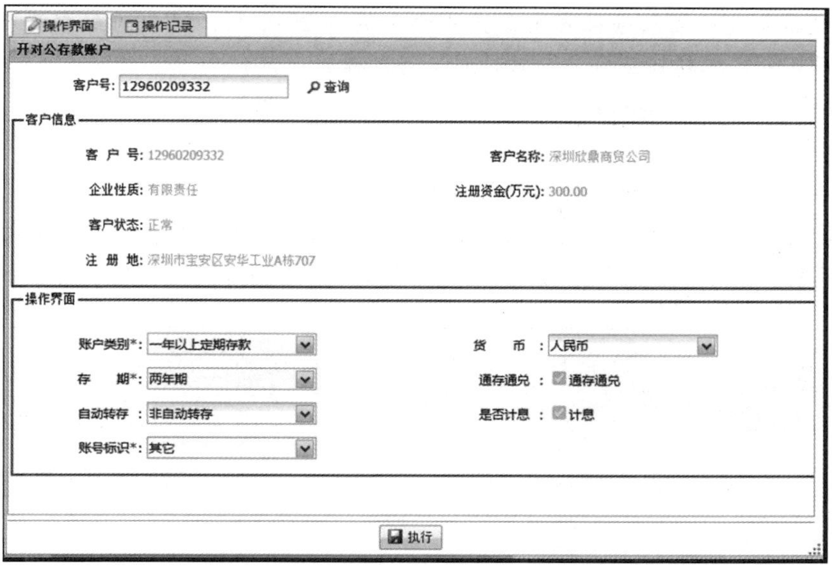

图 4.10　开对公存款账号

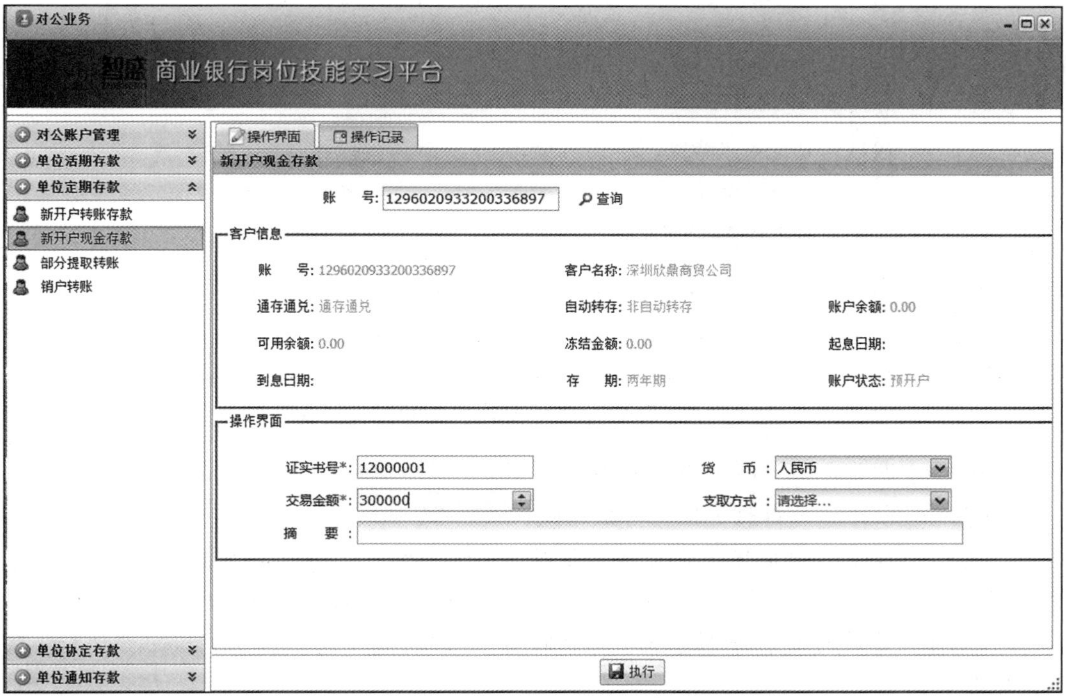

图 4.11　新开户现金存款

子任务二　对公定期账户部分提取转账业务

案例导入

1. 深圳欣鼎商贸公司开立商业存款基本户。(其余信息与对公定期存款业务一致)

2. 深圳欣鼎商贸公司财务从定期账户中部分提取20万元，转入商业存款基本户，银行柜员为其办理部分提取转账业务（支取时间自行选择）。

[上机操作]

（1）开对公存款账号。

对公业务—对公账户管理—开对公存款账号

录入客户号，点击“查询”按钮回显客户信息。账户类别：商业存款，存期：活期，账号标识：基本户，点击“执行”完成操作，记录系统生成账号信息（见图4.12）。

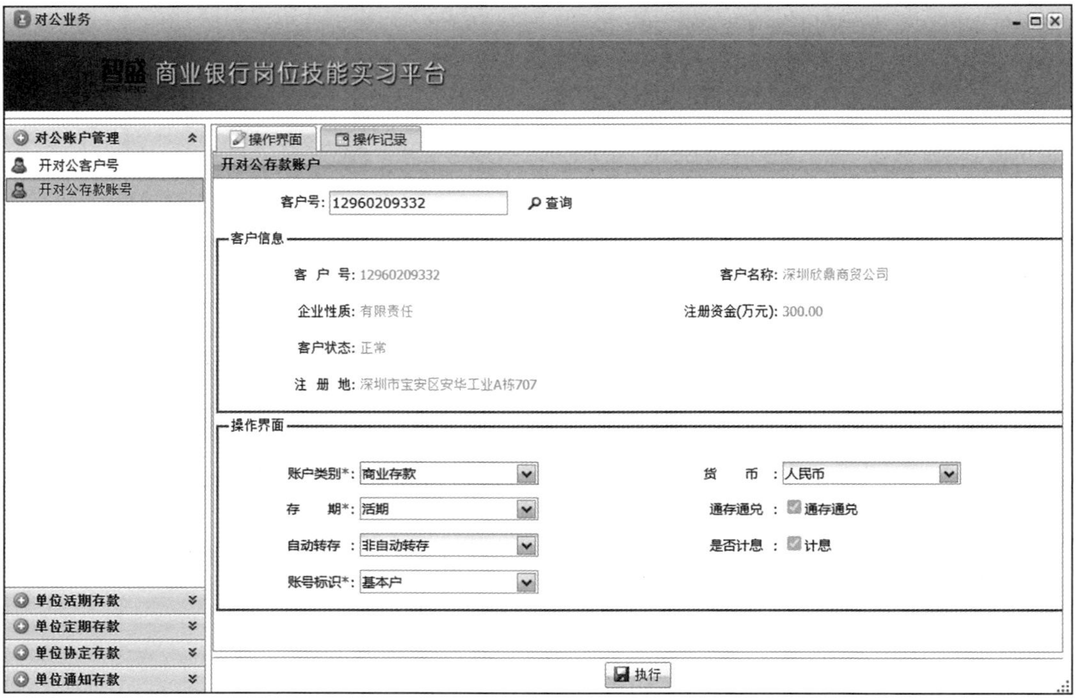

图 4.12　开对公存款账号

（2）对公定期账户部分提取转账业务。

对公业务—单位定期存款—部分提取转账

转出账号：深圳欣鼎商贸公司财务定期账户；转入账号：深圳欣鼎商贸公司基本账户；录入开立原定期账户所用的原证实书号；新证实书号是空闲单位定期存款开户证实书中号码最小的，凭证要依序使用；交易金额：200000；支取时间：自行选定，点击“执行”完成操作（见图4.13）。

小贴士

单位定期存款计息规定

1. 存款到期按存款存入日挂牌公告的定期存款利率计付利息，期间遇利率调整不分段计息，不计复息，到期日为例假日可在例假日前一天支取扣除相应提前天数的利息，例假日后支取按过期支取办法办理。

2. 提前支取部分按支取日挂牌公告的活期存款利率计付利息。
3. 单位定期存款到期不取，逾期部分按支取日挂牌公告的活期存款利率计付利息。

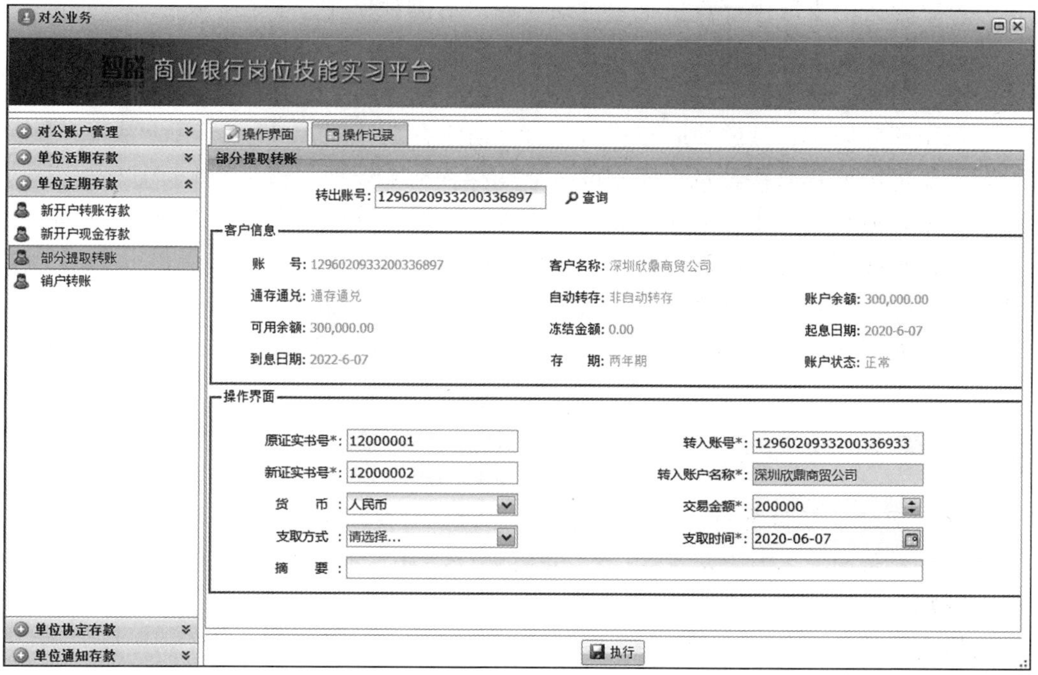

图 4.13 部分提取转账

任务二小结

对公定期存款业务；对公定期账户部分提取转账业务的操作流程

核心技能与概念

统一社会信用代码；账户类别；单位定期存款开户证实书号

课堂讨论

首次在银行开立账户的对公客户，必须先开客户号吗？

任务三 对公协定存款

对公协定存款指开户单位与银行签订《协定存款合同》，约定期限、商定其结算账户需保留的基本存款额度，由银行对基本存款额度内的存款按结息日或支取日活期存款利率计息，超过基本存款额度部分的存款按结息日或支取日人民银行公布的高于活期存款，低于 6 个月定期存款利率的协定存款利率给付利息的一种存款。

单位开立协定存款账户应与银行签订《协定存款合同》，约定合同期限，规定基本存款额度。合同期限最长为 1 年（含 1 年），到期任何一方若无提出终止或修改，则自动延期。其开户的处理同单位活期存款，存入、支取视同结算存款户的现金、转账业务存入、支取。协定存款合同期满，若单位提出终止合同，应将存款本息结清后，全部转入基本存款户或一般存款账户中。本模块仅以对公协定存款现金取款为例进行介绍。

协定存款结算户存款存入、支取视同结算存款户的现金、转账业务存入、支取。协定存款协定户存款存入、支取由计算机批量自动处理，不得对其进行手工存取处理。协定存款支取采取由计算机于每日营业前将协定户中的存款全部转入结算户中。

因为银行对对公协定存款按“一个账户、一个余额、两个结息积数、两种利率”的方式管理，即单位开立协定存款账户时与银行签订《协定存款合同》，规定了一个基本存款额度，在基本存款额度内的存款按结息日或支取日活期存款利率计息，超过基本存款额度部分的存款按结息日或支取日人民银行公布的高于活期存款，低于6个月定期存款利率的协定存款利率给付利息，因而要分设协定户和结算户两个账户。

开户单位在办理协定存款账户支取业务时，若协定存款账户的余额（大于零）低于基本存款额度，不属于透支；若协定存款账户的余额不足以支付票款时，开户行不予办理业务。

案例导入

深圳浩金同建筑股份有限公司通过与银行签订《协定存款合同》，约定期限1个月、商定基本户需要保留的基本存款额度30万，设置协议存款，年利率1.35%。

[上机操作]

对公协定存款。

对公业务—单位协定存款

在操作界面中，录入浩金同公司账号，点击“查询”按钮，屏幕回显客户信息，在操作界面中录入存款金额300000；到期日为操作日后一个月；协定利率1.35%（见图4.14）。

图4.14　协定存款

任务三小结

对公协定存款业务的办理流程

核心技能与概念

对公协定存款；协定存款利率；协定户；结算户

课堂讨论

协定存款功能等同活期存款，但收益要高出活期存款近2倍，一般银行只会跟有大额存款的客户做协定存款。个人存款不适用。

任务四 对公账户销户业务

案例导入

1. 柜员为深圳欣鼎商贸公司办理销户转账（定期账户）业务。（财务日期自行选择）

2. 柜员为深圳欣鼎商贸公司办理账户结清、销户（活期账户）业务。

[上机操作]

（1）办理销户转账（定期账户）业务。

对公业务—单位定期存款—销户转账

录入需要销户的定期账号，点击“查询”，屏幕回显客户信息。核对无误后，在操作界面录入转入账号，该账号为该客户的活期账号；金额为该账户的可用余额；账务日期自选；证实书号为定期账户开户时所用的证实书号（见图4.15）。

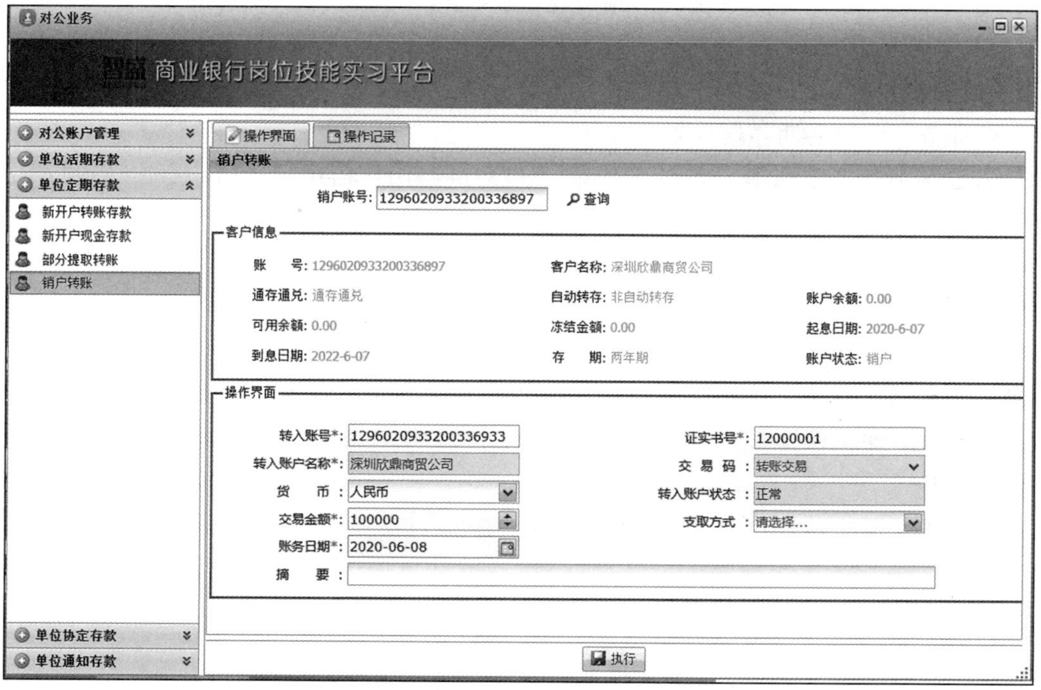

图 4.15 销户转账

（2）办理账户结清。

对公业务—单位活期存款—账户结清

录入欣鼎商贸公司的活期账号，点击“查询”，核对屏幕回显信息，点击“执行”完成账户结清（见图 4.16）。

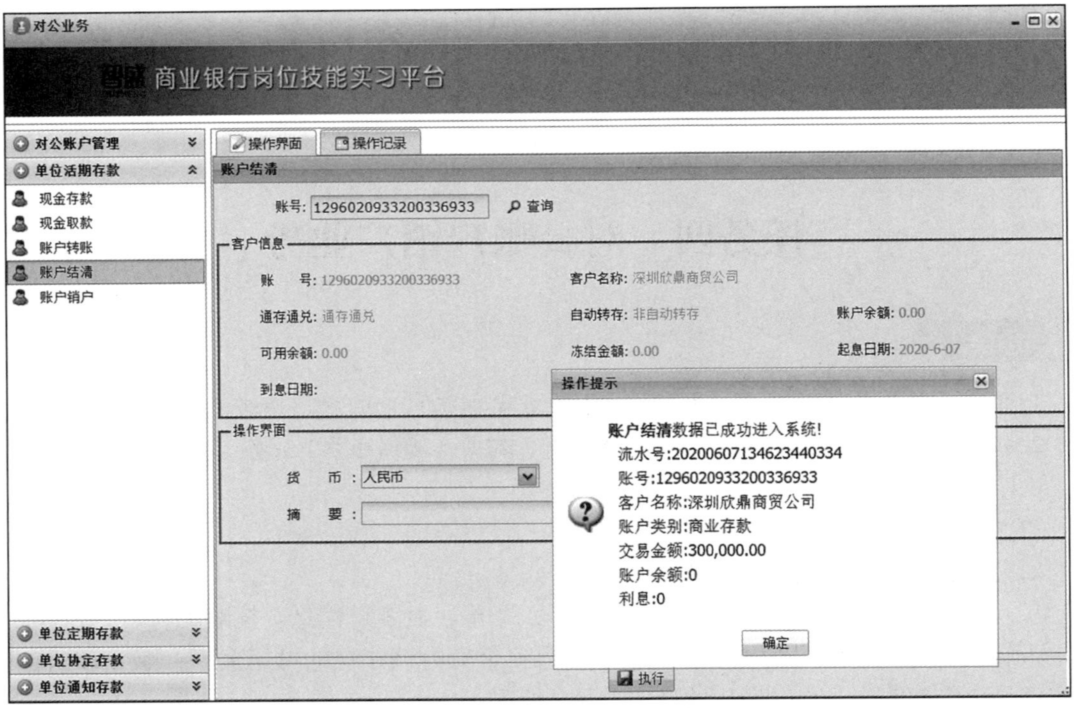

图 4.16　账户结清

（3）账户销户。

对公业务—单位活期存款—账户销户

录入已结清的账户账号，点击“查询”，核对屏幕回显信息无误后，点击“执行”完成账户销户（见图 4.17）。

任务四小结

对公账户销户业务的办理流程

核心技能与概念

销户转账；账户结清；账户销户

课堂讨论

账户状态必须为结清状态才能进行账户销户吗？

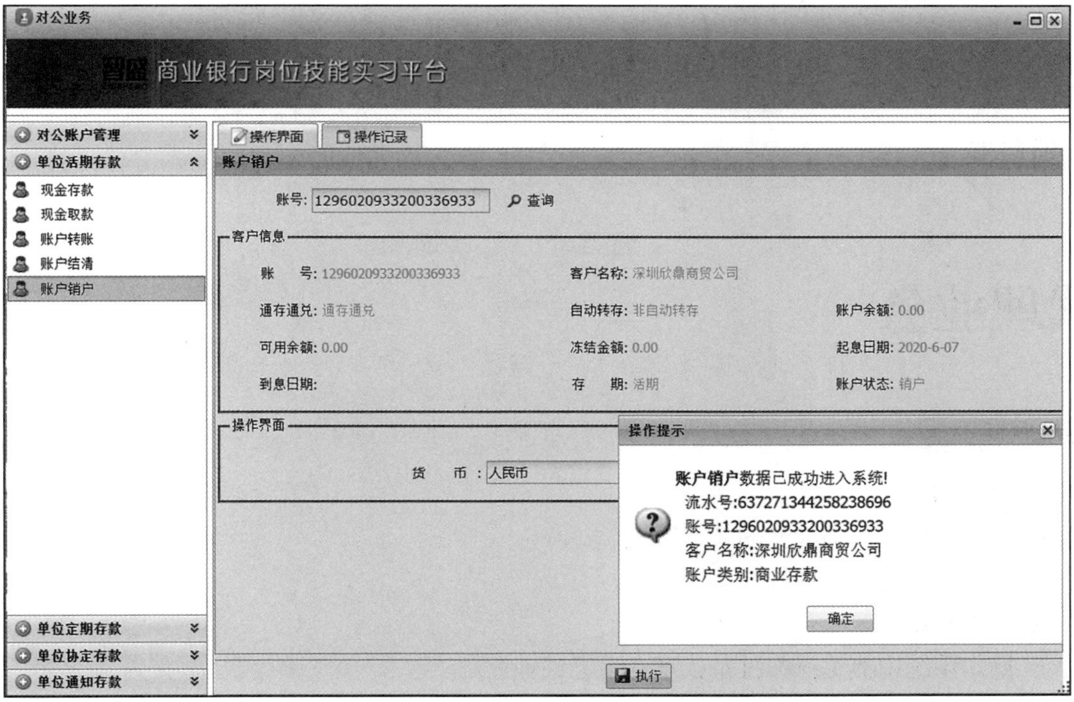
对公业务
商业银行岗位技能实习平台
对公账户管理
单位活期存款
现金存款
现金取款
账户转账
账户结清
账户销户
单位定期存款
单位协定存款
单位通知存款
操作界面
操作记录
账户销户
账号: 1296020933200336933
查询
客户信息
账　号: 1296020933200336933
客户名称: 深圳欣鼎商贸公司
通存通兑: 通存通兑
自动转存: 非自动转存
账户余额: 0.00
可用余额: 0.00
冻结金额: 0.00
起息日期: 2020-6-07
到息日期:
存　期: 活期
账户状态: 销户
操作界面
货　币: 人民币
操作提示
账户销户数据已成功进入系统!
流水号:637271344258238696
账号:1296020933200336933
客户名称:深圳欣鼎商贸公司
账户类别:商业存款
确定
执行

图 4.17　账户销户

项目五

代理业务

学习目标

1. 知识目标

（1）了解代理业务的类型。

（2）熟悉有关代理业务的基本规定。

2. 技能目标

在操作系统中熟练操作批量代理、逐笔代理业务。

代理业务指银行接受客户的委托，以代理人的身份代表委托人办理一些双方议定的经济事项的业务。在代理业务中，银行作为中介人应与委托人签订符合法律法规的协议，明确代理的内容、范围、对象、时间、方式和费用，以及双方的权利、义务等。同时，应贯彻“先收后付，先存后支、不予垫款”的原则。

代理业务作为新兴业务，在银行竞争中的地位越来越重要。目前银行开展的业务主要有代理收付款业务、代理保管业务、代理银行卡存取款业务，但目前我国银行实行的是分业经营，要想与国际上流行的混业经营相竞争，大力发展相关行业的代理业务，为今后实现混业经营奠定基础，是必然的趋势。

按照银行内部业务处理方式的不同，代收代付业务分为银行柜台逐笔代收费业务和批量代收代付业务等。

任务一　逐笔代收

子任务一　逐笔代收（有代理清单）

银行提供柜台逐笔代收费服务的目的：一是增加银行服务品种；二是集聚人气，推动银行的派生业务；三是增强与收费单位的银企合作。目前柜台代收费的项目主要有市内固定电话费、移动通信话费、水费、电费、煤气费等公用事业费等。

案例导入

1. 深圳自来水有限公司（统一社会信用代码：91440300MA5K5DBW9A，企业类型：有限责任公司，行业类别：其他企业客户，成立日期：2003 年 01 月 28 日，注册资金：1200 万元，公司地址：深圳市福田区荣超经贸中心 3201，联系人刁中继，手机号码：13915284671，法定代表人尹棠泱，身份证号码：440306197305189878，手机号码：13968581257）财务人员来银行办理代收水费业务（账号自行开立）。

2. 代理明细管理时，明细信息来源为手工录入，代收个人客户舒惟楷的 1 笔水费，金额 100 元，舒惟楷选择用 I 类借记卡账户转账交易，凭证类型为借记卡。

3. 银行柜员完成逐笔代收（有代理清单）操作。

重要提示：

逐笔代收（有代理清单）业务包括水费代收、电费代收、电话费代收、移动电话费代收、税款代收等代收业务。

[上机操作]

（1）开立自来水公司对公客户号。

对公业务—对公账户管理—开对公客户号

柜员为深圳自来水有限公司开立对公客户号（见图 5.1）。

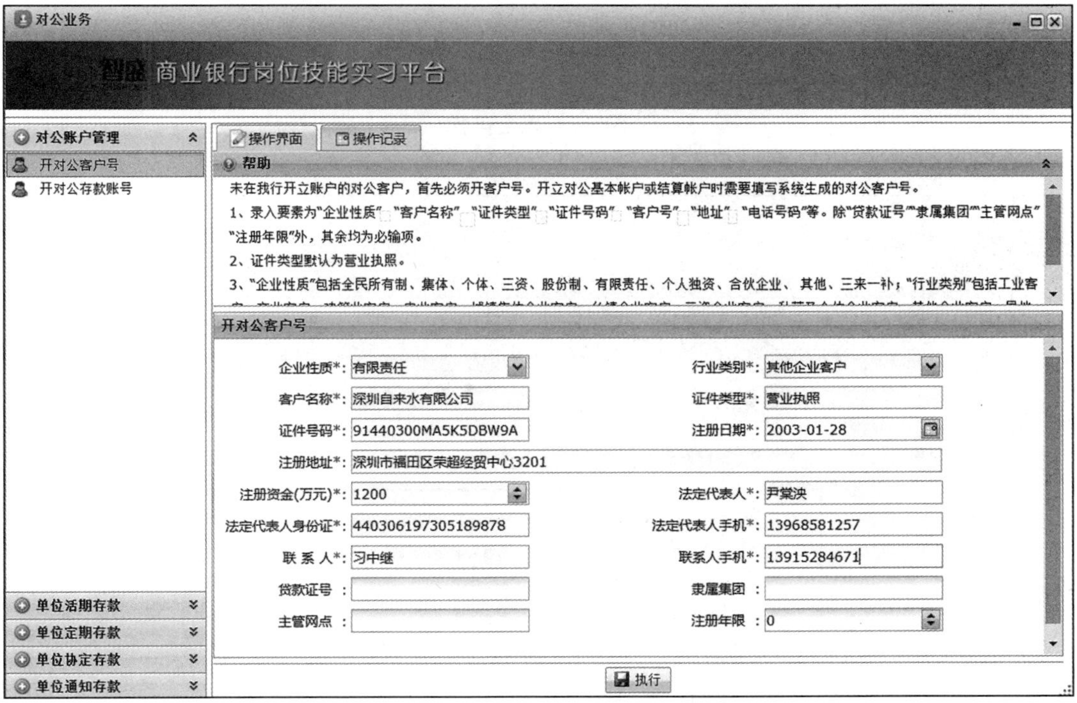

图 5.1　开对公客户号

（2）为深圳自来水公司现金存款。

对公业务—单位活期存款—现金存款

柜员为新开立的深圳自来水有限公司现金存款以激活账户以便后续使用（见图 5.2）。

（3）代理合同管理。

代理业务—代理合同管理

点击“新增”按钮。代理类别：水费代收（见图 5.3）。

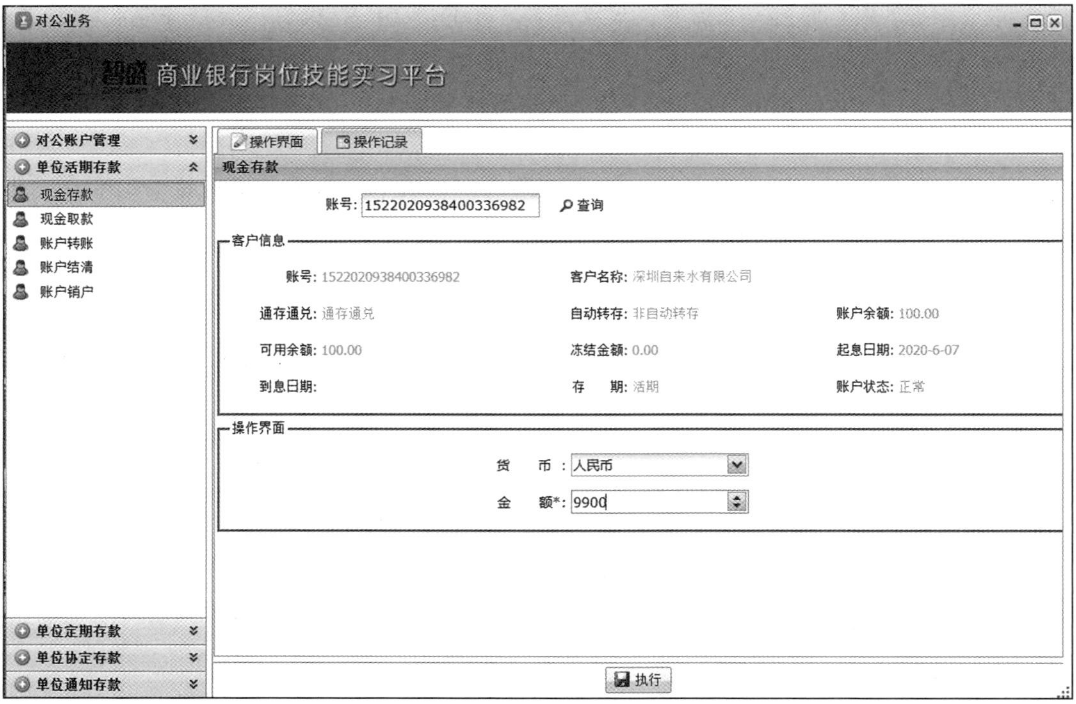

图 5.2　现金存款

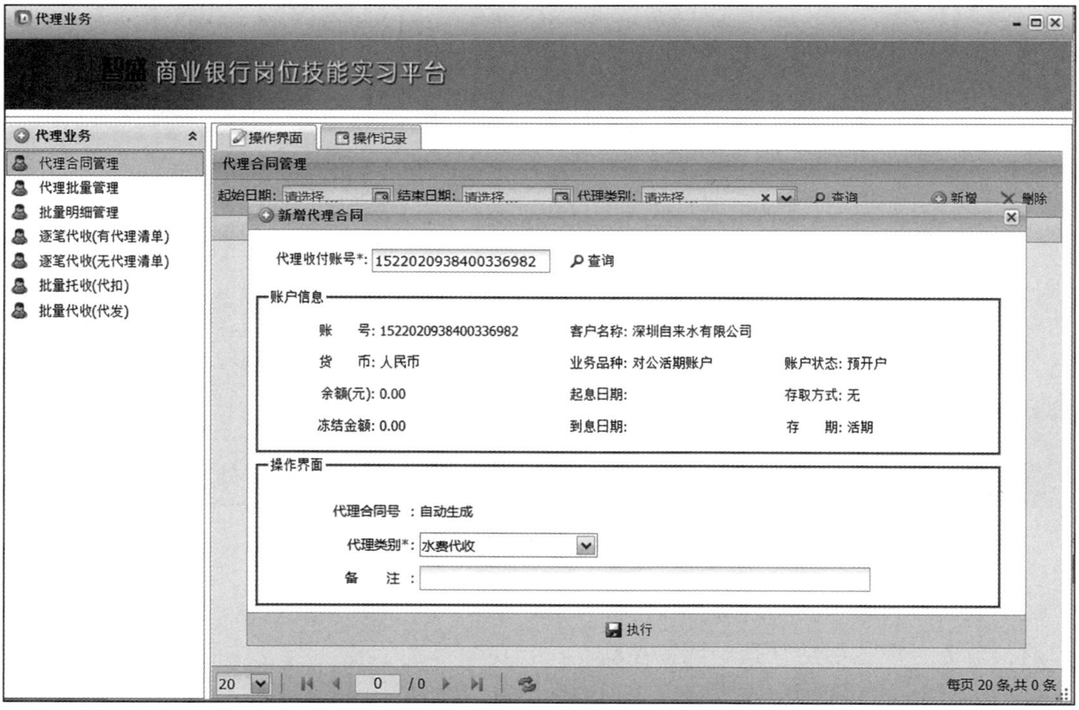

图 5.3　代理合同管理

点击“执行”完成后完成新增代理合同并记录“代理合同号”备用（见图 5.4）。

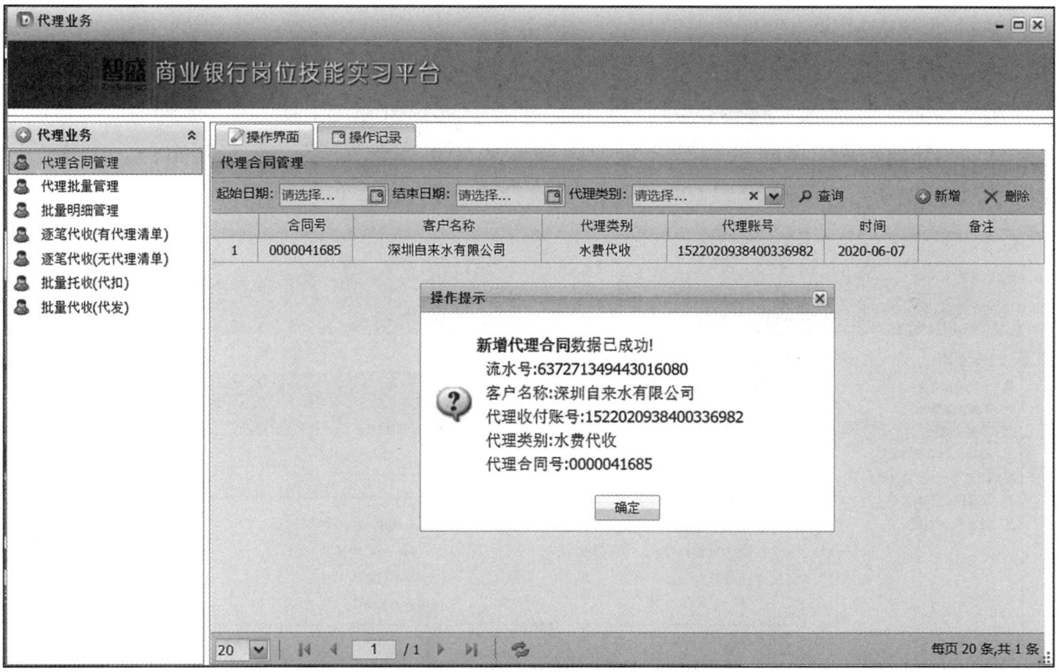

图 5.4　系统生成代理合同号

（4）代理批量管理。

代理业务—代理批量管理

点击“新增”按钮，录入上一步记录的代理合同号，点击“查询”，核对屏幕回显信息，无误后在操作界面录入总笔数：1，总金额：100；明细信息来源：手工录入。点击“执行”完成代理批量管理操作（见图 5.5）。

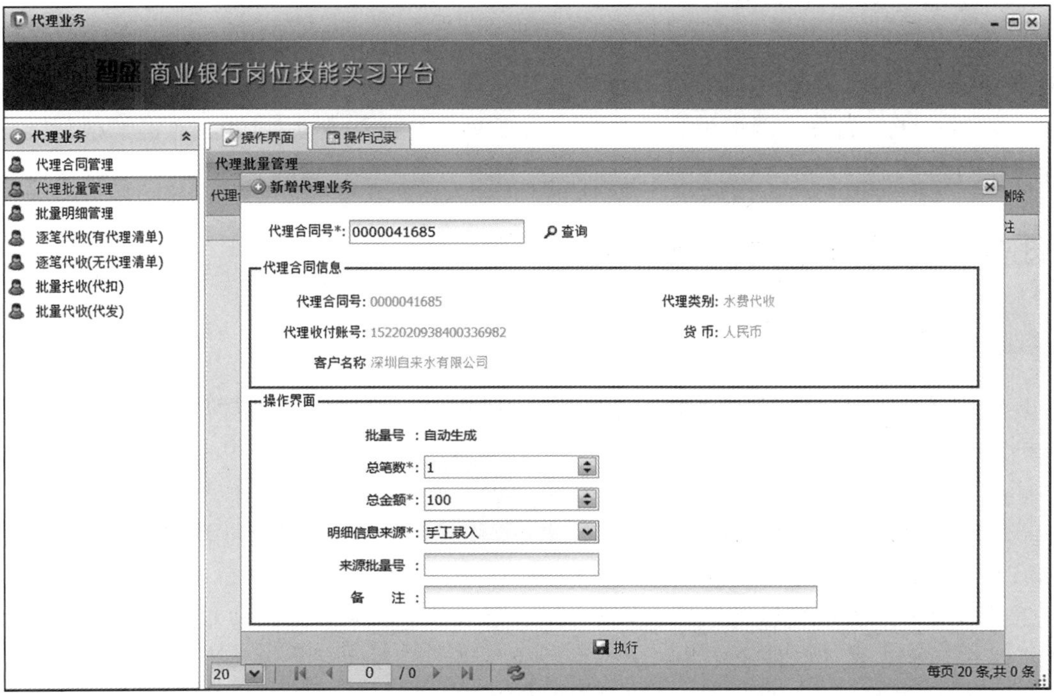

图 5.5　新增代理业务

（5）批量明细管理

代理业务—批量明细管理

点击“新增”，录入代理合同号，从下拉列表中选择批量号，点击“查询”。核对屏幕回显信息，无误后在操作界面录入涉及对象账户录入舒惟楷的账号；账户名称：舒惟楷；涉及对象标识：标识1；涉及金额：100；点击“执行”完成操作（见图5.6）。

图 5.6　新增批量明细

（6）逐笔代收（有代理清单）。

录入“代理合同号”，选择对应的“批量号”与“涉及对象标识”，点击“查询”按钮，核对屏幕回显信息。无误后在操作界面录入凭证类型：借记卡；转出账户为舒惟楷的Ⅰ类借记卡账号；账户名称：舒惟楷；交易码：转账交易；收款金额：100。点击“执行”完成操作（见图5.7）。

子任务二　逐笔代收（无代理清单）

案例导入

1. 深圳市考试中心（统一社会信用代码：91440300MA69871026，企业类型：其他，行业类别：其他企业客户，成立日期：2003年11月02日，注册资金900万元人民币，公司地址：深圳市福田区红花路99号长平商务大厦2805，联系人刘蕊子，手机号码13512658915，法定代表人丁帆禹，身份证号码：440308199602198510，手机号码：13569871529）财务人员来我行办理代收行政事业收费基金代收；（账号自行开立）

2. 代收个人客户黄宪秋欠缴的1笔考试费（行政事业收费基金代收），金额200元，黄宪秋用Ⅰ类借记卡账户进行转账交易，凭证类型为借记卡，涉及对象标志为标识1；

3. 我行柜员完成逐笔代收（无代理清单）操作。

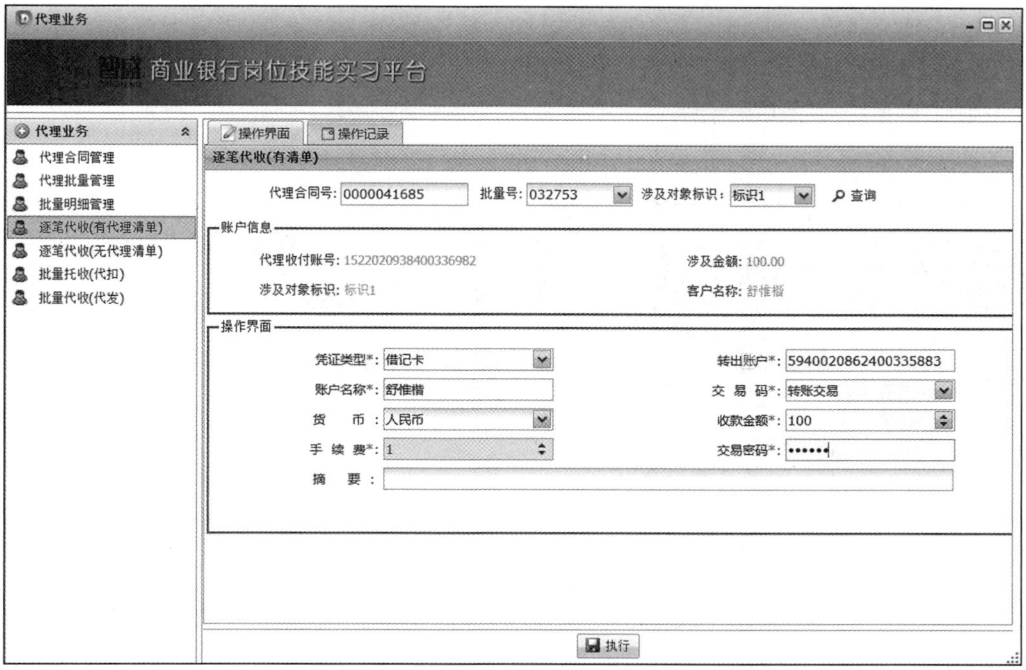

图 5.7　逐笔代收（有代理清单）

[上机操作]

（1）为深圳市考试中心开立对公账号。

（1）–1 对公业务—对公账户管理—开对公客户号

关键字信息依据题目填写（见图 5.8）。

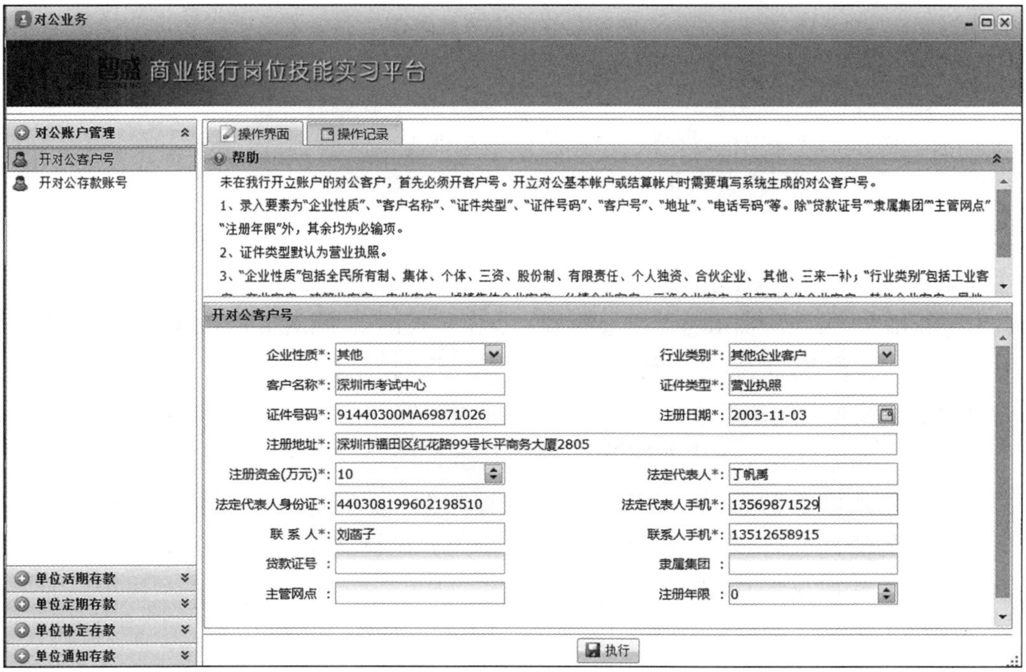

图 5.8　开对公客户号

（1）-2 对公业务—对公账户管理—开对公存款账号

录入客户号，点击“查询”，核对屏幕回显信息，在操作界面录入关键字信息见图 5.9，点击“执行”，系统生成并记录账号。

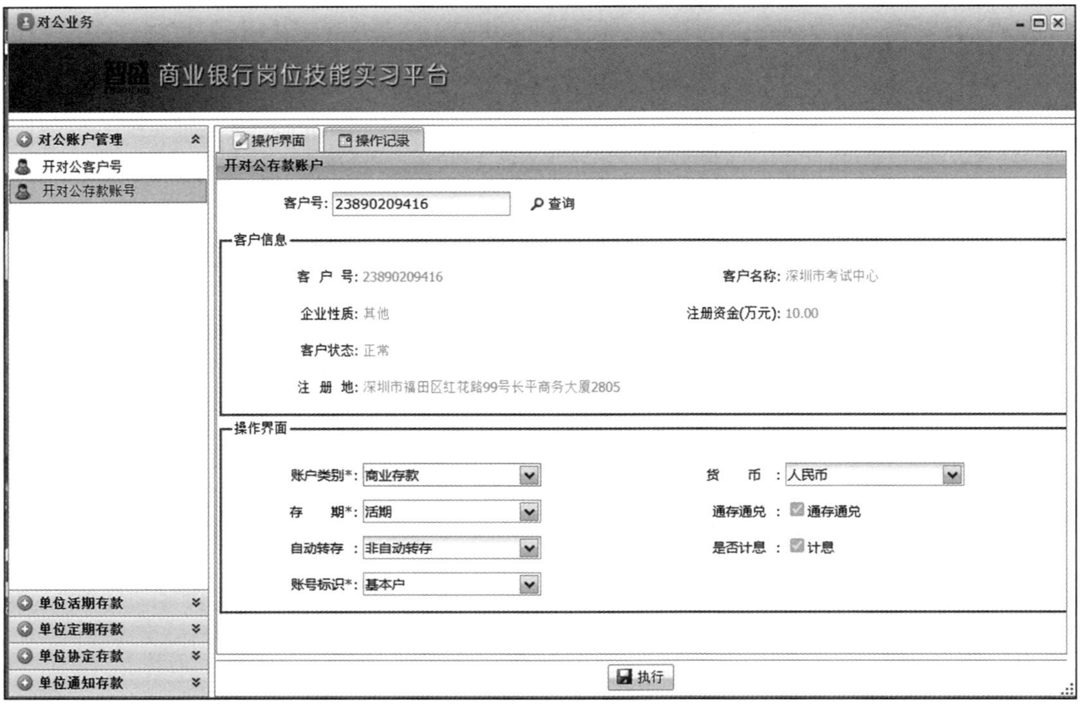

图 5.9 开对公存款账号

（1）-3 为深圳市考试中心对公账户存款以激活账户

对公业务—单位活期存款—现金存款，金额自选（见图 5.10）。

（2）代理业务。

代理业务—代理合同管理

点击“新增”，录入深圳市考试中心账号，点击“查询”，核对屏幕回显信息，在操作界面录入代理类别：行政事业收费基金代收，点击“执行”，记录系统生成的合同号（见图 5.11）。

（3）逐笔代收（无代理清单）。

代理业务—逐笔代收（无代理清单），录入代理合同号，点击“查询”，核对屏幕回显信息。操作界面录入涉及对象标识：标识 1；凭证类型：借记卡；交易码：转账交易；转出账户：黄宪秋的活期账号（注意保证黄宪秋账户内有足够的余额支付该笔业务，如余额不足需要为黄宪秋办理存款）；账户名称：黄宪秋；转出金额：200；点击“执行”完成该笔业务（见图 5.12）。

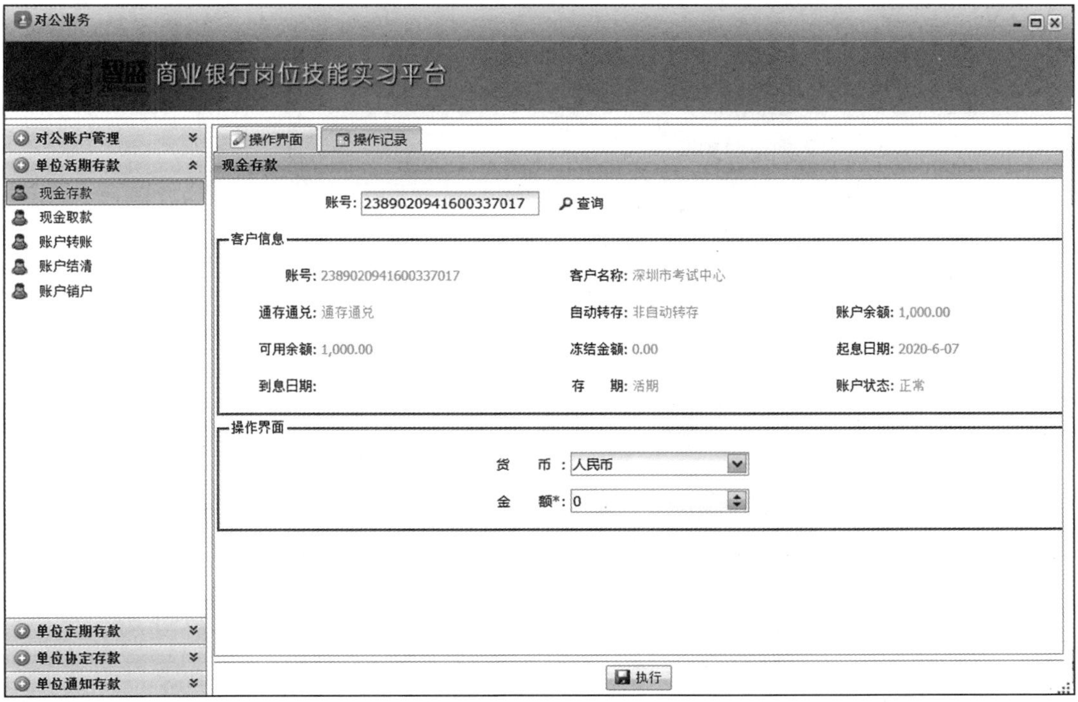

图 5.10　现金存款

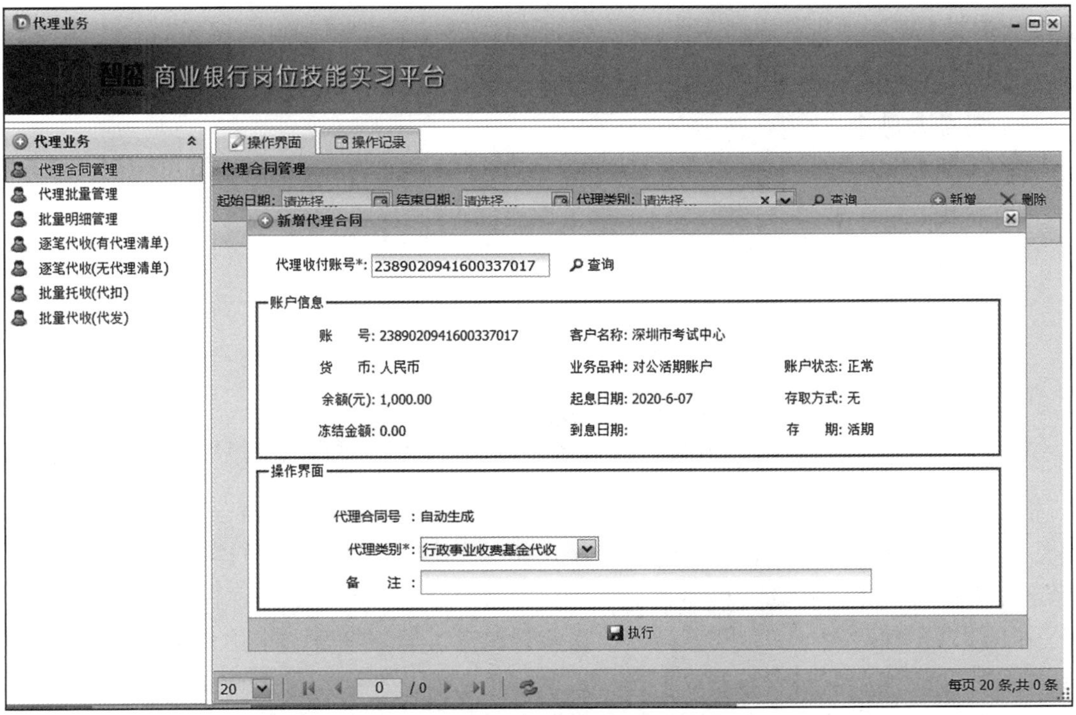

图 5.11　代理合同管理

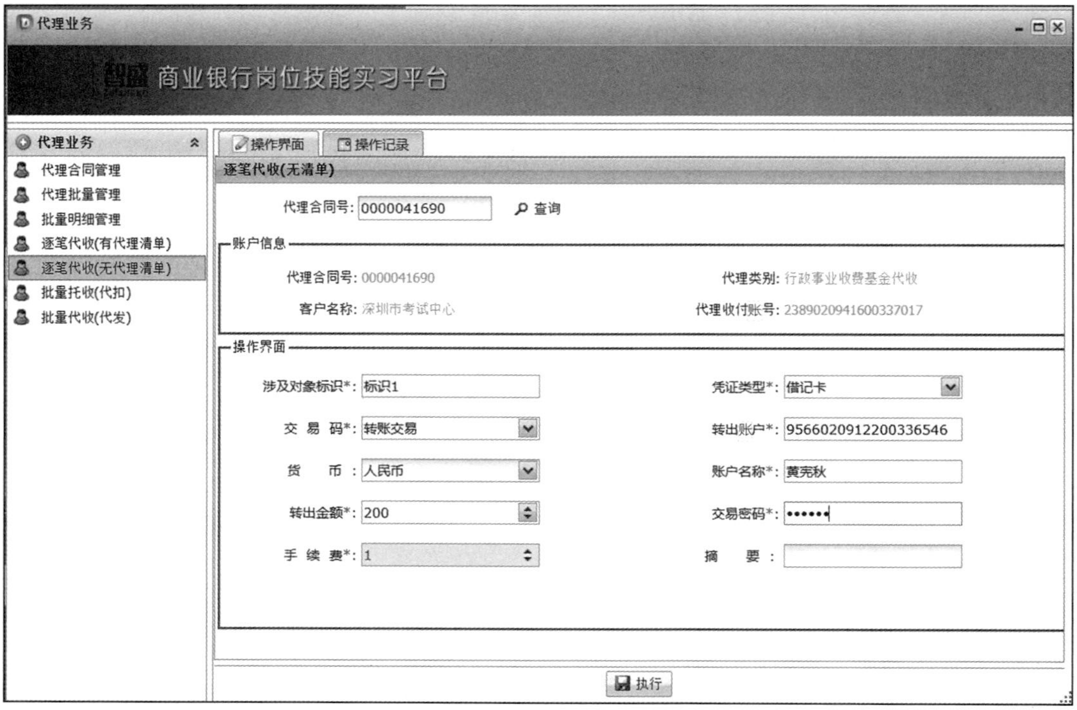

图 5.12　逐笔代收（无代理清单）

任务一小结

逐笔代收（有代理清单）、逐笔代收（无代理清单）业务的办理流程

核心技能与概念

代理合同管理；代理批量管理；批量明细管理；逐笔代收

课堂讨论

代理收付账号为对公活期的基本户和专用户

任务二　批量代理业务

批量代收业务指银行通过计算机联机系统代理公用事业等单位向个人用户收取费用的转账结算。批量代收是银行特种委托收款结算业务在计算机技术条件下的实现方式。在账户存款余额足够的情况下，付款人也免去了定期交费的烦恼。联机批量代收业务项目主要包括各项公用事业费、保险费、出租车营运款、物业管理费、学杂费等。批量代付业务指银行通过计算机联机系统代单位向个人发放工资、奖金、养老金、公积金等款项的业务。典型的业务品种为代发工资、代发养老金。银行开办代发工资业务在揽住储蓄源头，增加资金来源的同时，减轻了单位财会人员的工作量。单位财会人员只需开具转账支票，连同职工工资清单和制作好的代发数据磁盘交银行即可，解决了单位从银行领取现金再向个人发放工资的麻烦。

子任务一　批量托收（代扣）

案例导入

1. 中国电信深圳分公司（统一社会信用代码 91440300MA5K568935，企业类型：上市股份有限公司，行业类别：商业客户，成立日期：1999 年 10 月 20 日，注册资金 500 万元人民币，公司地址：深圳市福田区新洲南滨河大道 9023 号国通大厦 1502，联系人：齐悦月，手机号码：15558963689，法定代表人：邓天晰，身份证号码：440308197612312277，手机号码：15569874582）经办人员委托银行办理电话费托收业务。（账号自行开立）

2. 代理批量管理时，明细信息来源为手工录入，总笔数 5 笔，总金额 500 元。

3. 代扣个人客户舒惟楷电话费 125.69 元。

4. 银行柜员完成批量托收（代扣）业务。

［上机操作］

（1）为中国电信深圳分公司办理对公账户开户。

（1）–1 对公业务—对公账户管理—开对公客户号

关键字信息依据题目填写，点击“执行”并记录客户号（见图 5.13）。

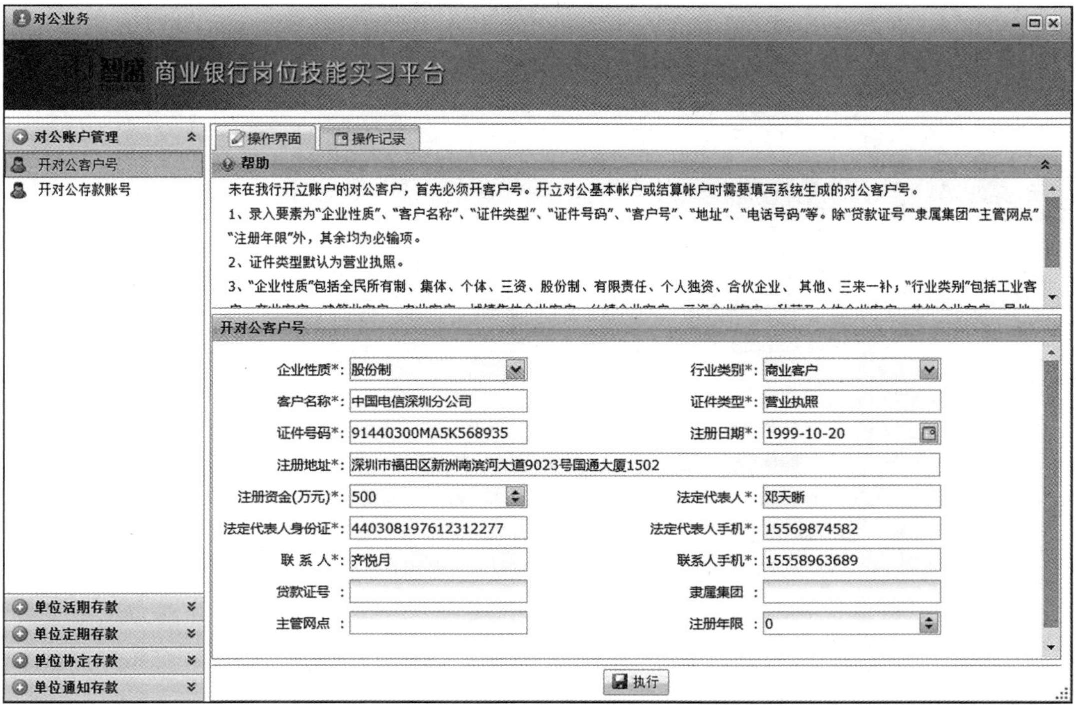

图 5.13　开对公客户号

（1）–2 对公业务—对公账户管理—开对公存款账号

录入客户号，点击“查询”，核对屏幕回显信息，在操作界面录入关键字信息见图 5.14，点击“执行”记录系统生成的账号。

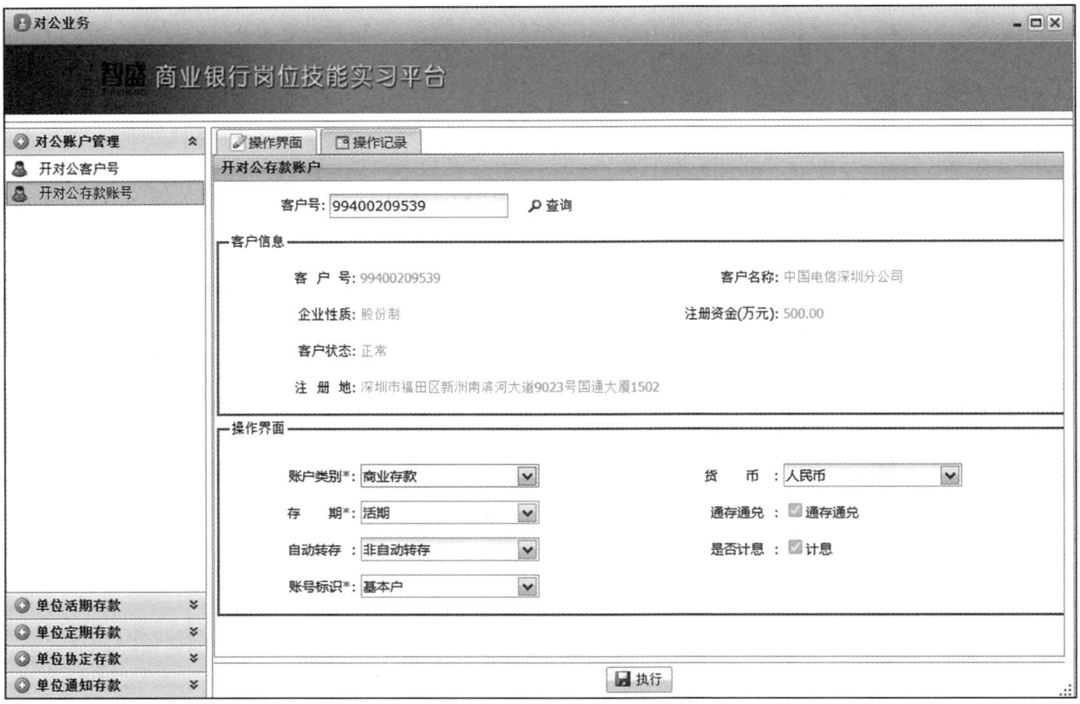

图 5.14　开对公存款账号

（1）–3 为深圳市考试中心对公账户存款以激活账户，存款金额自定即可（见图 5.15）。

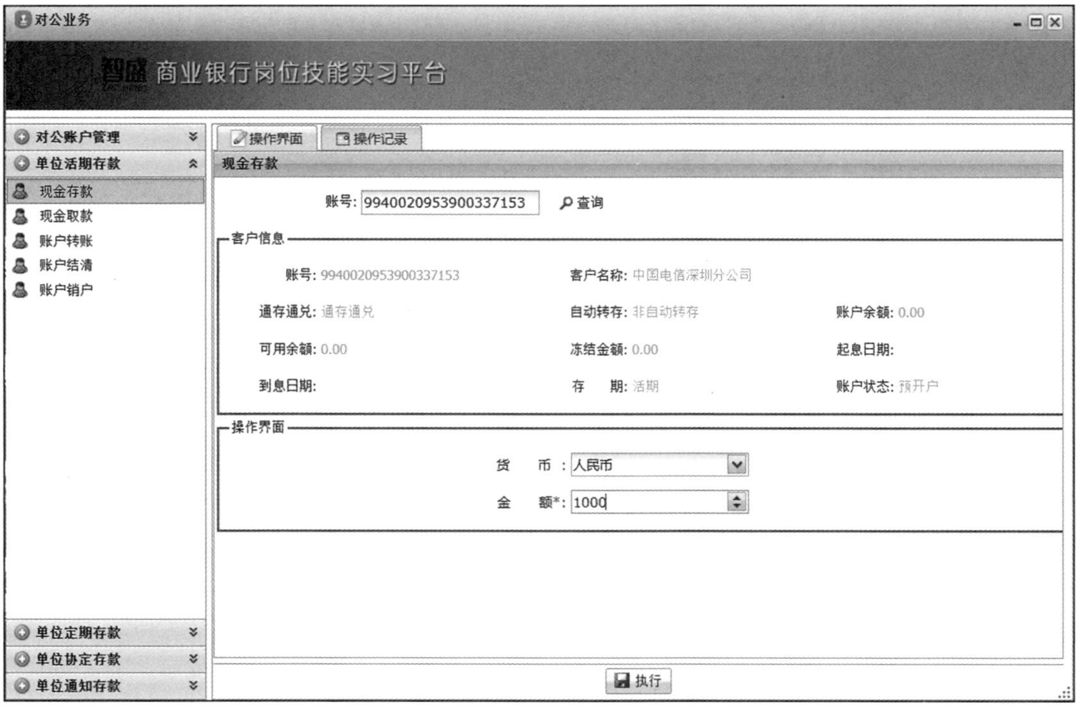

图 5.15　现金存款

（2）代理合同管理。

代理业务—代理合同管理—新增代理合同

点击“新增”，录入中国电信深圳分公司账号信息，点击“查询”，核对屏幕回显信息，无误后在操作界面录入代理类别：电话费托收；点击“执行”记录系统生成的代理合同号（见图 5.16）。

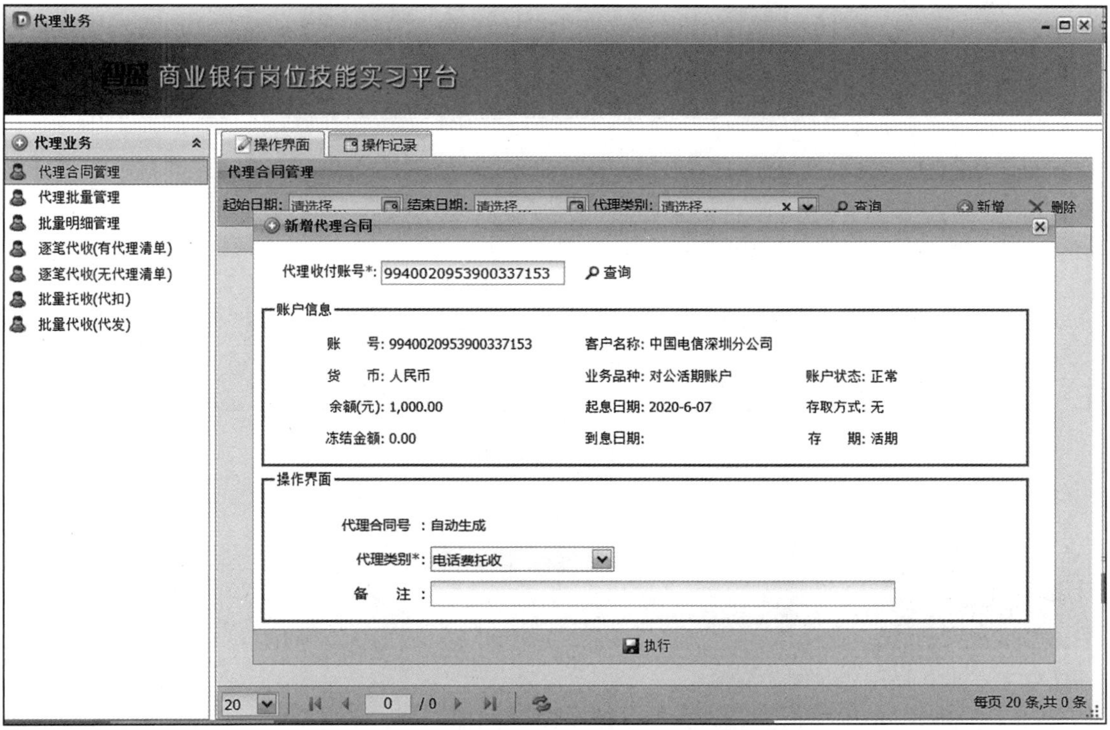

图 5.16　新增代理合同

（3）代理批量管理。

点击“新增”，录入代理合同号，点击“查询”，核对屏幕回显信息，无误后在操作界面录入：总笔数：5，总金额：500；点击“执行”，记录系统生成的批量号（见图 5.17）。

（4）批量托收（代扣）

代理业务—批量托收（代扣）

录入代理合同号，点击“查询”，核对屏幕回显信息，在操作界面进行如下操作。

批量号：从下拉列表框中选择批量号，总笔数：5，总金额：500，点击“执行”完成操作（见图 5.18）。

图 5.17　代理批量管理

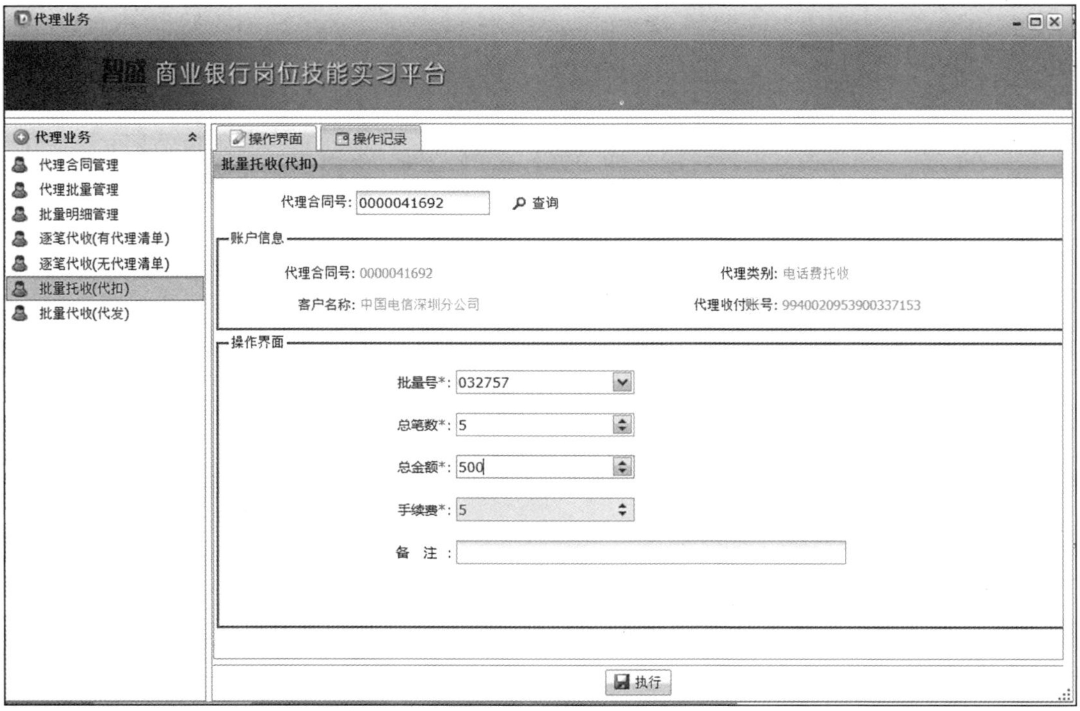

图 5.18　批量托收（代扣）

子任务二 批量代收（代发）

案例导入

1. 深圳浩金同建筑股份有限公司经办人员来银行签订了工资代发合同。
2. 代理批量管理时，明细信息来源为手工录入，共 8 笔，总金额 4 万元。
3. 代发员工杨稚眉工资 4000 元。
4. 我行柜员完成批量代收（代发）操作。

[上机操作]

（1）代理合同管理。

代理业务—代理合同管理

录入深圳浩金同建筑股份有限公司的对公活期账号，点击“查询”，核对屏幕回显信息，在操作界面选择代理类别：代发工资。点击“执行”，记录系统生成的代理合同号（见图 5.19）。

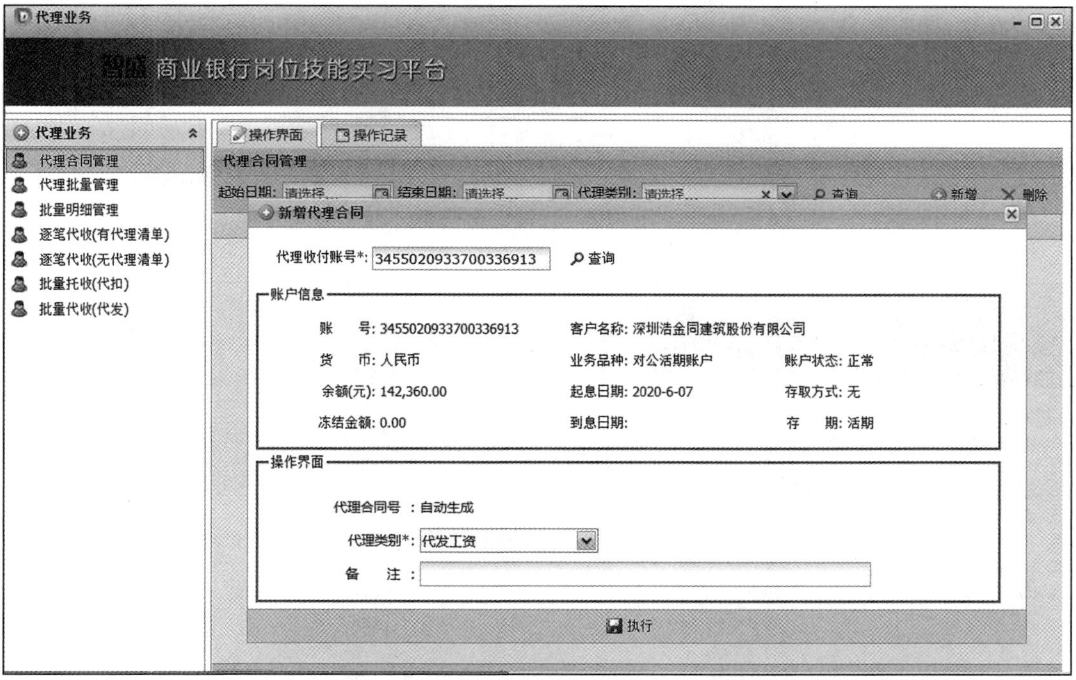

图 5.19 代理合同管理

（2）代理批量管理。

代理业务—代理批量管理

点击“新增”，录入代理合同号，点击“查询”，核对屏幕回显信息，在操作界面录入总笔数：8，总金额：40000；明细信息：手工录入。点击“执行”，生成批量号（见图 5.20）。

（3）批量明细管理。

代理业务—批量明细管理

点击“新增”，录入代理合同号，选择批量号，点击“查询”，核对屏幕回显信息，在操作界面录入客户账号信息，账户名称：杨稚眉；涉及对象标识：标识 1；涉及金额：4000，点击“执行”完成批量明细管理操作（见图 5.21）。

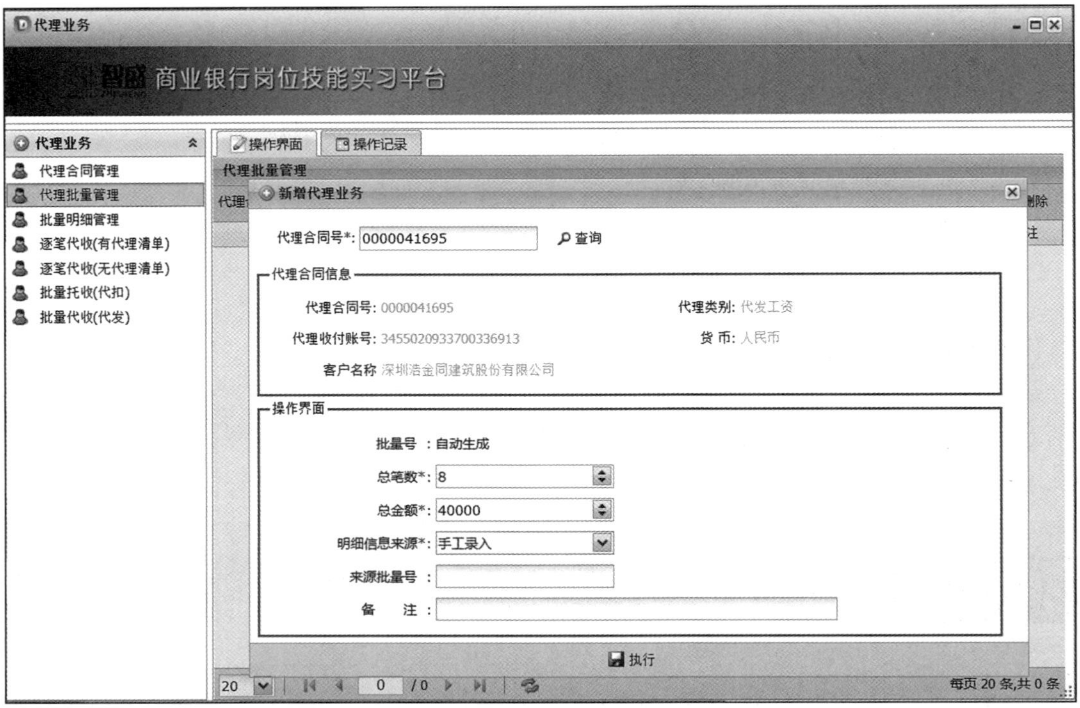

图 5.20　代理批量管理

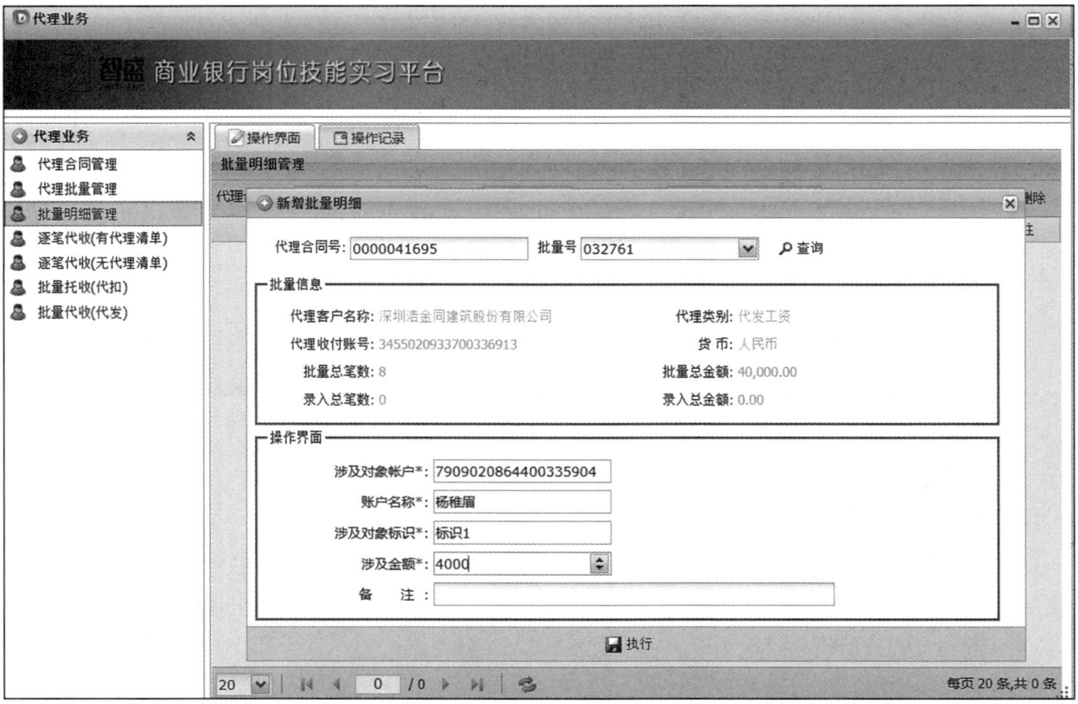

图 5.21　批量明细管理

（4）批量代收（代发）。

代理业务—批量代收（代发）

录入代理合同号，点击“查询”，核对屏幕回显信息，录入批量号，代理总笔数 8，总金额 40000，点击“执行”完成操作（见图 5.22）。

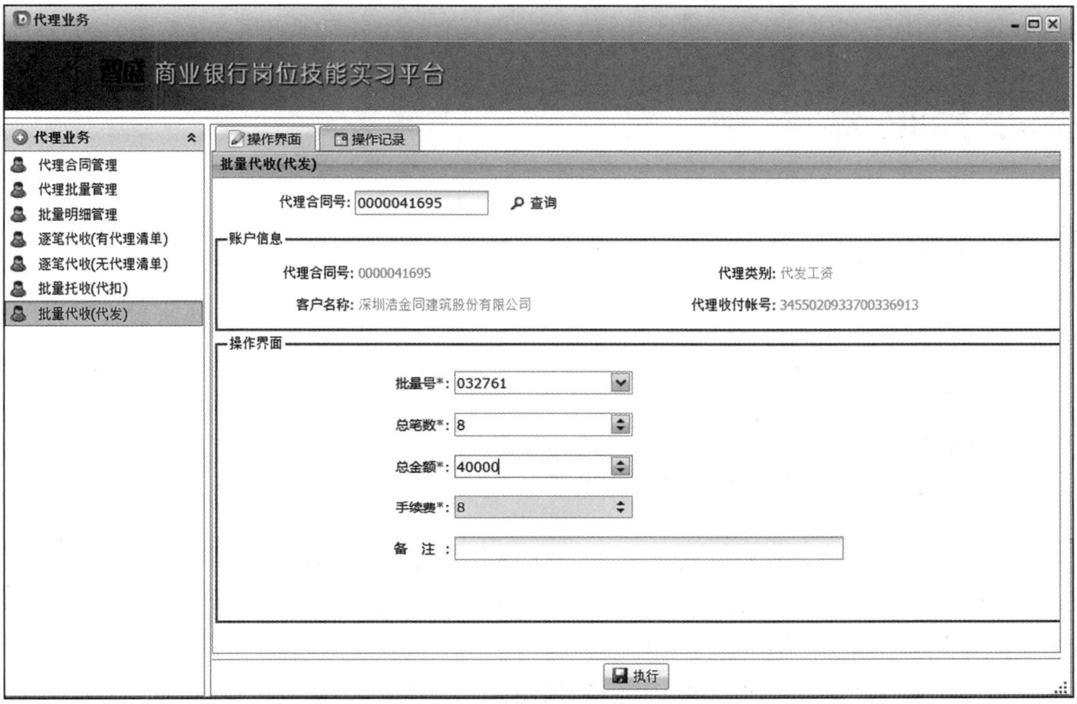

图 5.22 批量代收（代发）

任务二小结

批量托收（代扣）、批量代收（代发）业务办理流程

核心技能与概念

新增代理合同；代理批量管理；批量托收（代扣）

课堂讨论

批量托收（代扣）包括哪些托收业务？

项目六

贷记卡业务

学习目标

1. 知识目标

（1）了解什么是贷记卡。

（2）熟悉不同等级贷记卡的特点。

2. 技能目标

在操作系统中熟练操作贷记卡的相关业务。

信用卡，又称贷记卡，是一种非现金交易付款的方式，是简单的信贷服务，又分为贷记卡和准贷记卡。贷记卡是银行发行的并给予持卡人一定信用额度、持卡人可在信用额度内先消费后还款的信用卡；准贷记卡是银行发行的，持卡人按要求交存一定金额的备用金，当备用金账户余额不足以支付时，可在规定的信用额度内透支的准贷记卡。贷记卡的主要特点如下所述。

（1）信用卡是当今发展最快的一项金融业务之一，它是一种可在一定范围内替代传统现金流通的电子货币。

（2）信用卡同时具有支付和信贷两种功能。持卡人可用其购买商品或享受服务，还可通过使用信用卡从发卡机构获得一定的贷款。

（3）信用卡是集金融业务与电脑技术于一体的高科技产物。

（4）信用卡能减少现金货币的使用。

（5）信用卡能提供结算服务，方便购物消费，增强安全感。

（6）信用卡能简化收款手续，节约社会劳动力。

（7）信用卡能促进商品销售，刺激社会需求。

任务一　贷记卡开户业务

案例导入

1. 舒惟楷先生来银行办理贷记卡开户业务，POS 消费额度 2 万元，每月 15 日还款。其个人资料：身份证号码255369198503082359，手机号13111230256。银行柜员为舒惟楷先生办理贷记卡开户业务。

2. 舒惟楷先生来银行激活贷记卡，柜员为其贷记卡激活业务。

重要提示：

信用卡等级：普卡、金卡、白金卡。

普卡：消费额度，0～5万元（含5万元）；现金额度，0～2.5万元（含2.5万元）。

金卡：消费额度，5万～10万元（含10万元）；现金额度，2.5万～5万元（含5万元）。

白金卡：消费额度，10万～20万元（含20万元）；现金额度，5万～10万元（含10万元）。

[上机操作]

（1）贷记卡开户。

贷记卡业务—贷记卡开户

客户名称：舒惟楷，证件类型：身份证，证件号码：255369198503082359，客户称谓：先生，POS消费额度：20000，预借现金额度：10000，手机号：13111230256。点击“执行”完成贷记卡开户（见图6.1）。

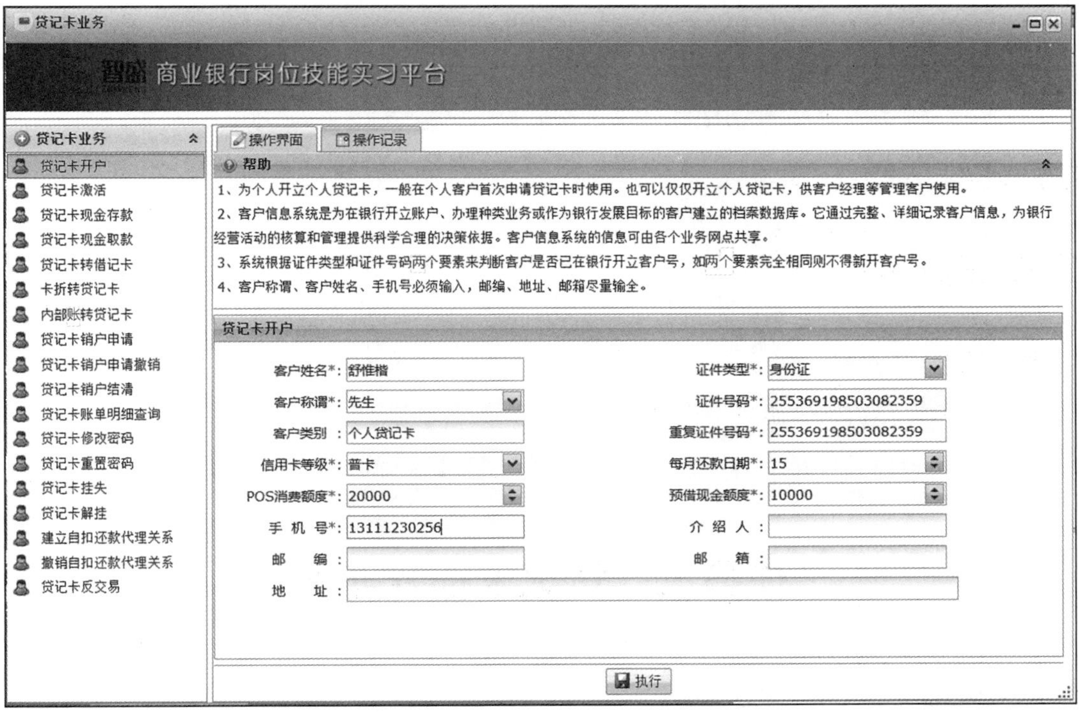

图6.1 贷记卡开户

（2）贷记卡激活。

贷记卡业务—贷记卡激活

证件类型：身份证，证件号码：255369198503082359；交易密码和查询密码不能一样，建议查询密码设为111111，交易密码000000；POS消费额度：20000；预借现金额度：10000。点击“执行”完成贷记卡激活（见图6.2）。

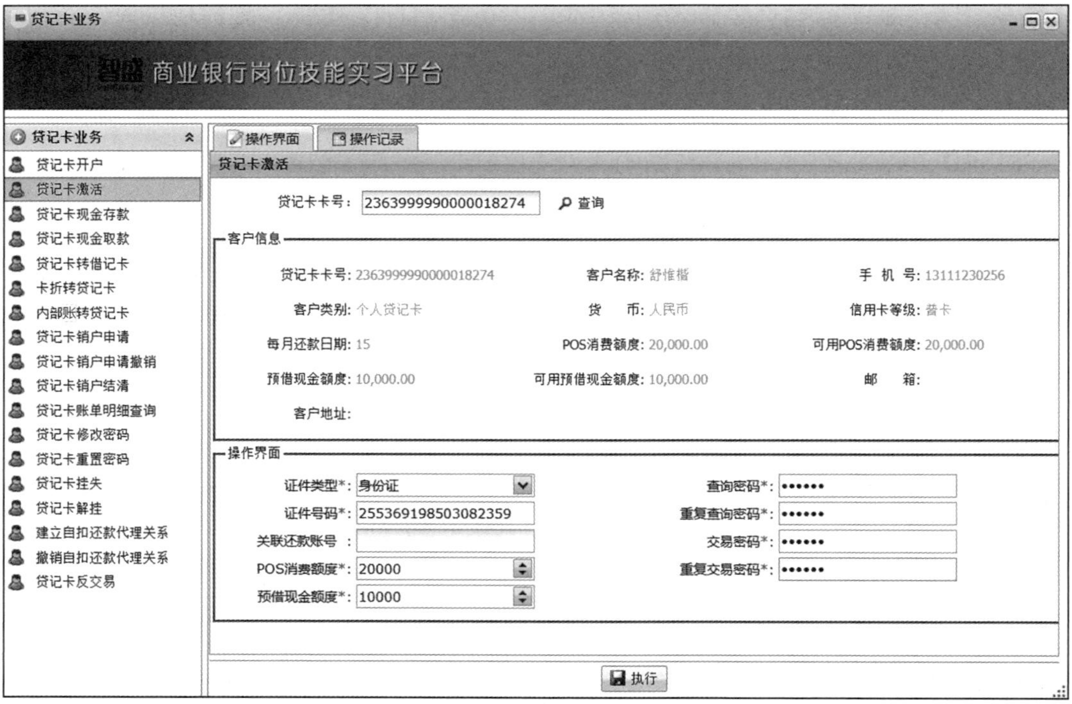

图 6.2 贷记卡激活

任务一小结

贷记卡开户业务办理流程

核心技能与概念

贷记卡开户；贷记卡激活

课堂讨论

预借现金额度为 POS 消费额度的一半吗？

任务二 贷记卡存款业务

案例导入

客户黄宪秋先生个人资料：身份证号码 110125199309140119，手机号 13258964515。黄宪秋办理贷记卡，POS 消费额度 10 万元，每月 5 号还款，已激活。

1. 客户黄宪秋来银行办理贷记卡现金存款业务，存入人民币 800 元。

2. 客户黄宪秋办理贷记卡取现业务，支取现金 2000 元。

重要提示：

信用卡等级：普卡、金卡、白金卡。

普卡：消费额度，0～5万元（含5万元）；现金额度，0～2.5万元（含2.5万元）

金卡：消费额度，5万～10万元（含10万元）；现金额度，2.5万～5万元（含5万元）

白金卡：消费额度，10万～20万元（含20万元）；现金额度，5万～10万元（含10万元）

［上机操作］

（1）贷记卡开户。

贷记卡业务—贷记卡开户

客户名称：黄宪秋；证件类型：身份证；客户称谓：先生；证件号码：110125199309140119；信用卡等级：金卡；每月还款日期：5；POS消费额度：100000；预借现金额度：50000；手机号：13258964515；点击“执行”完成开户，记录贷记卡卡号（见图6.3）。

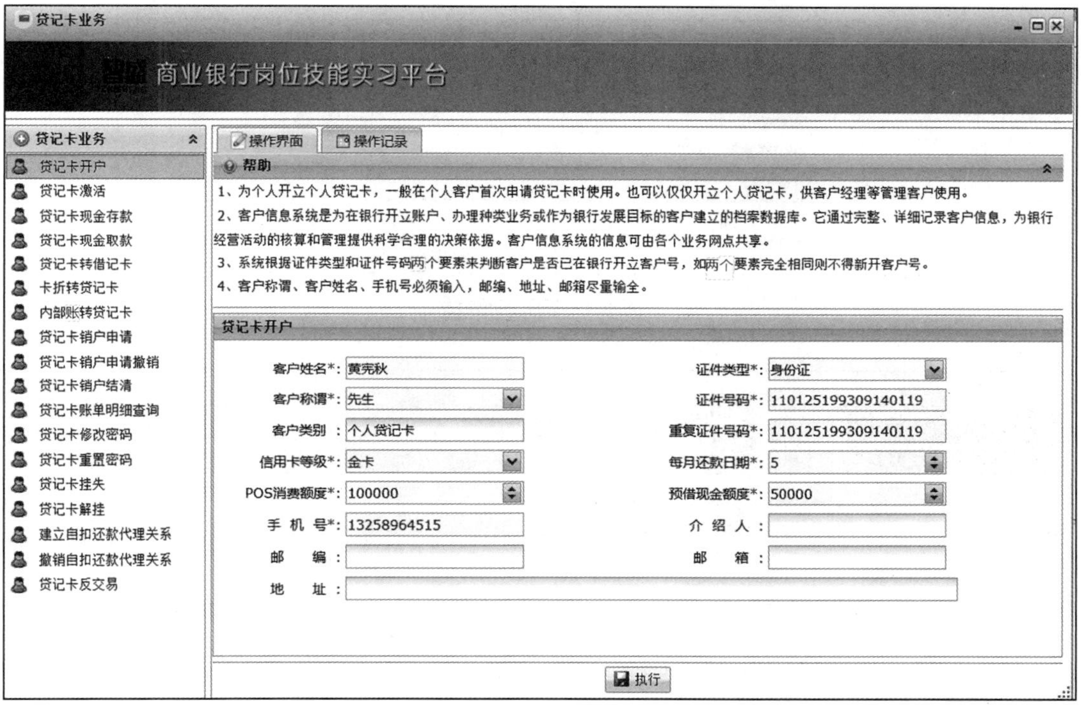

图6.3　贷记卡开户

（2）贷记卡激活。

贷记卡业务—贷记卡激活

录入贷记卡卡号，点击“查询”，核对屏幕回显信息，录入证件类型：身份证；证件号码：110125199309140119；POS消费额度：100000；预借现金额度：50000；点击“执行”完成贷记卡激活（见图6.4）。

（3）贷记卡现金存款。

贷记卡业务—贷记卡现金存款

录入贷记卡卡号，点击“查询”，核对屏幕回显信息，在操作界面录入交易码：现金交易；存款金额：800；点击“执行”完成贷记卡现金存款（见图6.5）。

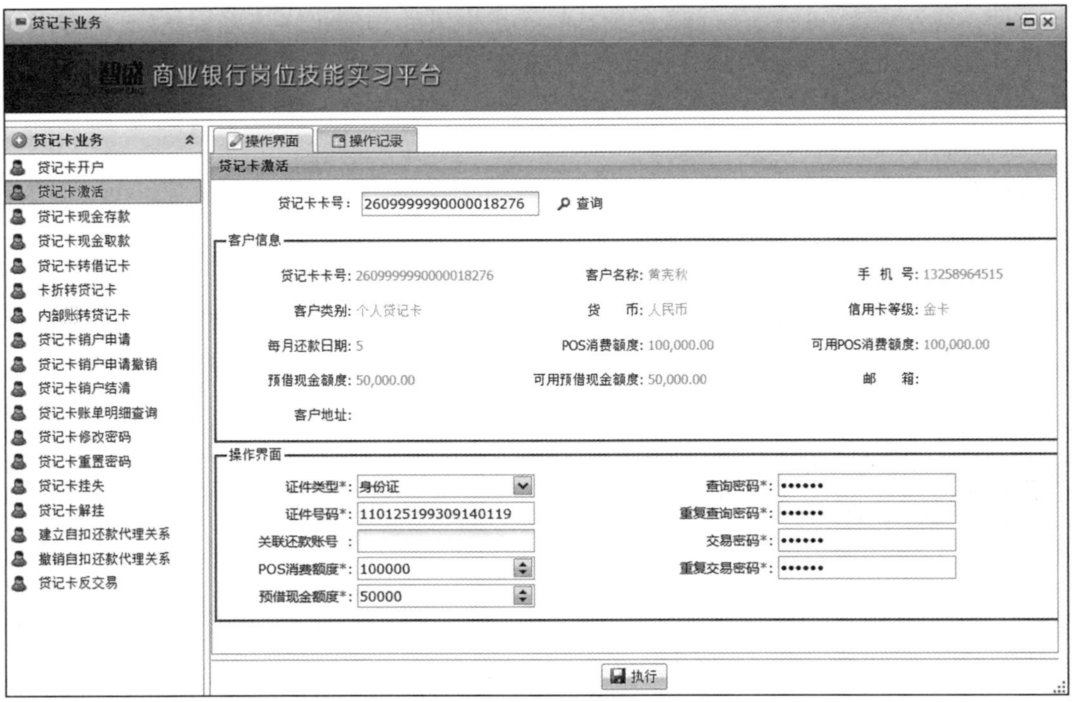

图 6.4 贷记卡激活

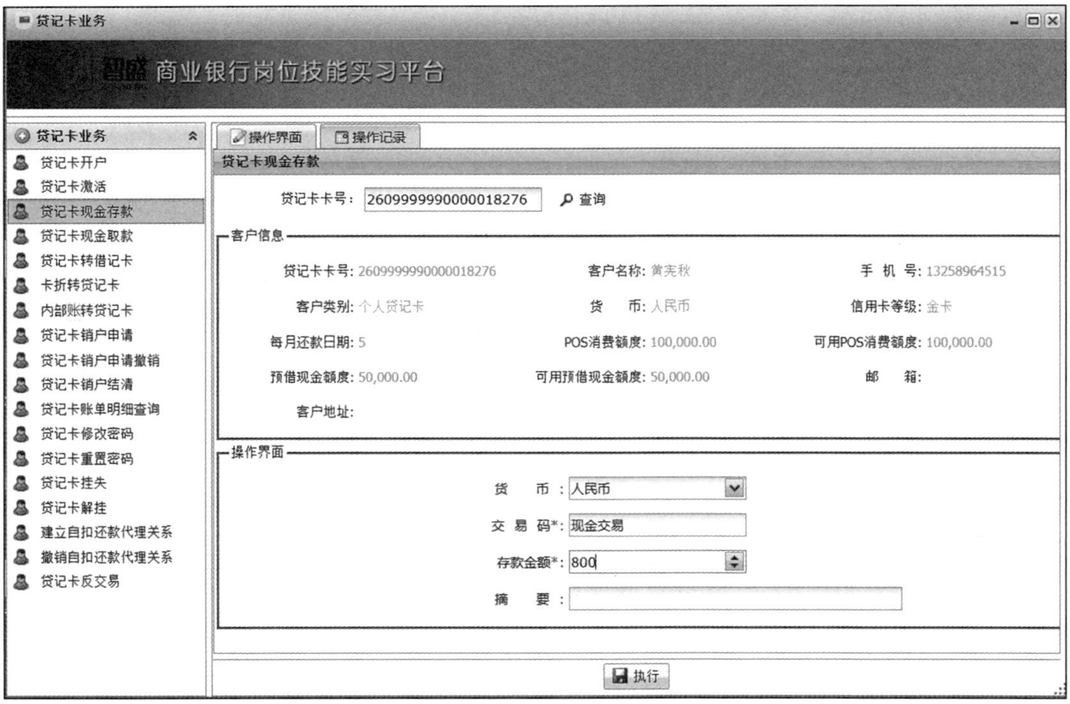

图 6.5 贷记卡现金存款

（4）贷记卡现金取款。

贷记卡业务—贷记卡现金取款

录入贷记卡卡号，点击“查询”，核对屏幕回显信息，在操作界面录入取款金额：2000，预设的交易密码；点击“执行”，完成贷记卡现金取款（见图 6.6）。

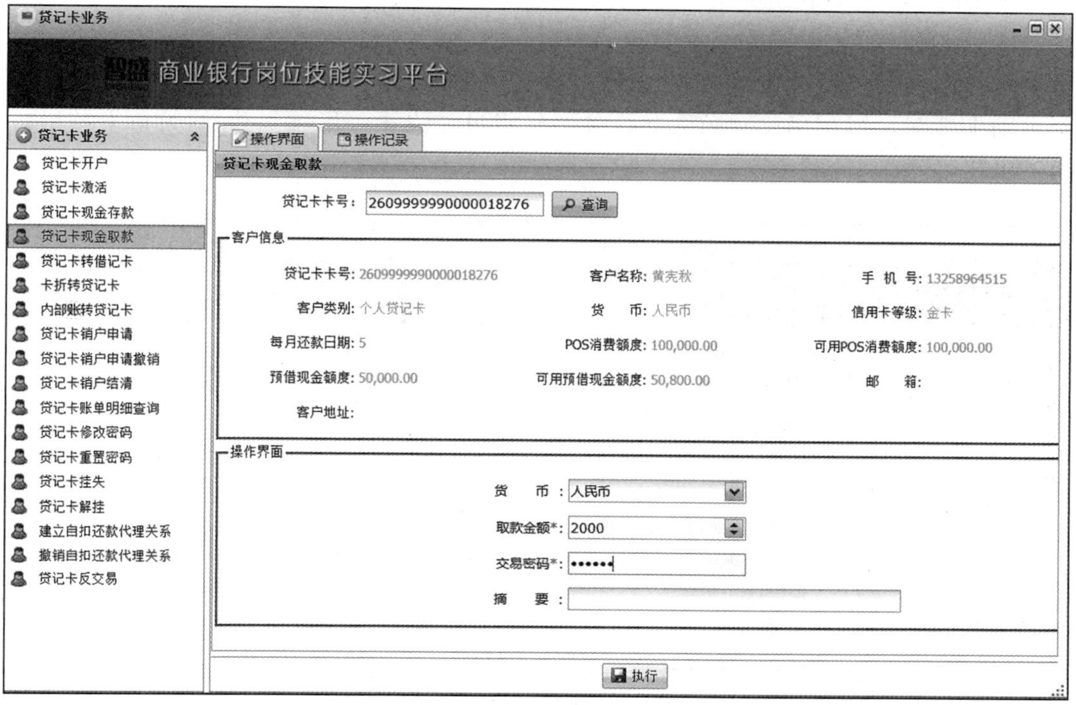

图 6.6　贷记卡现金取款

任务二小结

贷记卡存款业务的办理流程

核心技能与概念

贷记卡激活；贷记卡现金存款；贷记卡现金取款

课堂讨论

现金存款会导致可用预借现金额度增加吗？

任务三　贷记卡转账业务

案例导入

1. 客户黄宪秋来银行办理贷记卡转借记卡业务，从贷记卡转出 5000 元到活期借记卡账户。

2. 从内部账转出 1 万元到黄宪秋先生贷记卡。

[上机操作]

（1）贷记卡转借记卡。

贷记卡业务—贷记卡转借记卡

录入贷记卡卡号，点击“查询”，核对屏幕回显信息，在操作界面录入客户黄宪秋的借记卡活期账号；账户名称：黄宪秋，金额：5000；点击“执行”，完成贷记卡转借记卡操作（见图 6.7）。

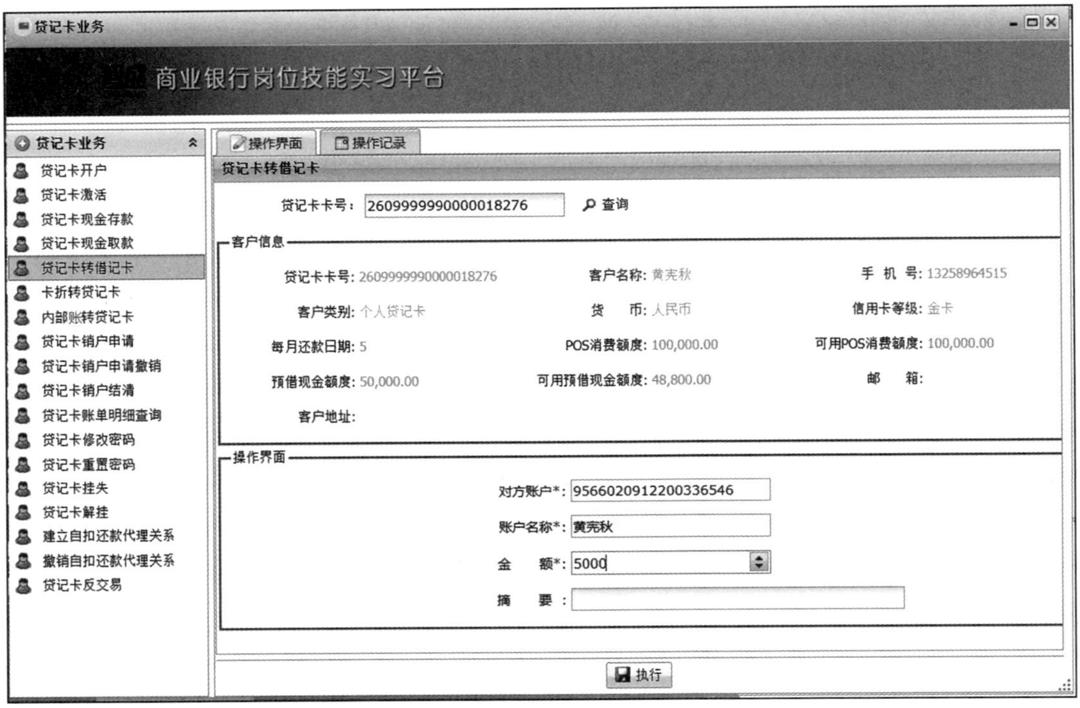

图 6.7 贷记卡转借记卡

（2）内部账转贷记卡。

贷记卡业务—内部账转贷记卡

录入贷记卡卡号，点击“查询”，核对屏幕回显信息，在操作界面下拉框选择内部账户账号；账号名称：内部账转贷记卡内部户；金额：10000；点击“执行”完成操作（见图 6.8）。

任务三小结

贷记卡转账业务的办理流程

核心技能与概念

贷记卡转借记卡；内部账转贷记卡

课堂讨论

贷记卡转借记卡会导致可用预借现金额度减少吗？

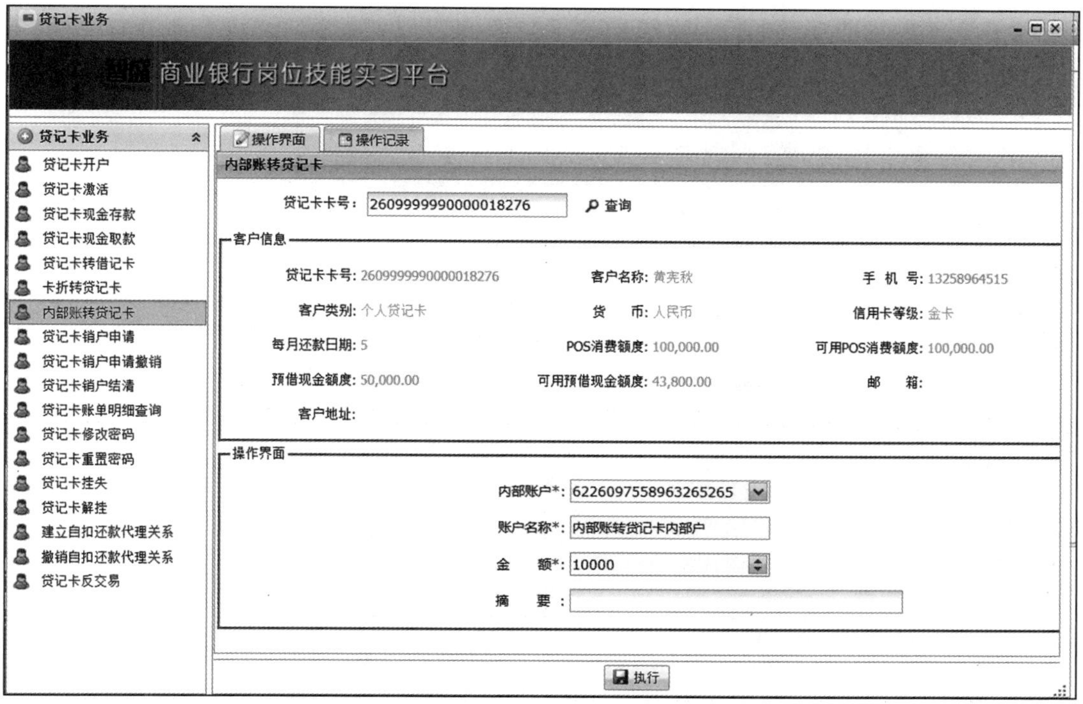

图 6.8 内部账转贷记卡

任务四 贷记卡密码相关业务

案例导入

客户黄宪秋来银行办理贷记卡密码修改业务，银行柜员为其修改贷记卡交易密码（密码自行设定）。

[上机操作]

贷记卡业务—贷记卡修改密码

录入贷记卡卡号，点击“查询”，核对屏幕回显信息，在操作界面证件类型选择：身份证；证件号码：黄宪秋身份证号；密码类型：交易密码；分别录入原密码和新密码。点击“执行”完成贷记卡密码修改（见图 6.9）。

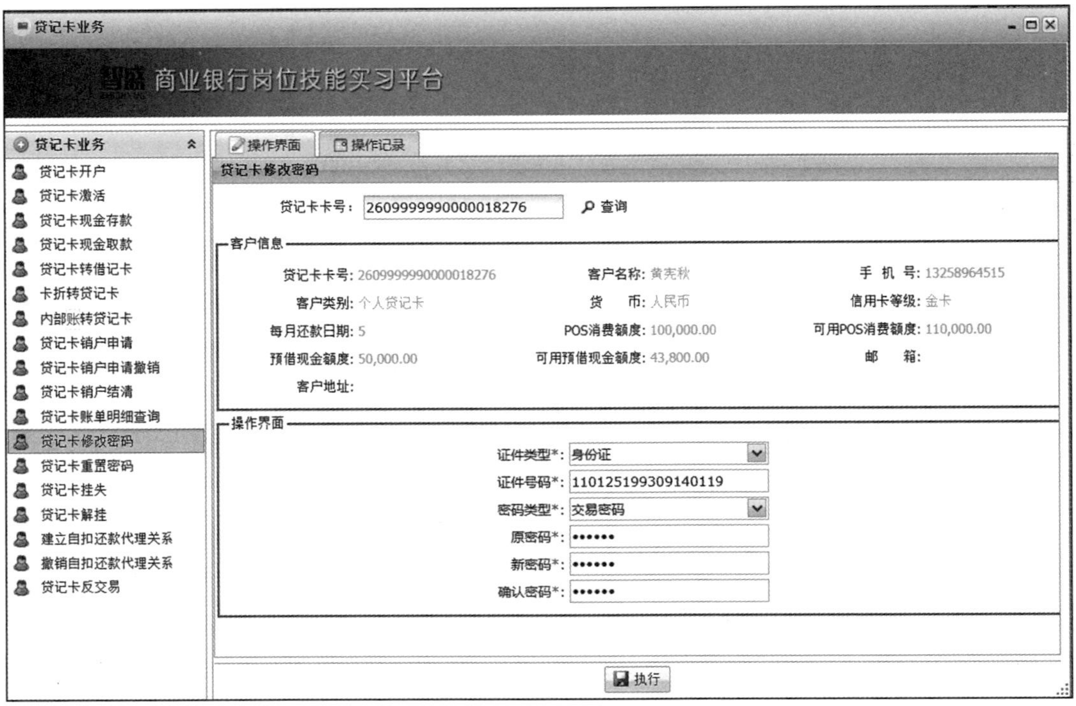

图 6.9 贷记卡修改密码

任务四小结

贷记卡密码相关业务的操作流程

核心技能与概念

贷记卡修改密码

课堂讨论

需要根据选择的密码类型的不同来修改密码吗？

任务五 贷记卡挂失解挂业务

案例导入

1. 柜员为舒惟楷办理贷记卡挂失业务，挂失种类书面挂失。

2. 柜员为舒惟楷办理贷记卡解挂业务。

[上机操作]

（1）贷记卡挂失。

贷记卡业务—贷记卡挂失

录入贷记卡卡号，点击“查询”，核对屏幕回显信息，在操作界面录入证件类型：身份证；证件号码：舒惟楷身份证号；挂失种类：A（书面挂失）；点击“执行”完成贷记卡挂失（见图 6.10）。

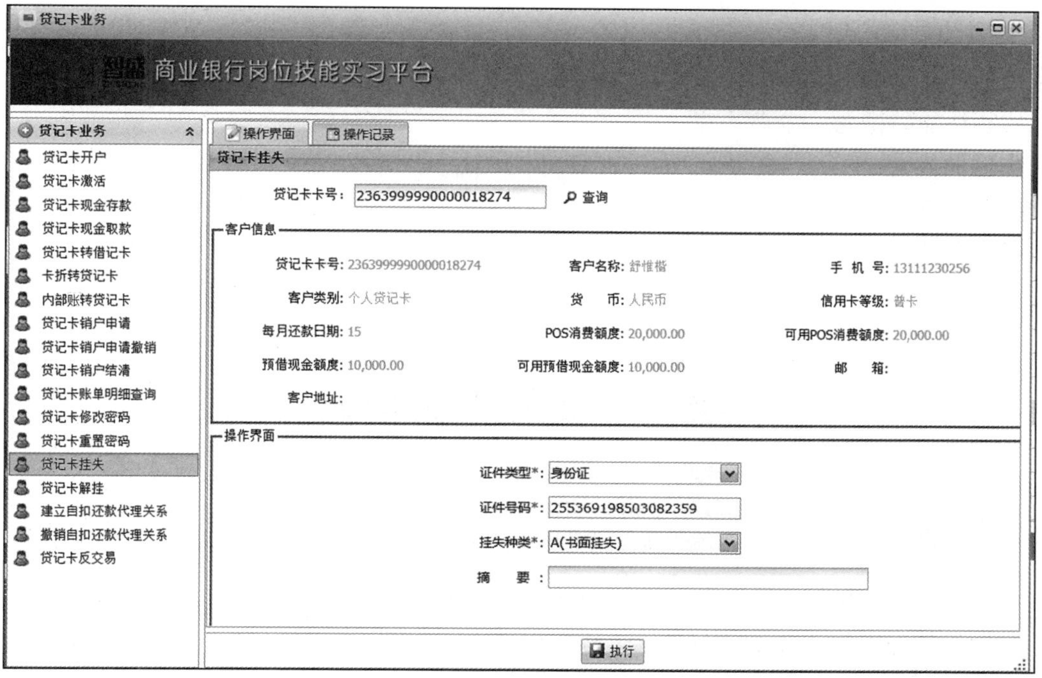

图 6.10 贷记卡挂失

(2) 贷记卡解挂。

贷记卡业务—贷记卡解挂

录入贷记卡卡号，点击“查询”，核对屏幕回显信息，在操作界面录入：证件类型：身份证；证件号码：舒惟楷身份证号；录入交易密码，点击“执行”，完成解挂操作（见图 6.11）。

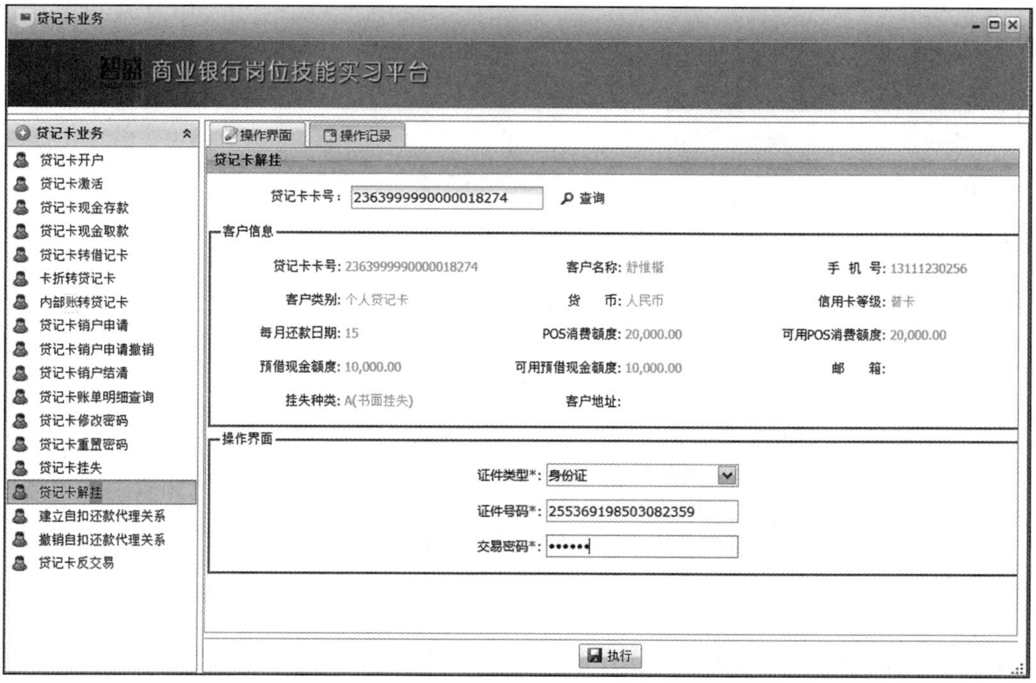

图 6.11 贷记卡解挂

任务五小结

贷记卡挂失解挂业务的操作流程

核心技能与概念

贷记卡挂失；贷记卡解挂

课堂讨论

贷记卡解挂必须是已经挂失的贷记卡吗？

任务六　贷记卡其他业务

案例导入

1. 柜员将舒惟楷的贷记卡与之前开立的借记卡绑定。

2. 柜员将舒惟楷的贷记卡与借记卡解除绑定。

[上机操作]

（1）贷记卡绑定借记卡。

贷记卡业务—建立自扣还款代理关系

录入贷记卡卡号，点击“查询”，核对屏幕回显信息，在操作界面录入证件类型：身份证；证件号码：舒惟楷身份证号；关联还款账户：舒惟楷的借记卡账号；账户名称：舒惟楷（见图 6.12）。

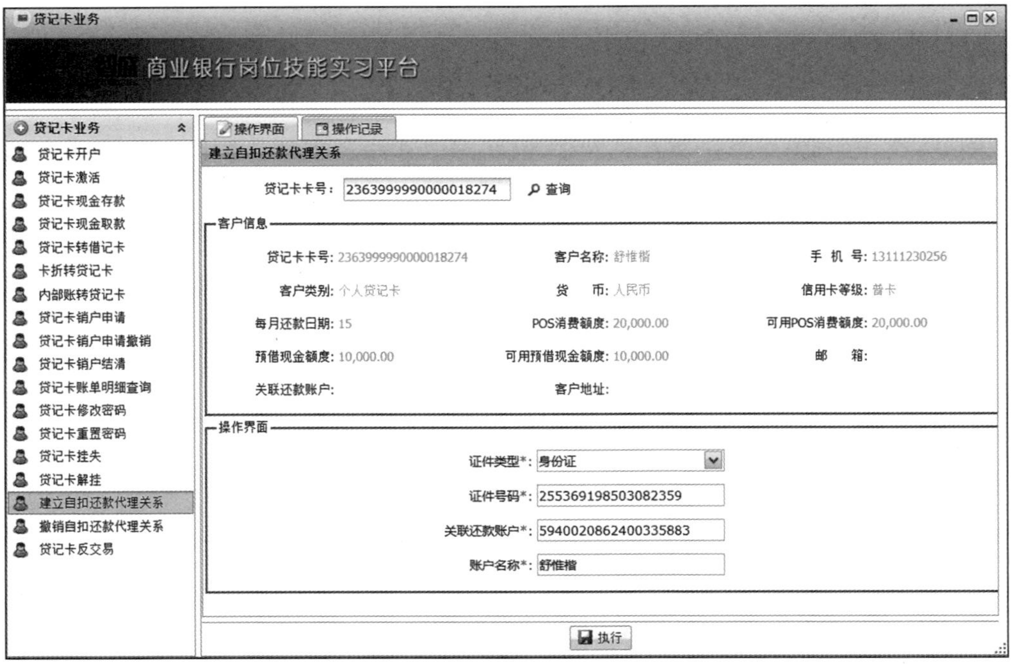

图 6.12　建立自扣还款代理关系

（2）贷记卡与借记卡解绑。

贷记卡业务——撤销自扣还款代理关系

录入贷记卡卡号，点击“查询”，核对屏幕回显信息，在操作界面录入证件类型：身份证；证件号码：舒惟楷身份证号；录入交易密码，点击“执行”完成操作（见图 6.13）。

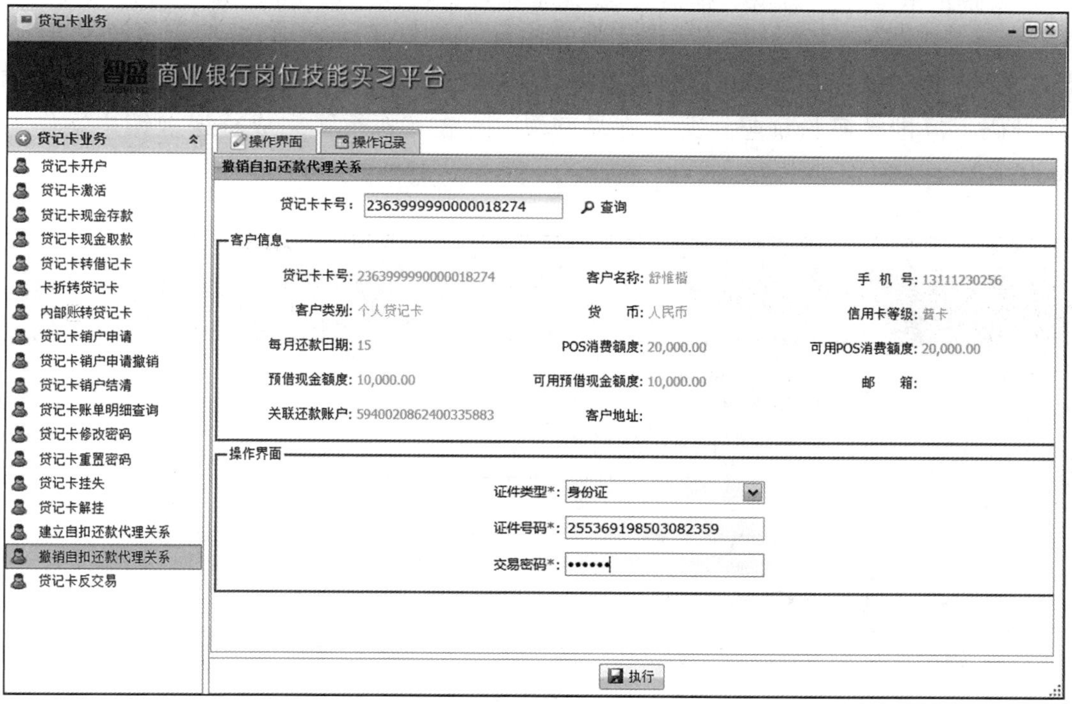

图 6.13　撤销自扣还款代理关系

任务六小结

贷记卡绑定借记卡、贷记卡与借记卡解绑业务的操作流程

核心技能与概念

贷记卡绑定借记卡；贷记卡与借记卡解绑

课堂讨论

关联还款账户必须是本人的借记卡活期账户吗？

任务七　贷记卡销户相关业务

案例导入

1. 舒惟楷申请对贷记卡进行销户，柜员为其办理贷记卡销户申请业务。

2. 柜员为舒惟楷办理贷记卡销户结清业务。

[上机操作]

（1）贷记卡销户申请。

贷记卡业务—贷记卡销户申请

录入贷记卡卡号，点击“查询”，核对屏幕回显信息，在操作界面录入已用 POS 消费额度：0（已用 POS 消费额度 =POS 消费额度 – 可用 POS 消费额度）；已用预借现金额度：0（已用预借现金额度 = 预借现金额度 – 可用预借现金额度）；证件类型：身份证；证件号码：舒惟楷身份证号；录入交易密码，点击“执行”完成贷记卡销户操作（见图 6.14）。

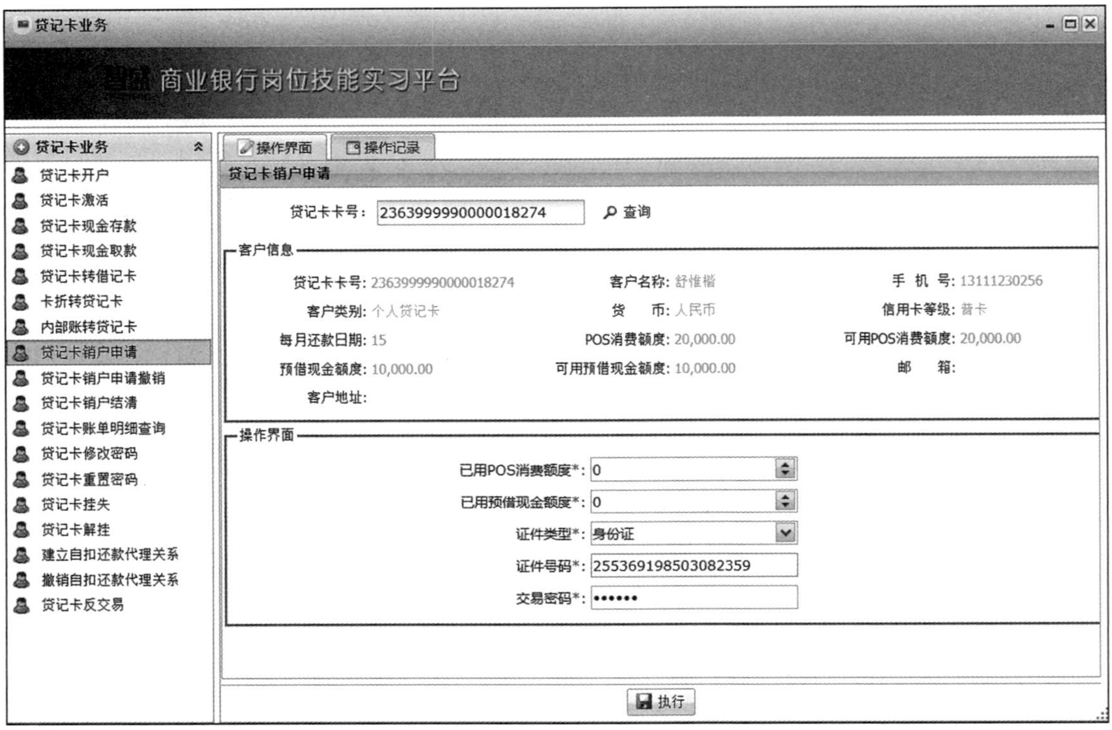

图 6.14 贷记卡销户申请

（2）贷记卡销户结清。

贷记卡业务—贷记卡销户结清

录入贷记卡卡号，点击“查询”，核对屏幕回显信息，在操作界面录入已用 POS 消费额度：0（已用 POS 消费额度 =POS 消费额度 – 可用 POS 消费额度）；已用预借现金额度：0（已用预借现金额度 = 预借现金额度 – 可用预借现金额度）；证件类型：身份证；证件号码：舒惟楷身份证号；录入交易密码，点击“执行”完成贷记卡销户结清操作（见图 6.15）。

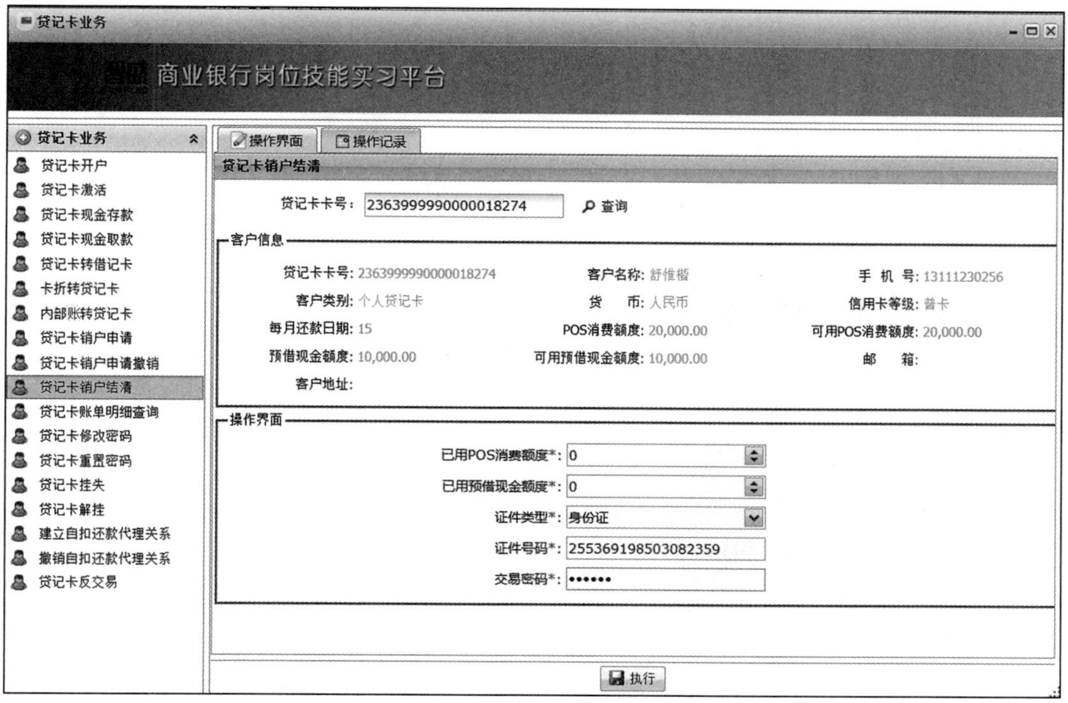

图 6.15　贷记卡销户结清

任务七小结

贷记卡销户相关业务的操作流程

核心技能与概念

贷记卡销户申请；贷记卡销户结清

课堂讨论

办理贷记卡销户时贷记卡必须是已经进行销户申请的贷记卡，且目前仍在申请中的吗？

项目七

支付结算业务操作

学习目标

1. 知识目标

（1）了解支付结算业务的类型。

（2）熟悉有关支付结算业务的基本规定。

2. 技能目标

（1）熟练操作支票业务。

（2）熟练操作银行本票业务。

（3）熟练操作银行汇票业务。

（4）熟练操作商业汇票业务。

（5）熟练操作汇兑业务。

结算是国民经济各部门、各单位之间因商品交易、劳动供应、资金调拨及其他往来等所发生的货币收付行为或者债权债务的清算。

支付结算是银行重要的中间业务。支付结算是单位、个人在社会经济活动中使用票据、银行卡及规定的结算方式进行货币给付及其资金清算的行为。在每天的日间操作中要有大量的支付结算业务，本模块进行支付结算内容的实训。

任务一　电子商业汇票

电子票据的核心思想就是将实物票据电子化，电子票据可以如同实物票据一样进行转让、贴现、质押、托收等行为。传统票据业务中的各项票据业务的流程均没有改变，只是每一个环节都加载了电子化处理手段，这使得业务操作的手段和对象发生了根本的改变。

企业电子票据的业务流程中主要包括以下几个类型的业务操作（见表 7.1）。

（1）企业申请开办电子票据业务。

（2）企业网上申请、签发电子票据。

（3）企业电子票据背书转让。

（4）企业网上申请电子票据贴现。

（5）托收电子票据，出票行兑付。

（6）追索、清偿。

电子票据银行方业务包括：（1）转贴现（买断式与回购式）。（2）再贴现（买断式与回购式）。

表 7.1　电子商业汇票业务状态表

业务	出票信息登记	提示承兑申请	提示收票申请	撕票	转让背书申请
操作状态	无	出票已登记	提示承兑已登记	出票已登记、提示承兑已签收	提示收票已签收、转让背书已签收、质押解除已签收
产生状态	确定；出票已登记	确定：提示承兑已签收 取消：提示承兑待签收	确定：提示承兑已签收 取消：提示承兑待签收	票据已作废	确定：转让背书已签收 取消：装让背书待签收
业务	**保证申请**	**质押申请**	**质押解除申请**	**提示付款申请**	**逾期提示付款申请**
操作状态	出票已登记、提示承兑已签收、提示收票已签收、转让背书已签收、质押解除已签收	提示收票已签收、转让背书已签收、质押解除已签收	质押已签收	提示收票已签收、转让背书已签收、质押解除已签收、提示付款已拒付（不可拒付追索）、提示付款已拒付（可拒付追索，可追索所有人）	提示收票已签收、转让背书已签收、质押解除已签收、提示付款已拒付（不可拒付追索）、提示付款已拒付（可拒付追索，追索人）
产生状态	状态不改变	确定：质押已签收 取消：质押待签收	确定：质押解除已签收 取消：质押解除待签收	确定：票据已结清 取消：提示付款待签收	确定：票据已结清 取消：逾期提示付款待签收
业务	**追索通知**		**追索同意清偿申请**	**撤销**	**回复**
操作状态	提示付款已拒付（可拒付追索、可追索所有人）、提示付款已拒付（可拒付追索，只可追索出票人、承兑人及其保证人）、逾期提示付款已拒付（可拒付追索，只可追出票人、承兑人及其保证人）、拒付追索待清偿、发起拒付追索	提示收票已签收、转让背书已签收、质押已签收、质押解除已签收、非拒付追索待清偿、提示付款已拒付（不可进行拒付追索），发起非拒付追索	拒付追索待清偿、非拒付追索待清偿	提示承兑待签收、提示收票待签收、转让背书待签收、质押待签收、质押解除待签收、提示付款待签收、逾期提示付款待签收、拒付追索待清偿、非拒付追索待清偿、拒付追索同意清偿待签收、非拒付追索同意待签收	提示承兑待签收、提示收票待签收、转让背书待签收、质押待签收、质押解除待签收、提示付款待签收、逾期提示付款待签收、拒付追索同意清偿待签收、非拒付追索同意清偿待签收
产生状态	确定：拒付追索待清偿 取消：状态不改变	确定：非拒付追索待清偿 取消：状态不改变	确定：票据已结清 取消：拒付追索同意清偿待签收、非拒付追索同意清偿待签收	票据上一状态	除提示付款与逾期提示付款之外，其余操作回复如下。 确定：当前操作状态的已签收状态 取消：返回上一状态

续表

<table>
<tr><th>业务</th><th>出票信息登记</th><th>提示承兑申请</th><th>提示收票申请</th><th>撕票</th><th>转让背书申请</th></tr>
<tr><td colspan="6">提示付款回复：同意签收票据状态变更为“票据已结清”，拒绝签收分以下情况：
1. 提示付款回复期≤到期日且提示回复日期≥提示付款申请日期，票据状态为“提示付款已拒付（不可进行拒付追索）”。
2. 到期日＜提示付款回复期≤到期日+10天且提示回复日期≥提示付款申请日期，票据状态为“提示付款已拒付（可拒付追索，可追索所有人）”。
3. 到期日+10天＜提示付款回复期≤到期日+2年且提示回复日期≥提示付款申请日期，且提示付款发生在到期日（含）之前，票据状态为“提示付款已拒付（可拒付追索了，只可追出票人、承兑人及保证人）”
4. 到期日+10天＜提示付款回复期≤到期日+2年且提示回复日期≥提示付款申请日期，且提示付款发生在提示付款期内，票据状态为“提示付款已拒付（可拒付追索，可追索所有人）”。
逾期提示付款回复：同意签收票据状态变更为“票据已结清”，拒绝签收分以下情况：
1. 到期日+10天＜逾期提示付款回复日期≤到期日+2年且逾期提示回复日期≥逾期提示付款申请日期，且提示付款期内曾发生过提示付款且被拒付，票据状态为“逾期提示付款已拒付（可拒付追索，可追索所有人）”。
2. 其他情况下，票据状态为“逾期提示付款已拒付（可拒付追索，只可追索出票人、承兑人及保证人）”。</td></tr>
</table>

子任务一　电票业务 1

案例导入

深圳南庆钢铁贸易有限公司营业执照 916023599852014568，注册资金 800 万元，行业类别为商业客户，法定代表人赵国庆身份证号 440128198506141834，法定代表人手机号 15326981546，联系人李泰博，联系人手机号 13258746987，财务人员来银行开立了一个商业存款基本户，开户存入现金 30 万元。

1. 深圳南庆钢铁贸易有限公司进行电子商业汇票签约业务，联系人 1 赵国庆，手机号 15326981546。

2. 修改时，增加第二位联系人李燃，手机号 15636984519。

【上机操作】

（1）开对公客户号。

对公业务—对公账户管理—开对公客户号

根据任务说明中的内容，录入客户信息（红色 * 号内容为必输项）。

客户名称：深圳南庆钢铁贸易有限公司，证件号码：916023599852014568，注册资金（万元）：800；其他信息依据题意录入即可。点击“执行”完成并记录系统生成的客户号（见图 7.1）。

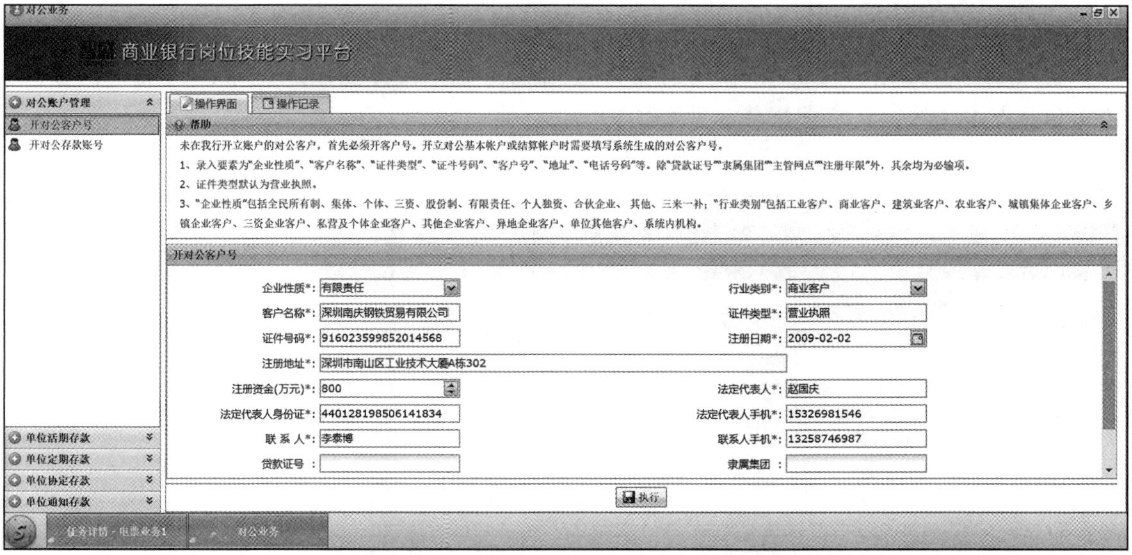

图 7.1　开对公客户号

（2）开对公存款账号。

对公业务—对公账户管理—开对公存款账号

录入客户号，点击“查询”，核对屏幕回显信息，录入关键字。账户类别：商业存款，存期：活期，账号标识：基本户；点击“执行”，完成操作并记录系统生成的账号（见图 7.2）。

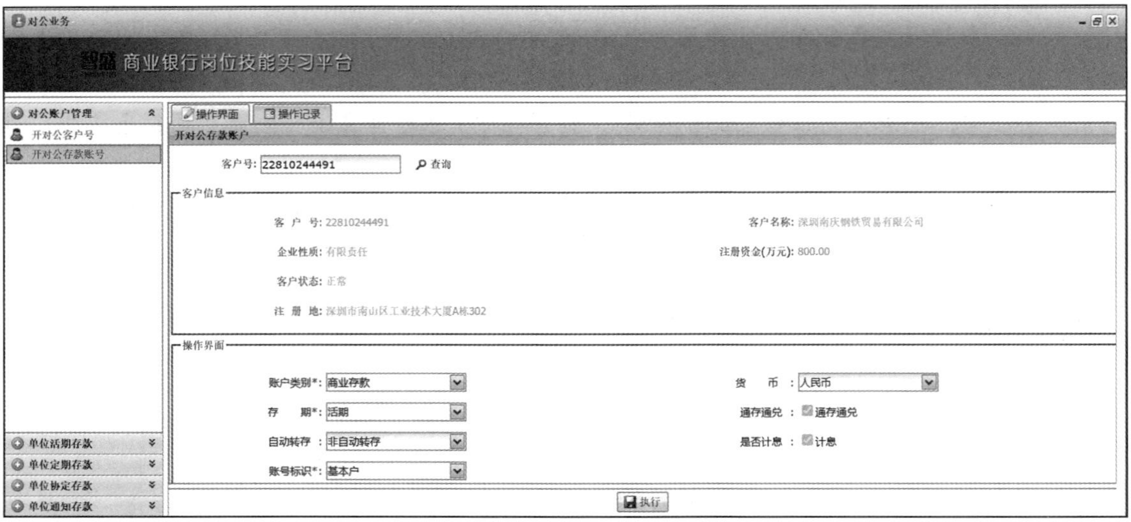

图 7.2　开对公存款账号

（3）现金存款。

对公业务—单位活期存款—现金存款

输入账号，点击“查询”，核对屏幕回显信息，在操作界面录入货币：人民币；金额：300000。点击“执行”完成操作（见图 7.3）。

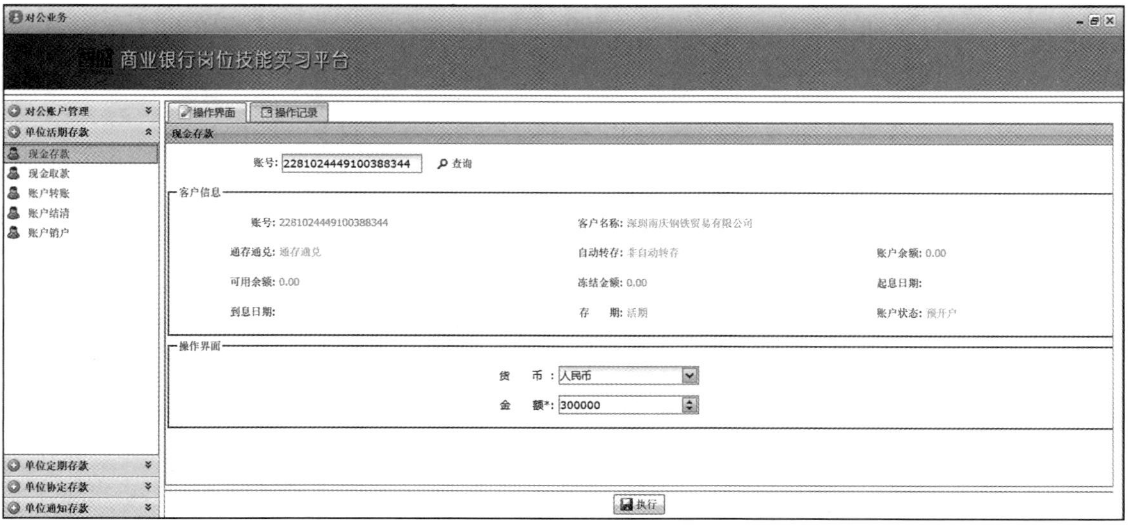

图 7.3　现金存款

（4）客户签约。

支付结算—电子商业汇票—客户签约

录入深圳南庆钢铁贸易有限公司账号信息，屏幕回显该客户其他信息，在联系信息界面录入联系人1：赵国庆，联系电话1：15326981546；点击“执行”完成签约操作（见图7.4）。

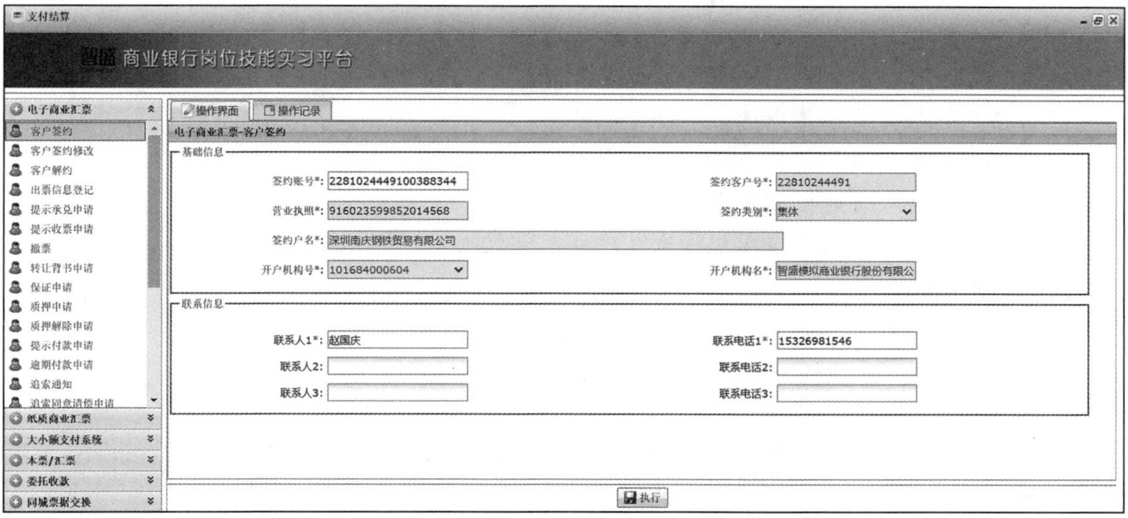

图 7.4 电子商业汇票—客户签约

（5）客户签约修改。

支付结算—电子商业汇票—客户签约修改

录入深圳南庆钢铁贸易有限公司账号信息，屏幕回显该客户其他信息，填写联系人2：李燃，联系电话2：15636984519，点击“执行”，完成客户签约修改（见图7.5）。

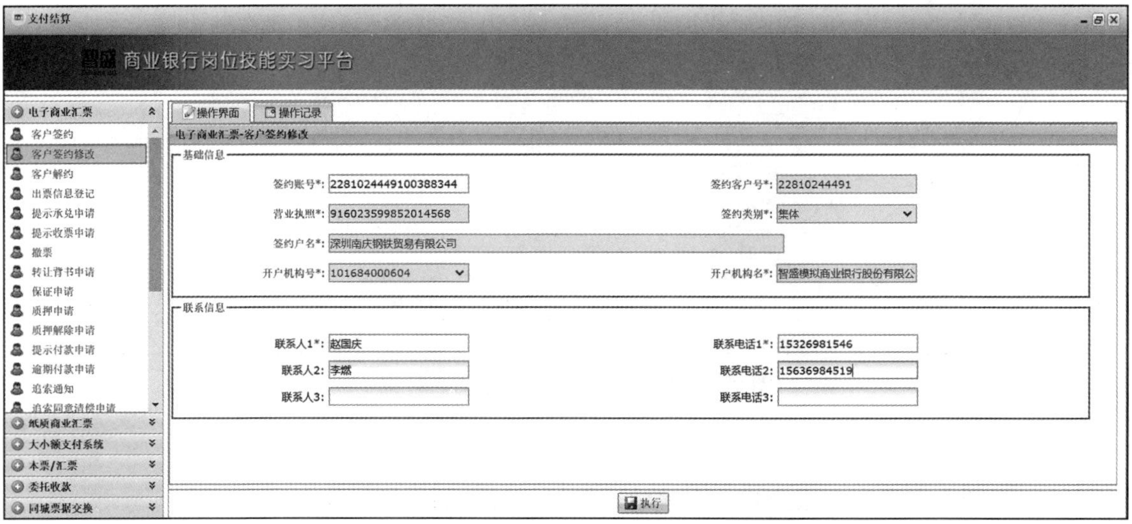

图 7.5 电子商业汇票—客户签约修改

子任务二　电票业务 2

案例导入

1. 深圳南庆钢铁贸易有限公司出票了一张可再转让的电子商业汇票；承兑人为深圳光耀投资有限公司，收票人为深圳仲岳股份有限公司，3 个月后到期，票据金额 5 万元。

2. 出票人发起提示承兑申请，申请已被签收。

3. 票据重新进行提示收票申请，且申请未被签收。

4. 票据原申请人发起撤销申请，且撤销成功。

5. 因票据未用被退回，现在柜员为客户办理撤票业务。

【上机操作】

（1）出票信息登记。

支付结算—电子商业汇票—出票信息登记

①票据基本信息。

票据种类：商业承兑汇票；转让标记：可再转让；到期日期：操作日后的 3 个月；票据金额：50000（见图 7.6）。

②出票人信息。

录入出票人账号：深圳南庆钢铁贸易有限公司的活期账号；屏幕回显出票人账户信息（见图 7.6）。

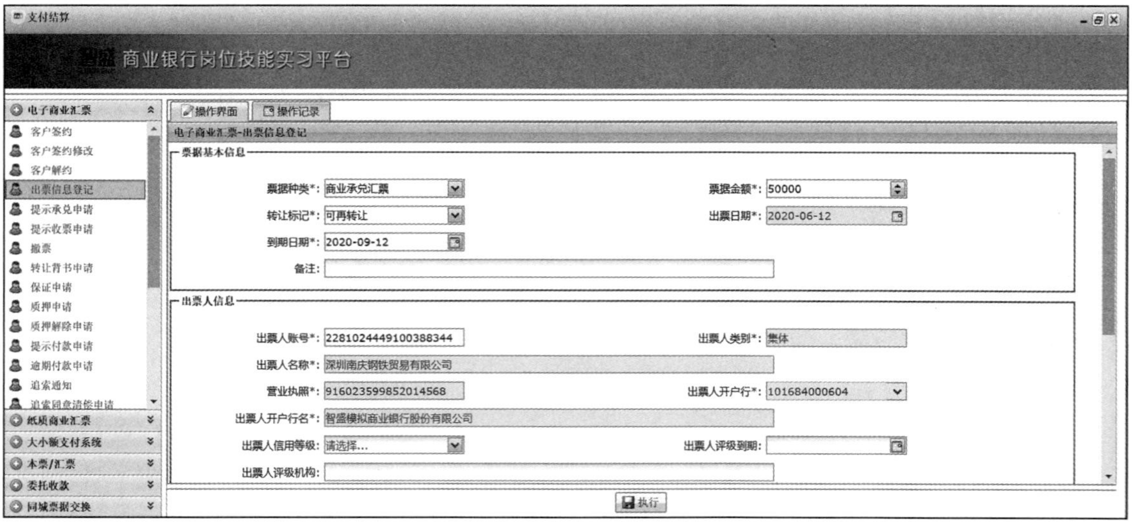

图 7.6　电子商业汇票—出票信息登记 1

③承兑人信息。

录入深圳光耀投资有限公司的对公活期账号，屏幕回显光耀集团相关信息。

④收票人信息

录入深圳仲岳股份有限公司的对公活期账号，屏幕回显仲岳集团相关信息。点击“执行”，完成出票信息登记，记录系统自动生成的票据号码（见图 7.7）。

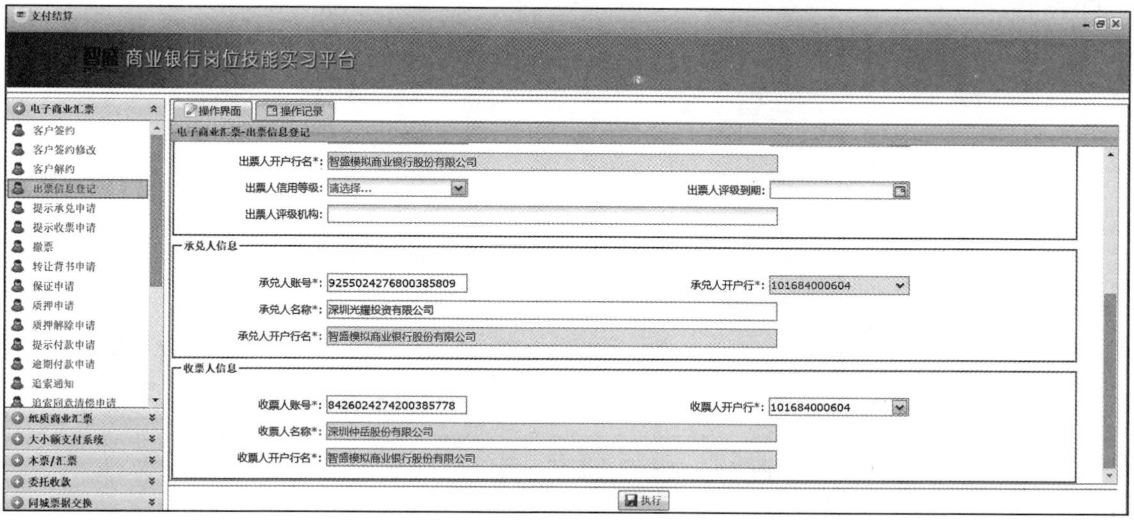

图 7.7　电子商业汇票—出票信息登记 2

（2）提示承兑申请。

支付结算—电子商业汇票—提示承兑申请

录入上一步系统自动生成的商业承兑汇票号码，屏幕回显该票据相关的信息（见图 7.8）。

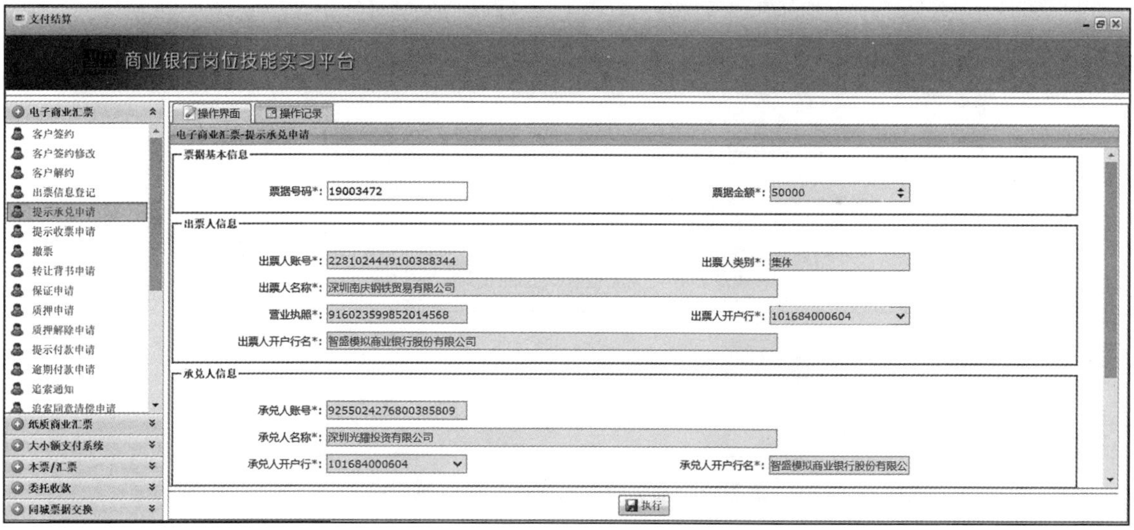

图 7.8　电子商业汇票—提示承兑申请 1

重要提示：合同编号为当前年月日 +7 位数字，例如：202001190000001，发票号码为当前年份+4 位数字，例如：20200001。

录入自定义的交易合同编号和发票号码，根据任务详情填写信息，点击“执行”，签收票据（见图 7.9）。

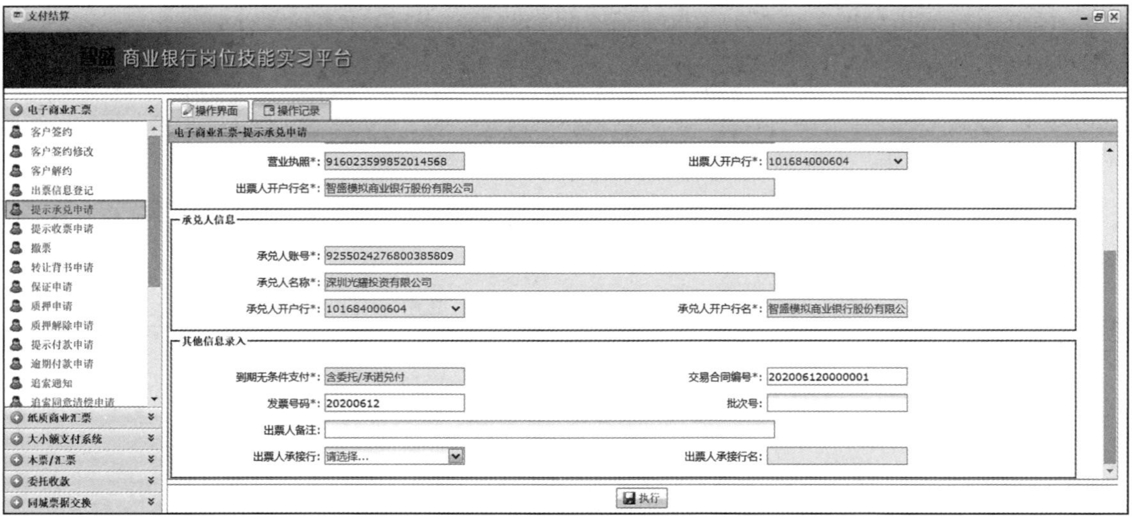

图 7.9 电子商业汇票—提示承兑申请 2

（3）提示收票申请。

支付结算—电子商业汇票—提示收票申请

录入票据号码，屏幕回显票据信息，点击“执行”（见图 7.10），进行提示收票申请，系统询问是否签收，根据题意要求选择“否”(如选“是”将无法进行下一步的操作)。

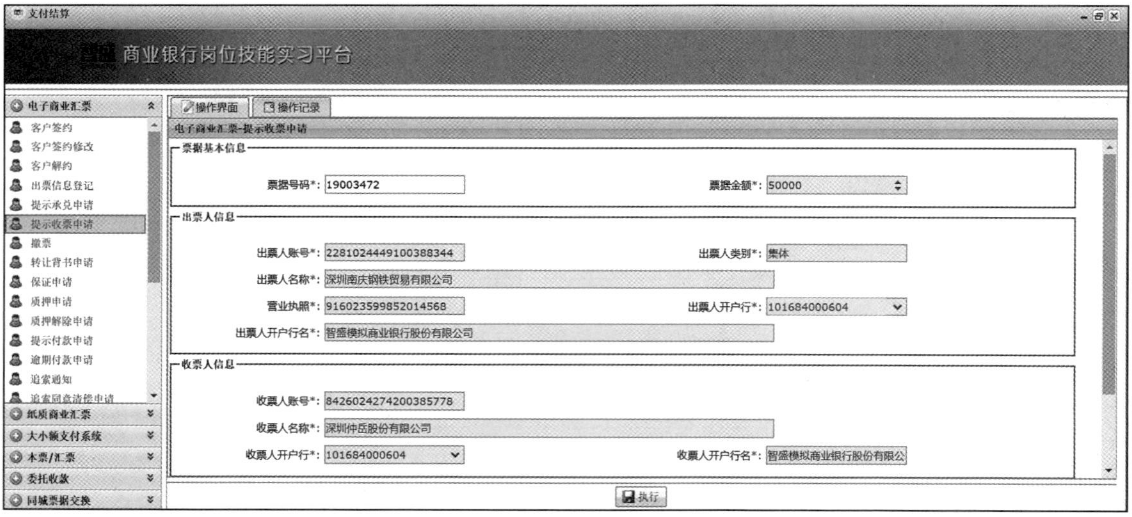

图 7.10 电子商业汇票—提示收票申请

（4）撤销。

支付结算—电子商业汇票—撤销

录入票据号码，屏幕回显该张票据的相关信息，点击“执行”完成票据撤销（见图 7.11）。

（5）撤票。

支付结算—电子商业汇票—撤票

录入票据号码，屏幕回显票据信息，点击“执行”完成撤票（见图 7.12）。

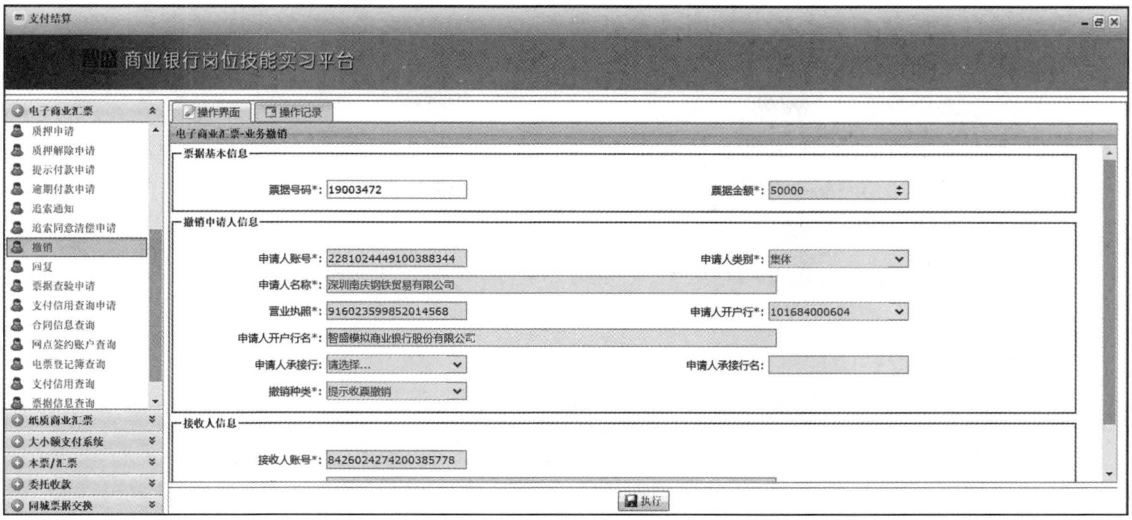

图 7.11 电子商业汇票—撤销

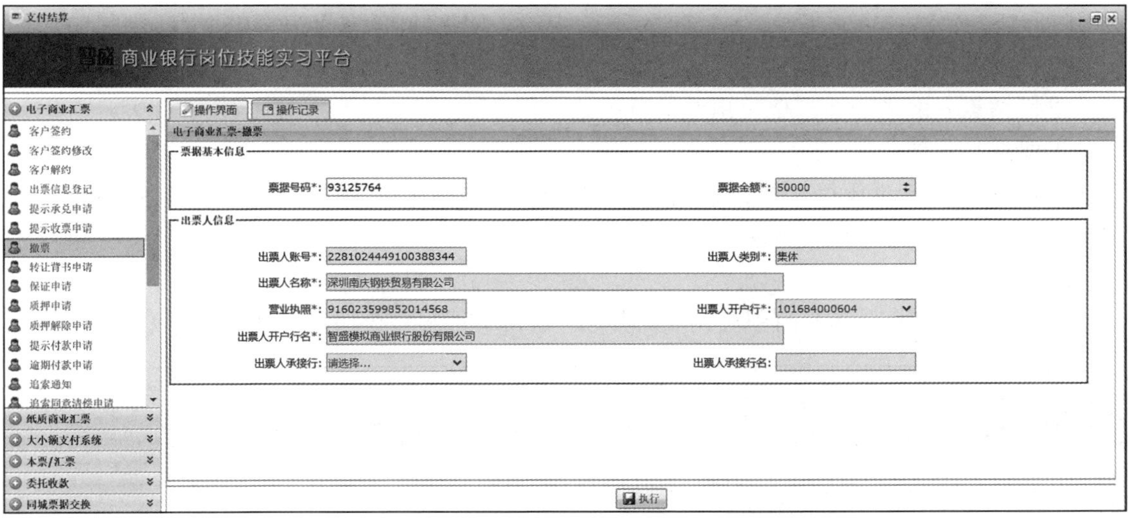

图 7.12 电子商业汇票—撤票

子任务三 电票业务 3

案例导入

1. 深圳南庆钢铁贸易有限公司出票了一张票据金额 2 万元且可再转让的电子商业汇票，承兑人为深圳仲岳股份有限公司，收票人为深圳光耀投资有限公司，票据将于 1 个月后到期。

2. 出票人发起提示承兑申请，申请未被签收。

3. 出票人进行提示承兑回复操作，代理回复标识为票据当事人自己签章，承兑人同意签收（日期自行选择）。

4. 出票人发起提示收票申请，已被签收。

5. 深圳光耀投资有限公司将票据背书给深圳新银贸易有限公司，该票据还可再次背书转让，目前申请已被签收（日期自行选择）。

6. 深圳新银贸易有限公司向承兑人发起提示付款申请，代理申请标识为票据当事人自己签章，申请被签收（日期自行选择）。

重要提示：

1. 出票人必须是已经与银行进行客户签约的。

2. 承兑人与收款人不得为同一人，且账号必须为对公客户，正常状态下的基本户和一般户。

3. 合同编号为当前年月日+7位数字，例如：201701190000001，发票号码为当前年份+4位数字，例如：20170001。

4. 提示付款申请日范围在到期日至到期日加上10天。

5. 逾期提示付款申请日必须超过到期日加上10天，不超过到期日加上2年。

【上机操作】

（1）出票信息登记。

支付结算—电子商业汇票—出票信息登记

①票据基本信息。

票据种类：商业承兑汇票；票据金额：20000；转让标记：可再转让；出票日期自选；到期日在出票日后1个月（见图7.13）。

②出票人信息。

录入深圳南庆钢铁贸易有限公司的对公账号，屏幕回显该公司账号相关信息（见图7.13）。

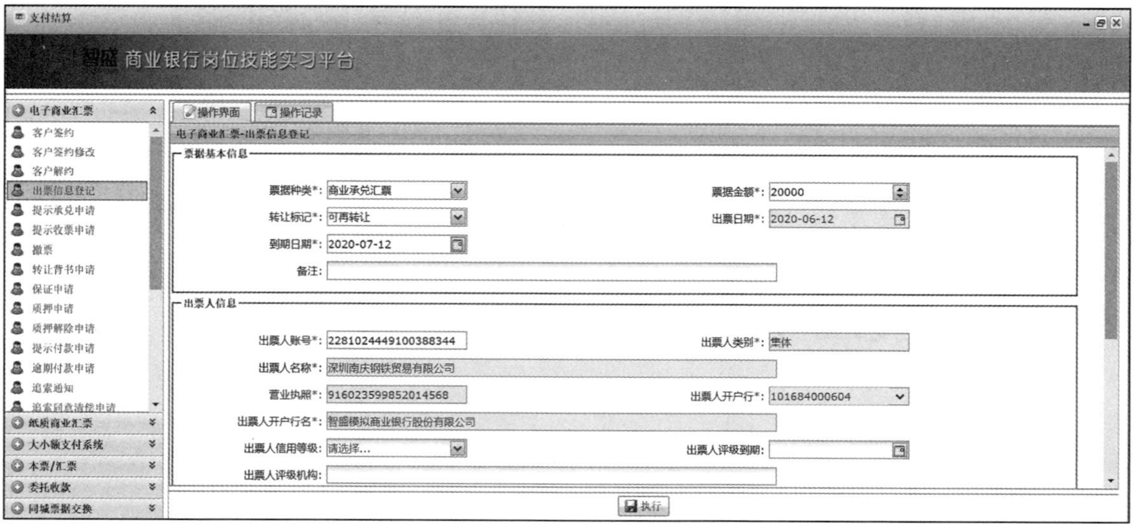

图7.13　电子商业汇票—出票信息登记1

③承兑人信息。

录入承兑人：深圳仲岳股份有限公司的账号。

④收票人信息。

录入收票人：深圳光耀投资有限公司的账号。点击“执行”，完成出票信息登记；系统生成票据信息，记录票据号码（见图 7.14）。

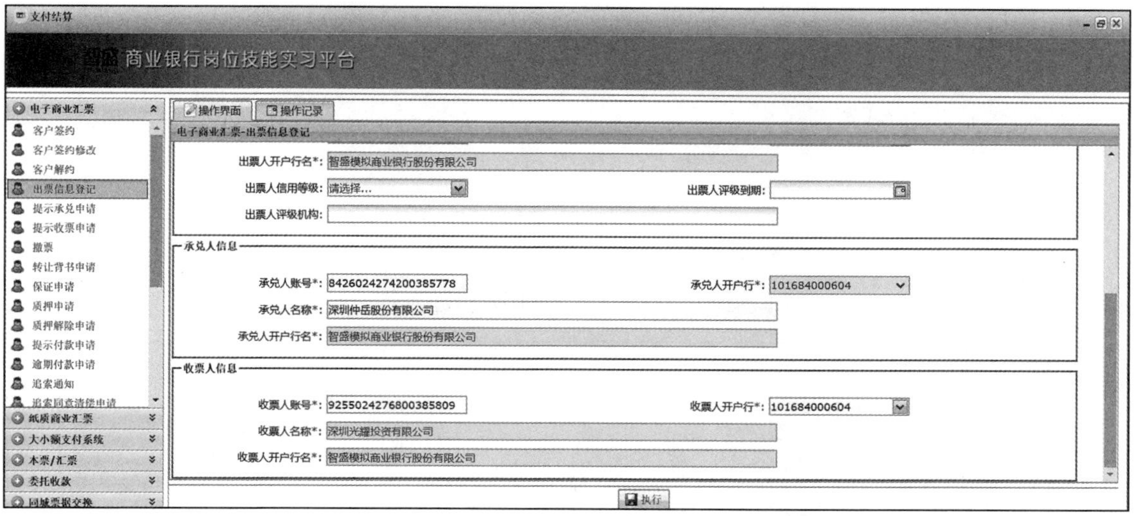

图 7.14 电子商业汇票—出票信息登记 2

（2）提示承兑申请。

支付结算—电子商业汇票—提示承兑申请

①票据基本信息。

录入票据号码，屏幕回显票据信息（见图 7.15）。

②出票人信息。

屏幕回显深圳南庆钢铁贸易有限公司的相关信息，进行核对（见图 7.15）。

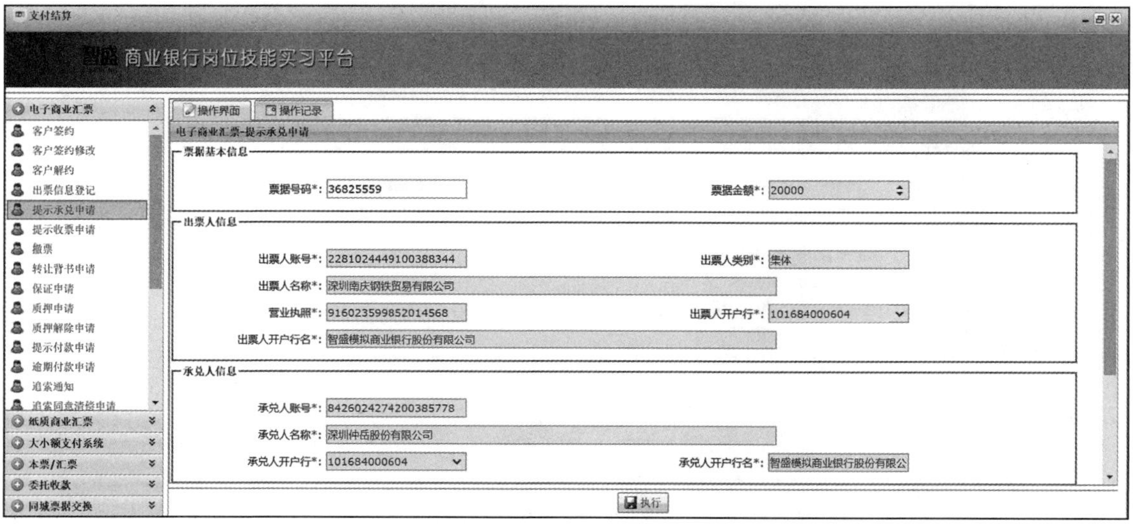

图 7.15 电子商业汇票—提示承兑申请 1

③承兑人信息。

屏幕回显深圳仲岳股份有限公司相关信息，进行核对（见图 7.16）。

④其他信息录入。

按重要提示规则录入交易合同编号、发票号码。点击“执行”，系统提示是否签收，点击“否”，未签收（见图 7.16）。

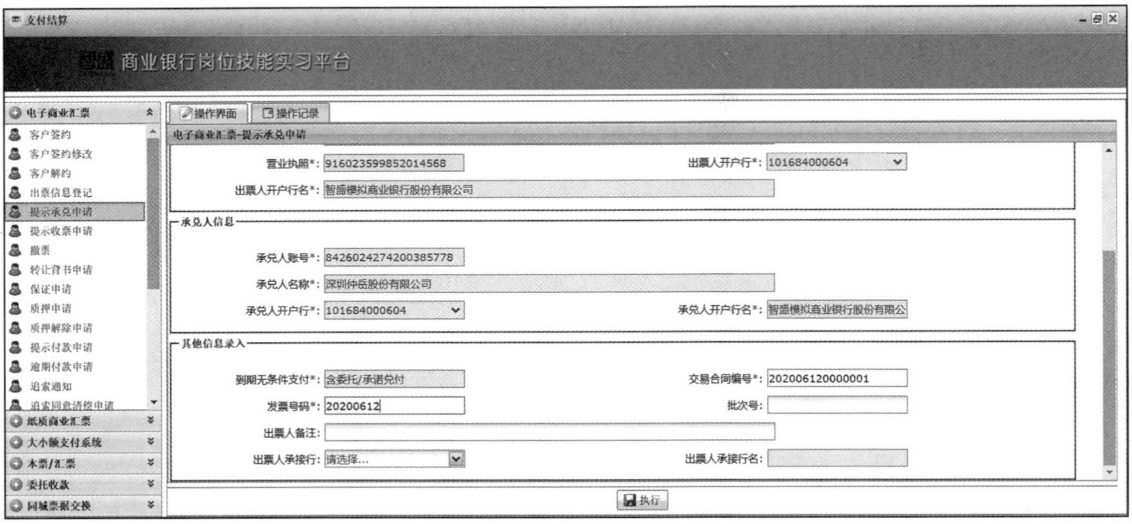

图 7.16　电子商业汇票—提示承兑申请 2

（3）回复。

支付结算—电子商业汇票—回复

①票据基本信息。

录入票据号码，屏幕回显相关信息（见图 7.17）。

②承兑人信息。

深圳仲岳股份有限公司的相关账户信息，进行核对（见图 7.17）。

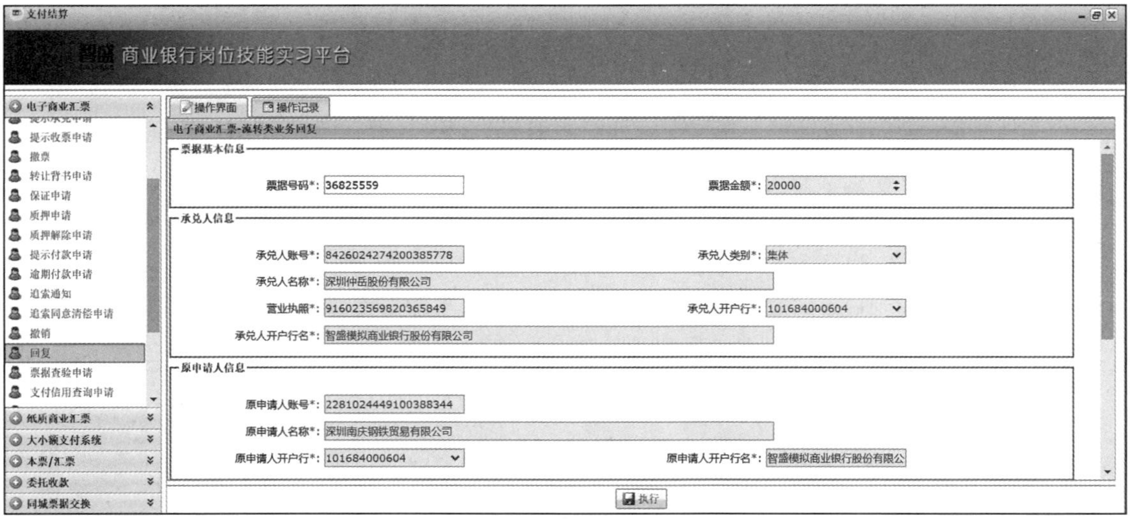

图 7.17　电子商业汇票—回复 1

③原申请人信息。

深圳南庆钢铁贸易有限公司的相关信息，进行核对（见图 7.18）。

④其他信息。

承兑回复标记：同意签收；承兑回复日期：自行选择；代理回复标识：票据当事人自行签章。点击“执行”，完成回复（见图 7.18）。

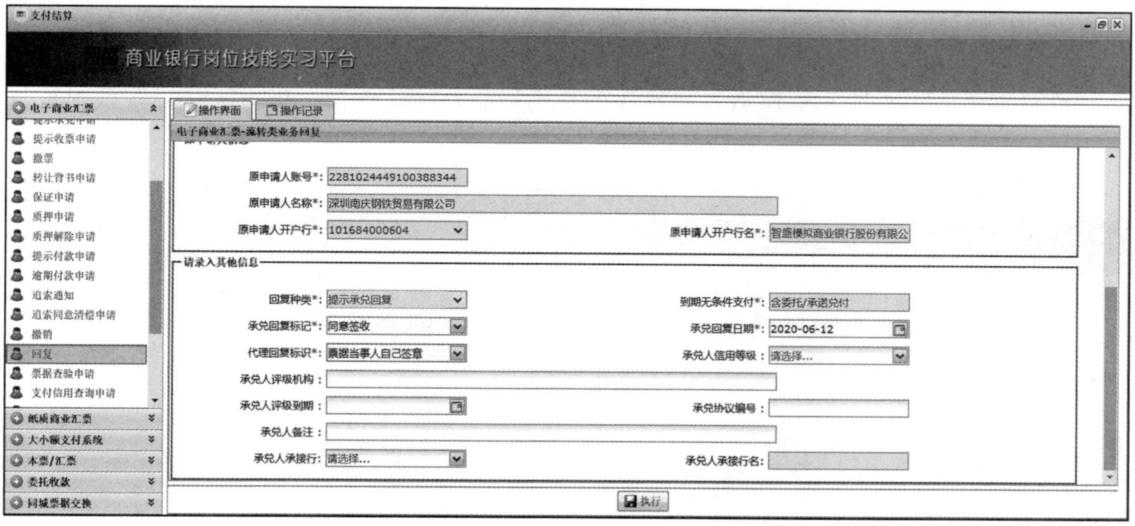

图 7.18 电子商业汇票—回复 2

（4）提示收票申请。

支付结算—电子商业汇票—提示收票申请

①票据基本信息。

输入票据号码，屏幕回显相关信息（见图 7.19）。

②出票人信息。

深圳南庆钢铁贸易有限公司相关信息，进行核对（见图 7.19）。

③收票人信息。

深圳光耀投资有限公司相关信息，进行核对。点击“执行”，系统提示是否签收，点击“是”，签收票据（见图 7.19）。

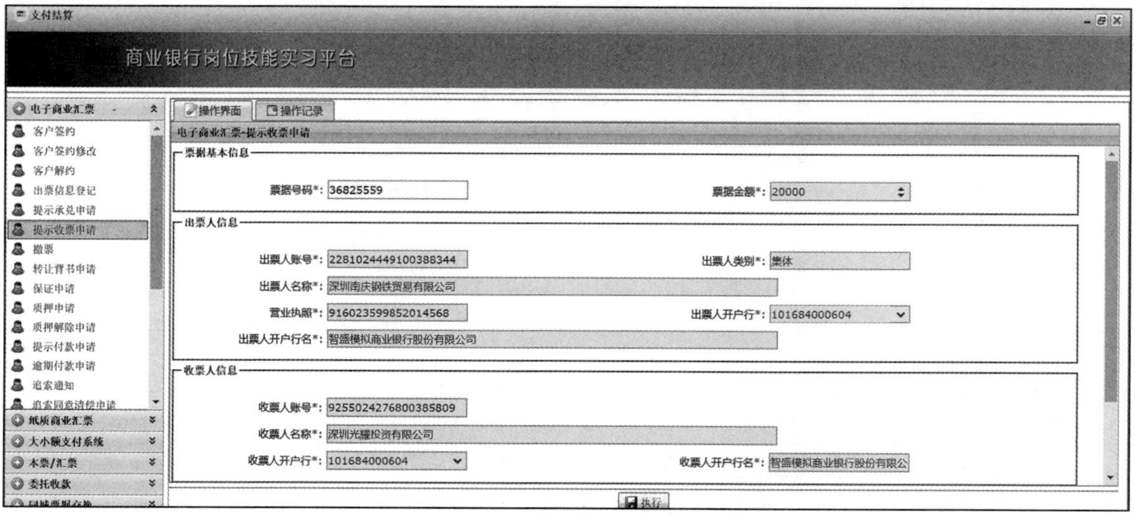

图 7.19 电子商业汇票—提示收票申请

（5）转让背书申请。

支付结算—电子商业汇票—转让背书申请

①票据基本信息。

录入票据号码，屏幕回显票据相关信息（见图 7.20）。

②背书人信息。

核对背书人：深圳光耀投资有限公司的相关信息，转让标记：可再转让；背书申请日期：自行选择（见图 7.20）。

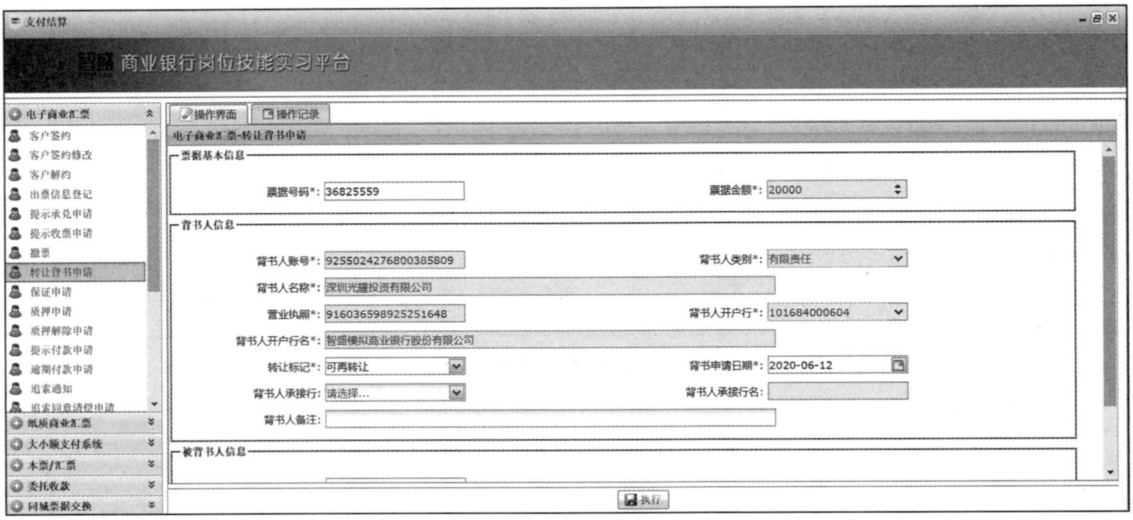

图 7.20 电子商业汇票—转让背书申请 1

③被背书人信息。

录入被背书人：深圳新银贸易有限公司账号，屏幕回显该公司相关信息。点击“执行”，票据被签收（见图 7.21）。

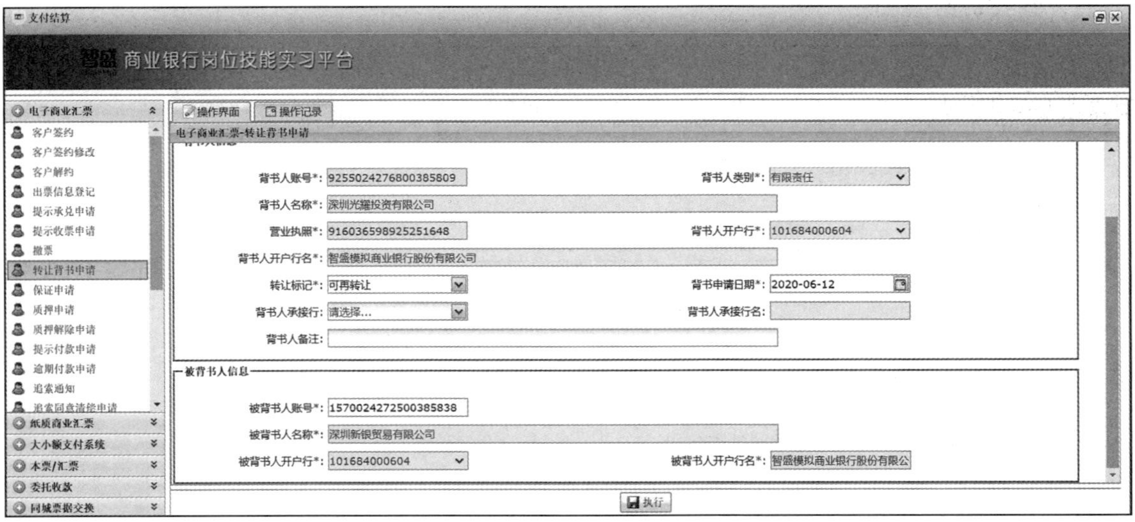

图 7.21 电子商业汇票—转让背书申请 2

（6）提示付款申请。

支付结算—电子商业汇票—提示付款申请

①票据基本信息。

录入票据号码，屏幕回显相关信息（见图 7.22）。

②付款人信息。

深圳仲岳股份有限公司相关信息，进行核对（见图 7.22）。

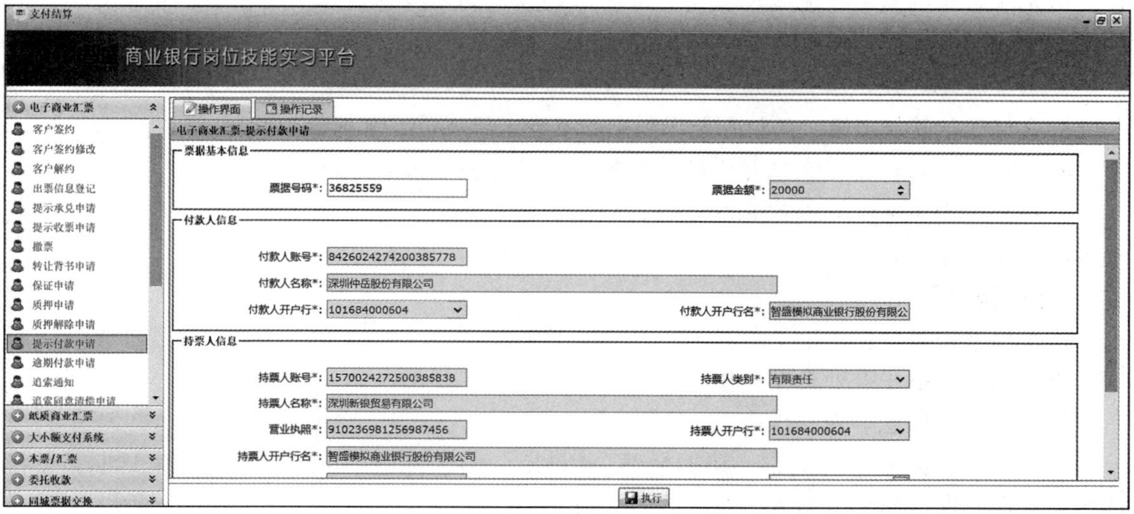

图 7.22 电子商业汇票—提示付款申请 1

③持票人信息。

深圳新银贸易有限公司相关信息，进行核对。持票人申请日期：自行选择；代理申请标识：票据当事人自己签章；点击“执行”，提示付款申请被签收（见图 7.23）。

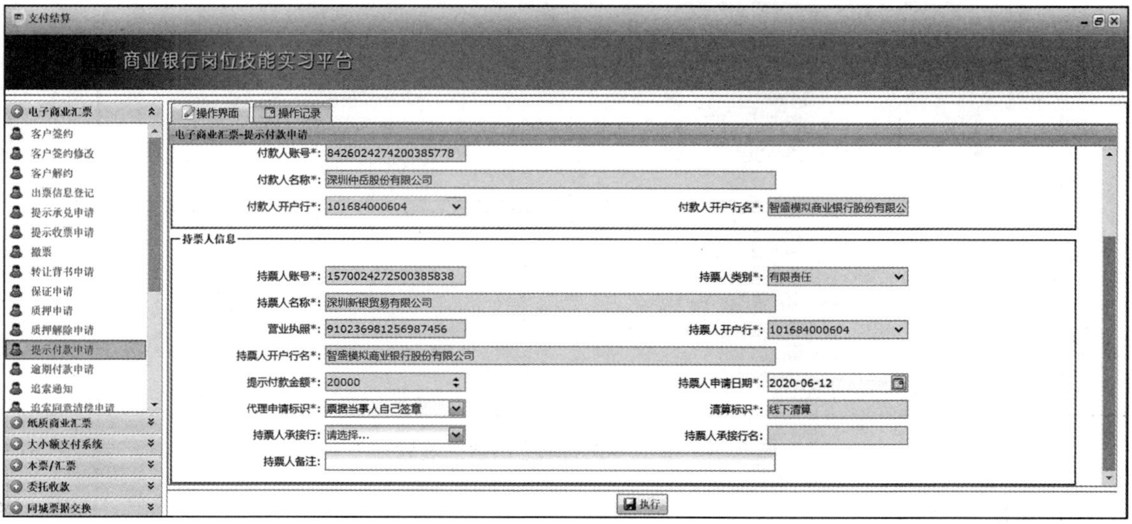

图 7.23 电子商业汇票—提示付款申请 2

子任务四　电票业务 4

案例导入

1. 深圳南庆钢铁贸易有限公司出票了一张票据金额 1 万元且可再转让的电子商业汇票，承兑人为深圳蓝旗投资有限公司，收票人为深圳新银贸易有限公司，票据将于 6 个月后到期。

2. 出票人发起提示承兑申请，已被签收；出票人发起提示收票申请，已被签收。

3. 票据进行质押申请，质权人是深圳光耀投资有限公司，质押已经成功（日期自行选择）。

4. 票据持有人持票据来银行办理质押解除，银行柜员为其办理。

5. 持票人向承兑人发起逾期提示付款申请，代理申请标识为票据当事人自己签章，申请被签收（日期自行选择）。

【上机操作】

（1）出票信息登记。

支付结算—电子商业汇票—出票信息登记

①票据基本信息。

票据种类：商业承兑汇票；票据金额：10000；转让标记：可再转让；出票日期：自行选择；到期日期：出票日后 6 个月（见图 7.24）。

②出票人信息。

录入出票人账号：深圳南庆钢铁贸易有限公司活期账号；屏幕回显该公司账号信息（见图 7.24）。

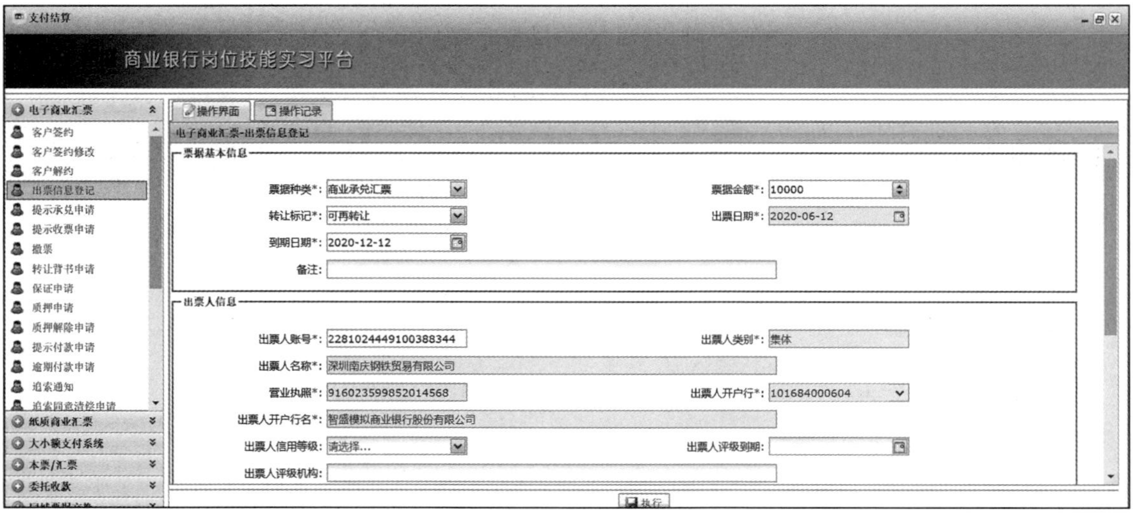

图 7.24　电子商业汇票—出票信息登记 1

③承兑人信息。

录入承兑人账号：深圳蓝旗投资有限公司账号信息；录入承兑人名称：深圳蓝旗投资有

限公司；屏幕回显承兑人开户行名（见图 7.25）。

④收票人信息。

录入收票人账号：深圳新银贸易有限公司账号信息，收票人开户行：选择对应的开户银行账号。点击“执行”，完成出票信息登记，记录系统生成的票据号码（见图 7.25）。

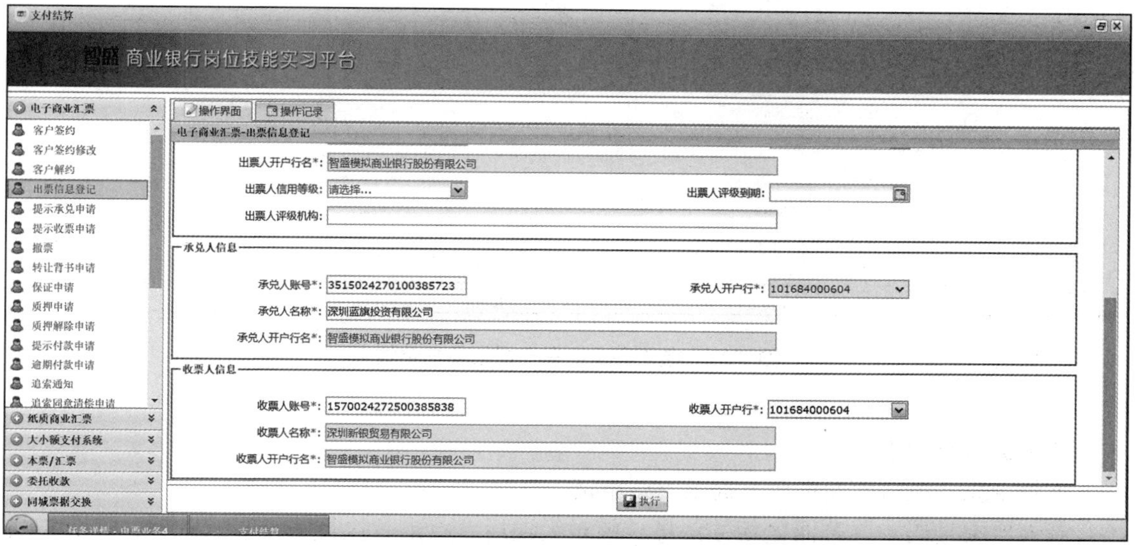

图 7.25 电子商业汇票—出票信息登记 2

（2）提示承兑申请。

支付结算—电子商业汇票—提示承兑申请

录入票据号码，屏幕回显出票人和承兑人的信息（见图 7.26），按照重要提示规则录入交易合同编号、发票号码；点击“执行”进行提示承兑申请，点击“是”进行签收（见图 7.27）。

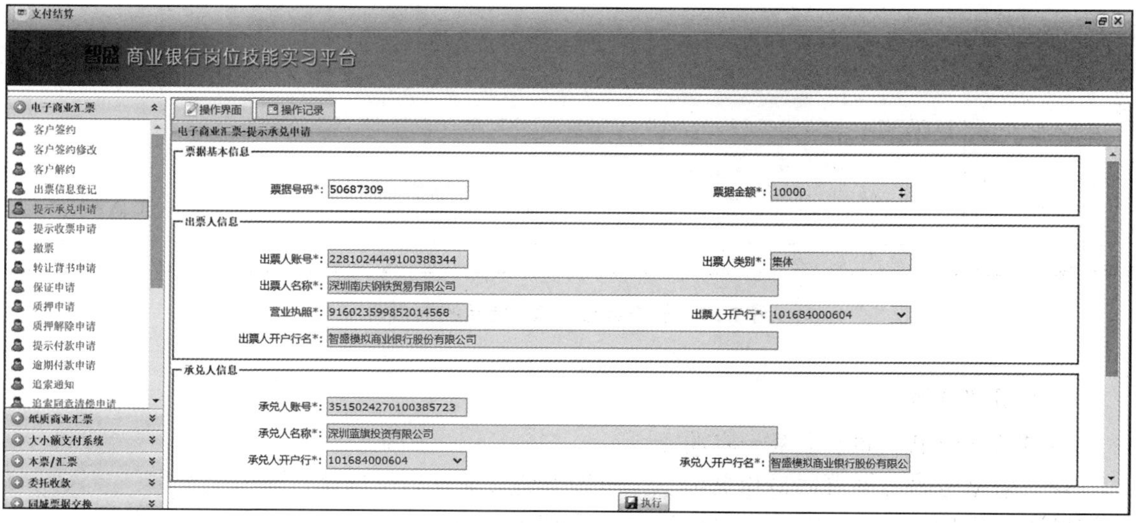

图 7.26 电子商业汇票—提示承兑申请 1

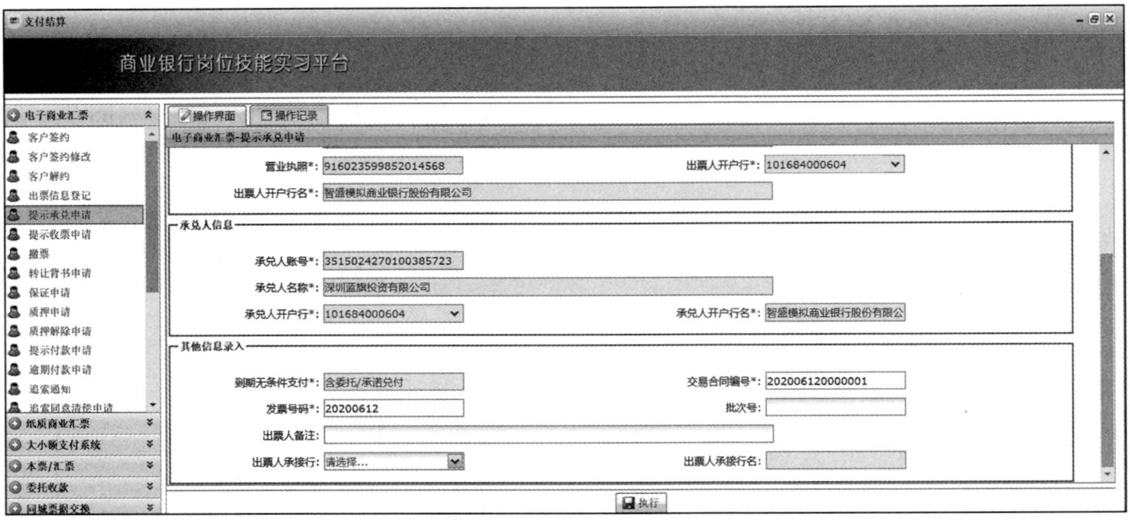

图 7.27　电子商业汇票—提示承兑申请 2

（3）提示收票申请。

支付结算—电子商业汇票—提示收票申请

录入票据号码，屏幕回显相关信息，核对无误后，点击“执行”，选择“是”，完成签收（见图 7.28）。

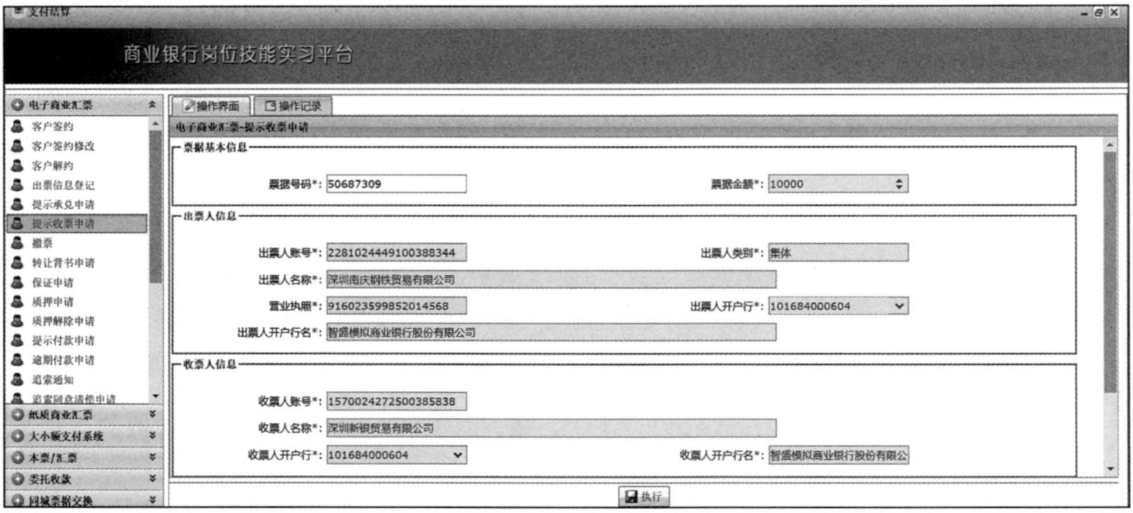

图 7.28　电子商业汇票—提示收票申请

（4）质押申请。

支付结算—电子商业汇票—质押申请

录入票据号码，屏幕回显相关信息；质押申请日期：自行选择；质权人账号：录入深圳光耀投资有限公司账号；点击“执行”完成质押申请（见图 7.29）。

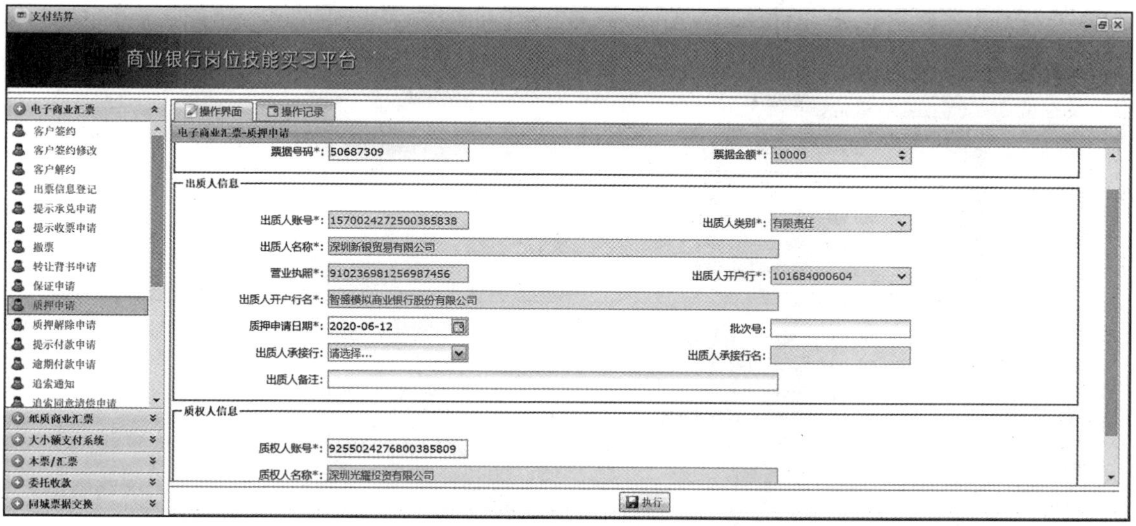

图 7.29 电子商业汇票—质押申请

（5）质押解除申请。

支付结算—电子商业汇票—质押解除申请

录入票据号码，屏幕回显相关信息；录入质押解除申请日期（自选）；点击“执行”，完成质押解除申请（见图 7.30）。

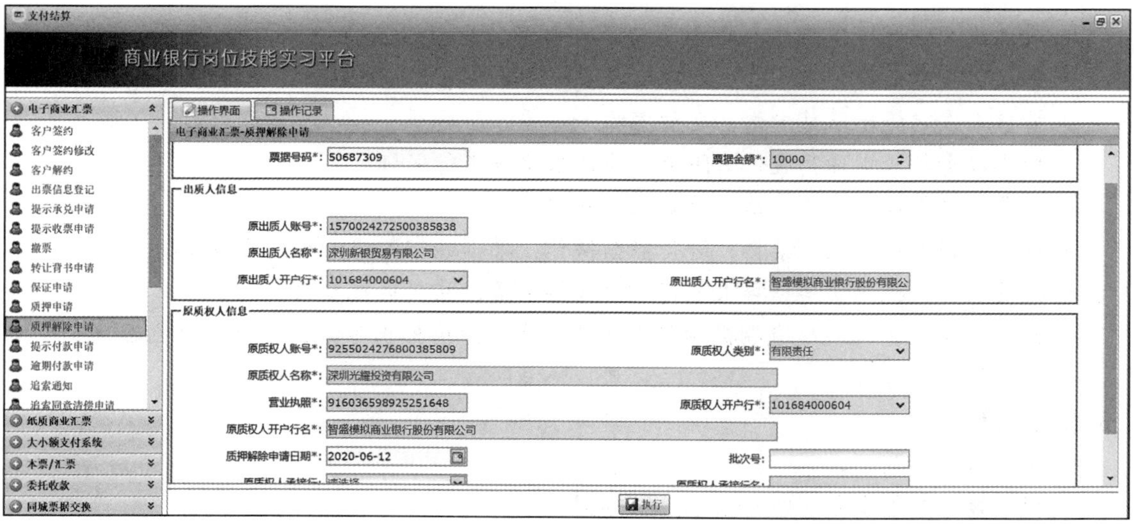

图 7.30 电子商业汇票—质押解除申请

（6）逾期付款申请。

支付结算—电子商业汇票—逾期付款申请

录入票据号码，屏幕回显相关信息；持票人申请日期：逾期提示付款申请日必须超过到期日加上 10 天，不超过到期日加 2 年；代理申请标识：票据当事人自己签章。

点击“执行”完成逾期付款申请（见图 7.31）。

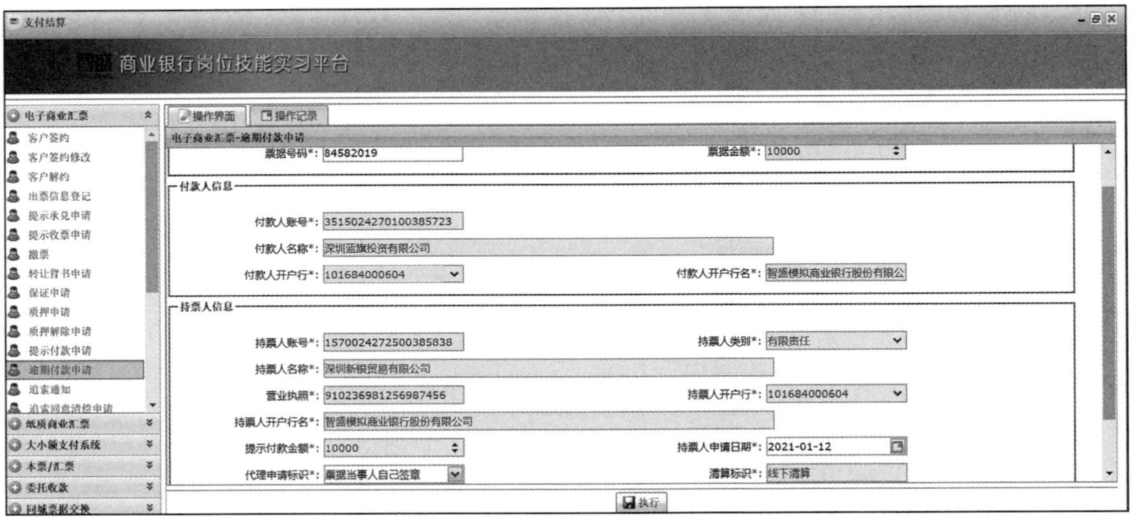

图 7.31　电子商业汇票—逾期付款申请

子任务五　电票业务 5

案例导入

1. 深圳南庆钢铁贸易有限公司出票了一张票据金额 5000 元且可再转让的电子商业汇票，承兑人为深圳蓝旗投资有限公司，收票人为深圳新银贸易有限公司，票据将于 3 个月后到期。

2. 持票人发起提示承兑申请，已被签收。

3. 持票人委托深圳仲岳股份有限公司为此张票据进行保证。

4. 持票人发起提示收票申请，票据未被签收。

5. 持票人将未被签收的票据，进行撤销操作，票据返回到提示承兑已签收状态。

6. 持票人将被撤销的票据再次进行提示收票申请，且票据被签收。

7. 持票人向承兑人发起逾期提示付款申请，代理申请标识为票据当事人自己签章，申请被签收（日期自行选择）。

【上机操作】

（1）出票信息登记。

支付结算—电子商业汇票—出票信息登记

①票据基本信息。

票据种类：商业承兑汇票；票据金额：5000；转让标记：可再转让；到期日期：出票日后 3 个月（见图 7.32）。

②出票人信息。

录入出票人账号：深圳市南庆钢铁贸易有限公司账号；屏幕回显相关信息（见图 7.32）。

③承兑人信息。

录入承兑人账号：深圳蓝旗投资有限公司账号；录入承兑人名称：深圳蓝旗投资有限公司。

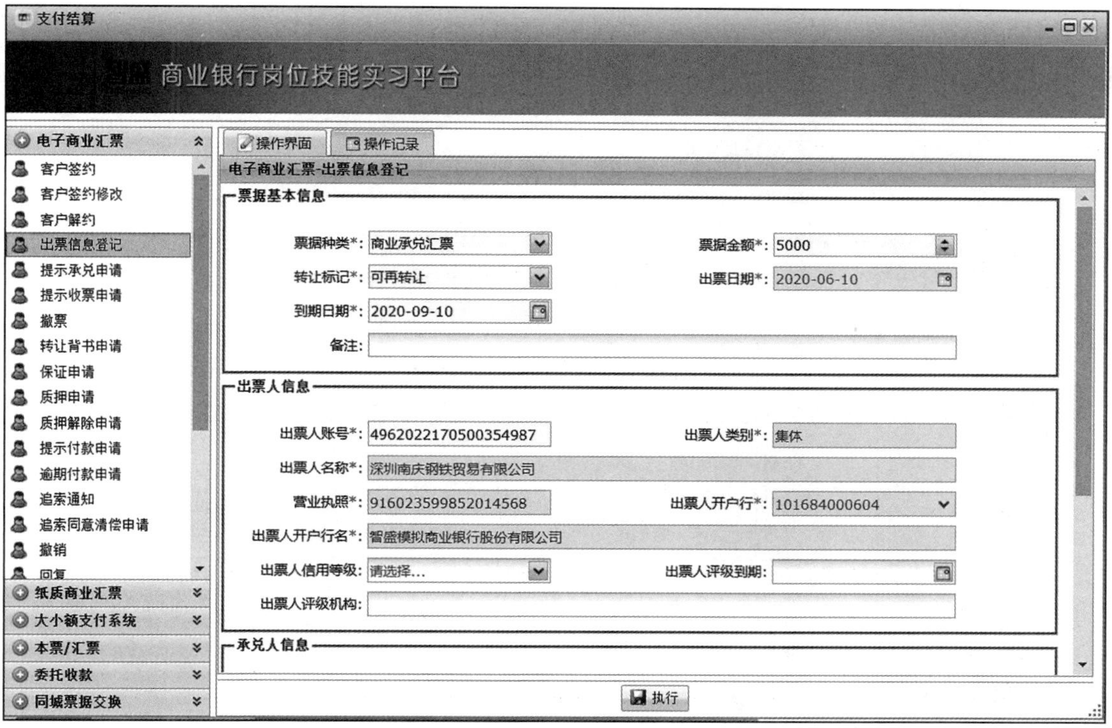

图 7.32 电子商业汇票—出票信息登记

④收票人信息。

录入收票人账号：深圳新银贸易有限公司账号；从下拉框中选择收票人开户行账号；屏幕回显相关信息。点击“执行”完成出票信息登记，记录系统生成的票据号码。

（2）提示承兑申请。

支付结算—电子商业汇票—提示承兑申请

录入票据号码，屏幕回显相关信息，根据重要提示规则录入交易合同编号和发票号码，点击“执行”进行提示承兑申请，点击“是”，进行签收（见图 7.33）。

（3）保证申请

支付结算—电子商业汇票—保证申请

录入票据号码，屏幕回显相关信息。录入保证申请日期（自选），保证人账号：深圳仲岳股份有限公司活期账号。点击“执行”完成（见图 7.34）。

（4）提示收票申请。

支付结算—电子商业汇票—提示收票申请

录入票据号码，屏幕回显相关信息。审核无误后，点击“执行”，系统提示是否签收，点击“否”，不签收（见图 7.35）。

（5）撤销。

支付结算—电子商业汇票—撤销

录入票据号码，屏幕回显票据信息。点击“执行”，票据返回到提示承兑已签收状态（见图 7.36）。

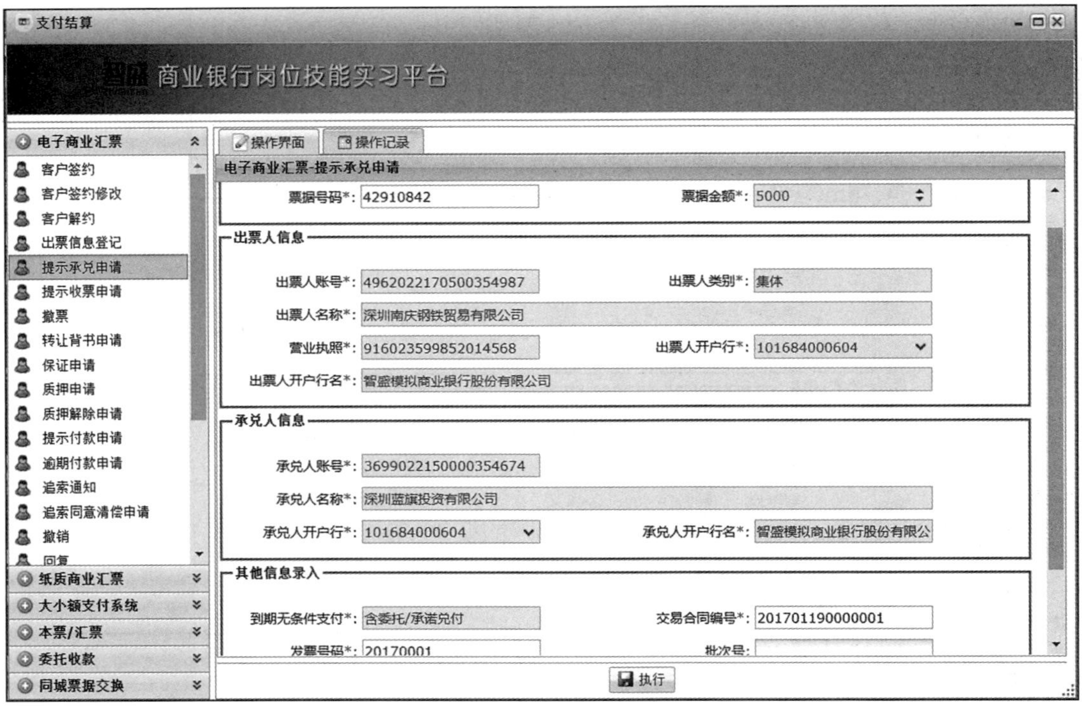

图 7.33　电子商业汇票—提示承兑申请

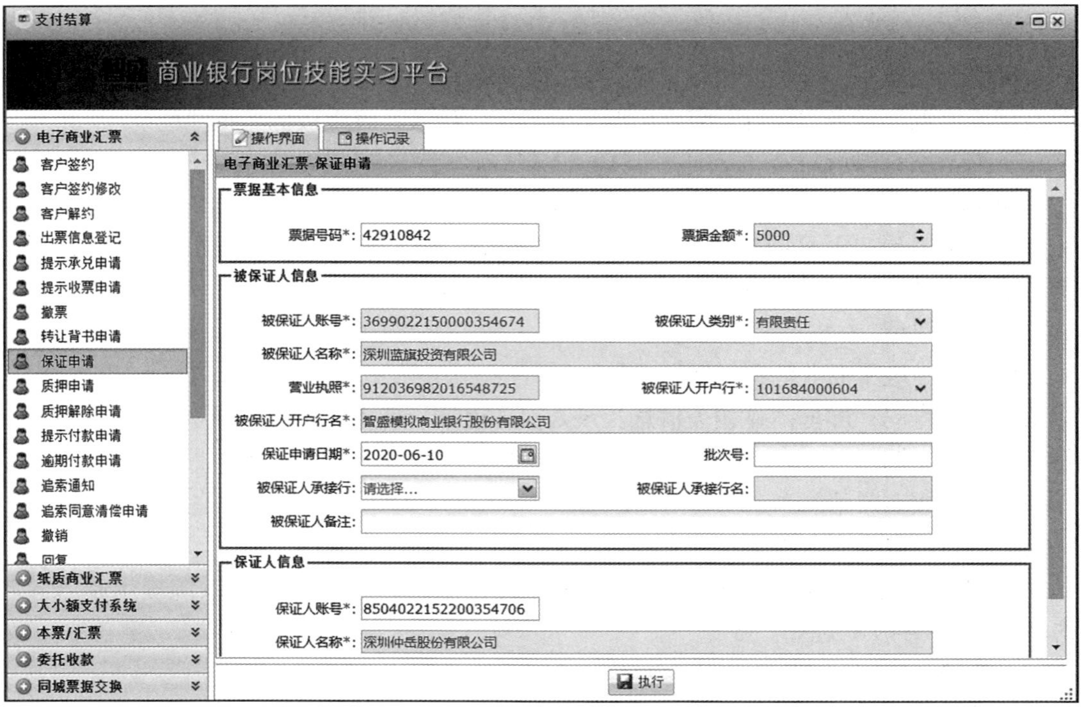

图 7.34　电子商业汇票—保证申请

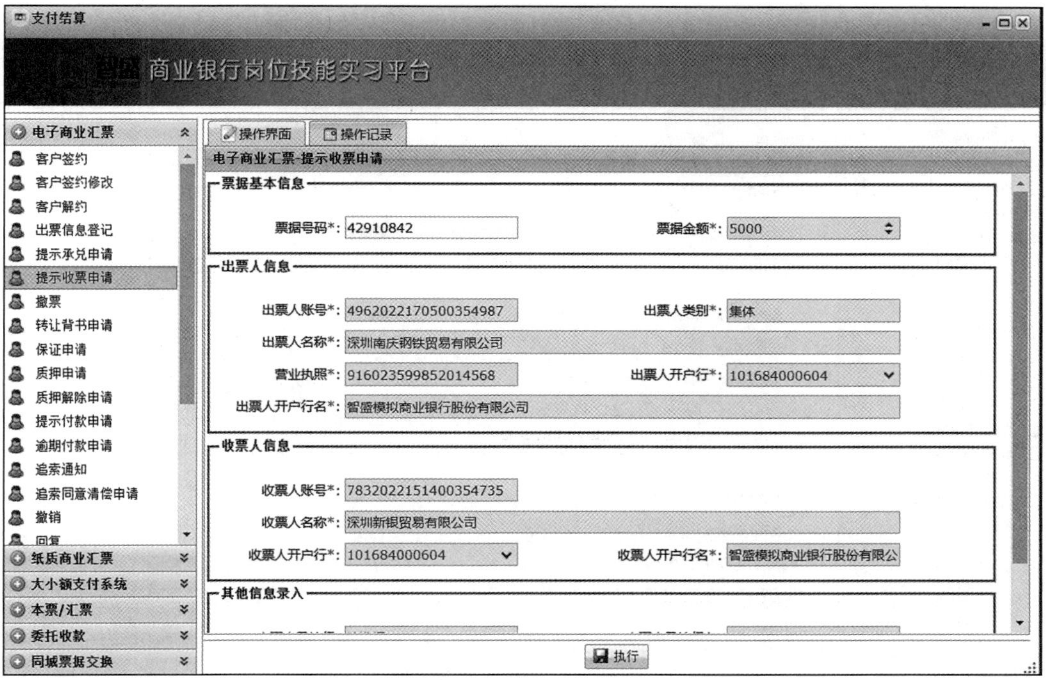

图 7.35　电子商业汇票—提示收票申请

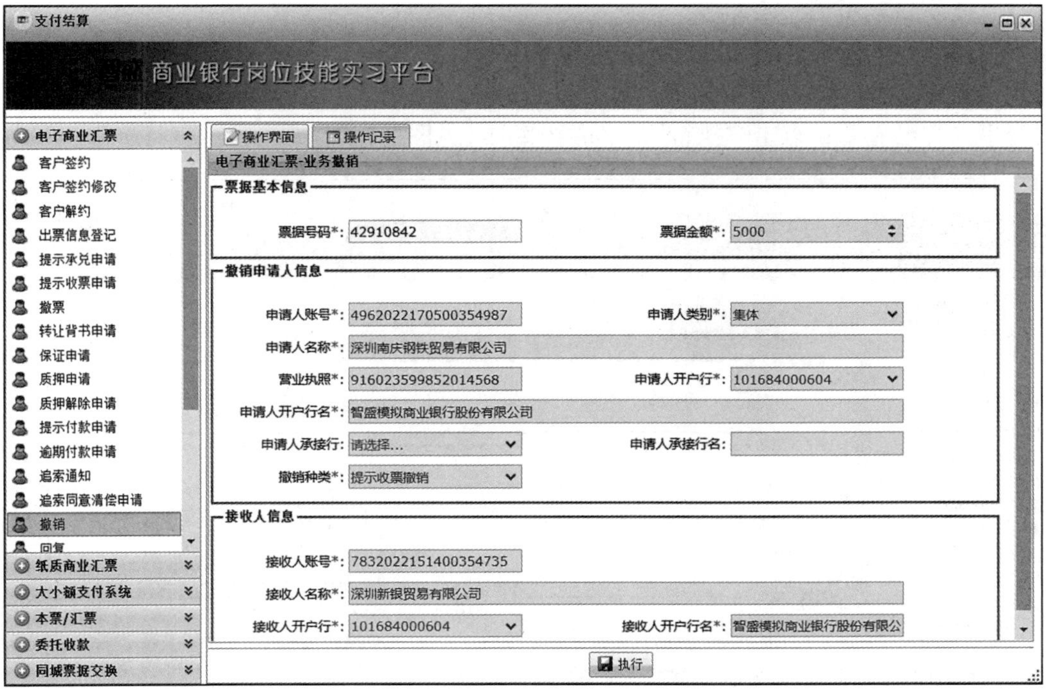

图 7.36　电子商业汇票—撤销

（6）提示收票申请。

支付结算—电子商业汇票—提示收票申请

录入票据号码，屏幕回显相关信息。点击“执行”，点击“是”完成票据签收（见图 7.37）。

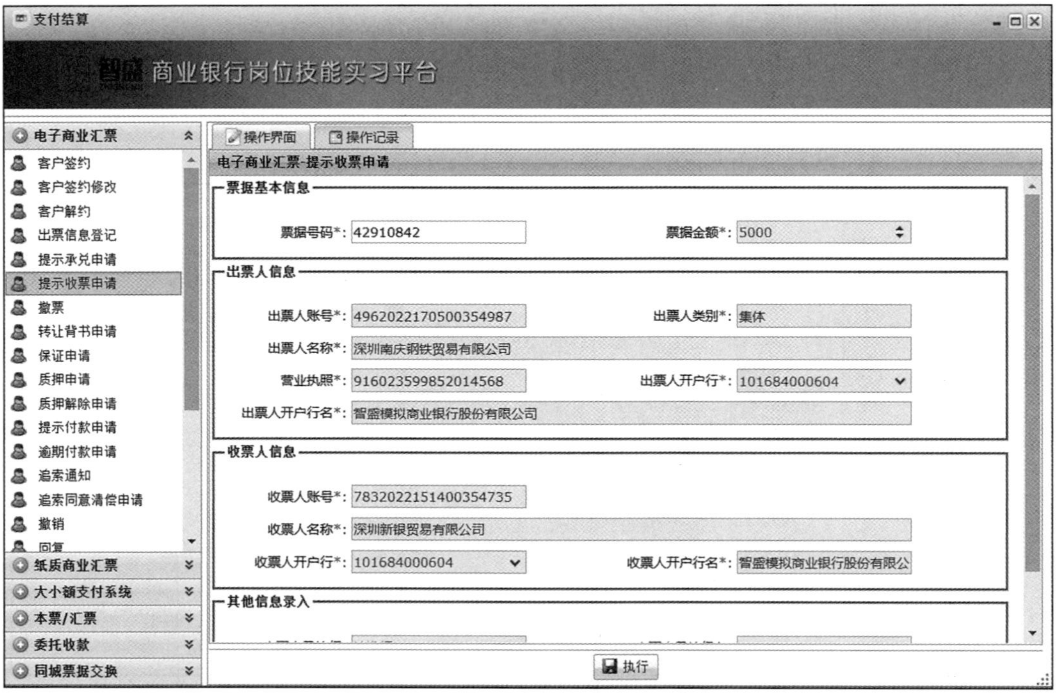

图 7.37　电子商业汇票—提示收票申请

（7）逾期付款申请。

支付结算—电子商业汇票—逾期付款申请

录入票据号码，屏幕显示相关信息。录入持票人申请日期（时间自选），代理申请标识：票据当事人自己签章，点击“执行”，申请被签收（见图 7.38）。

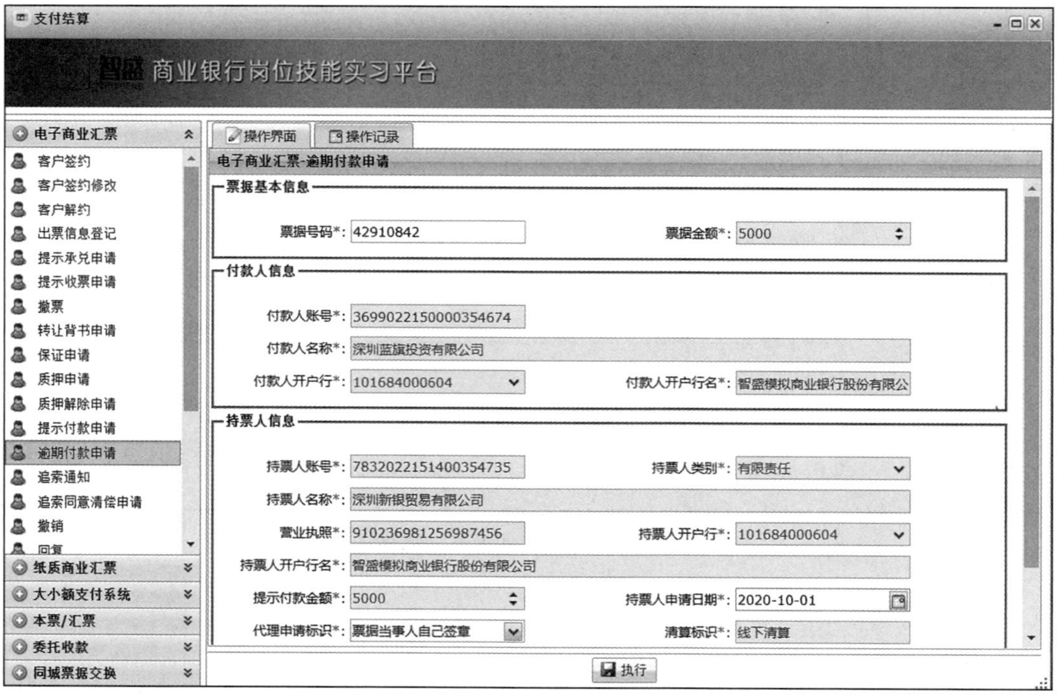

图 7.38　电子商业汇票—逾期付款申请

子任务六 电票业务 6

案例导入

1. 深圳南庆钢铁贸易有限公司出票了一张票据金额 1 万元且可转让的电子商业汇票，承兑人为深圳光耀投资有限公司，收票人为深圳仲岳股份有限公司基本户，6 个月后到期。

2. 持票人发起提示承兑申请，申请已被签收；进行提示收票申请，申请已经签收。

3. 持票人将票据进行提示付款申请，但是申请未被签收。

4. 付款未被签收的票据现进行回复操作，代理回复标识为票据当事人自己签章，但是被拒绝签收（日期自行选择）。

5. 深圳仲岳股份有限公司向承兑人为深圳光耀投资有限公司发起票据追索，追索成功（日期自行选择）。

6. 被追索人向深圳仲岳股份有限公司发起追索同意清偿的申请，对方同意追索（日期自行选择）。

【上机操作】

（1）出票信息登记。

支付结算—电子商业汇票—出票信息登记

根据任务说明中的内容，录入该张票据相关信息。

①票据基本信息。

票据种类：商业承兑汇票；票据金额 10000；转让标记：可再转让；出票日期自行选择；到期日期：出票日后 6 个月（见图 7.39）。

②出票人信息。

录入出票人账号：深圳南庆钢铁贸易有限公司对公账号；屏幕回显相关信息（见图 7.39）。

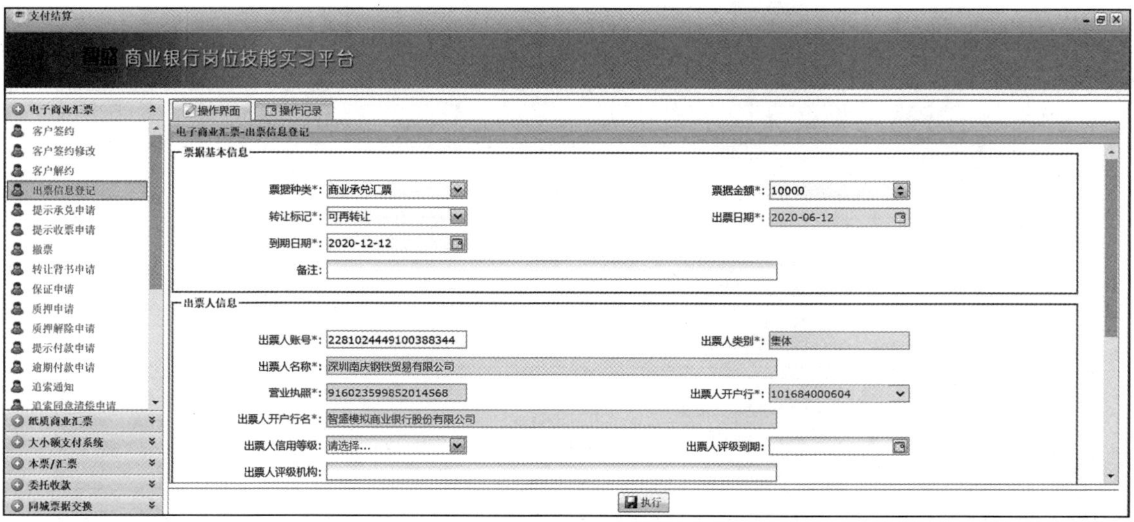

图 7.39 电子商业汇票—出票信息登记 1

③承兑人信息。

录入承兑人账号：深圳光耀投资有限公司对公账号；承兑人名称：深圳光耀投资有限公司；屏幕回显相关信息，进行核对确认（见图 7.40）。

④收票人信息。

收票人账号：深圳仲岳股份有限公司的账号；收票人开户行：从下拉框中选择相应银行账号；点击“执行”完成出票信息登记，记录系统生成的票据号码（见图 7.40）。

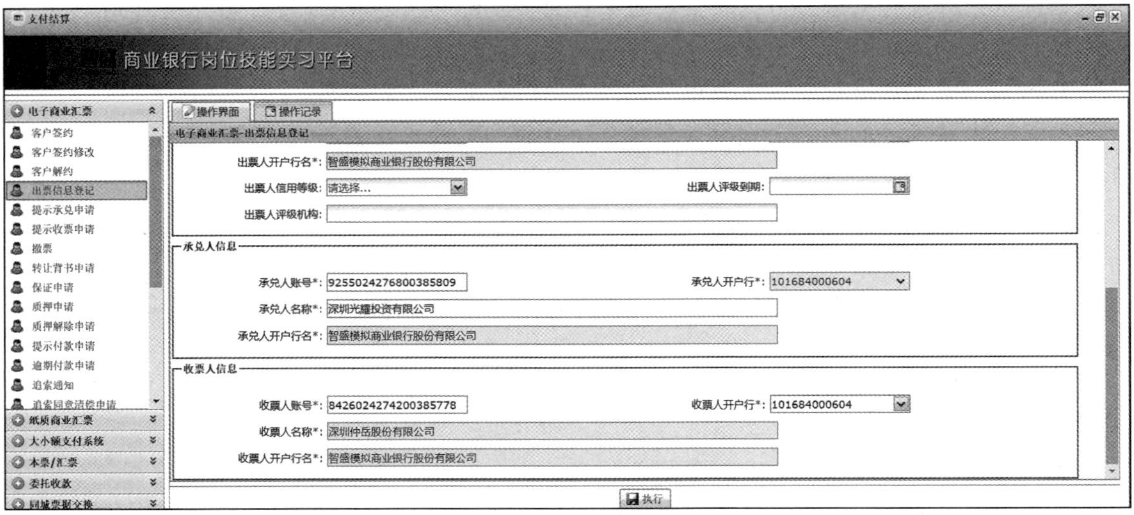

图 7.40　电子商业汇票—出票信息登记 2

（2）提示承兑申请。

支付结算—电子商业汇票—提示承兑申请

录入票据号码，屏幕回显相关信息（见图 7.41）。按重要提示规则录入交易合同编号和发票号码，点击“执行”完成提示承兑申请，点击“是”完成签收（见图 7.42）。

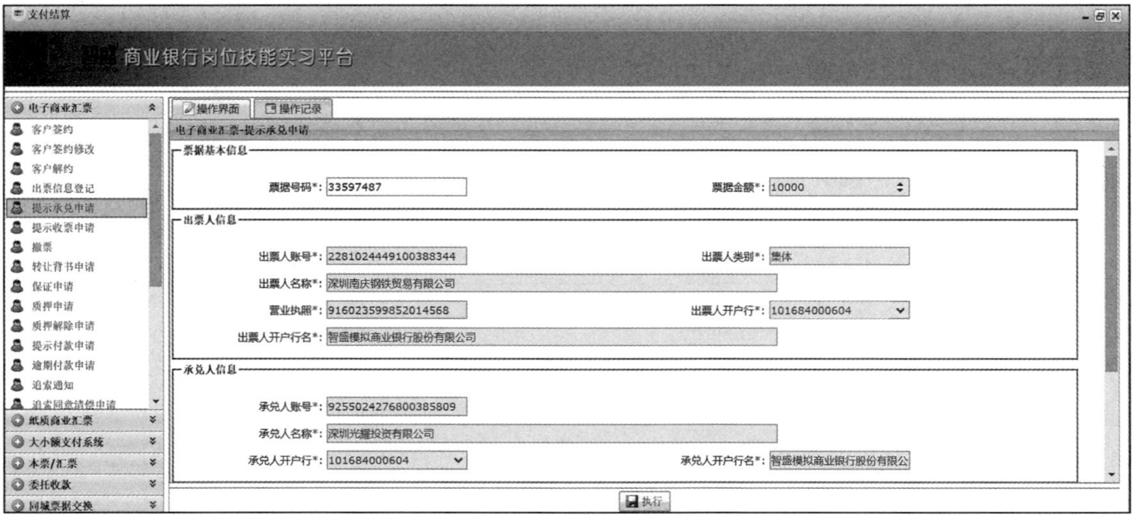

图 7.41　电子商业汇票—提示承兑申请 1

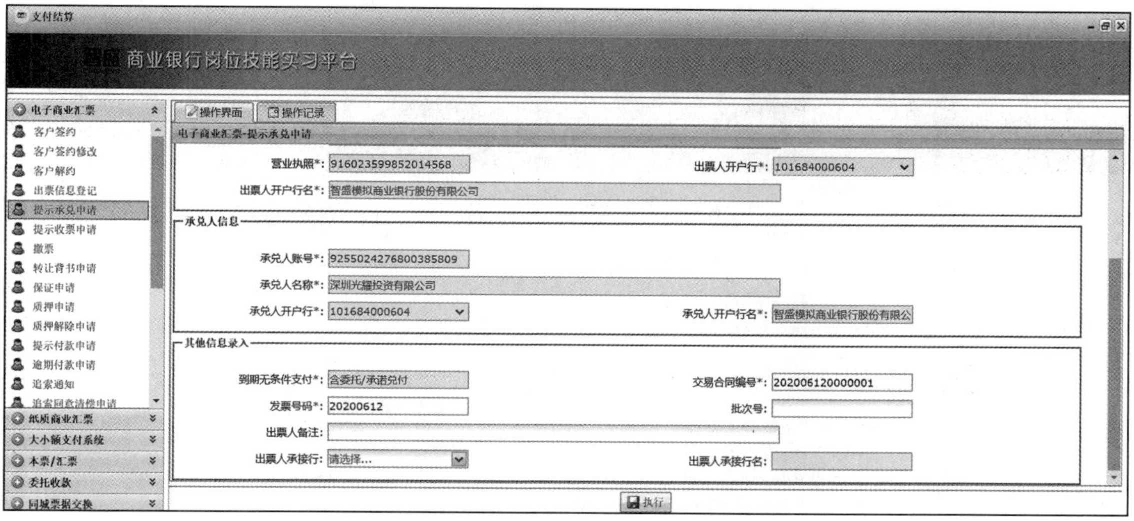

图 7.42　电子商业汇票—提示承兑申请 2

（3）提示收票申请。

支付结算—电子商业汇票—提示收票申请

录入票据号码，屏幕回显票据信息；核对后点击“执行”，点击“是”进行签收操作（见图 7.43）。

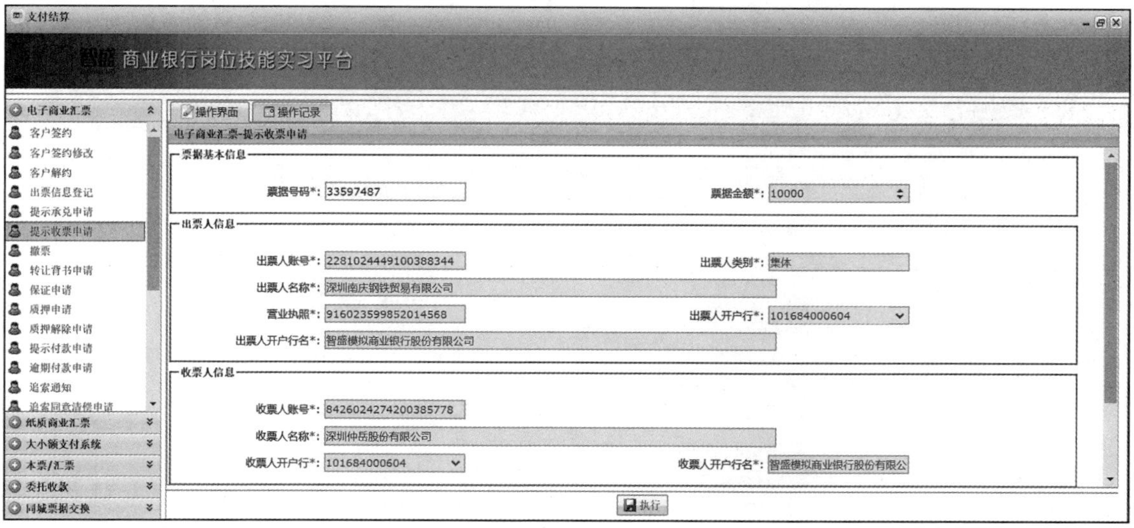

图 7.43　电子商业汇票—提示收票申请

（4）提示付款申请。

支付结算—电子商业汇票—提示付款申请

录入票据号码，屏幕回显相关信息。录入持票人申请日期（日期自选），代理申请标识：票据当事人自己签章。点击“执行”进行提示付款申请，点击“否”申请未被签收（见

图 7.44）。

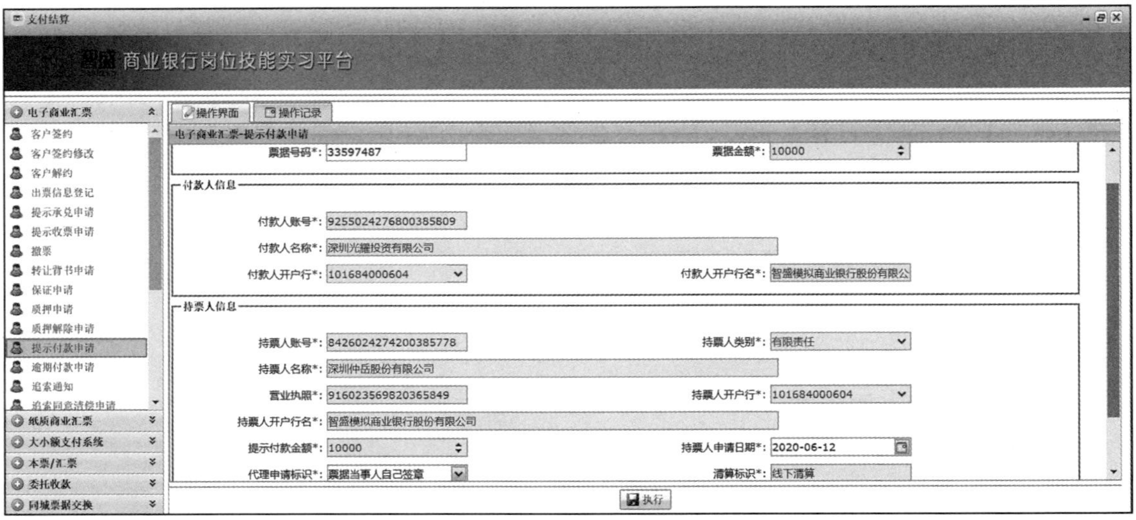

图 7.44　电子商业汇票—提示付款申请

（5）回复。

支付结算—电子商业汇票—回复

录入票据号码，屏幕回显相关信息（见图 7.45）。

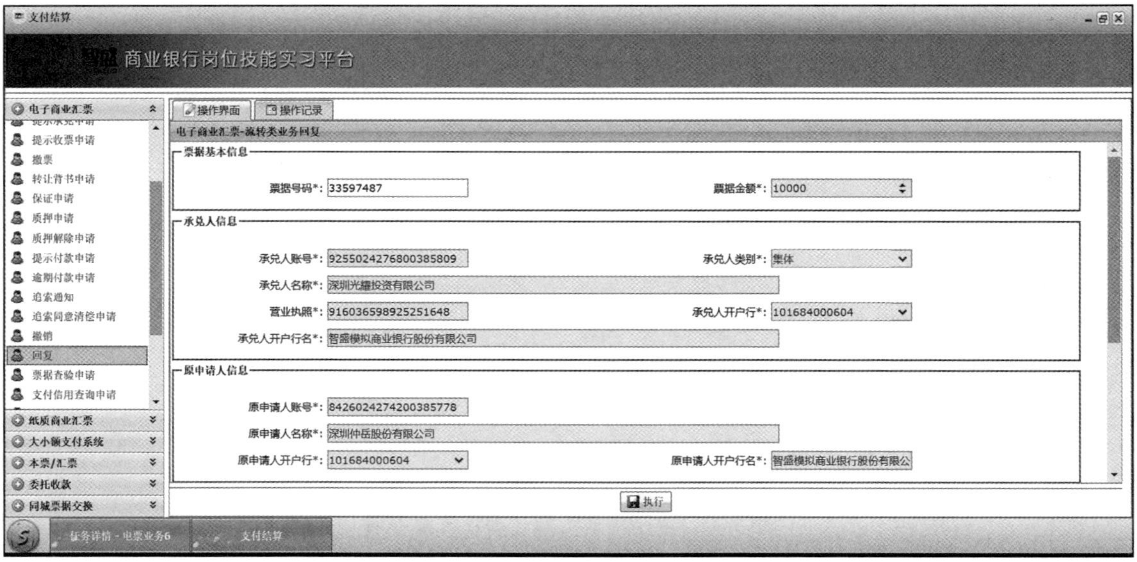

图 7.45　电子商业汇票—回复 1

承兑回复标记：拒绝签收，承兑回复日期：时间自行选择，代理回复标识：票据当事人自己签章。点击“执行”进行回复操作，点击“否”被拒绝签收（见图 7.46）。

（6）追索通知。

支付结算—电子商业汇票—追索通知

录入票据号码，屏幕回显相关信息，录入追索日期：时间自行选择（见图 7.47）。

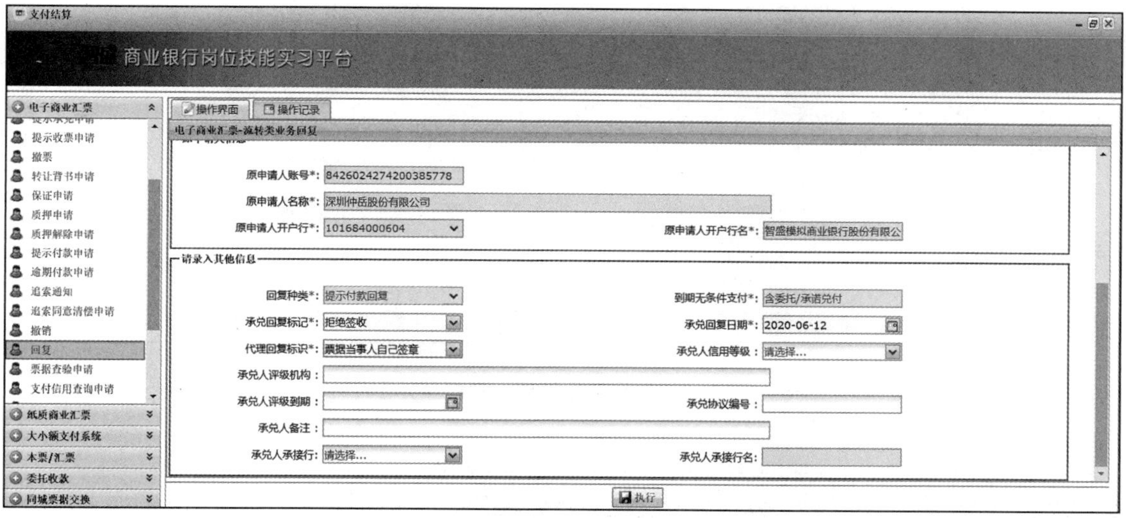

图 7.46　电子商业汇票—回复 2

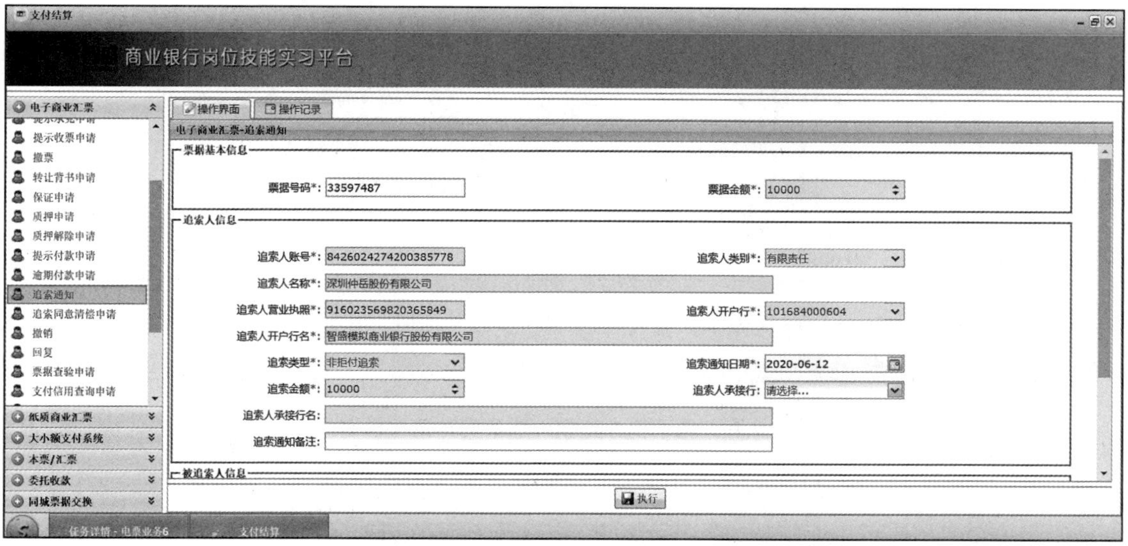

图 7.47　电子商业汇票—追索通知 1

录入被追索人深圳光耀投资有限公司账号信息；点击“执行”，追索成功（见图 7.48）。

（7）追索同意清偿申请。

支付结算—电子商业汇票—追索同意清偿申请

录入票据号码，屏幕回显相关信息。录入清偿申请日期（时间自行选择）。点击“执行”，同意追索（见图 7.49）。

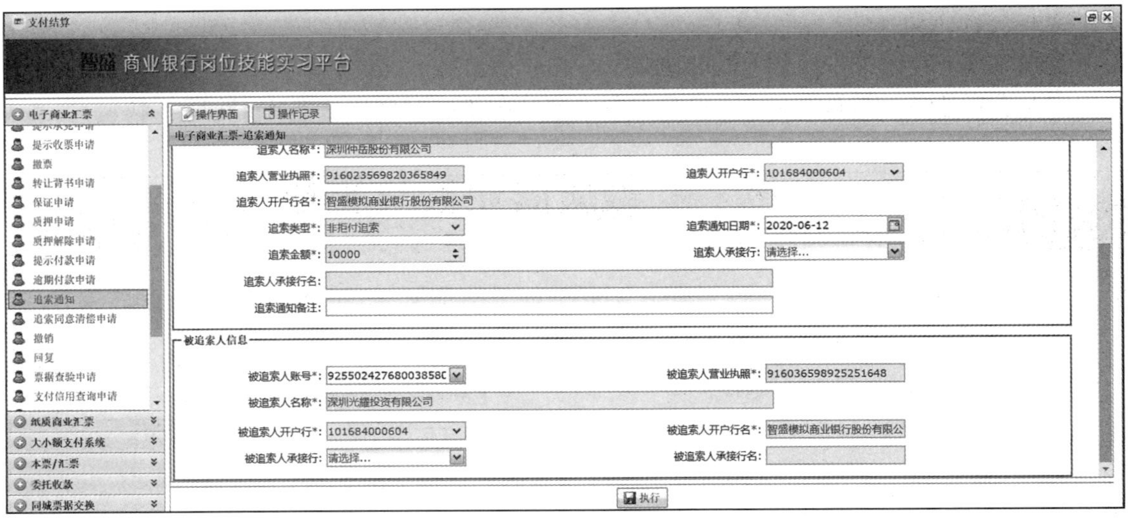

图 7.48　电子商业汇票—追索通知 2

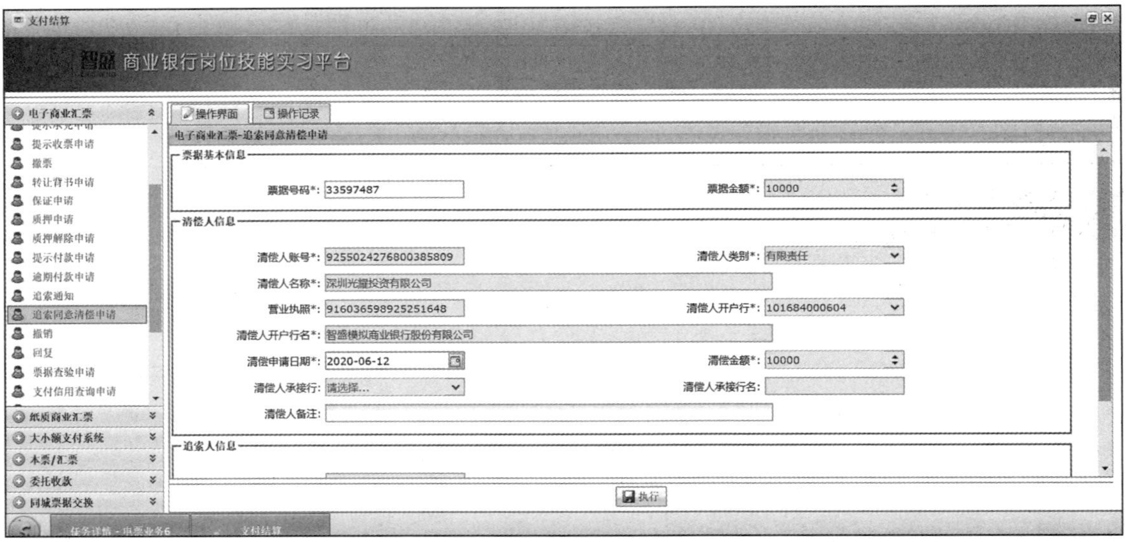

图 7.49　电子商业汇票—追索同意清偿申请

任务一小结

电子商业汇票各类业务的办理流程

核心技能与概念

客户签约；出票信息登记；提示承兑申请；提示收票申请；转让背书申请；保证申请

课堂讨论

票据状态为“提示承兑已签收”时，可以向收票人发起提示收票申请吗？

任务二 纸质商业汇票业务

商业汇票是出票人签发的，委托付款人在指定日期无条件支付确定的金额给收款人或者持票人的票据。商业汇票分为商业承兑汇票和银行承兑汇票。商业承兑汇票由银行以外的付款人承兑（付款人为承兑人），银行承兑汇票由银行承兑。商业汇票的付款期限，最长不得超过6个月。纸质商业汇票是商业汇票的原始状态，是依据《中华人民共和国票据法》《支付结算办法》运行和流转的。

商业银行作为纸质商业汇票登记查询的主体负责按规定的登记方式和登记试点将纸质商业汇票相关信息登记至电子商业汇票系统。商业银行办理纸质商业汇票的贴现、转贴现、质押等业务时，可通过电子商业汇票系统查询票据的相关信息。

纸质商业汇票登记包括承兑登记、未用退回登记、贴现登记、转贴现登记、再贴现登记、质押登记、质押解除登记、委托收款登记、结清登记、拒付登记、挂失止付或公示催告登记、止付解除登记（见表7.2）。

纸质商业汇票查询包括纸票登记信息查询、支票登记信息查复、登记序号查询、支票登记簿查询、支票挂失公示催告及止付解除查询。

子任务一 纸票业务1

案例导入

1. 现有一张商业承兑汇票纸票需要进行承兑登记。出票人为深圳仲岳股份有限公司，收款人为深圳南庆钢铁贸易有限公司，承兑人为深圳光耀投资有限公司。票据金额3万元，3个月后票据到期（日期根据情况自行选择）。

2. 纸质商业承兑汇票因未被使用而被退回，银行柜员进行未用退回登记（日期根据情况自行选择）。

【上机操作】

（1）纸票承兑登记。

支付结算—纸质商业汇票—纸票承兑登记

点击“登记”，在弹出的“纸票承兑登记—登记”对话框中录入如下信息。

票据种类：商业承兑汇票；票据号码：商业承兑汇票的凭证号；票据金额：30000；到期日期：在出票日后3个月；承兑日期：自行选择；合同号、发票号码：按重要提示规则编写；承兑人类型：公司；承兑人账号：深圳光耀投资有限公司账号；出票人账号：深圳仲岳股份有限公司账号；收款人账号：深圳南庆钢铁贸易有限公司账号；收款人开户行：从下拉框中选择相应开户行账号。

点击“执行”，完成纸票承兑登记（见图7.50）。

表 7.2　纸质商业汇票业务操作状态表

业务	纸票承兑登记	未用退回登记	纸票贴现登记	转贴现登记
操作状态	无	纸票承兑已登记	纸票承兑已登记	纸票已贴现放款
产生状态	登记：纸票承兑已登记 修改：纸票承兑已登记 作废：纸票已作废	登记：纸票未用退回已登记 修改：纸票未用退回已登记	登记：纸票贴现已登记 修改：纸票贴现已登记	登记：纸票转贴现已登记 修改：纸票转贴现已登记
业务	**再贴现登记**	**质押登记**	**质押接触登记**	**委托收款登记**
操作状态	纸票已贴现放款、纸票卖断转贴已完成、纸票回购转贴已完成	纸票承兑已登记 纸票质押解除已登记	纸票质押已登记	纸票承兑已登记、纸票已贴现放款、纸票卖断转贴已完成、纸票回购转贴已完成、纸票卖断再贴已完成、纸票回购再贴已完成、质押解除已登记
产生状态	登记：纸票再贴现已登记 修改：纸票再贴现已登记	登记：纸票质押已登记 修改：纸票质押已登记	登记：纸票质押解除已登记 修改：纸票质押解除已登记	登记：纸票委托收款已登记 修改：纸票委托收款已登记
业务	**结算登记**	**拒付登记**	**挂失止付公示催告登记**	**止付解除登记**
操作状态	纸票委托收款已登记	纸票委托收款已登记	纸票承兑已登记、纸票贴现已登记、纸票已贴现放款、纸票贴现放款已撤销、纸票转贴现已登记、纸票卖断转贴已转出，纸票回购转贴已转出、纸票卖断转贴未转出、纸票回购转贴未转出、纸票卖断转贴已完成、纸票回购转贴已完成、纸票再贴现已登记、纸票卖断再贴未转出、纸票回购再贴未转出、纸票买断再贴已完成、纸票回购再贴已完成、纸票质押已登记、纸票质押解除已登记、纸票委托收款已登记	纸票挂失止付已登记
产生状态	登记：纸票结算已登记 修改：纸票结算已登记	登记：纸票拒付已登记 修改：纸票拒付已登记	登记：纸票挂失止付已登记 修改：纸票挂失止付已登记	登记、修改都返回到之前操作挂失止付公式催告登记之前的状态

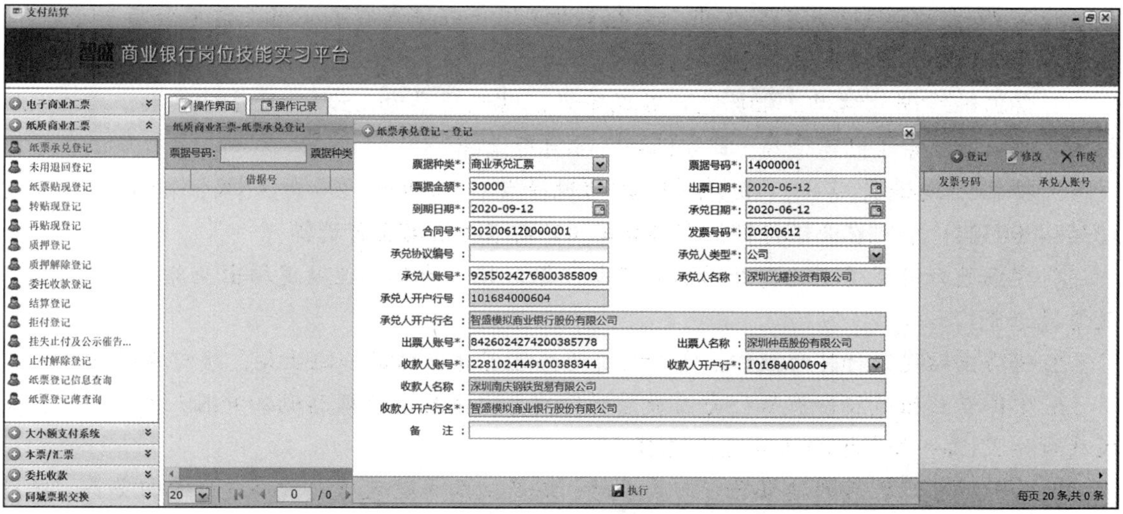

图 7.50 纸票承兑登记

（2）未用退回登记。

支票结算—纸质商业汇票—未用退回登记

点击“登记”，在弹出的“未用退回登—登记”对话框中录入以下信息。

票据号码：商业承兑汇票凭证号码，屏幕回显相关信息；未用退回日期：自行选择；

点击“执行”，完成未用退回登记（见图 7.51）。

图 7.51 未用退回登记

子任务二 纸票业务 2

案例导入

1. 现有一张商业承兑汇票纸票需要进行承兑登记。出票人为深圳仲岳股份有限公司，收款人为深圳南庆钢铁贸易有限公司，承兑人为深圳光耀投资有限公司。票据金额3万元，3个月后票据到期（日期根据情况自行选择）。

2. 票据继续进行贴现，柜员进行贴现登记，贴现利率为3.5‰，且登记以后，票据贴现放款，放款金额等于贴现余额（日期根据情况自行选择）。

3. 票据继续进行贴现，柜员进行转贴现登记，转贴现利率为3.3‰，贴入行行号为103584000324，中国农业银行股份有限公司（日期根据情况自行选择）。

4. 票据进行贴现类型为卖断转贴的交易，银行柜员为其办理贴现转出业务（日期根据情况自行选择）。

5. 将转出贴现进行转回操作，银行柜员为办理已转出贴现转回业务，转回类型为核销。

6. 中国农业银行股份有限公司因资金周转，再次将此张票据贴现给中国人民银行，再贴现利率为3.1‰（日期根据情况自行选择）。

7. 再贴现登记之后的票据进行回购再贴，以及回购再贴之后的票据进行转回交易，银行柜员首先为其办理贴现转出业务，其次办理已转出贴现转回业务，转回类型为回购（日期根据情况自行选择）。

8. 票据进行委托收款之后，柜员进行委托收款登记（日期根据情况自行选择）。

9. 因承兑人拒绝付款，票据进行拒付登记（日期根据情况自行选择）。

重要提示：

1. 以下涉及公司名称以及账户为电子商业汇票模块以及公司票据开户业务开立。

2. 合同编号为当前年月日+7位数字，例如：201701190000001，发票号码为当前年份+4位数字，例如：20170001。

3. 出票人必须是已经与银行进行客户签约的。

4. 承兑人与收款人不得为同一人，且账号必须为对公客户，正常状态下的基本户和一般户。

5. 转回类型：当票据状态为纸票回购转贴已转出，转回类型为回购，执行之后票据状态为纸票回购转贴已完成；当票据状态为纸票回购再贴已转出，转回类型为回购，执行之后票据状态为纸票回购再贴已完成；当票据状态为纸票卖断转贴已转出，转回类型为核销，执行之后票据状态为纸票卖断转贴已完成；当票据状态为纸票卖断再贴已转出，转回类型为核销，执行之后票据状态为纸票卖断再贴已完成。

【上机操作】

（1）纸票承兑登记。

支付结算—纸质商业汇票—纸票承兑登记

点击“登记”，在弹出的对话框中录入如下信息。

票据种类：商业承兑汇票；票据号码：商业承兑汇票凭证号；票据金额：30000；到期日期：在出票日后3个月；承兑日期：自行选择；合同号、发票号码：按重要提示规则填写；承兑人类型：公司；承兑人账号：深圳光耀投资有限公司对公账号；出票人账号：深圳仲岳股份有限公司账号；收款人账号：深圳南庆钢铁贸易有限公司；收款人开户行：选择收款人对应开户行账号；屏幕回显收款人相关信息。

点击“执行”，完成纸票承兑登记，记录系统生成的票据号（见图7.52）。

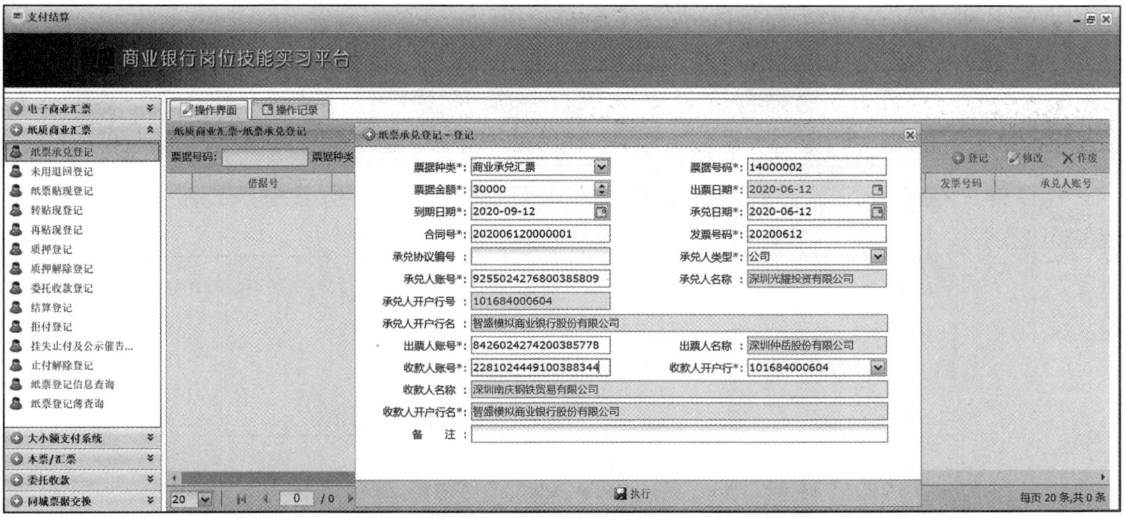

图 7.52 纸票承兑登记

（2）纸票贴现登记。

支付结算—纸质商业汇票—纸票贴现登记

点击“登记”，在弹出的“纸票贴现登记—登记”对话框录入以下信息。

票据号码：“纸票承兑登记”时使用的商业承兑汇票的凭证号，屏幕回显相关信息；贴现日期：自行选择；贴现利率（‰）：3.5；合同号、发票号码：按照重要提示原则填写。

点击“执行”，完成纸票贴现登记环节操作，记录系统生成的借据号（见图 7.53）。

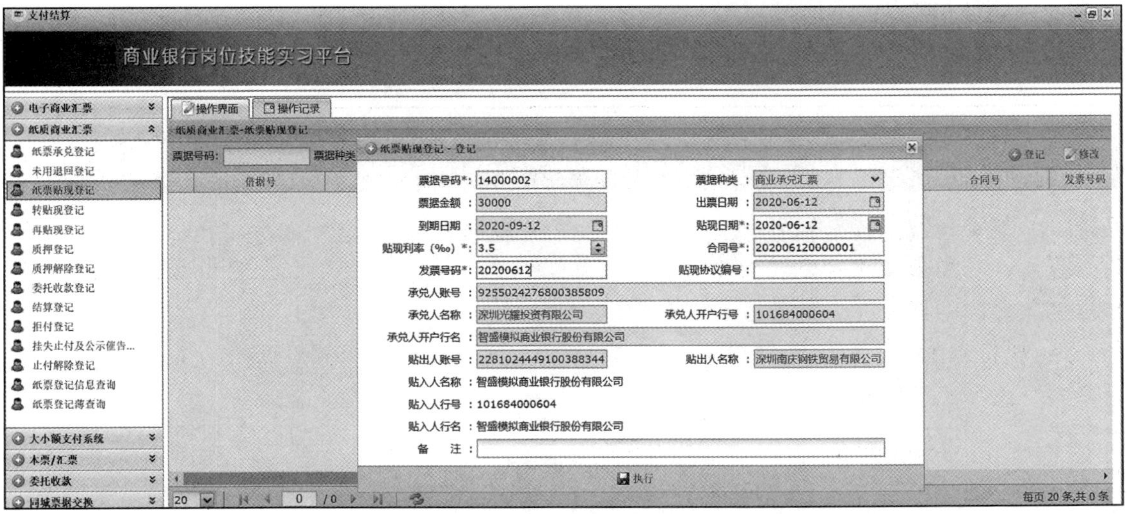

图 7.53 纸票贴现登记

（3）贴现放款。

贷款业务—票据贴现—贴现放款

录入执行“纸票贴现登记”时记录的借据号，点击“查询”，屏幕回显票据信息，核对后录入放款日期：自行选择；放款金额：屏幕回显的票据信息中的“贴现余额”。

点击“执行”，完成贴现放款（见图 7.54）。

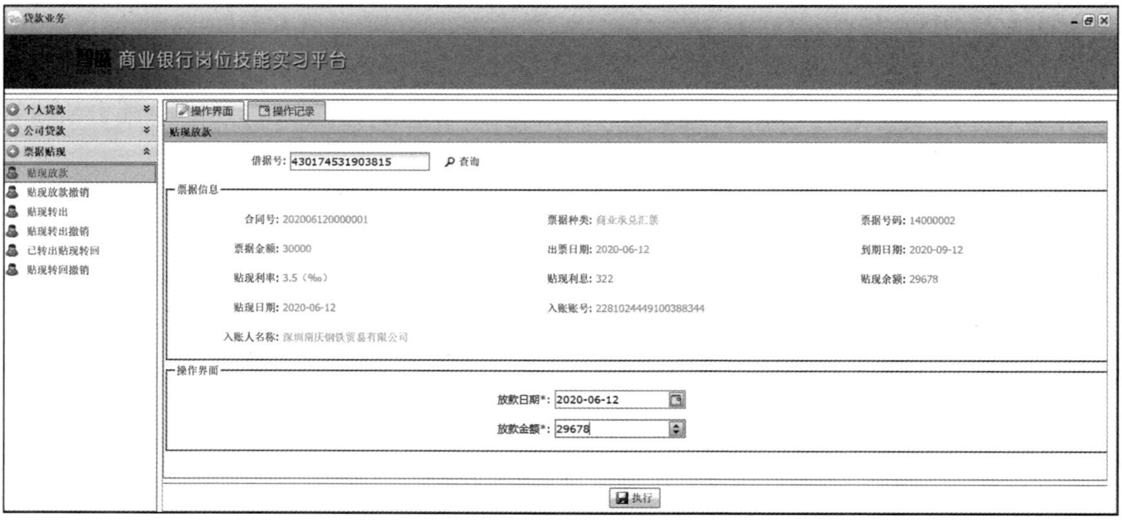

图 7.54　贴现放款

（4）转贴现登记。

支付结算—纸质商业汇票—转贴现登记

点击“登记”，在弹出的“转贴现登记—登记”对话框中录入以下信息。

票据号码：“纸票承兑登记”时使用的商业承兑汇票的凭证号，屏幕回显相关信息；转贴现日期：自行选择；转贴现利率（‰）：3.3；贴入行行号：103584000324。屏幕回显：中国农业银行股份有限公司。

点击“执行”，完成转贴现登记（见图 7.55）。

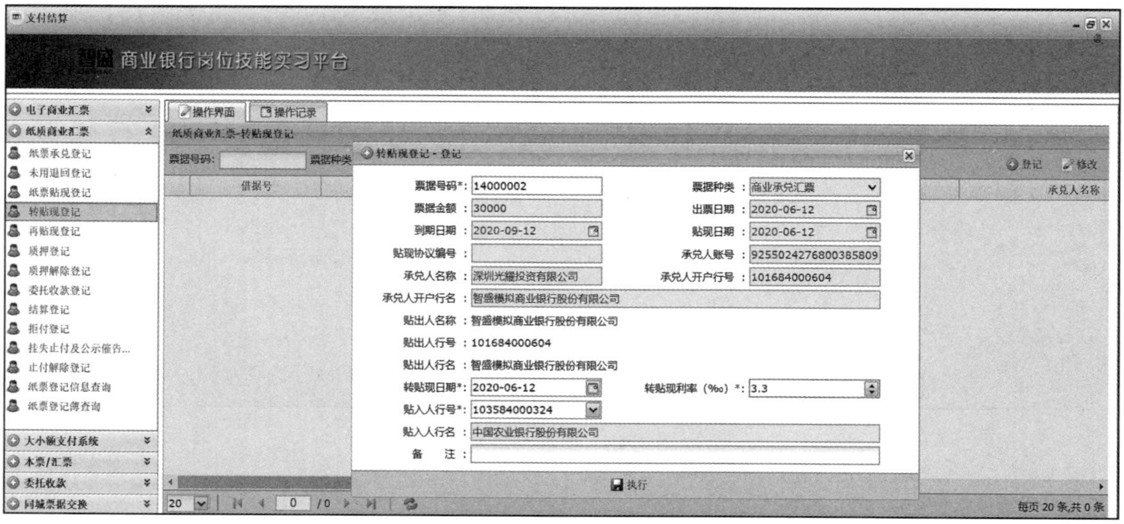

图 7.55　转贴现登记

（5）贴现转出。

贷款业务—票据贴现—贴现转出

录入借据号，点击查询，屏幕回显票据信息；在操作界面录入：贴现类型：卖断转贴；转出日期：自行选择；转回日期：自行选择。点击“执行”，完成贴现转出（见图 7.56）。

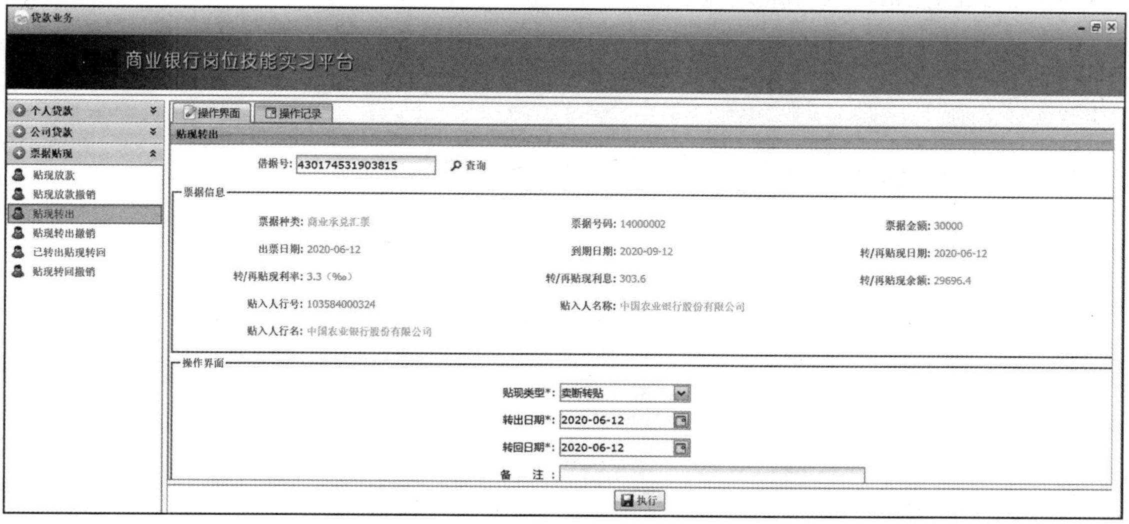

图 7.56　贴现转出

（6）已转出贴现转回。

贷款业务—票据贴现—已转出贴现转回

录入记录的借据号，点击“查询”，屏幕回显票据信息；在操作界面录入转回类型：核销。点击“执行”，完成已转出贴现转回（见图 7.57）。

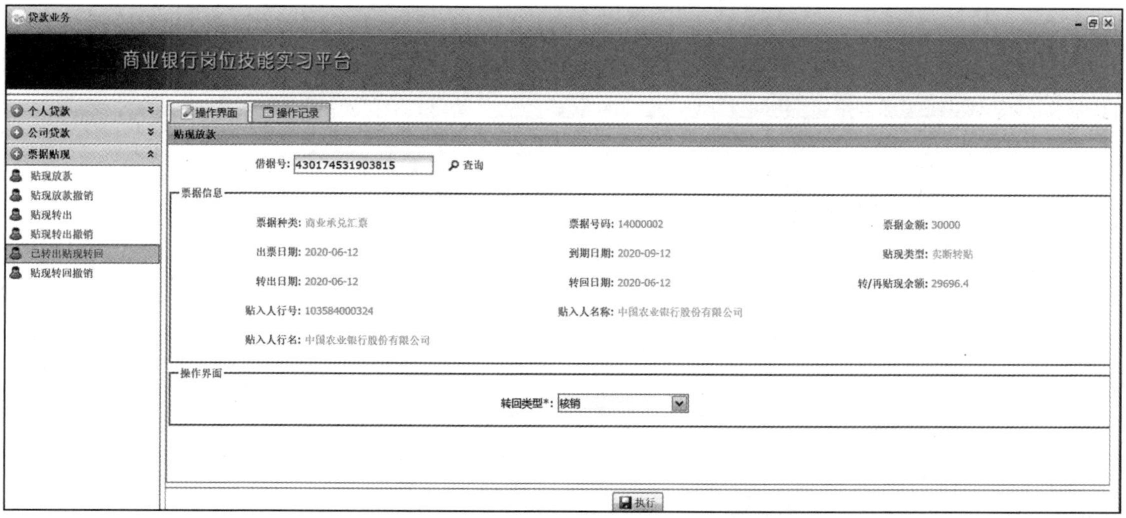

图 7.57　已转出贴现转回

（7）再贴现登记。

支付结算—纸质商业汇票—再贴现登记

点击“登记”，在“再贴现登记—登记”弹出框中录入票据号码：“纸票承兑登记”时使用的商业承兑汇票的凭证号，屏幕回显相关信息；再贴现日期：自行选择；再贴现利率（‰）：3.1。点击“执行”，完成再贴现登记（见图 7.58）。

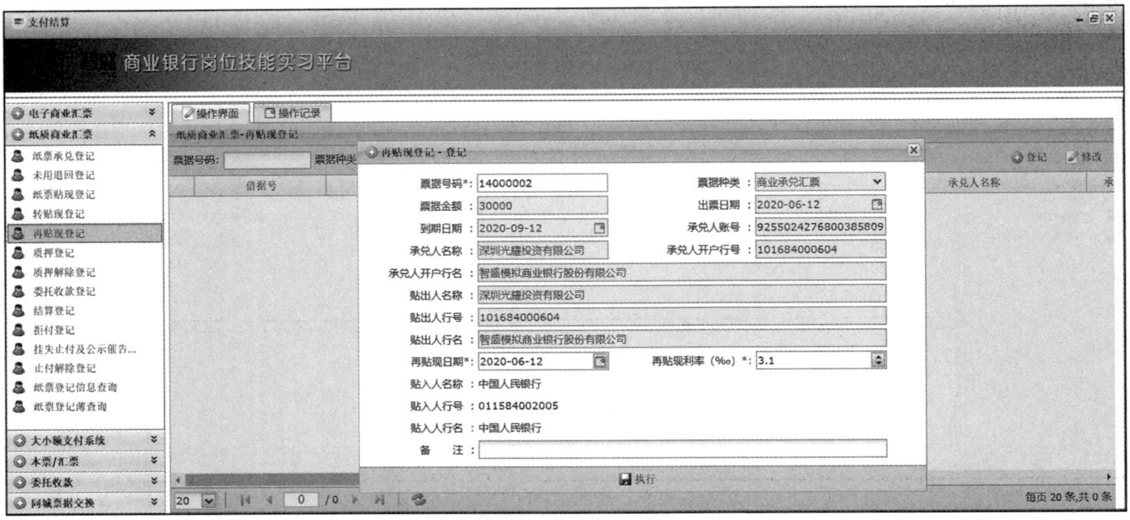

图 7.58 再贴现登记

（8）委托收款登记。

支付结算—纸质商业汇票—委托收款登记

点击“登记”，在弹出的对话框中录入票据号码：“纸票承兑登记”时使用的商业承兑汇票的凭证号，屏幕回显相关信息；委托收款日期：自行选择。点击“执行”；完成委托收款登记（见图 7.59）。

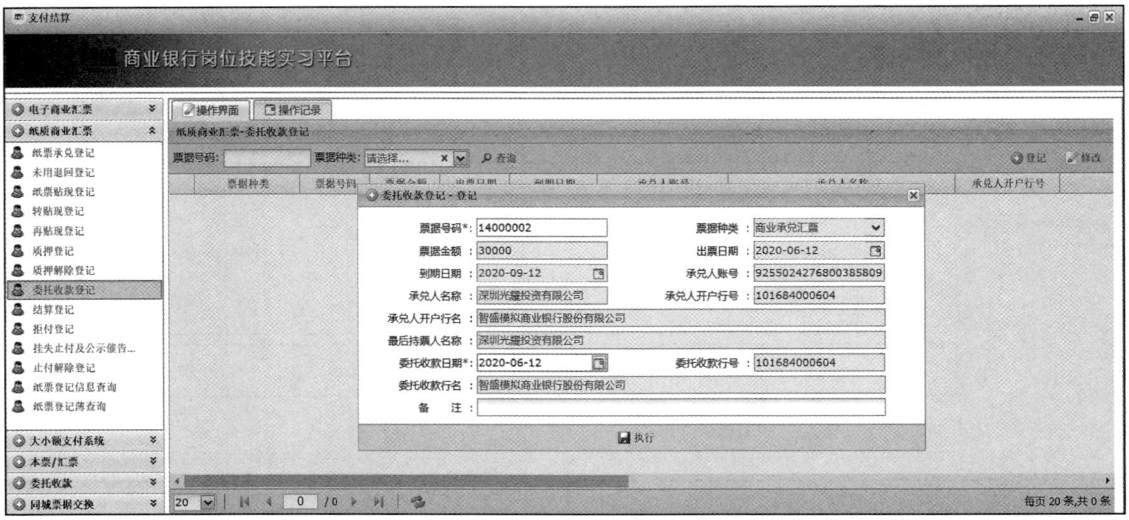

图 7.59 委托收款登记

（9）已转出贴现转回。

贷款业务—票据贴现—已转出贴现转回

录入借据号，点击“查询”，屏幕回显票据信息；在操作界面选择转回类型：回购；点击“执行”，完成该步骤操作（见图 7.60）。

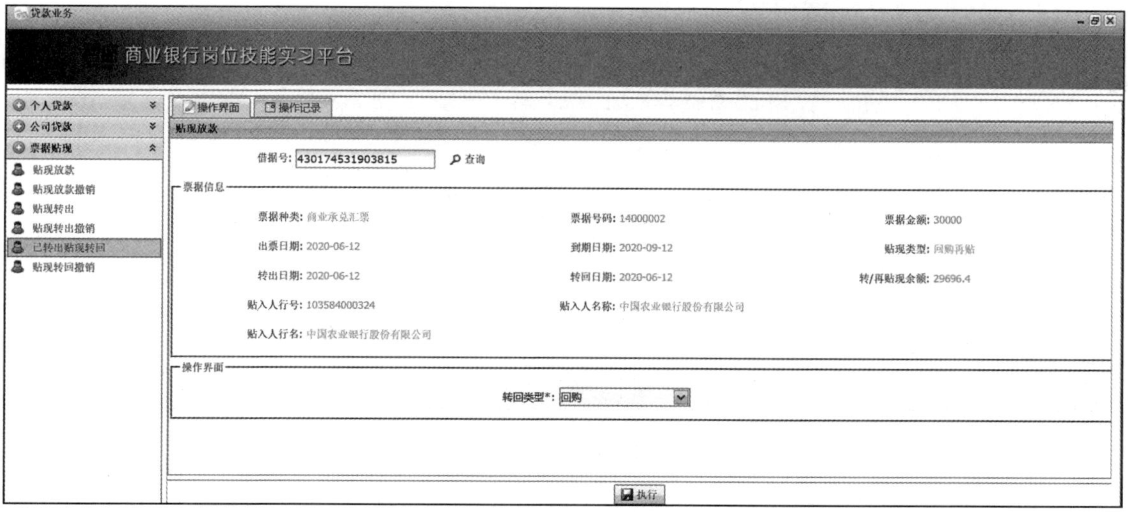

图 7.60　已转出贴现转回

（10）委托收款登记。

支付结算—纸质商业汇票—委托收款登记

点击“登记”，在弹出框录入票据号码，屏幕回显票据信息；录入委托收款日期：自行选择；点击“执行”，完成该步骤操作（见图 7.61）。

图 7.61　委托收款登记

（11）拒付结算。

支付结算—纸质商业汇票—拒付登记

点击“登记”，在弹出的“拒付登记—登记”框中录入票据号码，屏幕回显票据信息；拒付日期：自行选择；点击“执行”，完成该步骤操作（见图 7.62）。

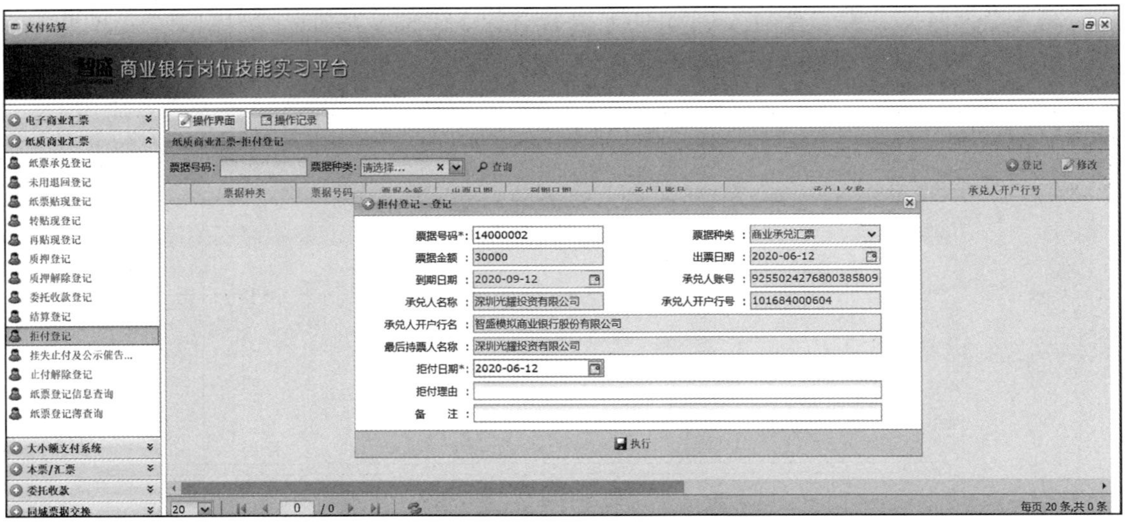

图 7.62 拒付登记

子任务三 纸票业务 3

案例导入

1. 现有一张商业承兑汇票纸票需要进行承兑登记，出票人为深圳光耀投资有限公司，收款人为深圳南庆钢铁贸易有限公司，承兑人为深圳仲岳股份有限公司。票据金额 2 万元，1 个月后票据到期（日期根据情况自行选择）。

2. 深圳南庆钢铁贸易有限公司将票据质押给了深圳蓝旗投资有限公司，柜员将票据进行质押登记（日期根据情况自行选择）。

3. 深圳蓝旗投资有限公司财务人员发现票据遗失，银行柜员为其办理了挂失止付业务（日期根据情况自行选择）。

4. 深圳蓝旗投资有限公司财务人员找回票据，来银行办理了止付解除业务（日期根据情况自行选择）。

5. 因质押到期，现在将票据进行质押解除操作（日期根据情况自行选择）。

6. 票据已经委托收款，柜员将委托收款信息登记到系统（日期根据情况自行选择）。

7. 票据已经付款，柜员将结算信息登记到系统（日期根据情况自行选择）。

【上机操作】

（1）纸票承兑登记。

支付结算—纸质商业汇票—纸票承兑登记

点击登记，在弹出的“纸票承兑登记—登记”对话框中录入以下信息。

票据种类：商业承兑汇票；票据号码：空闲的商业承兑汇票凭证号；票据金额：20000；到期日期：在出票日后 1 个月；承兑日期：自行选择；合同号，发票号码：按重要提示规则填写；承兑人类型：公司；承兑人账号：深圳仲岳股份有限公司账号；出票人账号：深圳光耀投资有限公司账号；收款人账号：深圳南庆钢铁贸易有限公司账号；屏幕回显相关信息。

点击“执行”，完成纸票承兑登记，记录票据号码（见图 7.63）。

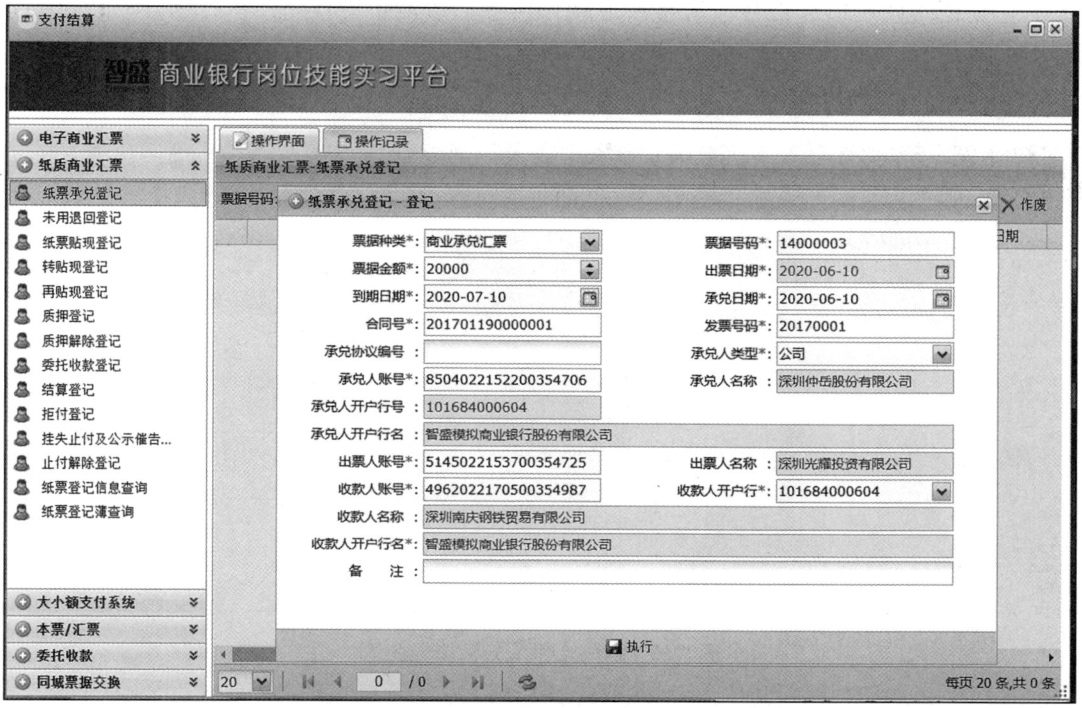

图 7.63 纸票承兑登记

（2）质押登记。

支付结算—纸质商业汇票—质押登记

票据号码：纸票承兑登记时使用的凭证号，屏幕回显相关信息；质押日期：自行选择；质权人账号：深圳蓝旗投资有限公司对公账号（见图 7.64）。

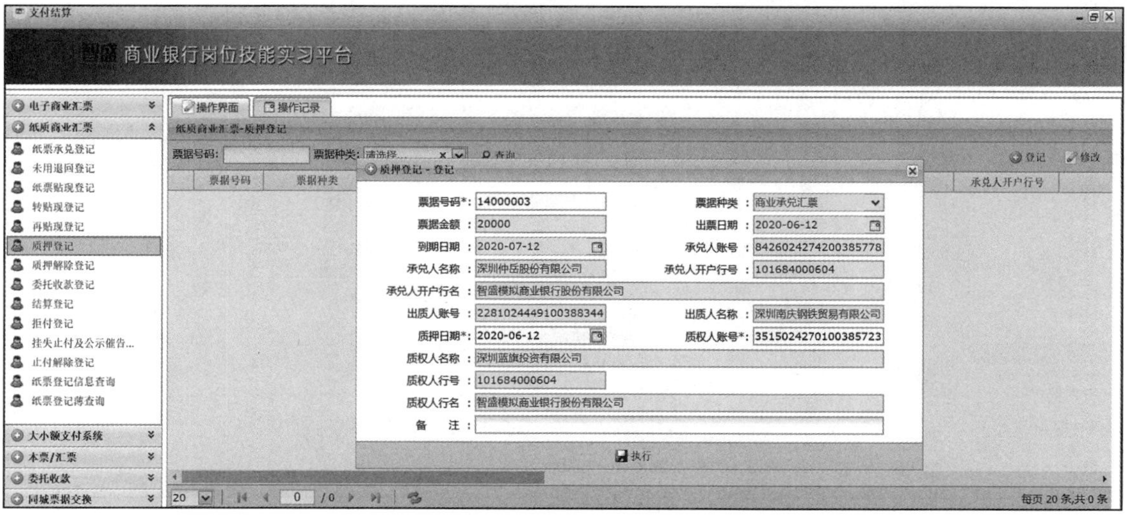

图 7.64 质押登记

（3）挂失止付及公示催告登记。

支付结算—纸质商业汇票—挂失止付及公示催告登记

点击“登记”，在弹出的“挂失止付及公示催告登记—登记”对话框中录入票据号码：纸票承兑登记时使用的凭证号，屏幕回显相关信息；申请止付日期：自行选择；止付类型：挂失止付。点击“执行”，完成该步骤的操作（见图 7.65）。

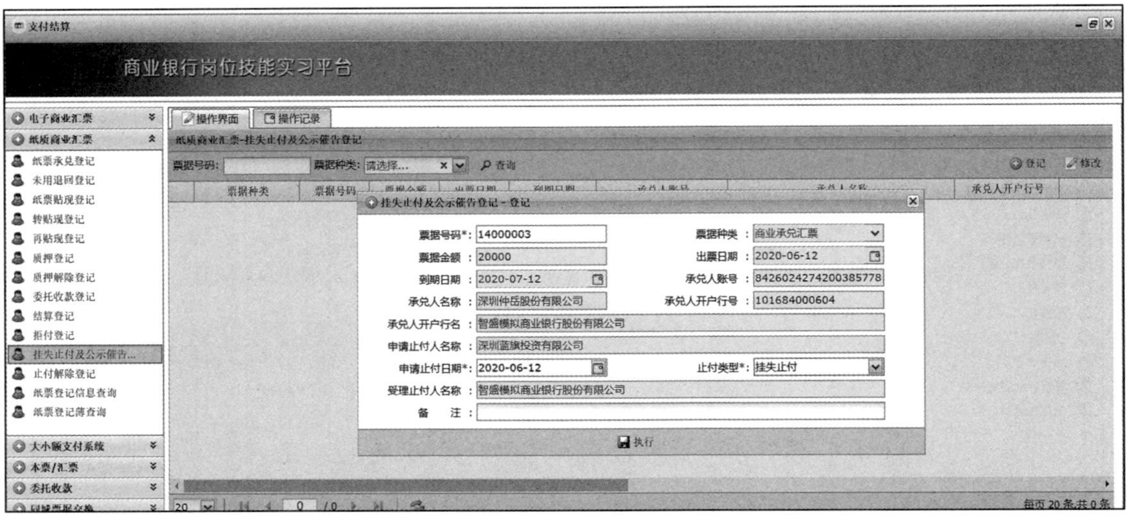

图 7.65　挂失止付及公示催告登记

（4）止付解除登记。

支付结算—纸质商业汇票—止付解除登记

点击“登记”，屏幕弹出“止付解除登记—登记”对话框，录入票据号码：纸票承兑登记时使用的凭证号，屏幕回显相关信息；止付解除日期：自行选择；点击“执行”，完成操作（见图 7.66）。

图 7.66　止付解除登记

（5）质押解除登记。

支付结算—纸质商业汇票—质押解除登记

点击“登记”，在弹出的“质押解除登记—登记”对话框中录入票据号码：纸票承兑登记时使用的凭证号，屏幕回显相关信息；质押解除日期：自行选择。点击“执行”，完成该步骤操作（见图 7.67）。

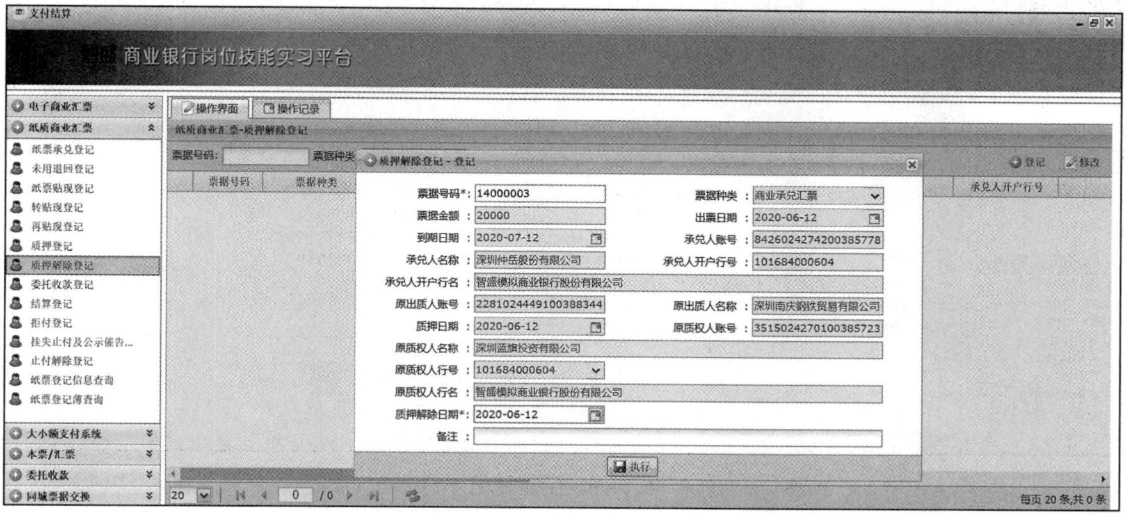

图 7.67　质押解除登记

（6）委托收款登记。

支付结算—纸质商业汇票—委托收款登记

点击“登记”，在“委托收款登记—登记”对话框中录入票据号码：纸票承兑登记时使用的凭证号，屏幕回显票据信息；委托收款日期：自行选择；点击“执行”完成该步骤操作（见图 7.68）。

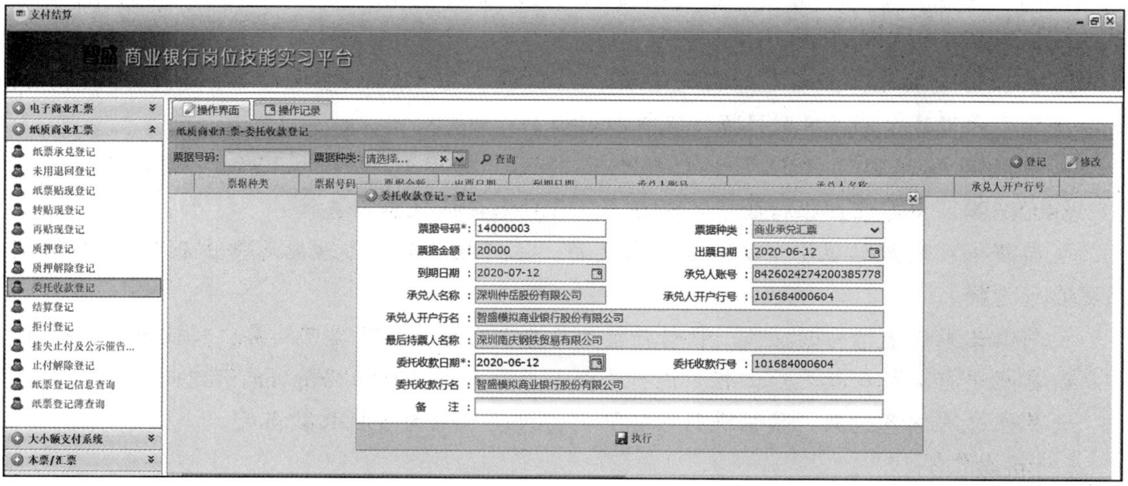

图 7.68　委托收款登记

（7）结算登记。

支付结算—纸质商业汇票—结算登记

点击“登记”，在“结算登记—登记”对话框中录入票据号码：纸票承兑登记时使用的凭证号，屏幕回显票据信息；付款日期：自行选择。点击“执行”完成该步骤的操作（见图 7.69）。

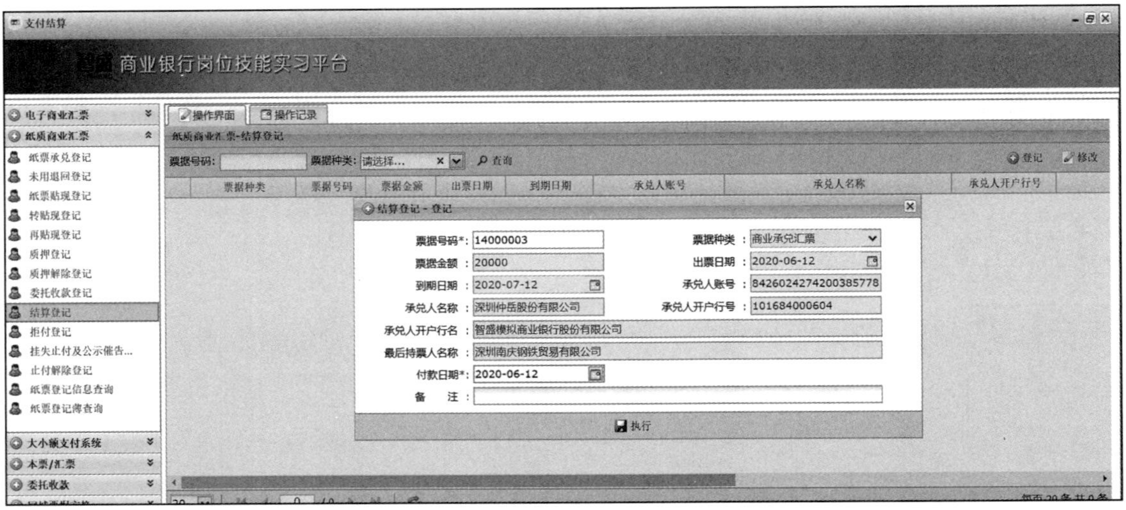

图 7.69　结算登记

子任务四　纸票业务 4

案例导入

1. 现有一张商业承兑汇票纸票需要进行承兑登记，出票人为深圳新银贸易有限公司，收款人为深圳蓝旗投资有限公司，承兑人为深圳光耀投资有限公司。票据金额 3000 元，1 个月后票据到期（日期根据情况自行选择）。

2. 票据继续贴现，柜员进行贴现登记，贴现利率为 3.3‰，登记以后，票据贴现放款，放款金额等于贴现余额（日期根据情况自行选择）。

3. 票据继续转贴现，柜员进行转贴现登记，转贴现利率为 3.2‰，贴入行行号为 103584000324，中国农业银行股份有限公司（日期根据情况自行选择）。

4. 票据继续进行贴现类型卖断转贴的交易，银行柜员为其办理贴现转出业务（日期根据情况自行选择）。

5. 将转出贴现进行转回操作，银行柜员为其办理已转出贴现转回业务，转回类型为核销。

6. 票据进行委托收款之后，柜员进行委托收款登记（日期根据情况自行选择）。

7. 因承兑人同意付款，票据进行结算登记，付款日期为委托收款当天。

【上机操作】

（1）纸票承兑登记。

支付结算—纸质商业汇票—纸票承兑登记

点击“登记”，在弹出的“纸票承兑登记—登记”对话框中录入如下信息。

票据种类：商业承兑汇票；票据号码：空闲的商业承兑汇票；票据金额：3000；到期日期：出票日后1个月（自行选择）；承兑日期：自行选择；合同号、发票号码：按重要提示规则填写；承兑人类型：公司；承兑人账号：深圳光耀投资有限公司对公账号；出票人账号：深圳新银贸易有限公司对公账号；收款人账号：深圳蓝旗投资有限公司对公账号；收款人开户行：从下拉框中选择相应的开户行账号。点击“执行”，完成该步骤的操作（见图7.70）。

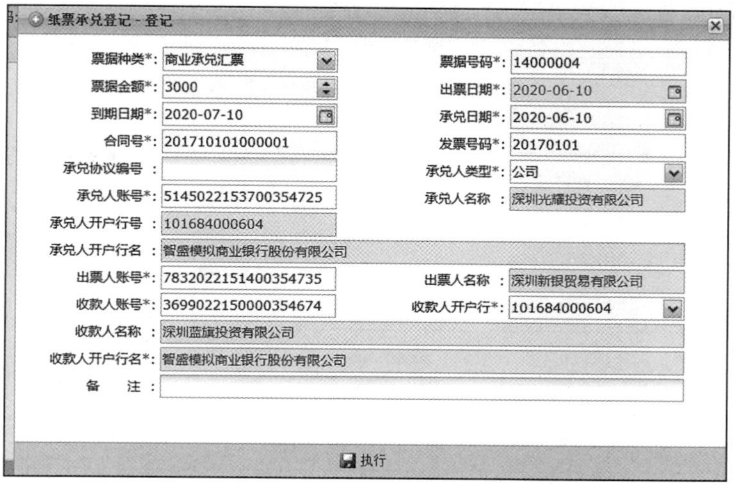

图7.70　纸票承兑登记

（2）纸票贴现登记。

支付结算—纸质商业汇票—纸票贴现登记

点击“登记”，在弹出的“纸票贴现登记—登记”对话框中录入票据号码：纸票承兑登记中使用的凭证号，屏幕回显相关信息；贴现日期：自行选择；贴现利率（‰）：3.3；合同号、发票号码：按照重要提示规则设置；点击“执行”完成操作，记录系统生成的借据号（见图7.71）。

图7.71　纸票贴现登记

（3）贴现放款。

贷款业务—票据贴现—贴现放款

录入纸票贴现登记产生的借据号，点击“查询”，屏幕回显票据信息。在操作界面录入放款日期：自行选择；放款金额：屏幕回显中的贴现余额。点击“执行”，完成贴现放款（见图 7.72）。

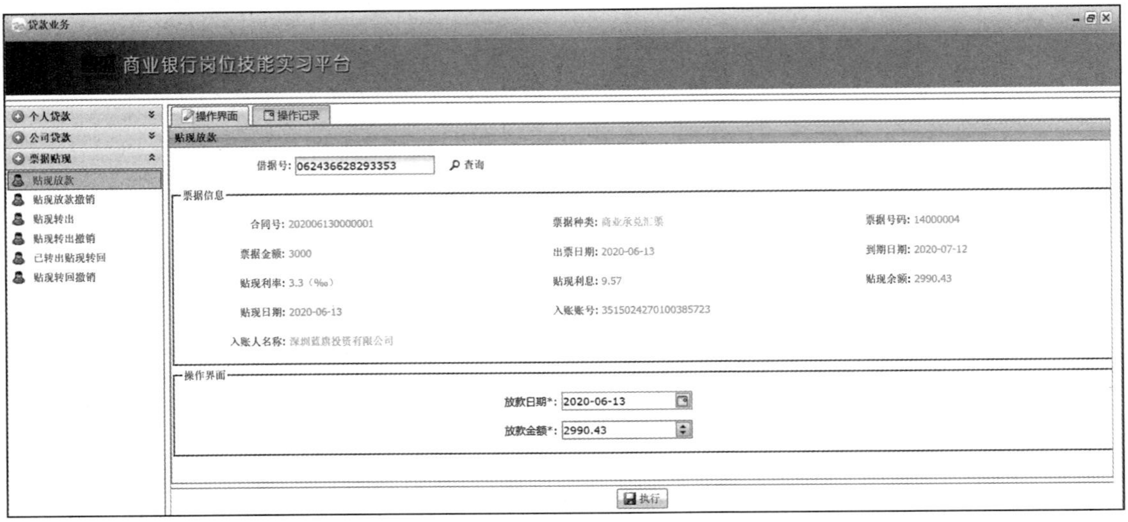

图 7.72 贴现放款

（4）转贴现登记。

支付结算—纸质商业汇票—转贴现登记

点击“登记”，在弹出的“转贴现登记—登记”弹出框中录入票据号码：纸票承兑登记中使用的凭证号，屏幕回显票据信息；转贴现日期：自行选择；转贴现利率（‰）：3.2；贴入行行号：从下拉框中选择相应银行行号。点击“执行”，完成该步骤操作（见图 7.73）。

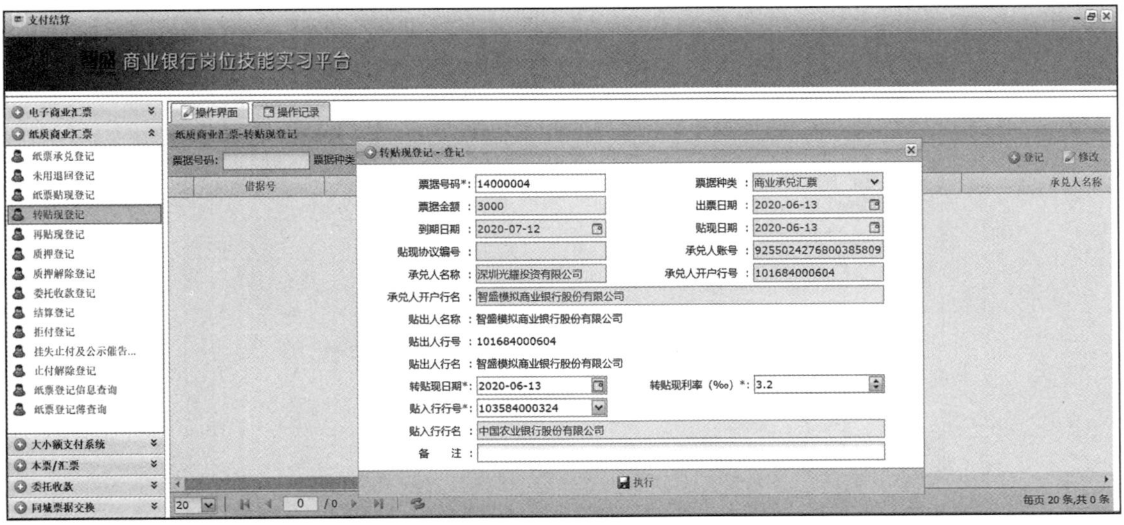

图 7.73 转贴现登记

（5）贴现转出。

贷款业务—票据贴现—贴现转出

录入纸票贴现登记产生的借据号，点击“查询”，屏幕回显票据信息。在操作界面录入贴现类型：卖断转贴；转出日期：自行选择；转回日期：自行选择。点击“执行”，完成该步操作（见图 7.74）。

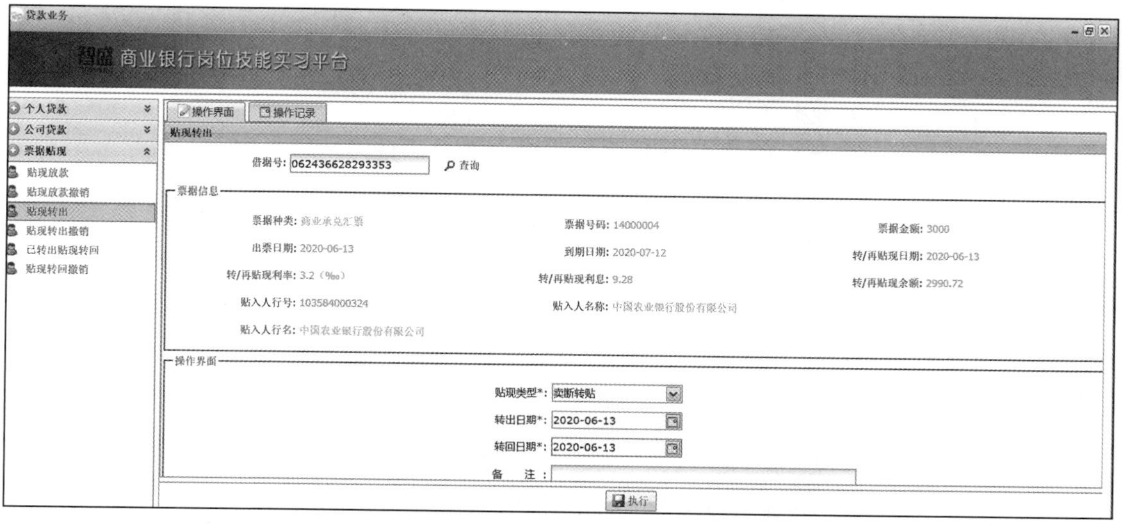

图 7.74 贴现转出

（6）已转出贴现转回。

贷款业务—票据贴现—已转出贴现转回

录入纸票贴现登记产生的借据号，点击“查询”，屏幕回显票据信息。在操作界面将转回类型选择为：核销。点击“执行”，完成该步操作（见图 7.75）。

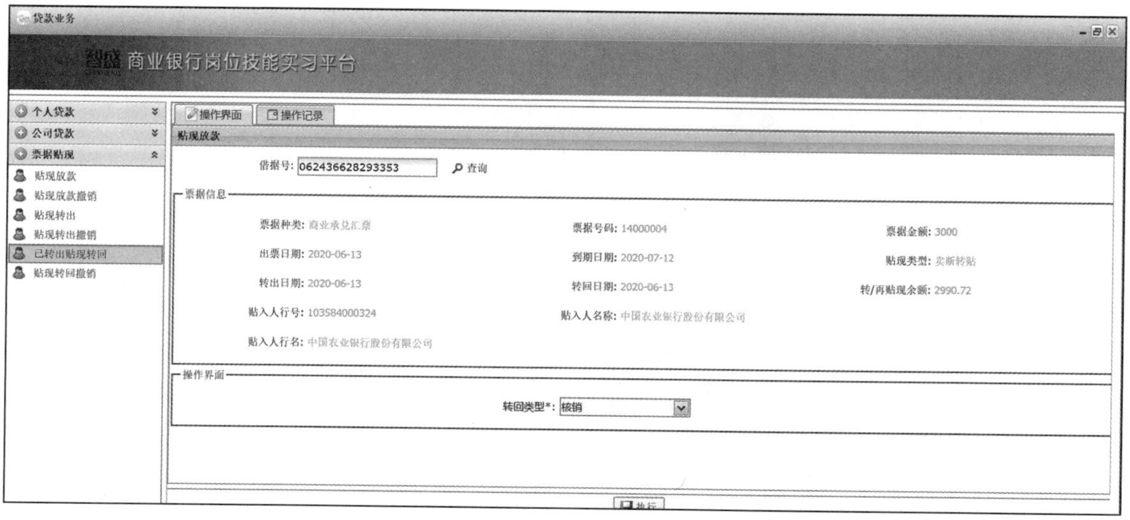

图 7.75 已转出贴现转回

（7）委托收款登记。

支付结算—纸质商业汇票—委托收款登记

点击“登记”，在弹出的“委托收款登记—登记”对话框录入票据号码：纸票承兑登记中使用的凭证号，屏幕回显票据信息；委托收款日期：自行选择。点击“执行”，完成该步骤操作（见图 7.76）。

图 7.76　委托收款登记

（8）结算登记。

点击“登记”，在弹出的“结算登记—登记”对话框录入票据号码：纸票承兑登记中使用的凭证号，屏幕回显票据信息；付款日期：自行选择。点击“执行”，完成该步操作（见图 7.77）。

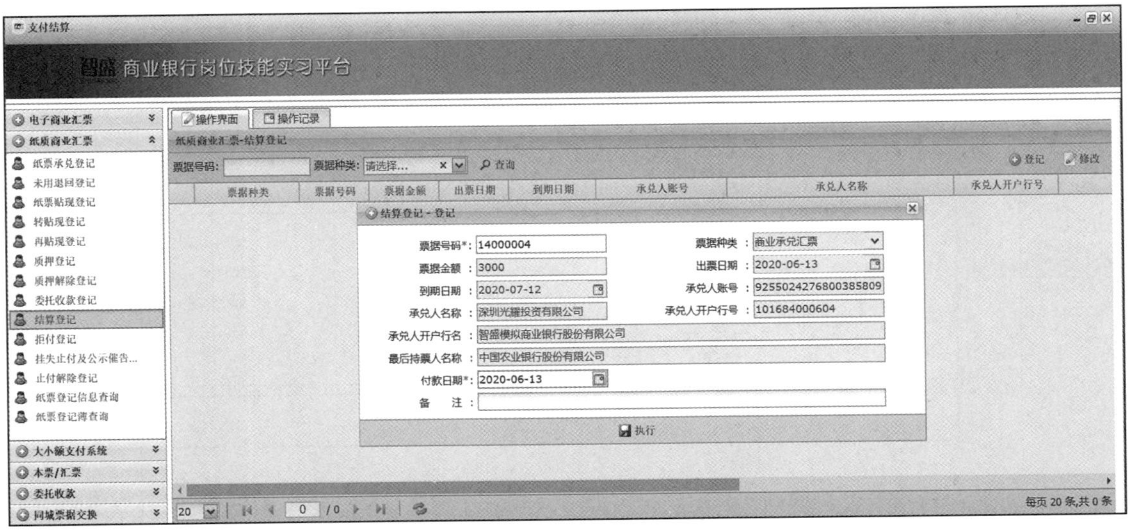

图 7.77　结算登记

子任务五　纸票业务 5

案例导入

1. 现有一张纸质商业承兑汇票需要进行承兑登记，出票人为深圳仲岳股份有限公司，收款人为深圳南庆钢铁贸易有限公司，承兑人为深圳光耀投资有限公司。票据金额 1 万元，3 个月后票据到期（日期根据情况自行选择）。

2. 票据继续贴现，柜员进行贴现登记，贴现利率为 3.2‰，登记以后，票据已经放款，放款金额等于贴现余额（日期根据情况自行选择）。

3. 贴入行因资金周转问题，再次将此张票据贴现给中国人民银行，再贴现利率为 3.1‰（日期根据情况自行选择）。

4. 再贴现登记之后的票据进行回购再贴，以及回购再贴之后的票据进行转回交易，银行柜员首先为其办理贴现转出业务，其次办理已转出贴现转回业务，转回类型为回购（日期根据情况自行选择）。

5. 票据已经委托收款，柜员进行委托收款登记（日期根据情况自行选择）。

6. 因承兑人拒绝付款，票据进行拒付登记（日期根据情况自行选择）。

【上机操作】

（1）纸票承兑登记。

支付结算—纸质商业汇票—纸票承兑登记

点击“登记”，在“纸票承兑登记—登记”对话框录入以下信息。

票据种类：商业承兑汇票；票据号码：空闲的商业承兑汇票凭证号；票据金额：10000；到期日期：出票日后 3 个月；承兑日期：自行选择；合同号、发票号码：按照重要提示规则填写；承兑人类型：公司；承兑人账号：深圳光耀投资有限公司的公司账号；出票人账号：深圳仲岳股份有限公司账号；收款人账号：深圳南庆钢铁贸易有限公司账号；收款人开户行：选择相应开户行。

点击“执行”，完成纸票承兑登记（见图 7.78）。

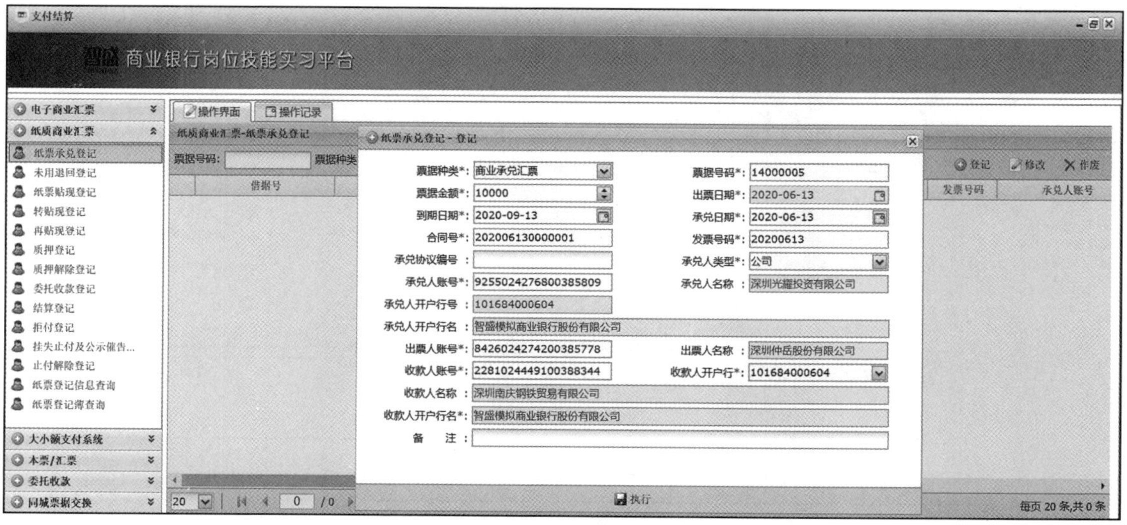

图 7.78　纸票承兑登记

（2）纸票贴现登记。

支付结算——纸质商业汇票——纸票贴现登记

点击“登记”，在弹出的“纸票贴现登记—登记”对话框中录入票据号码：纸票承兑登记中使用的凭证号，屏幕回显票据信息；贴现日期：自行选择；贴现利率（‰）：3.2；合同号、发票号码：按重要提示规则填写。点击“执行”，完成该步操作并记录借据号（见图 7.79）。

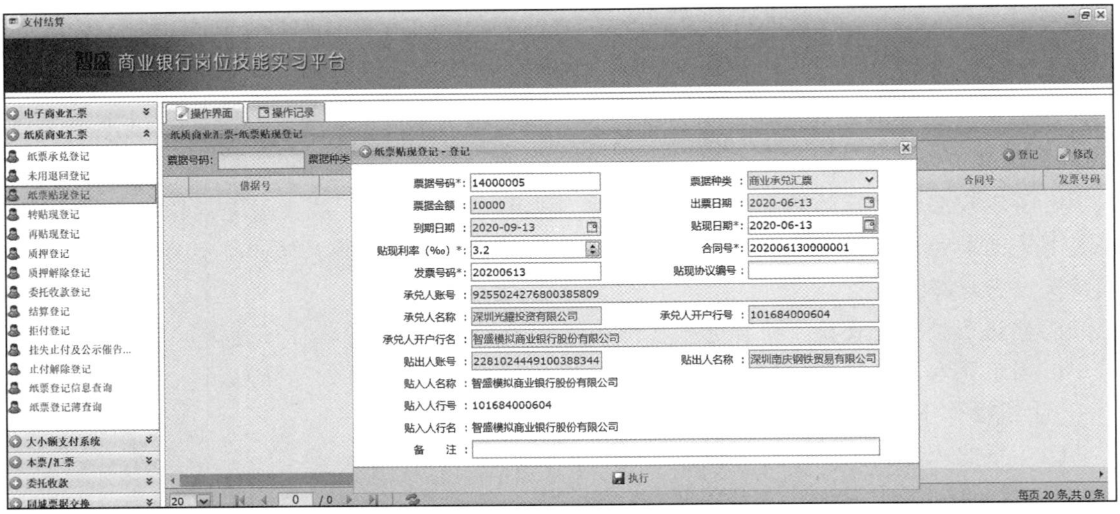

图 7.79　纸票贴现登记

（3）贴现放款。

贷款业务—票据贴现—贴现放款

借据号：纸票贴现登记步骤产生的借据号，点击“查询”，屏幕回显票据信息。在操作界面录入放款日期：自行选择；放款金额：屏幕回显中的贴现余额。点击“执行”，完成该步操作（见图 7.80）。

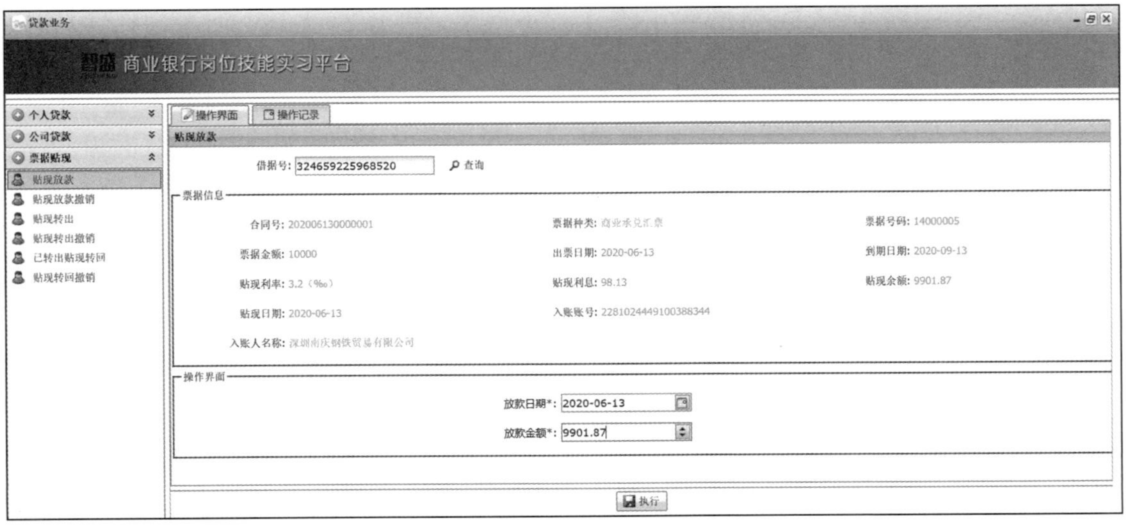

图 7.80　贴现放款

（4）再贴现登记。

支付结算—纸质商业汇票—再贴现登记

点击“登记”，在弹出的“再贴现登记—登记”对话框中录入票据号码：纸票承兑登记中使用的凭证号，屏幕回显票据信息；再贴现日期：自行选择；再贴现利率（‰）：3.1。点击“执行”，完成该步操作（见图 7.81）。

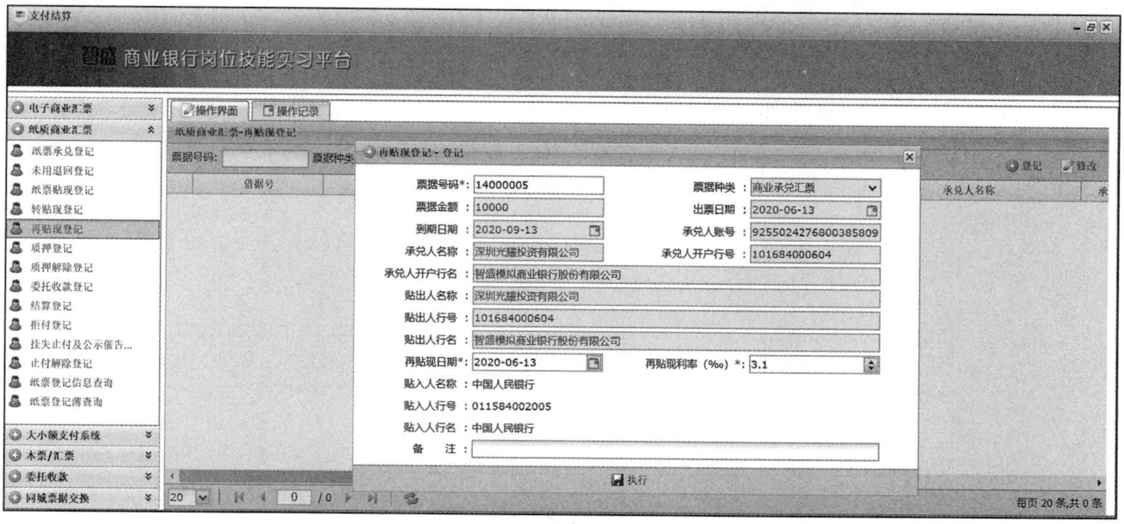

图 7.81　再贴现登记

（5）贴现转出。

贷款业务—票据贴现—贴现转出

借据号：纸票贴现登记步骤产生的借据号，点击“查询”，屏幕回显票据信息；在操作界面录入贴现类型：回购再贴；转出日期：自行选择；转回日期：自行选择。点击“执行”，完成该步操作（见图 7.82）。

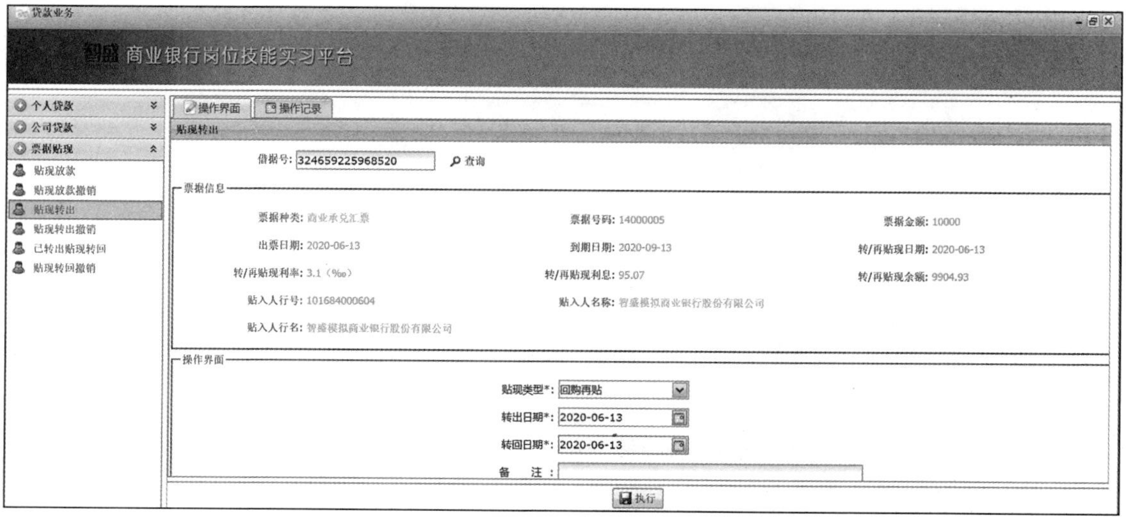

图 7.82　贴现转出

（6）已转出贴现转回。

贷款业务—票据贴现—已转出贴现转回

借据号：纸票贴现登记步骤产生的借据号，点击“查询”，屏幕回显票据信息；在操作界面录入选择转回类型：转回；点击“执行”，完成该步操作（见图 7.83）。

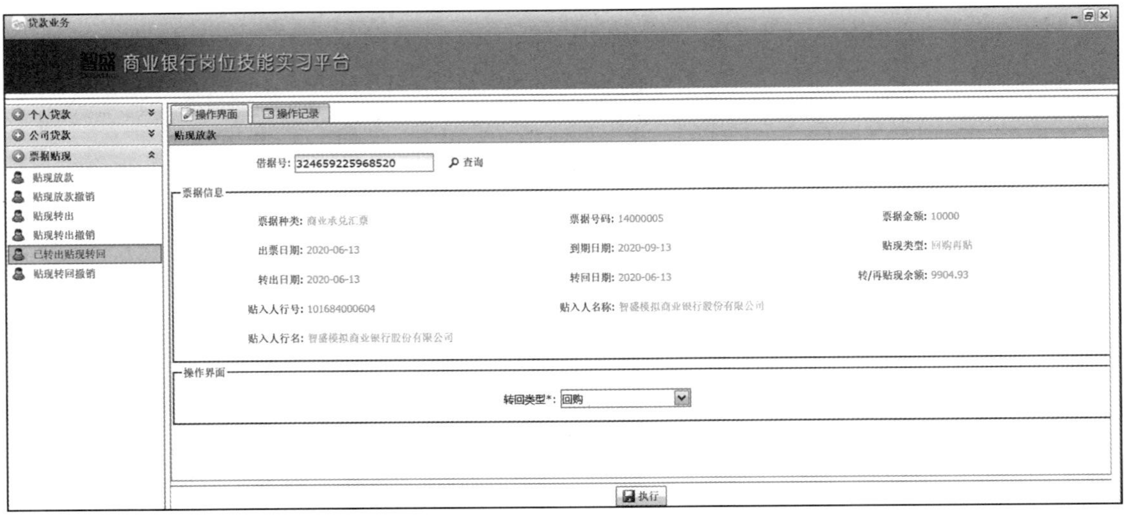

图 7.83　已转出贴现转回

（7）委托收款登记。

支付结算—纸质商业汇票—委托收款登记

点击“登记”，在弹出的“委托收款登记—登记”对话框中录入票据号码：纸票承兑登记中使用的凭证号，屏幕回显票据信息；委托收款日期：自行选择。点击“执行”，完成该步操作（见图 7.84）。

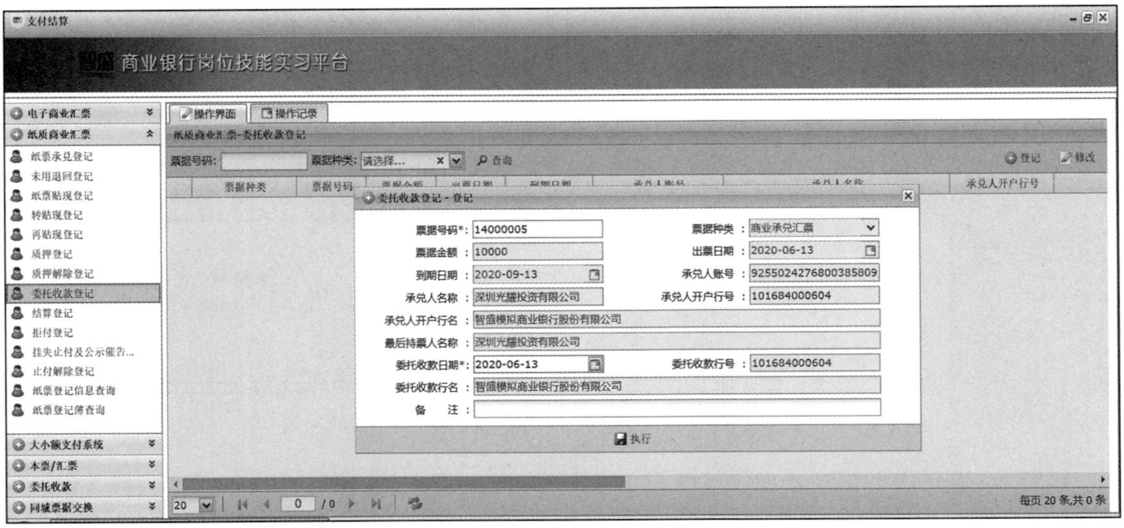

图 7.84　委托收款登记

（8）拒付登记。

支付结算—纸质商业汇票—拒付登记

点击“登记”，在弹出的“拒付登记—登记”对话框中录入票据号码：纸票承兑登记中使用的凭证号，屏幕回显票据信息；拒付日期：自行选择；点击“执行”，完成该步操作（见图 7.85）。

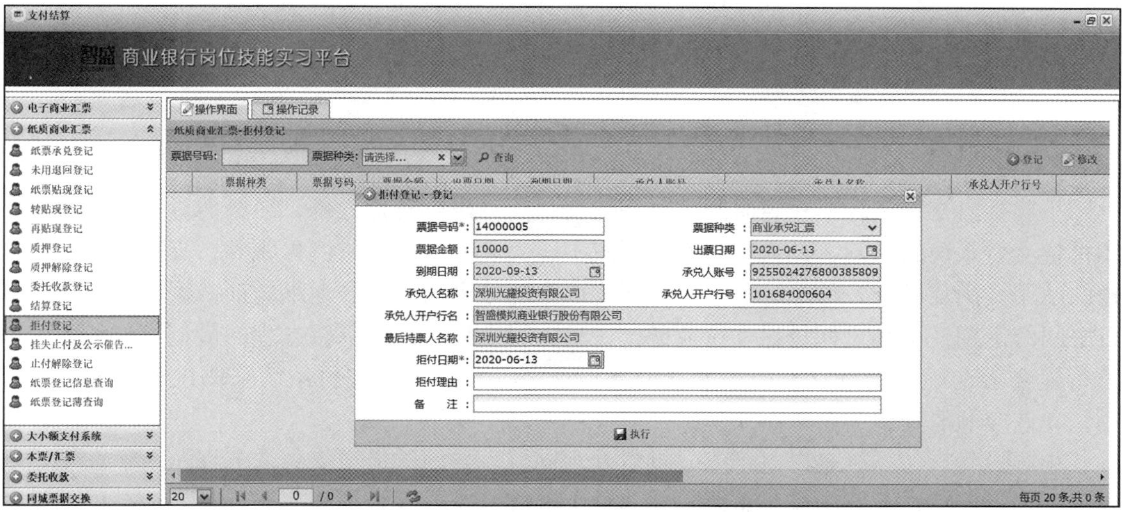

图 7.85 拒付登记

任务二小结

纸质商业汇票各类业务的办理流程

核心技能与概念

纸票承兑登记；纸票贴现登记；贴现放款；转贴现登记；质押登记；委托收款登记

课堂讨论

收票人和承兑人不能为同一人吗?

任务三 大小额支付系统

一、大额实时支付系统

大额实时支付系统实行逐笔实时处理，全额清算资金。建设大额支付系统的目的，就是给各银行和广大企业单位以及金融市场提供快速、高效、安全、可靠的支付清算服务，防范支付风险。同时，该系统对中国人民银行更加灵活、有效地实施货币政策具有重要作用。该系统处理同城和异地、商业银行跨行之间和行内的大额贷记及紧急的小额贷记支付业务，处理中国人民银行系统的贷记支付业务。

大额实时支付系统的“大额”指规定金额起点以上的业务，目前大额实时支付系统规定的金额起点是 5 万元，也就是说所有的贷记支付业务都可以通过大额实时支付系统处理。

在系统正常运行的情况下，一笔支付业务从支付系统发起行到支付系统接收行的时间为实时到达。例如，收款客户的开户行实施了支付系统，付款客户在营业日当日下午 16∶30 前办理的大额支付业务都可实现实时到达收款行。其中接收行指接收支付系统支付指令的银行，收款行指收款人开户行。相比电子联行系统，现代化支付系统在功能、安全和效率等方面都有质的飞跃。开通现代化支付系统的城市其电子联行小站关闭，原电子联行的职能全部由现代支付系统承担。

二、小额批量支付系统

小额批量支付系统在一定时间内对多笔支付业务进行轧差处理，净额清算资金。建设小额批量支付系统的目的，是为社会提供低成本、大业务量的支付清算服务，支撑各种支付业务的使用，满足社会各种经济活动的需要。该系统处理同城和异地纸凭证截留的商业银行跨行之间的定期借记和定期贷记支付业务，中央银行会计和国库部门办理的借记支付业务，以及每笔金额在规定起点以下的小额贷记支付业务。小额批量支付系统采取批量发送支付指令，轧差净额清算资金。

小额批量支付系统是以电子方式批量处理同城、异地的借记支付业务以及金额在规定起点以下的贷记支付业务的应用系统。并非像大额实时支付系统那样实时处理，而是以批量数据包的形式传输和处理。包括普通借记业务、定期借记业务、小额贷记业务。小额批量支付系统具有种类多、业务量大、金额小、时效性要求不高等特点，处理周期一般在 2 小时～ 2 天以内。

通过小额批量支付系统处理的支付业务的资金以轧差形式进行清算，一经轧差即具有支付最终性，不可撤销，银行应当在轧差当日完成资金清算。小额批量支付系统实行每周 7 天 ×24 小时不间断运行，即每个自然日均予办理资金汇划，但资金清算日必须是大额实时支付系统的工作日。

子任务一　跨行汇款业务

案例导入

对公客户深圳仲岳股份有限公司财务汇款 7 万元货款到深圳光耀投资有限公司，业务类型为普通汇兑，业务种类为普通汇兑，现金支付手续费付款人有卡支付，银行柜员为其办理该业务，并将这笔款项优先级归纳到普通，接收行号为 101684000604。

[上机操作]

（1）跨行汇款业务—录入

支付结算—大小额支付系统—跨行汇款业务

点击“录入”，在“跨行汇款—录入”对话框中录入以下信息。

账号类型：对公账户；业务类型：普通汇兑；业务种类：普通汇兑；优先级：普通；付款账户类型：有卡折；付款人账号：深圳仲岳股份有限公司的账号；币种：人民币；交易金额：70000；接收行号：101684000604；收款人账号：深圳光耀投资有限公司账号；凭证类型：业务委托书；凭证号码：空闲的业务委托书凭证号；支付密码：自行录入；手续费支付方式：现金。

点击“执行”，完成跨行汇款录入操作（见图 7.86）。

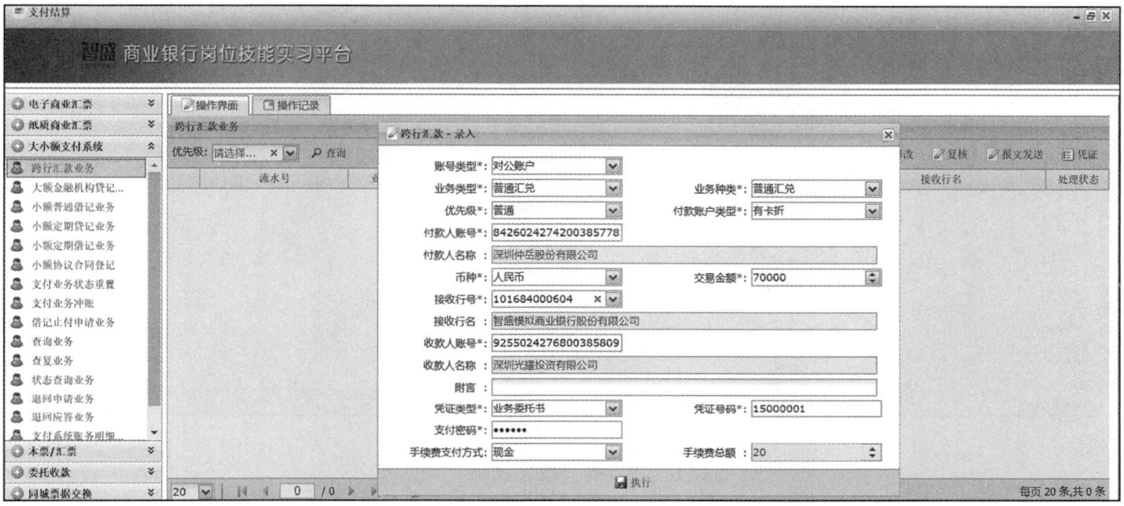

图 7.86　跨行汇款业务

（2）跨行汇款业务—复核

选中上一操作步骤录入的交易信息，点击“复核”，在“跨行汇款—复核”弹出框中录入复核账号：999999；复核密码：999999（见图 7.87）。

（当交易金额超过 50000 元，必须填写复核人与复核人密码，且复核人必填 999999，复核密码也必须填写 999999。）

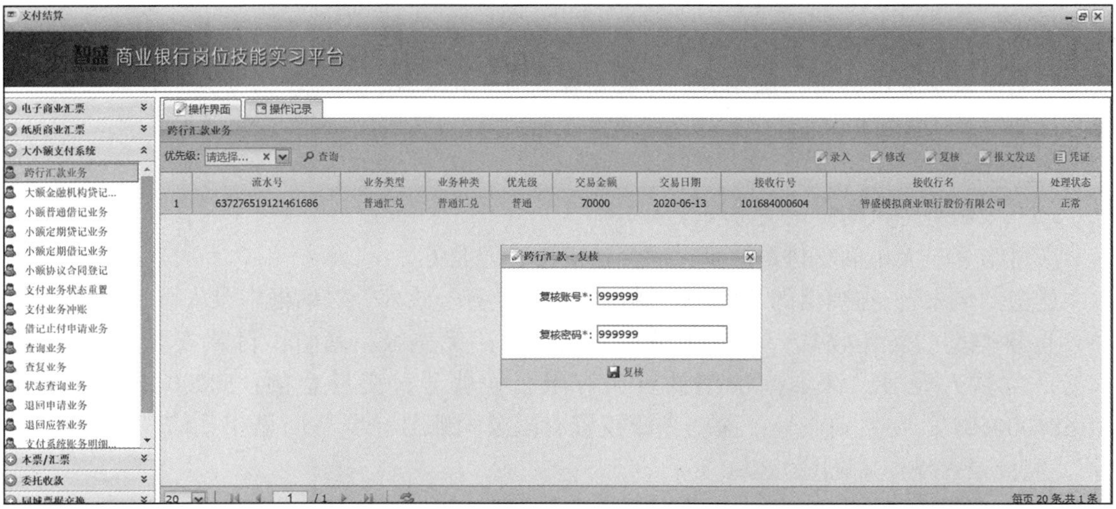

图 7.87　复核

（3）跨行汇款业务—报文发送

选中上一操作步骤复核完的交易信息，点击“报文发送”，点击“确定”，完成该步骤操作（见图 7.88）。

图 7.88　报文发送

子任务二　大额金融机构贷记业务

案例导入

对公客户来银行办理大额金融机构贷记业务，深圳南庆钢铁贸易有限公司支付了 6 万元给深圳光耀投资有限公司，业务类型与业务种类为委托收款，优先级为紧急，付款人无卡支付，接收行号 101684000604，复核之后进行了报文发送。

[上机操作]

（1）大额金融机构贷记业务—录入

支付结算—大小额支付系统—大额金融机构贷记业务

点击“录入”，在弹出的“大额金融机构贷记业务—录入”对话框中录入以下信息。

业务类型：委托收款；业务种类：委托收款；优先级：紧急；付款人账户类型：无卡折；付款人账号：深圳南庆钢铁贸易有限公司账号；交易金额：60000；接收行号：101684000604；收款人账号：深圳光耀投资有限公司账号；屏幕回显相关信息，点击“执行”，完成录入操作（见图 7.89）。

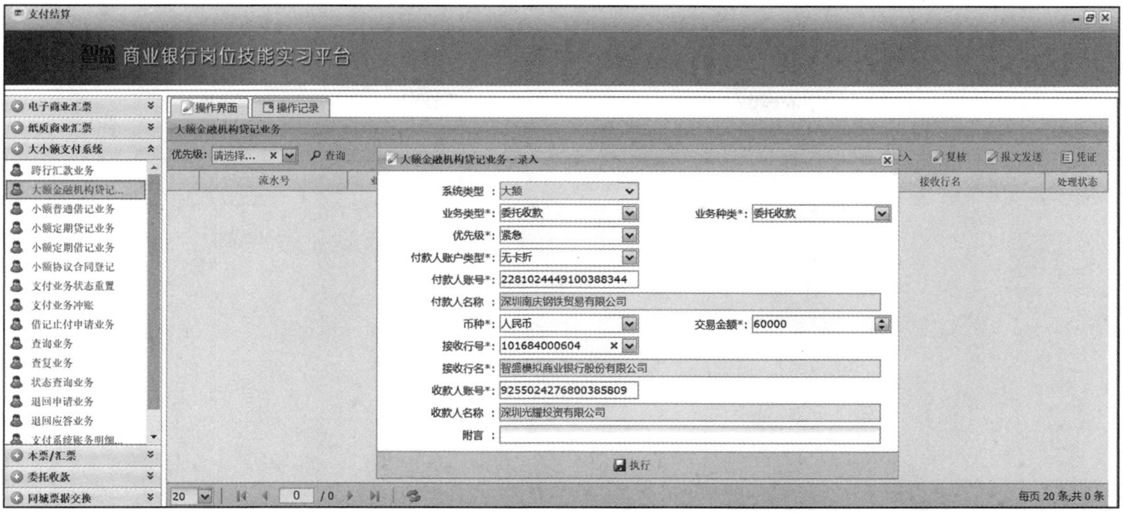

图 7.89　大额金融机构贷记业务—录入

（2）大额金融机构贷记业务—复核

支付结算—大小额支付系统—大额金融机构贷记业务

选中已录入的大额金融机构贷记业务交易信息，点击“复核”，在弹出的对话框中录入复核账号：999999；复核密码：999999。点击“执行”，完成该步操作（见图 7.90）。

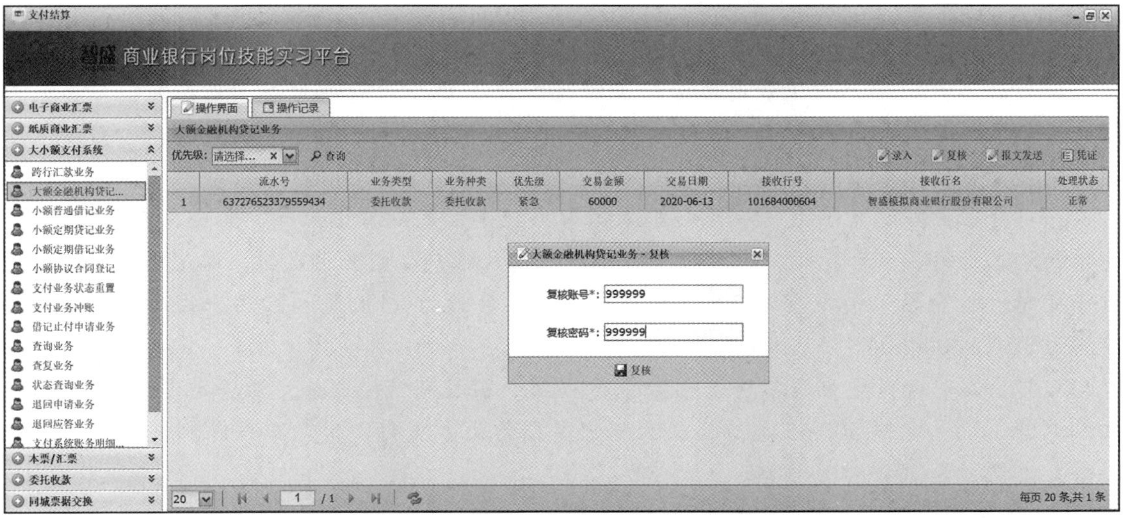

图 7.90　大额金融机构贷记业务—复核

（3）大额金融机构贷记业务—报文发送

支付结算—大小额支付系统—大额金融机构贷记业务

选中已录入的大额金融机构贷记业务交易信息，点击“报文发送”，点击“确定”，完成该步操作（见图 7.91）。

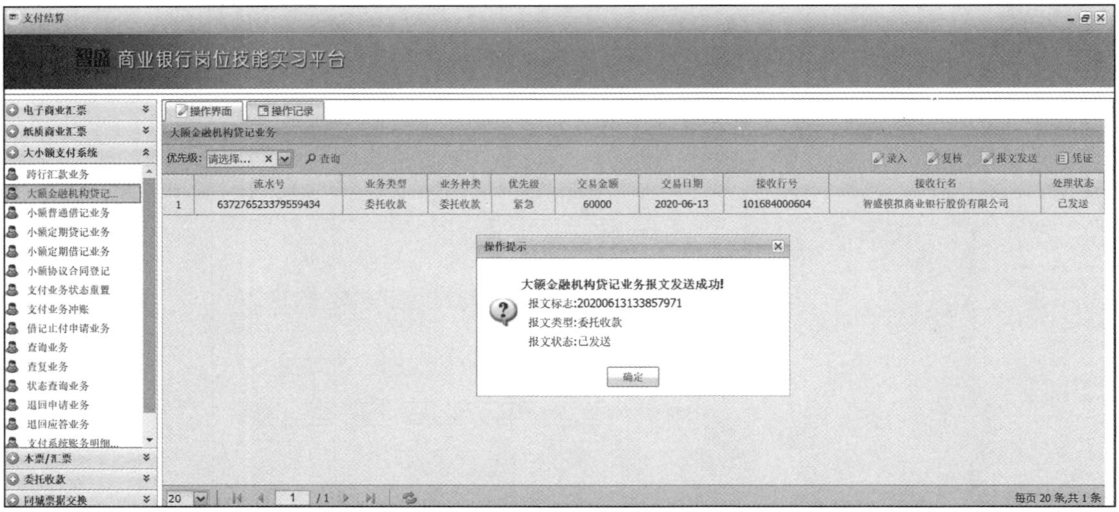

图 7.91　大额金融机构贷记业务—报文发送

子任务三　小额相关业务

案例导入

1. 对公客户深圳光耀投资有限公司来银行办理小额普通借记业务，业务类型为普通借记，业务种类为支票截留业务，支付给深圳仲岳股份有限公司一笔 3 万元的资金，付款人深圳光耀投资有限公司，账户类型为有卡支付，接收行号 101684000604。

2. 对公客户深圳仲岳股份有限公司来银行办理小额定期贷记业务，业务类型定期贷记，支付两笔工资给吕云和花楹，总金额 3 万元，付款人账户类型有卡支付，通过转账的方式支付手续费。其中吕云涉及金额 2.5 万元，花楹涉及金额为 5000 元，且两个收款人的接收行号均为 101684000604。

3. 对公客户南方电网深圳分公司来银行办理小额定期借记业务，业务类型为定期借记，收入电费 1 笔，金额 500.65 元，收款人账户类型为无卡支付，付款单位深圳光耀投资有限公司，接收行号 101684000604。

【上机操作】

（1）-1 小额普通借记业务—录入。

支付结算—大小额支付系统—小额普通借记业务

点击“录入”，在弹出的“小额普通借记业务—录入”对话框中录入以下信息。

业务类型：普通借记；业务种类：支票截留业务；付款人账户类型：有卡折；付款人账号：深圳光耀投资有限公司账号；币种：人民币；交易金额：30000；接收行号：101684000604；收款人账号：深圳仲岳股份有限公司账号。

点击“执行”，完成该步骤的操作（见图 7.92）。

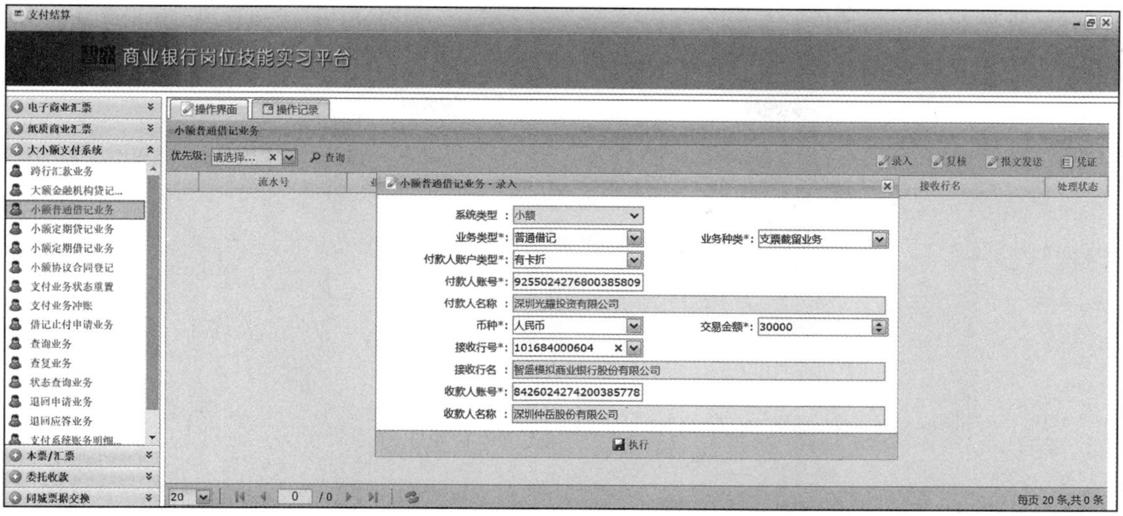

图 7.92 小额普通借记业务—录入

（1）–2 小额普通借记业务—复核。

支付结算—大小额支付系统—小额普通借记业务

选中已录入生成的交易信息条，点击“复核”，录入复核账号：999999；复核密码：999999；点击“复核”保存操作（见图 7.93）。

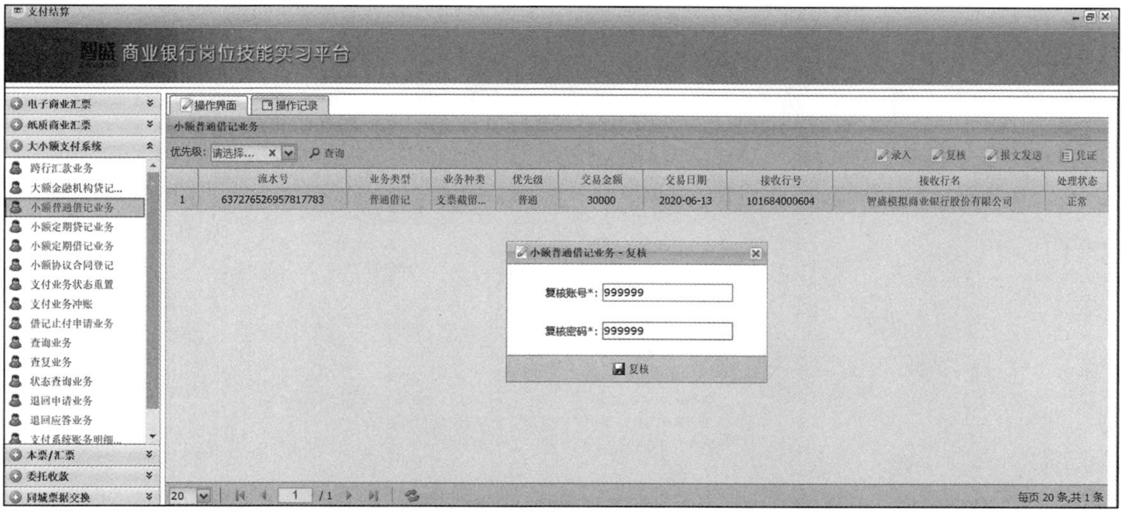

图 7.93 小额普通借记业务—复核

（1）–3 小额普通借记业务—报文发送。

支付结算—大小额支付系统—小额普通借记业务

选中已复核的交易信息条，点击“报文发送”，系统弹出报文发送成功的操作提示，点击“确定”完成操作（见图 7.94）。

（2）–1 小额定期贷记业务—录入。

支付结算—大小额支付系统—小额定期贷记业务

图 7.94　小额普通借记业务—报文发送

点击“录入”，在弹出的“小额定期贷记业务—录入”对话框中录入以下信息。

业务类型：定期贷记；业务种类：代付工资；付款人账户类型：有卡折；付款人账号：深圳仲岳股份有限公司账号；币种：人民币；付款总金额：30000；总笔数：2；手续费支付方式：转账。点击“执行”，完成录入操作（见图 7.95）。

图 7.95　小额定期贷记业务—录入

（2）–2 小额定期贷记业务—新增明细。

支付结算—大小额支付系统—小额定期贷记业务

点击明细记录中的“新增明细”，在弹出的“小额定期贷记业务—新增明细”对话框中录入接收行号：101684000604；收款人账号：吕云的活期账号；交易金额：25000。点击“执行”完成操作（见图 7.96）。

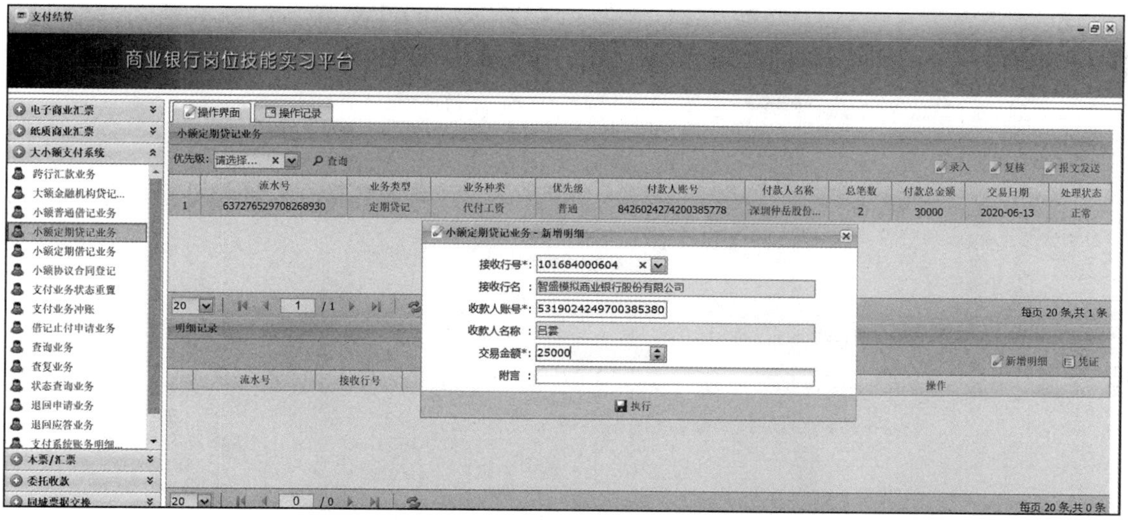

图 7.96 小额定期贷记业务—新增明细（吕云）

点击明细记录中的“新增明细”，在弹出的“小额定期贷记业务—新增明细”对话框中录入接收行号：101684000604；收款人账号：花楹的活期账号；交易金额：5000。点击“执行”完成操作（见图 7.97）。

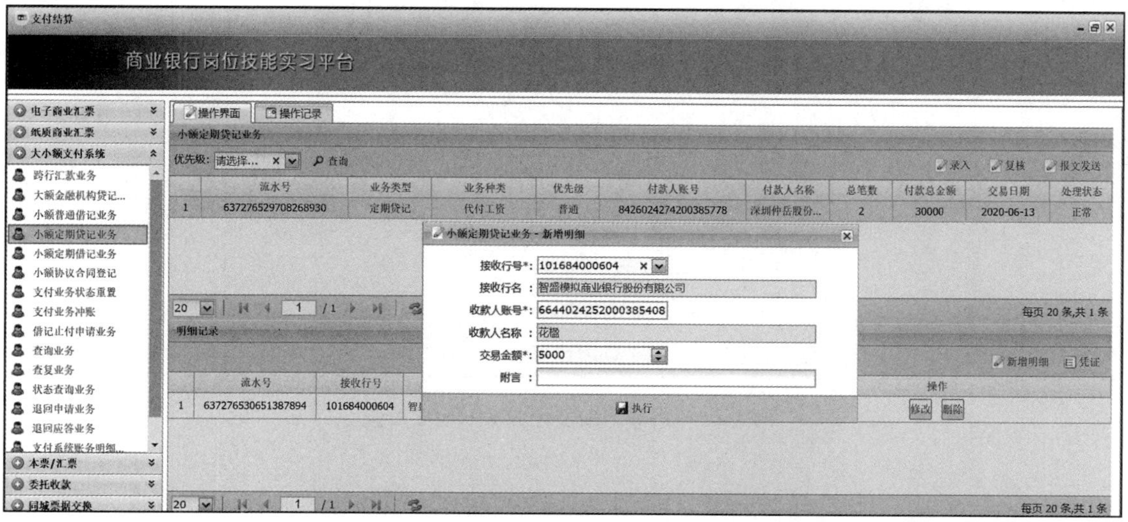

图 7.97 小额定期贷记业务—新增明细（花楹）

（2）–3 小额定期贷记业务—复核。

选中已录入的小额定期贷记交易信息，点击“复核”，录入复核账号、复核密码：999999。点击“复核”保存操作（见图 7.98）。

（2）–4 小额定期贷记业务—报文发送。

选中已复核的小额定期贷记交易信息，点击“报文发送”，系统弹出报文发送成功提示框，点击确定完成操作（见图 7.99）。

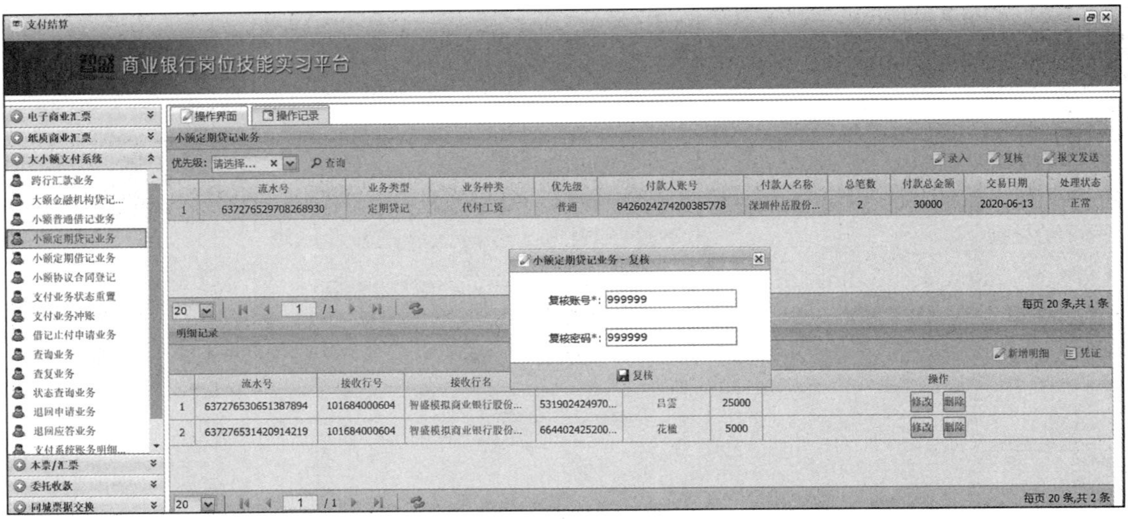

图 7.98　小额定期贷记业务—复核

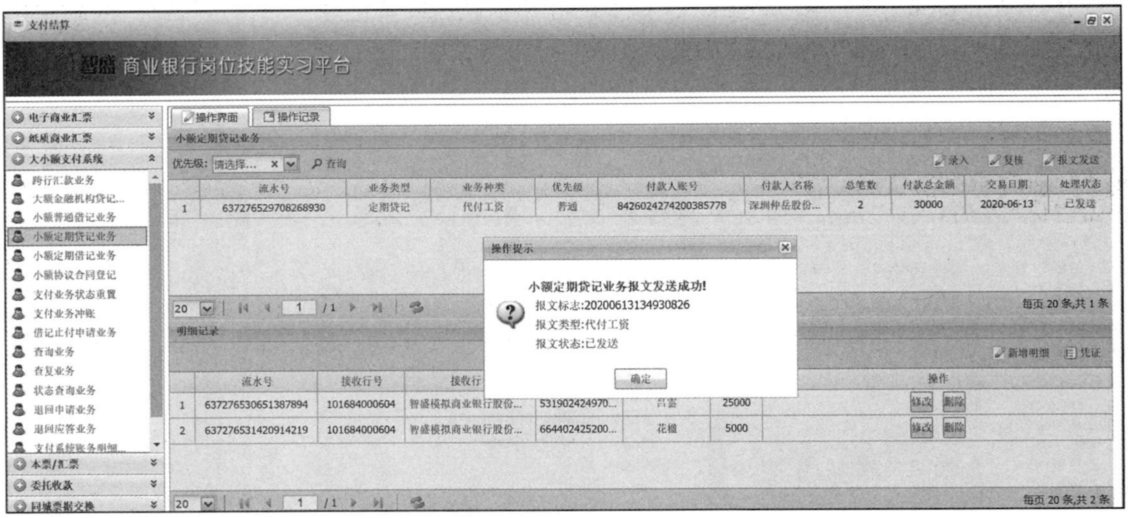

图 7.99　小额定期贷记业务—报文发送

（3）–1 小额定期借记业务—录入。

支付结算—大小额支付系统—小额定期借记业务

点击“录入”，在弹出的“小额定期借记业务—录入”对话框中录入以下信息。

业务类型：定期借记；业务种类：电费；收款人账户类型：无卡折；收款人账号：南方电网深圳分公司账号；币种：人民币；收款总金额：500.65；总笔数：1。

点击“执行”，完成录入操作（见图 7.100）。

（3）–2 小额定期借记业务—新增明细

选中已录入的小额定期借记交易记录条，点击“新增明细”，在弹出的“小额定期借记业务—新增明细”对话框中录入接收行号：101684000604，屏幕回显接收行名；付款人账号：深圳光耀投资有限公司账号，屏幕回显付款人名称；交易金额：500.65。点击“执行”，完成新增明细操作（见图 7.101）。

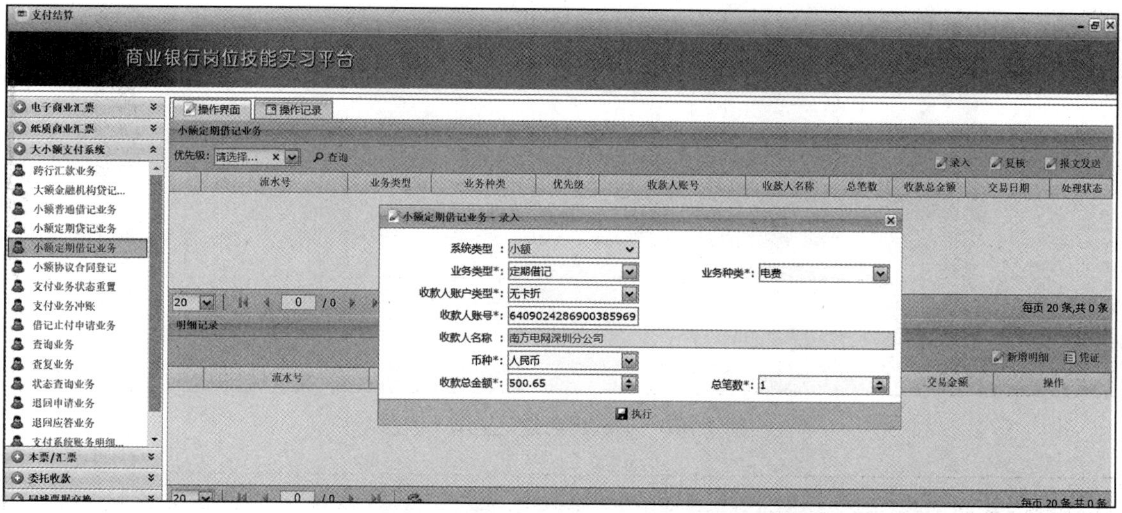

图 7.100 小额定期借记业务—录入

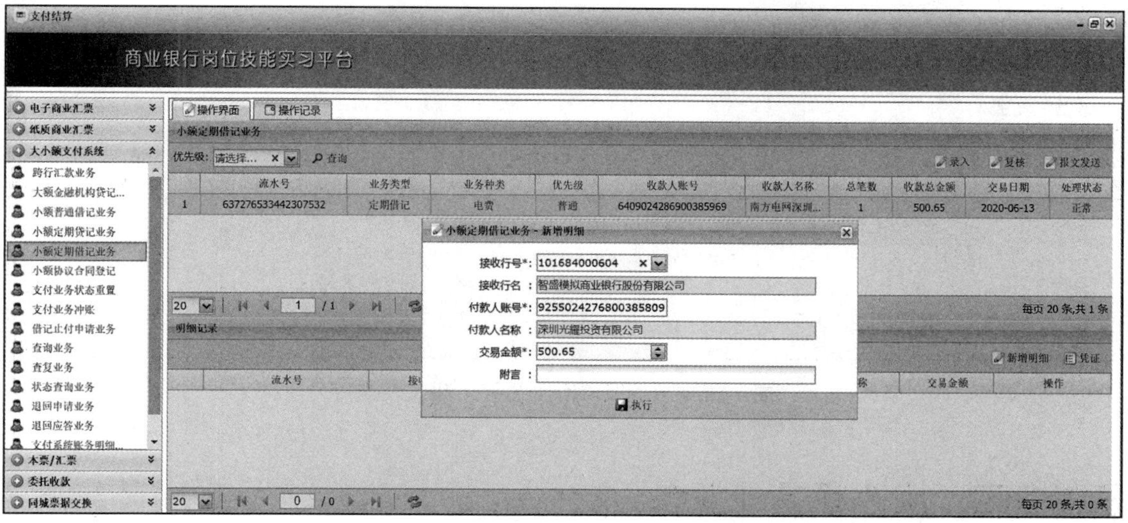

图 7.101 小额定期借记业务—新增明细

（3）–3 小额定期借记业务—复核

选中已录入的小额定期借记交易记录条，点击“复核”；在弹出的“小额定期借记业务—复核”对话框中录入：复核账号、复核密码：999999。点击“复核”保存操作（见图 7.102）。

（3）–4 小额定期借记业务—报文发送

选中已复核的小额定期借记交易记录条，点击“报文发送”，系统弹出报文发送成功提示框，点击“确定”，完成操作（见图 7.103）。

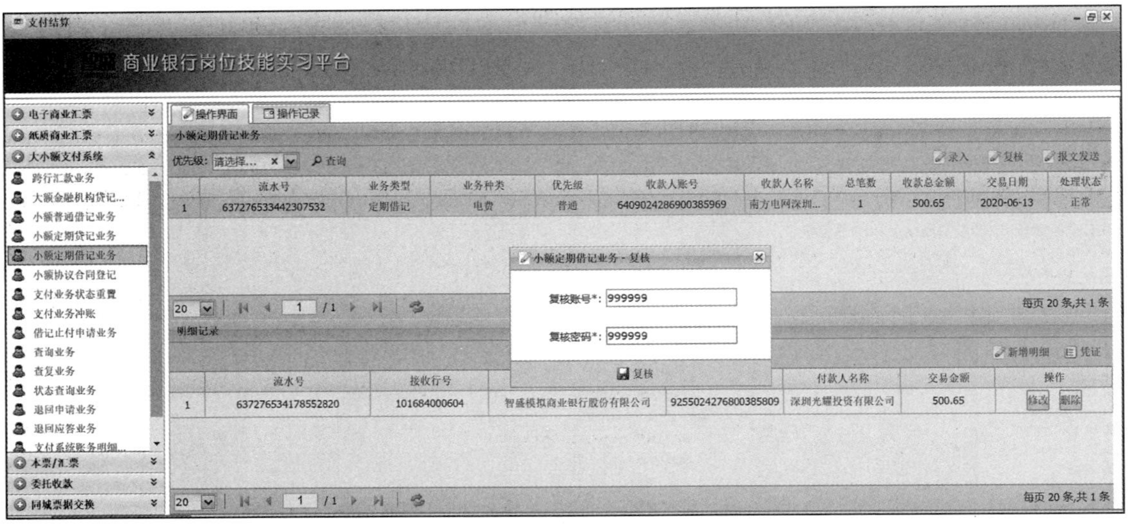

图 7.102　小额定期借记业务—复核

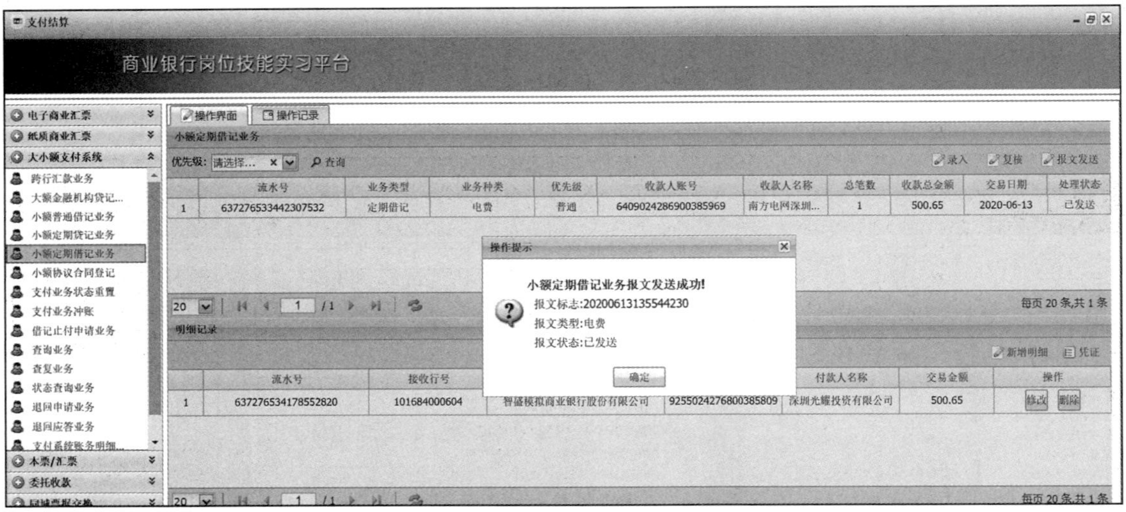

图 7.103　小额定期借记业务—报文发送

子任务四　大小额其他业务

案例导入

1. 银行柜员将对公客户深圳仲岳股份有限公司来银行办理的小额定期贷记业务进行合同登记，合同类型为定期贷记，交易金额 2.5 万元，付款人账号深圳仲岳股份有限公司基本户，收款人行号 101684000604，收款人账号为吕云的个人账号（备注：流水号为任务小额相关业务中已经操作过的小额定期贷记业务）。

2. 大额金融机构贷记业务的报文已经发送成功，但是系统仍为发送状态，银行柜员手动设为成功（此处流水号为大额金融机构业务操作后产生的流水号）。

【上机操作】

（1）小额协议合同登记。

支付结算—大小额支付系统—小额协议合同登记

点击“录入”，在弹出的“小额协议合同登记—录入”对话框中录入合同类型：定期贷记；流水号：为子任务三—小额相关业务中已经操作过的小额定期贷记业务的流水号；付款人账号：吕云的个人账号；收款人行号：101684000604；收款人账号：深圳仲岳股份有限公司账号。点击“执行”，完成合同登记（见图 7.104）。

图 7.104　小额协议合同登记

（2）支付业务状态重置。

支付结算—大小额支付系统—支付业务状态重置

系统类型：大额；流水号：此处流水号为大额金融机构业务操作后产生的流水号；重置状态：成功；点击“执行”，完成操作（见图 7.105 和图 7.106）。

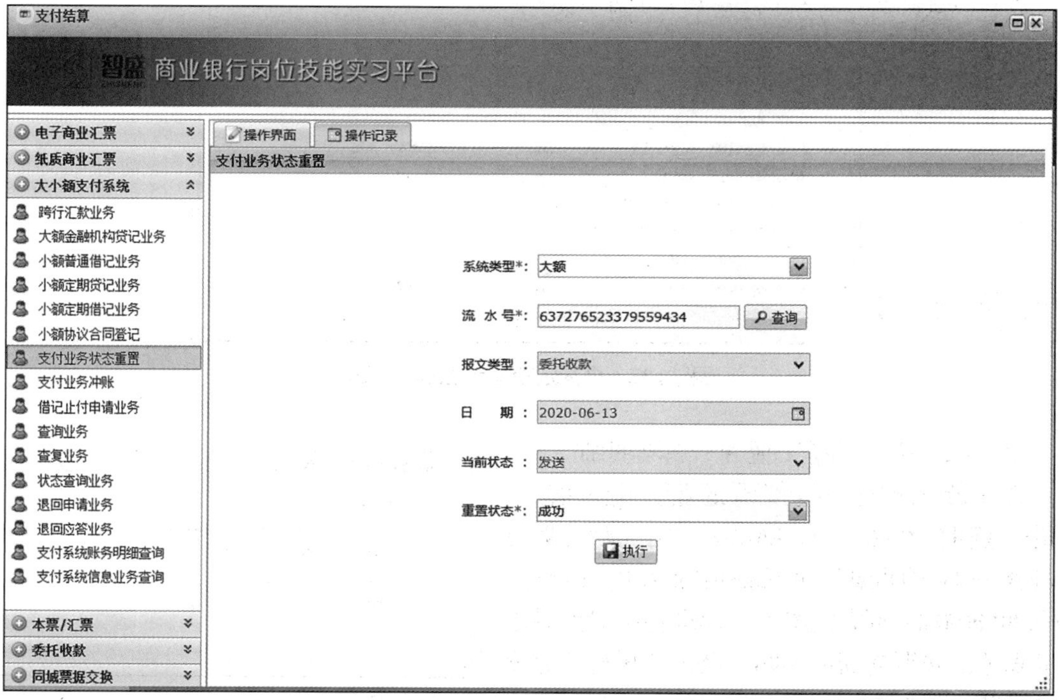

图 7.105　支付业务状态重置

图 7.106　支付业务状态重置成功

子任务五　支付冲账业务

案例导入

1. 对公客户深圳光耀投资有限公司来银行办理小额定期借记业务，业务类型为定期借记，收入电费 1 笔，金额 1000 元，收款人账户类型为有卡支付，付款单位为对公客户深圳仲岳股份有限公司，接收行号 101684000604。

2. 银行柜员发现此操作有误，必须做“冲账”处理，否则无法平账。

【上机操作】

（1）–1 小额定期借记业务—录入

支付结算—大小额支付系统—小额定期借记业务

点击“录入”，在弹出的“小额定期借记业务—录入”对话框中录入业务类型：定期借记；业务种类：电费；收款人账户类型：有卡折；收款人账号：深圳光耀投资有限公司账号；币种：人民币；收款总金额：1000；总笔数：1。

点击“执行”，完成录入操作（见图 7.107）。

图 7.107　小额定期借记业务—录入

（1）–2 小额定期借记业务—新增明细。

选中录入的小额定期借记业务交易信息，点击“新增明细”，在弹出的“小额定期借记业务—新增明细”对话框中录入接收行号：101684000604；付款人账号：深圳仲岳股份有限公司账号；交易金额：1000。点击“执行”完成新增明细（见图 7.108）。

图 7.108　小额定期借记业务—新增明细

（1）–3 小额定期借记业务—复核。

选中录入的小额定期借记业务交易信息，点击“复核”，在“小额定期借记业务—复核”对话框内录入：复核账号、复核密码 999999；点击“复核”，完成操作（见图 7.109）。

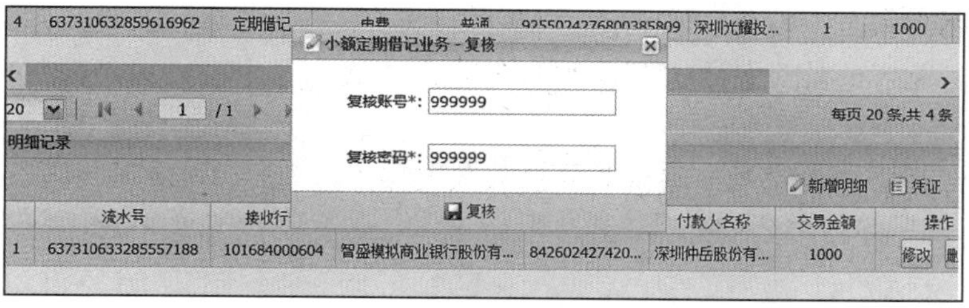

图 7.109　小额定期借记业务—复核

（1）–4 小额定期借记业务—报文发送。

选中复核过的小额定期借记业务交易信息，点击“报文发送”，操作提示框显示报文发送成功，点击“确定”（见图 7.110）。

图 7.110　小额定期借记业务—报文发送

（2）支付业务冲账。

支付结算—大小额支付系统—支付业务冲账

业务类型：定期借记；原业务流水号：小额定期借记业务—新增明细步骤产生的流水号；屏幕回显相关信息，点击“执行”，完成冲账业务（见图 7.111）。

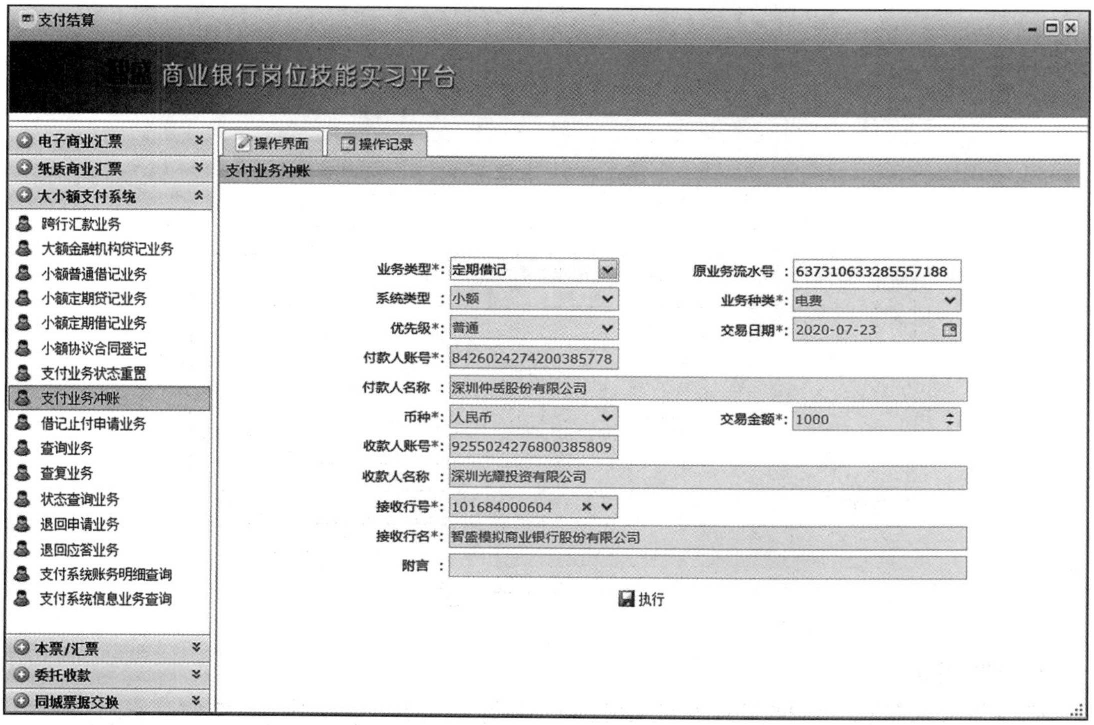

图 7.111　支付业务冲账

任务三小结

跨行汇款业务、大额金融机构贷记业务、小额相关业务、大小额其他业务、支付冲账业务操作流程

核心技能与概念

新增明细；复核；报文发送；支付业务冲账

课堂讨论

完成跨行汇款必须要录入、复核以及报文发送吗？

任务四　银行本票与银行汇票

一、银行本票

银行本票是银行签发的，承诺自己在见票时无条件支付票据金额给收款人或持票人的票据。其基本当事人只有出票人和收款人，如图 7.112 和图 7.113 所示。

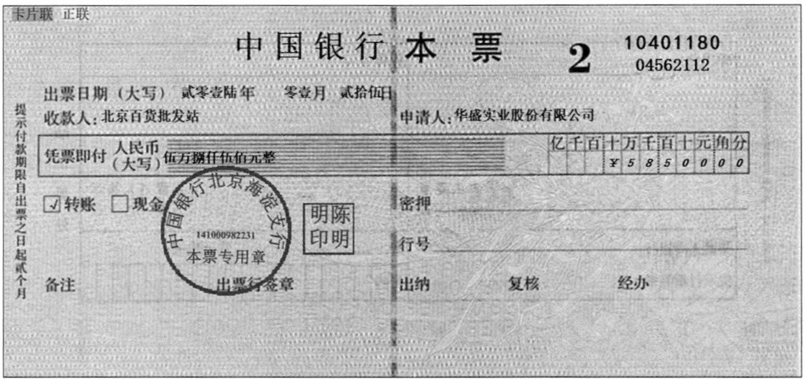

卡片联 正联
中国银行本 票 2 10401180 04562112
出票日期（大写） 贰零壹陆年 零壹月 贰拾伍日
收款人：北京百货批发站 申请人：华盛实业股份有限公司
凭票即付 人民币（大写） 伍万捌仟伍佰元整
亿 千 百 十 万 千 百 十 元 角 分 ¥ 5 8 5 0 0 0 0
☑转账 ☐现金 密押
行号
中国银行北京海淀支行 本票专用章 明陈印明
备注 出票行签章 出纳 复核 经办
提示付款期限自出票之日起贰个月

图 7.112　本票正面

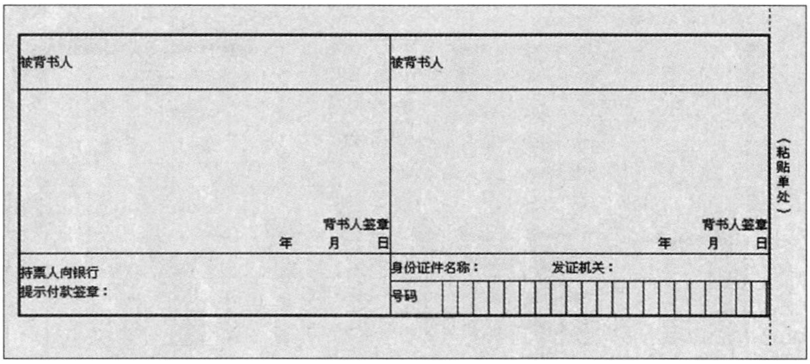

被背书人 被背书人
背书人签章 年 月 日 背书人签章 年 月 日
持票人向银行提示付款签章： 身份证件名称： 发证机关：
号码
（粘贴单处）

图 7.113　本票背面

1. 适用范围

单位和个人在同一票据交换区域支付各种款项时，均可以使用银行本票。银行本票可以用于转账，注明“现金”字样的银行本票可以用于支取现金。

2. 出票

（1）申请人或收款人为单位的，不得申请签发现金银行本票。

（2）绝对记载事项：表明“银行本票”的字样、无条件支付的“承诺”、确定的金额、收款人名称、出票日期、出票人签章。本票的绝对记载事项为 6 项，无付款人名称。

3. 付款

提示付款期限，自“出票日”起最长不得超过“2 个月”。持票人超过提示付款期限不获付款的，在票据权利时效内向出票银行做出说明，并提供本人身份证件或单位证明，可持银行本票向出票银行请求付款。

二、银行汇票

银行汇票是出票银行签发的，由其在见票时按照实际结算金额无条件支付给收款人或者持票人的票据，如图 7.114 和图 7.115 所示。

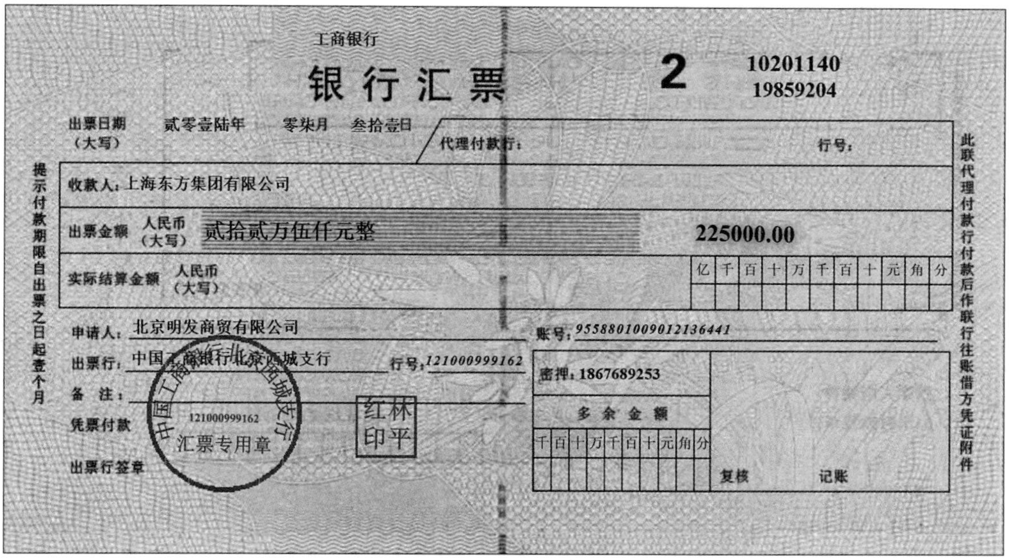

工商银行

银行汇票　2　10201140 19859204

出票日期（大写）　贰零壹陆年　零柒月　叁拾壹日　代理付款行：　行号：

收款人：上海东方集团有限公司

出票金额　人民币（大写）　贰拾贰万伍仟元整　225000.00

实际结算金额　人民币（大写）　亿 千 百 十 万 千 百 十 元 角 分

申请人：北京明发商贸有限公司　账号：9558801009012136441

出票行：中国工商银行北京西城支行　行号：121000999162

备　注：

凭票付款

出票行签章

密押：1867689253

多余金额　千 百 十 万 千 百 十 元 角 分

复核　记账

提示付款期限自出票之日起壹个月

此联代理付款行付款后作联行往账借方凭证附件

中国工商银行北京西城支行 121000999162 汇票专用章

红林印平

图 7.114　银行汇票正面

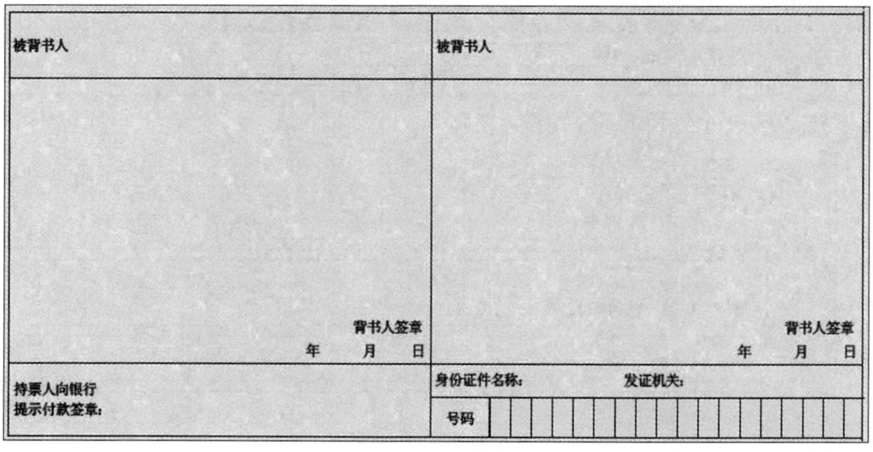

被背书人　　被背书人

背书人签章　年　月　日　　背书人签章　年　月　日

持票人向银行提示付款签章：

身份证件名称：　发证机关：

号码

图 7.115　银行汇票背面

课外阅读

银行汇票的联次

1. 卡片联：出票行结算汇票借方凭证。
2. 汇票联：代理付款行付款后做联行往来借方凭证。
3. 解讫通知联：代理付款行付款后随报单寄出票行，由出票行做多余款贷方凭证。
4. 多余款通知联：出票行结清多余款后交申请人。

子任务一　本票签发与兑付

案例导入

1. 深圳蓝旗投资有限公司签发了一张可再转让的本票，现转标识为转账，付款账号为深圳蓝旗投资有限公司，付款类型为有卡折支付，收款人为深圳新银贸易有限公司。出票金额5000元，手续费收费方式为现金。

2. 深圳新银贸易有限公司财务来银行兑付本票，持票人账号为深圳新银贸易有限公司基本户账号，兑付类型为正常兑付（日期根据情况自行选择）。

[上机操作]

（1）本票签发（见图7.116）。

支付结算—本票/汇票—本票签发

①基础信息。票据号码：空闲的本票凭证号；币种：人民币；出票金额：5000；现转标识：转账；转让标识：可再转让。

②付款人信息。付款类型：有卡折；付款账号：深圳蓝旗投资有限公司的账号。

③收款人信息。收款人账号：深圳新银贸易有限公司的账号。

④其他信息。手续收费方式：现金。

点击“执行”，完成操作。

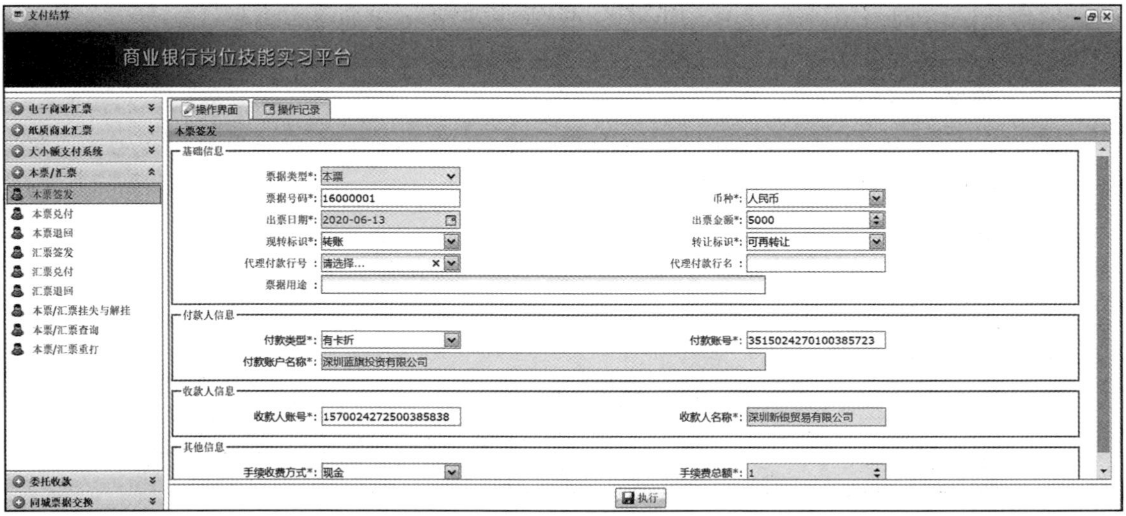

图 7.116　本票签发

（2）本票兑付。

支付结算—本票 / 汇票—本票兑付

票据号码：本票签发时录入的凭证号，点击“查询”，屏幕回显票据信息；兑付信息录入兑付类型：正常兑付；持票人账号：深圳新银贸易有限公司账号；提示付款日期：自行选择；原收款人名称：深圳新银贸易有限公司。点击“执行”完成操作（见图 7.117）。

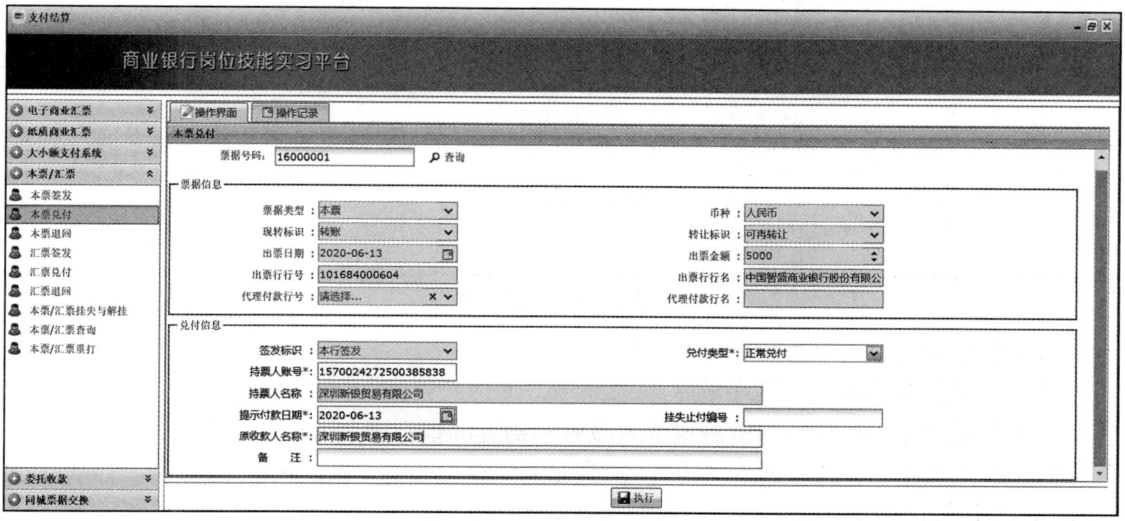

图 7.117 本票兑付

子任务二 汇票签发与兑付

案例导入

1. 吕云签发了一张汇票，现转标识为现金，转让标志必须为不可再转让，付款账号为吕云的借记卡账号，付款类型为无卡折支付，收款账号为刘震的借记卡账号，出票金额 1000 元，手续费收费方式为转账。

2. 刘震来银行兑付汇票，持票人账号为刘震的借记卡账号，兑付类型为挂失兑付，挂失止付编码 0001（日期根据情况自行选择）。

【上机操作】

（1）汇票签发。

支付结算—本票 / 汇票—汇票签发

在汇票签发对话框内录入以下信息。

票据号码：空闲的汇票凭证号；币种：人民币；出票金额：1000；现转标识：现金；转让标识：不可再转让；付款类型：无卡折；付款账号：吕云的借记卡账号；收款人信息：刘震的借记卡账号；手续费收费方式：转账。

点击“执行”，完成汇票签发（见图 7.118）。

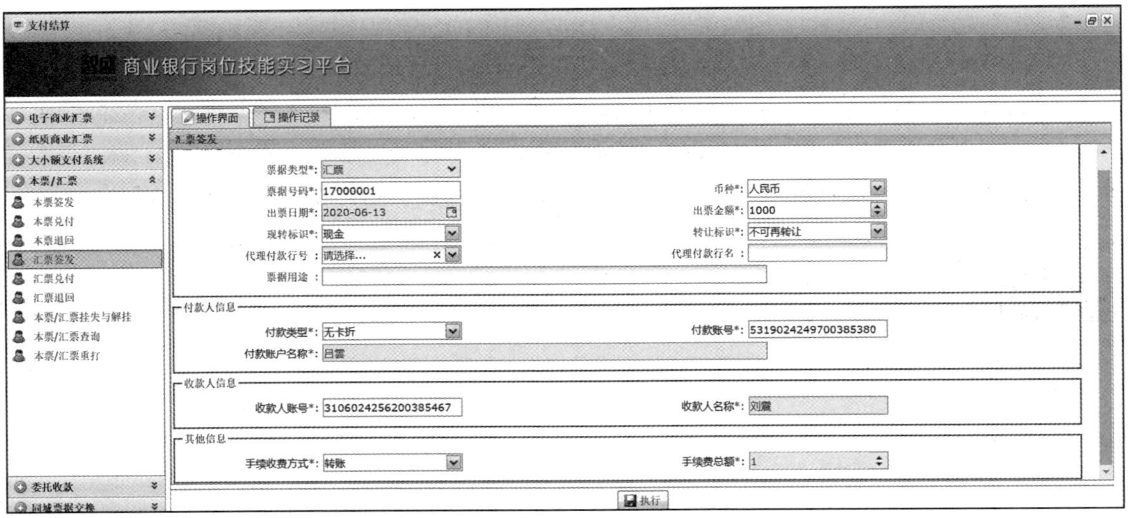

图 7.118　汇票签发

（2）汇票兑付。

票据号码：汇票签发时使用的汇票凭证号，点击“查询”，屏幕回显票据信息；在兑付信息中录入兑付类型：挂失兑付；持票人账号：刘震的借记卡账号；提示付款日期：自行选择；原收款人名称：刘震。点击“执行”，完成汇票兑付（见图 7.119）。

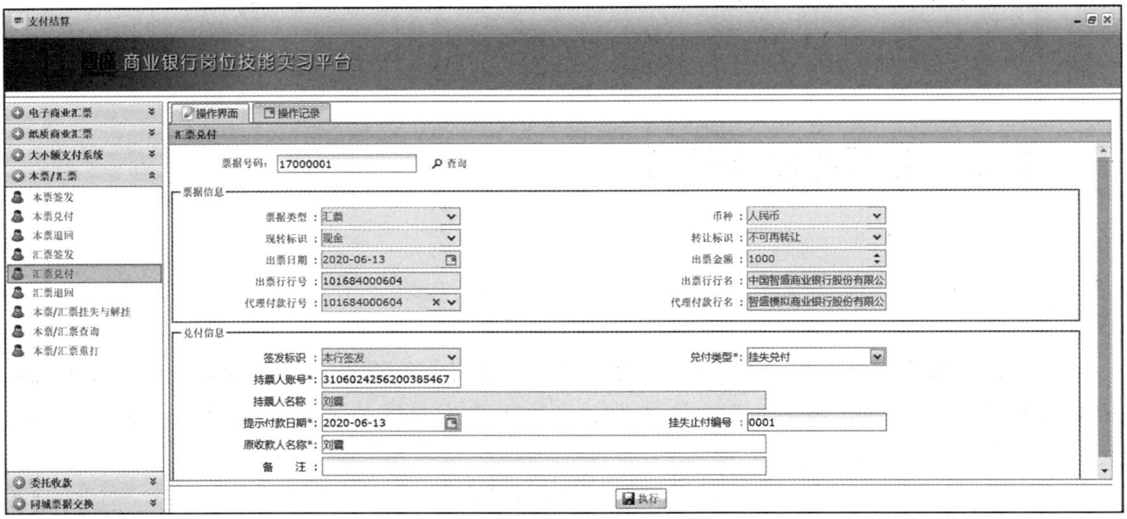

图 7.119　汇票兑付

子任务三　汇票退回业务

案例导入

1. 深圳光耀投资有限公司作为付款人，签发了一张不可再转让的汇票给深圳蓝旗投资有限公司，现转标识为转账，付款类型为有卡折支付，收款人账号为深圳蓝旗投资有限公司下的账号，出票金额 6000 元，手续费收费方式为现金。

2. 深圳光耀投资有限公司签发的汇票因未使用而被退回（日期根据情况自行选择）。

【上机操作】

（1）汇票签发。

支付结算—本票 / 汇票—汇票签发

汇票签发对话框内录入以下信息。

票据号码：空闲的汇票号码；币种：人民币；出票金额：6000；现转标识：转账；转让标识：不可再转让。付款类型：有卡折；付款账号：深圳光耀投资有限公司的账号。收款人账号：深圳蓝旗投资有限公司的账号。手续收费方式：现金。

点击“执行”，完成汇票签发（见图 7.120）。

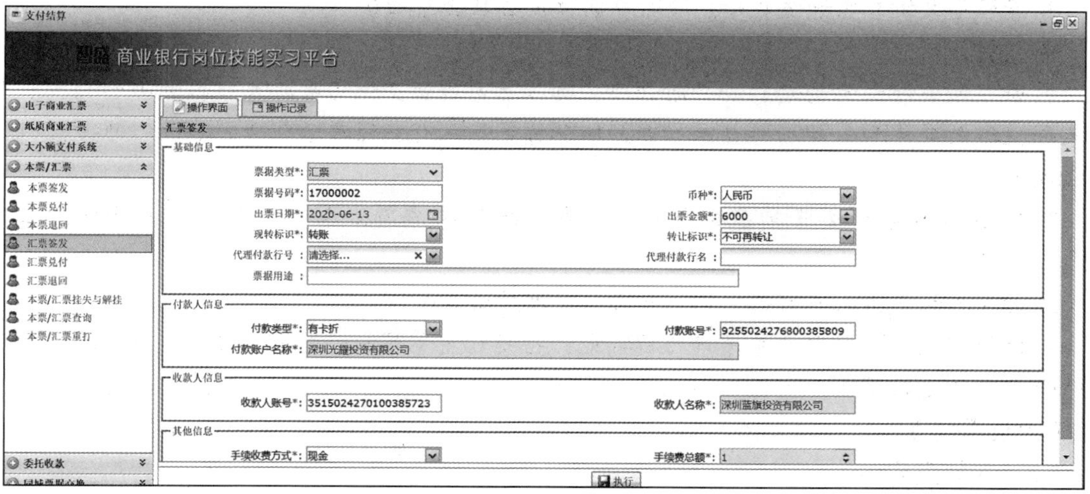

图 7.120　汇票签发

（2）汇票退回。

支付结算—本票 / 汇票—汇票退回

录入票据号码：汇票签发时使用的凭证号，屏幕回显票据信息；在退回信息录入持票人账号：深圳光耀投资有限公司账号；退回金额：6000；退回类型：未用退回；退回日期：自行选择。

点击“执行”，完成汇票退回（见图 7.121）。

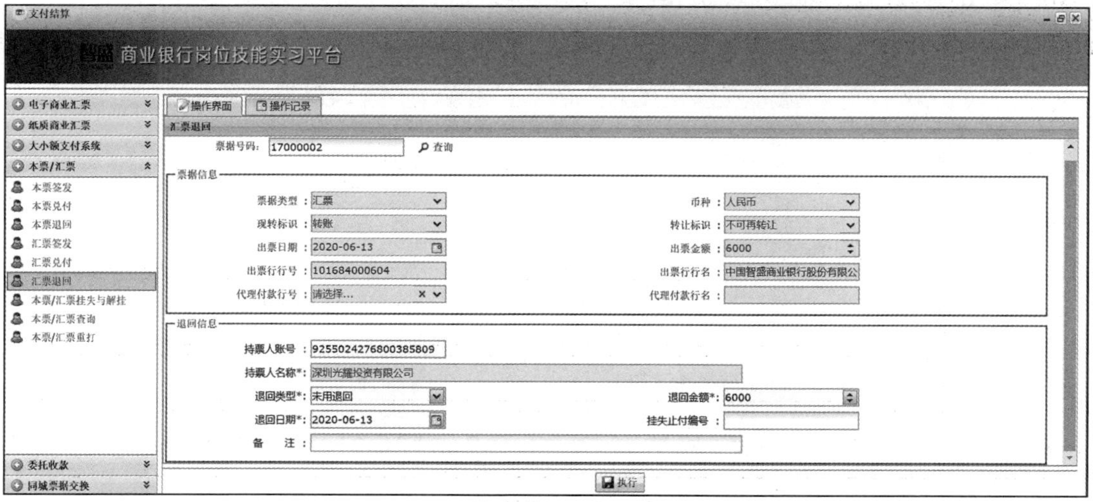

图 7.121　汇票退回

子任务四　本票 / 汇票其他业务

案例导入

1. 花楹签发了一张本票，现转标识为现金，转让标识必须为不可再转让，付款账号为花楹的借记卡账号，付款类型为无卡折支付，收款账号为刘震的借记卡账号。出票金额 2000 元，手续费收取方式为现金。

2. 花楹签发的本票，因打印失败，进行重打。

3. 花楹签发的本票遗失之后，银行柜员为其办理挂失业务。

重要提示：

1. 如果现转标识为现金，转让标识必须为不可再转让，则需要输入代理付款行信息，申请人跟收款人是个人；现转标识为转账，则不需要输入代理付款行信息，申请人跟收款人为企业或个人。

2. 对公账号为对公活期基本户和一般户，账号状态为正常；个人账号为活期，正常状态。

3. 付款人和收款人不可以为同一个人，即客户号不相同。

4. 标明“现金”字样的本票即可以转账，也可以支取现金；标明“转账”字样的本票只能转账，不可支取现金。

【上机操作】

（1）本票签发。

支付结算—本票 / 汇票—本票签发

票据号码：空闲的汇票凭证号；币种：人民币；出票金额：2000；现转标识：现金；转让标识：不可再转让；付款类型：无卡折；付款账号：花楹的借记卡账号；收款人账号：刘震的借记卡账号；手续收费方式：现金。

点击“执行”，完成本票签发（见图 7.122）。

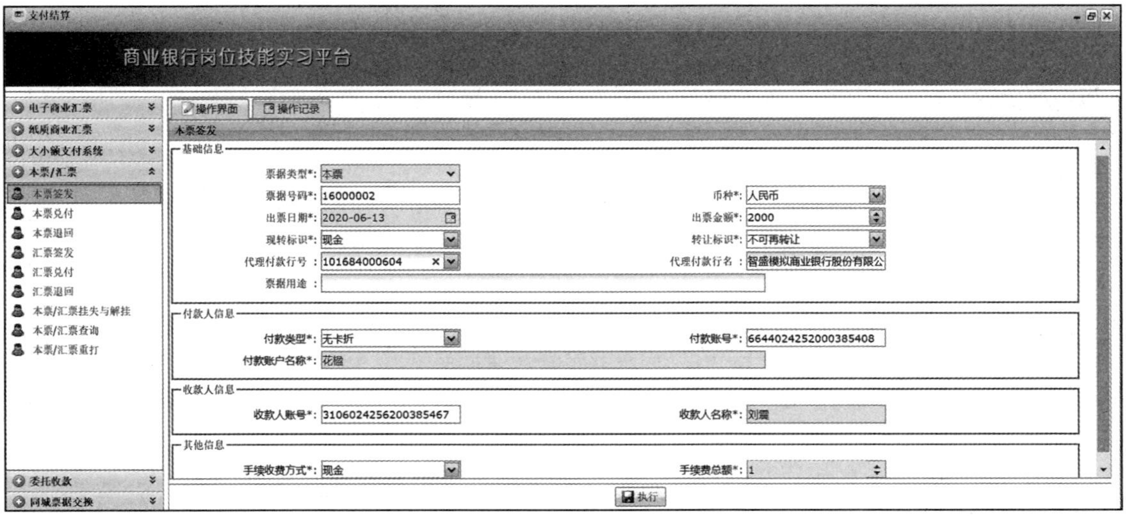

图 7.122　本票签发

（2）本票 / 汇票重打。

签发流水号：上一步本票签发时产生的流水号，点击“查询”，屏幕回显票据信息；重打票据号码：空闲的本票凭证号。

点击“执行”，完成本票重打（见图 7.123）。

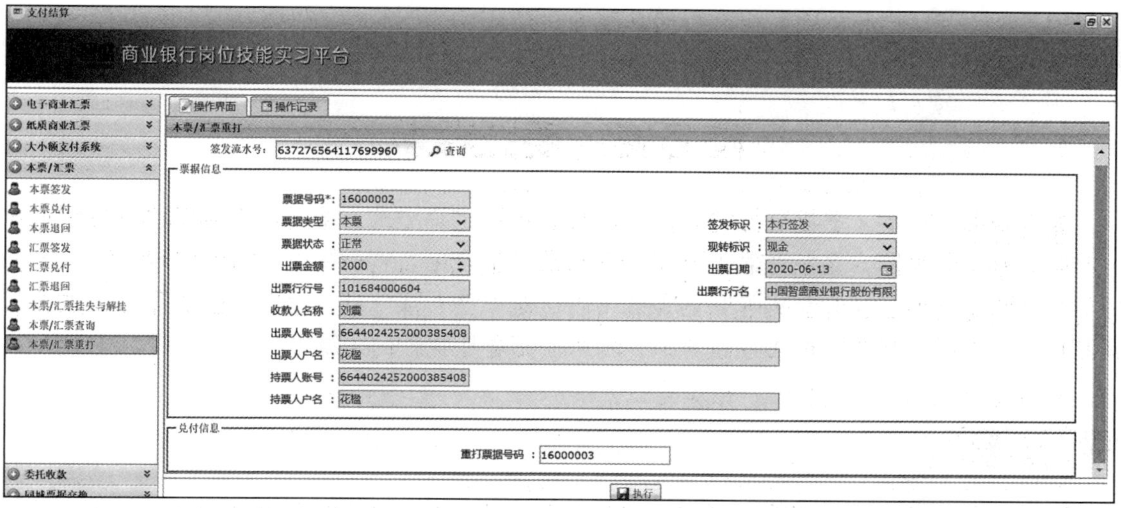

图 7.123 本票 / 汇票重打

（3）本票 / 汇票挂失与解挂。

支付结算—本票 / 汇票—本票 / 汇票挂失与解挂

点击“查询”，系统显示所有本票 / 汇票的信息条，选中需要挂失操作的信息条，点击“挂失”，核对弹出的票据信息，点击“执行”，完成票据挂失（见图 7.124）。

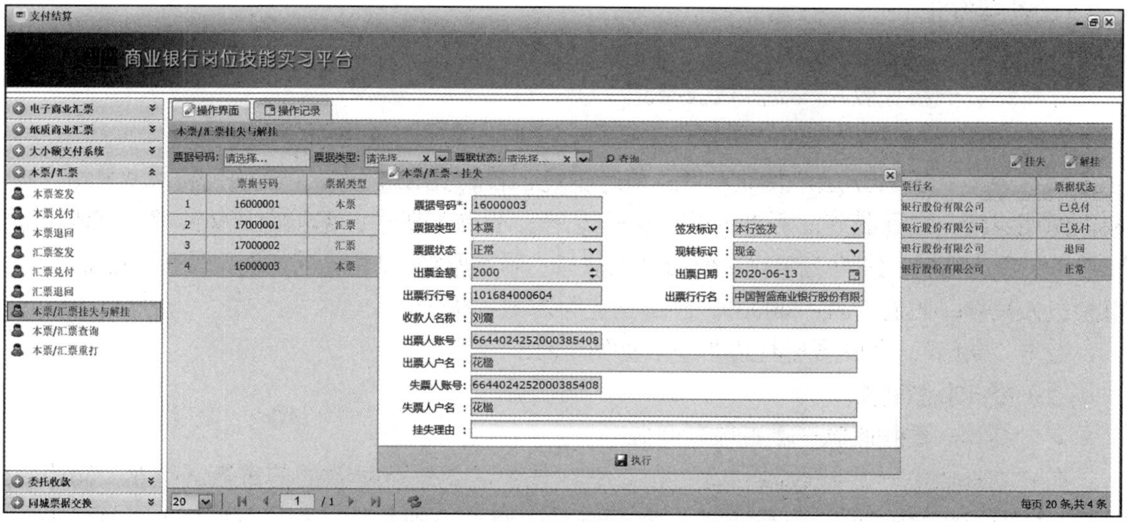

图 7.124 本票 / 汇票挂失与解挂

任务四小结

本票签发与兑付、汇票签发与兑付、汇票退回业务、本票 / 汇票其他业务业务操作流程

核心技能与概念

本票签发；本票兑付；汇票退回；本票签发；挂失与解挂

课堂讨论

现转标识为转账，则不需要输入代理付款行信息吗？

任务五 委托收款

委托收款是收款人委托银行向付款人收取款项的结算方式。委托收款结算教项的划回方式有邮寄和电报两种。委托收款适用于在银行或其他金融机构开立账户的单位和个体经济户的商品交易，公共事业单位向用户收取水电费、邮电费、煤气费、公租房租金等劳务款项以及其他应收款项，无论是同城还是异地，均可使用委托收款的结算方式。

案例导入

1. 深圳南庆钢铁贸易有限公司作为收款人发出银行承兑汇票委托收款登记，到期日为1个月后，深圳光耀投资有限公司作为付款人，金额6万元，现金收取手续费，附寄张数1张（日期根据情况自行选择）。

2. 深圳光耀投资有限公司全额支付了这笔款项，接收行号为104584001436。

3. 银行对此笔大额委托收款进行复核。

4. 柜员操作根据此笔委托收款操作划回业务。

[上机操作]

（1）委托收款登记。

支付结算—委托收款—委托收款登记

点击“登记”，在弹出的“票据信息—登记”对话框内，录入如下信息。

交易类型：发出登记；凭证类型：银行承兑汇票；凭证号码：空闲的银行承兑汇票凭证号；到期日期：自行选择；托收日期：自行选择；收款人账号：深圳南庆钢铁贸易有限公司账号；付款人账号：深圳光耀投资有限公司账号；附寄张数：1；合同号码：按重要提示填写；币种：人民币；收款金额：60000；手续费支付方式：现金。

点击“执行”，完成委托收款登记（见图7.125）。

（2）委托收款付款。

支付结算—委托收款—委托收款付款

在“委托收款—委托收款付款”信息框内选中需要进行付款的信息条，点击“付款”；接收行：104584001436；付款方式：全额支付。点击“执行”，完成委托收款的付款操作（见图7.126）。

（3）委托收款复核。

在“委托收款—委托收款复核”信息框内选中需要复核的信息条，点击“复核”，在弹出的“票据信息—复核”对话框内点击“执行”，完成复核（见图7.127）。

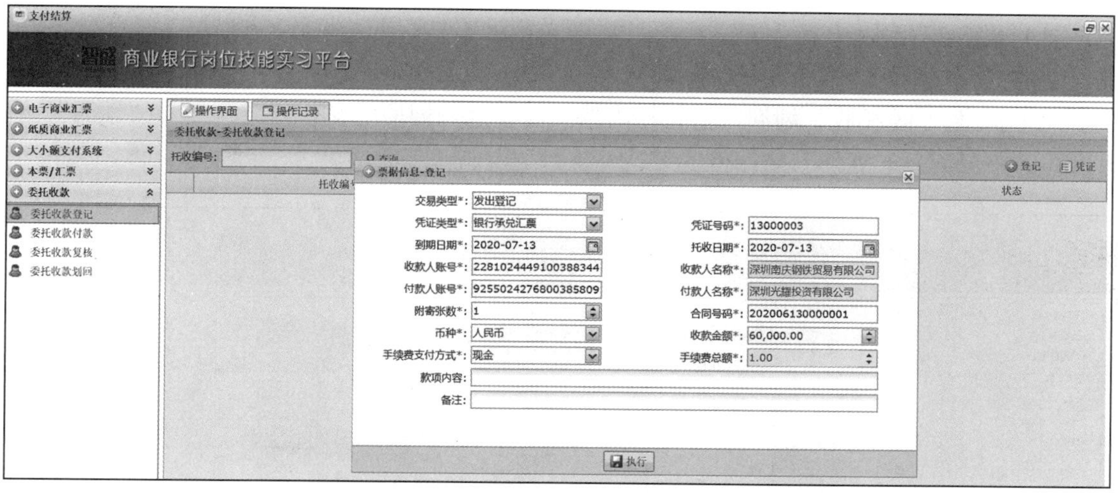

图 7.125 委托收款登记

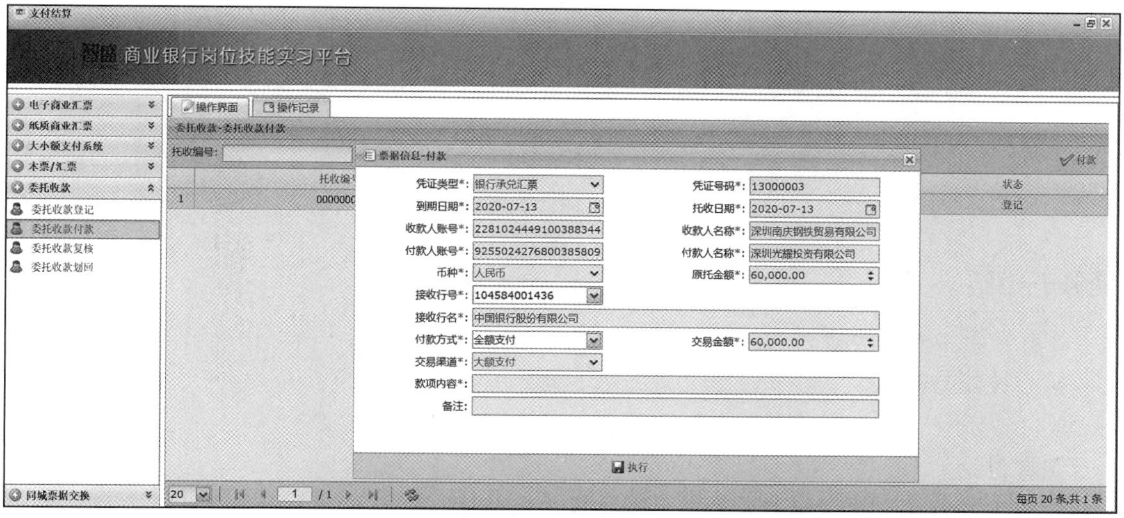

图 7.126 委托收款付款

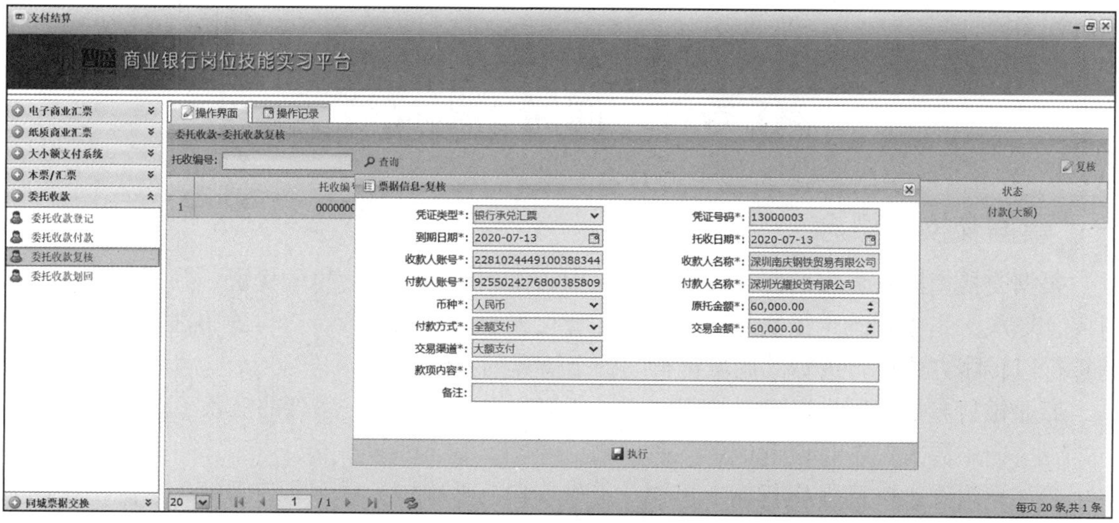

图 7.127 委托收款复核

（4）委托收款划回。

支付结算—委托收款—委托收款划回

“委托收款—委托收款划回”信息框内选中需要进行划回的交易信息，点击“划回”，在弹出的“票据信息—划回”对话框内点击“执行”(见图 7.128)。

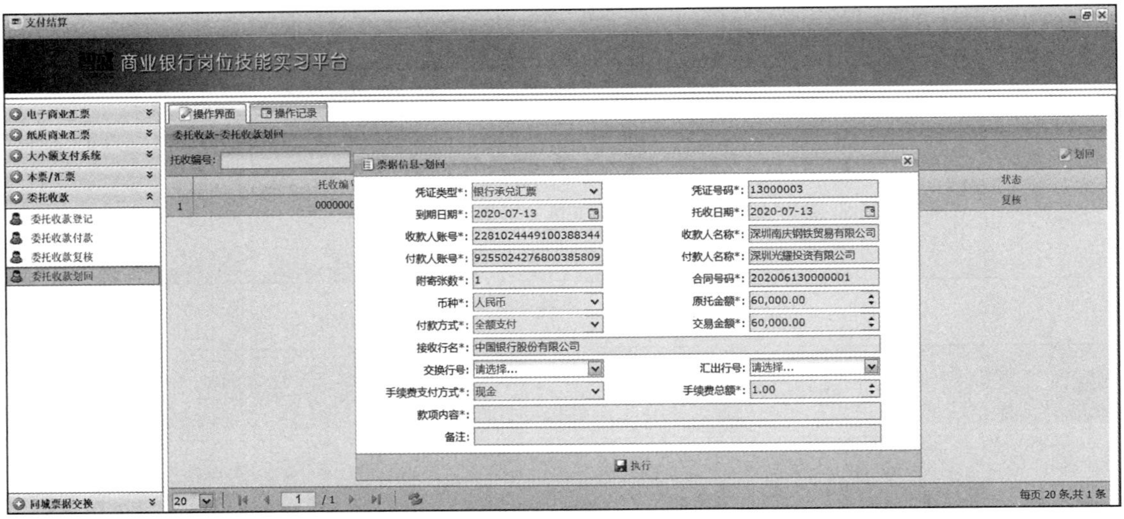

图 7.128　委托收款划回

任务五小结

委托收款业务的办理流程

核心技能与概念

委托收款登记；委托收款付款；委托收款复核；委托收款划回

课堂讨论

操作完成之后，票据状态是否变为委托收款已登记?

任务六　同城票据交换

一、票据交换的概念

票据交换指同一城市的所有商业银行机构，将相互代收、代付的凭证、票据，按规定的时间、场次，集中到既定场所进行交换，轧计往来银行之间应收、应付的票据差额，由主办清算行以转账方式进行清算的同城银行间资金清算的办法。

商业银行参加中国人民银行组织的同城票据交换，需完成一系列的准备工作。

（1）向中国人民银行申请核定交换号码。

参加票据交换的商业银行营业机构，首先要向当地中国人民银行申请交换号，由中国人民银行审查同意后，核发交换号，并通知本城所有参加交换的商业银行。交换号是参加票据交换的营业机构的代号，在参加交换的各类票据上，必须印有交换号，方能进行清分识别。

（2）配备专职交换员。

票据交换岗位是机要部位，应严格按照机要部位管理。票据交换员应指定专人，严格遵守票据交换所规则，不准兼管系统内资金汇划清算业务；不准兼管人民银行备付金账户；不准兼管同业存放往来账户；不准兼管内部往来业务。

（3）确定交换场次和时间。

一般城市，当地中国人民银行通常每天组织两次票据交换，各商业银行必须严格按照中国人民银行统一规定的交换场次和时间参加交换。

（4）清算账户的开立。

参加票据交换的商业银行各营业机构，可以分别直接在当地人民银行开户，每次交换终了，将交换差额在其存款户内直接清算；也可以由该商业银行集中在人民银行开立一个清算账户，每次交换终了，首先以该商业银行为单位与其他商业银行通过人民银行开立的清算账户进行清算，然后该商业银行内部的各营业机构再在系统内通过辖内往来业务进行系统内二次清算。

二、票据提出的核算

（1）在办理交换提出业务前，必须做好各项准备工作。

如有关交换网点调整，需先在计算机系统中增加或减少有关交换网点，并注明该网点参加交换的次数。

（2）将需提出的借方、贷方凭证分类处理。

商业银行交换提出的凭证可分为借方凭证和贷方凭证。

借方凭证主要有支票、银行汇票、本票等。此时，本行为收款行，他行为付款行。这类凭证又称为代付票据。

贷方凭证主要有各类送款单（如单位提交的缴税凭证，水电费交费凭证等）等。此时，本行为付款行，他行为收款行。这类凭证又称为代收票据。

①提出借方凭证时，业务人员使用计算机系统进行数据录入，复核无误后分情况进行账务处理，对即时抵用的票据如本票，应及时将资金划入客户账（见图 7.129）。

②提出贷方凭证时，业务人员通过计算机系统进行数据录入后，经交易复核后进行账务处理（见图 7.130）。

对需收妥抵用的票据如支票，应暂将资金划入一过渡性科目（其他应付款科目），待退票时间截止后，再将资金划入客户账。

③将需提出的票据，通过计算机系统打印出同城提出交换计数单、同城提出交换清单和清算表。交换复核人员经核对确认后，在提出凭证、计数单、交换清单、交换清算表上分别加盖当地人民银行规定的交换业务公章，按规定办理交接手续，交给交换员提出。

三、提入票据的核算

票据交换员将提入的各项单证、票据，按规定交接手续，移交票据交换专柜。各行处票据交换柜指定专人当场核对，特别是对提入的贷方凭证要逐笔与票据交换业务专用章并进行勾对，确保票据、计数单、总结表三者相符。核对无误后，进行账务处理。如有退票，应填

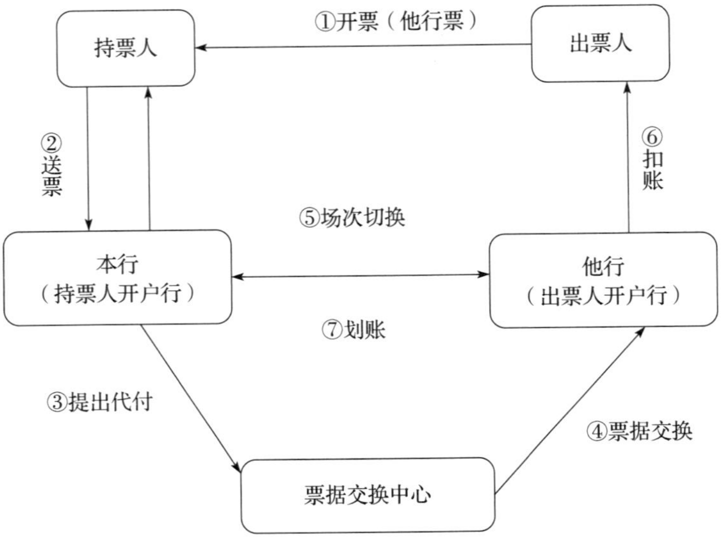

图 7.129　提出借方交易流程图

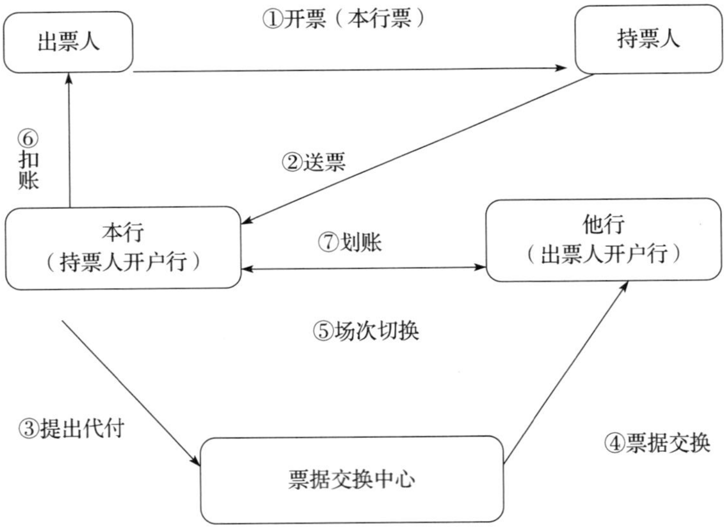

图 7.130　提出贷方交易流程图

写“退票理由书”，及时办理退票手续。

四、票据交换所交换差额的清算

每次票据交换时，各行票据交换员将提出的票据在规定时间内提交给人民银行票据交换所，由于商业银行在票据交换中，对提出交换的贷方凭证和借方凭证与提回的贷方凭证和借方凭证都在定时定点的一场交换中完成，因此，在一次交换中可以在票据交换所中进行交换差额的清算，当场轧计应收或应付资金，并根据存欠差额，填列资金汇划有关凭证，通过人民银行账户当场清算。也就是说，可通过“待清算票据款项”过渡性科目进行，经过汇总轧差清算。

子任务一 同城提出交易

案例导入

1. 深圳南庆钢铁贸易有限公司作为收款人持有一张付款人深圳市大新基金股份有限公司开出的票面金额为8000元的其他凭证，银行柜员使用进账单为深圳南庆钢铁贸易有限公司的出纳办理入账，对方交换号103584000324，录入之后进行复核，银行柜员为其办理的是同城提出借方交易。

2. 付款人深圳光耀投资有限公司开出一张票面金额为6000元的转账支票给收款人广州智行投资控股有限公司，广州智行投资控股有限公司出纳持该支票到本行办理内部凭证进账手续，经票据交换中心交换后再传递到本支行网点，本行柜员按票面金额从深圳光耀投资有限公司账户中扣除对应金额，对方交换号102584009198，录入之后进行复核，柜员为其办理的是同城提出贷方交易。

【上机操作】

（1）–1 同城提出借方交易—录入

支付结算—同城票据交换—同城提出借方交易

点击“录入”，在弹出的“票据信息—录入”对话框内录入如下信息。

收款人账号：深圳南庆钢铁贸易有限公司账号；收款人凭证种类：进账单；收款人凭证号码：空闲的进账单凭证号；对方交换号：103584000324；付款人账号：深圳市大新基金股份有限公司账号；付款人凭证种类：其他凭证；金额：8000。

点击“执行”，完成操作（见图 7.131）。

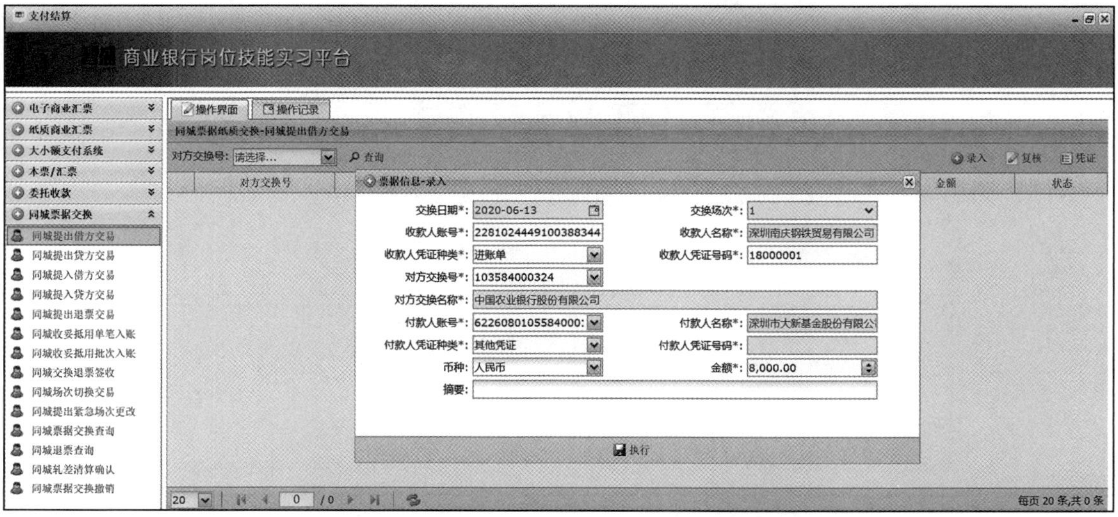

图 7.131 票据信息—录入

（1）–2 同城提出借方交易—复核

选中已录入的交易信息，点击“复核”，在弹出框内，点击“复核”，完成操作（见

图 7.132）。

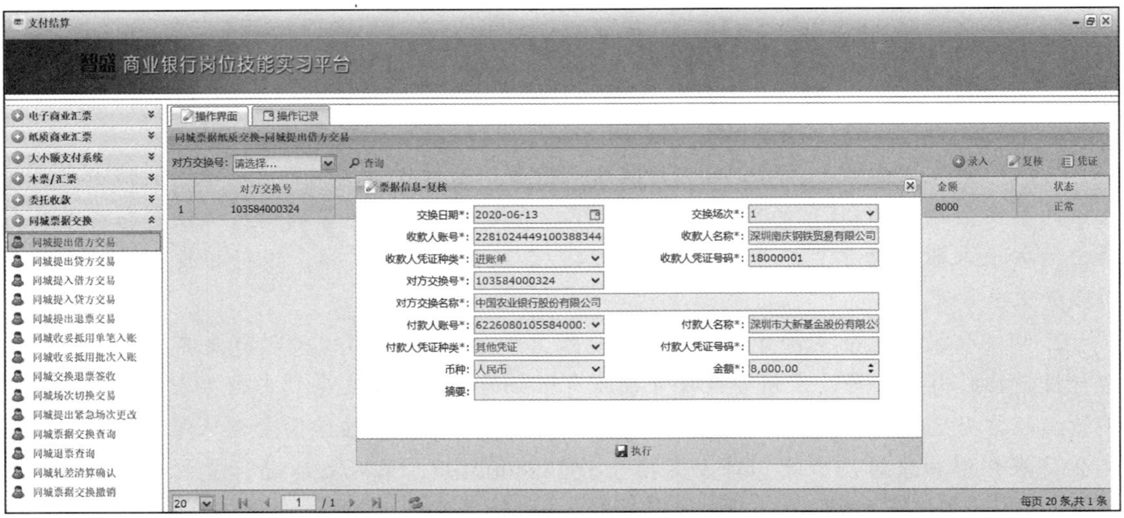

图 7.132　票据信息—复核

（2）支票出售。

凭证管理—支票出售

账号类型：对公账号，账号：深圳光耀投资有限公司对公活期账号；在操作界面录入证件类型：营业执照；证件号码：营业执照上的统一社会信用代码；凭证类型：转账支票；开始号码、结束号码：空闲的整本转账支票号段。

点击“执行”，完成支票出售（见图 7.133）。

图 7.133　支票出售

（3）–1 同城提出贷方交易—录入

支付结算—同城票据交换—同城提出贷方交易

点击“录入”，在弹出的对话框内输入付款人账号：深圳光耀投资有限公司账号；付款人凭证种类：转账支票；付款人凭证号码：已出售的支票中空闲未使用的凭证号；对方交换号：102584009198；收款人账号：广州智行投资控股有限公司账号；收款人凭证种类：内部凭证；金额：6000。

点击“执行”完成操作（见图 7.134）。

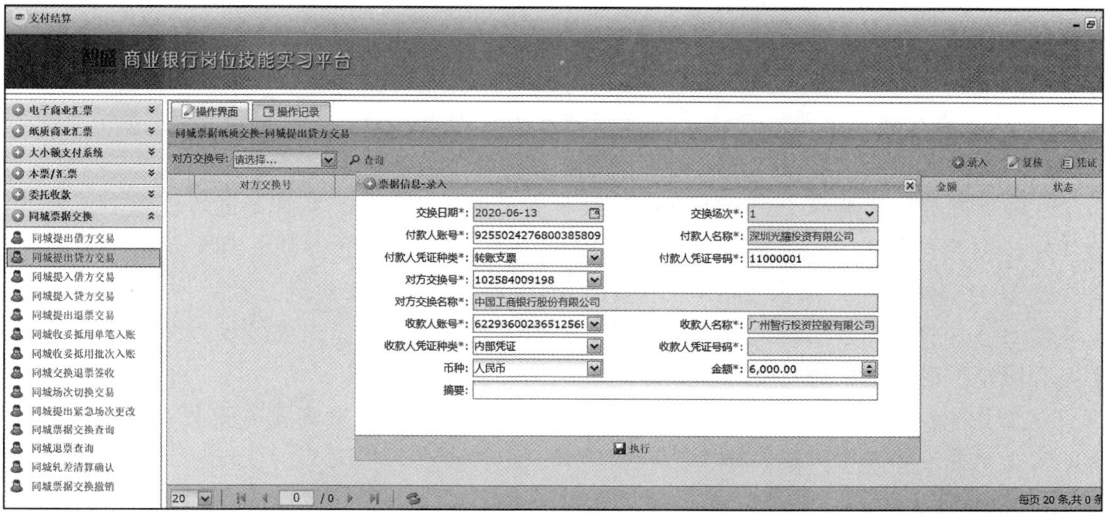

图 7.134　同城提出贷方交易—录入

（3）–2 同城提出贷方交易—复核

在“同城票据纸质交换—同城提出贷方交易”信息框内选中刚录入的交易信息，点击“复核”，在弹出框内点击“执行”，完成操作（见图 7.135）。

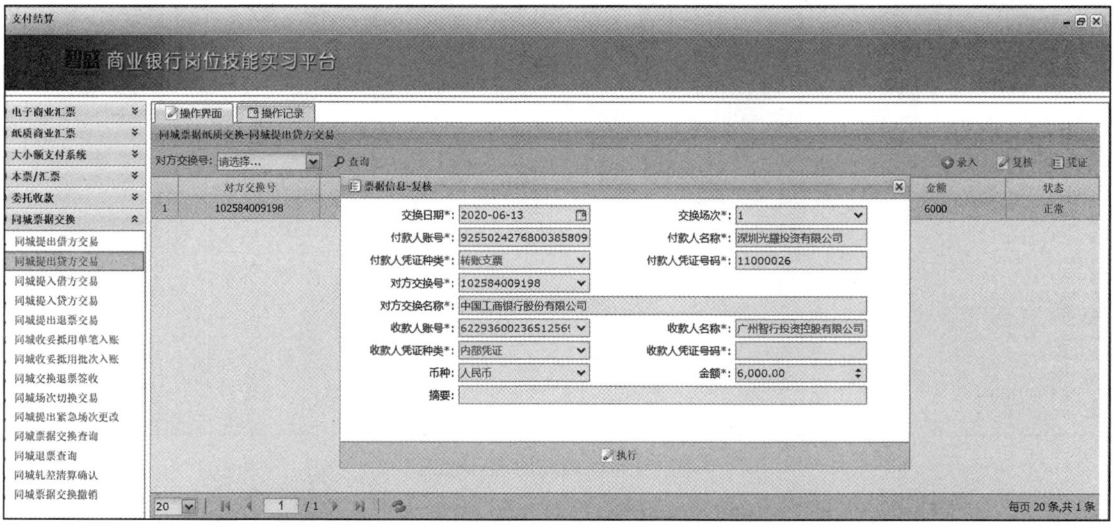

图 7.135　同城提出贷方交易—复核

子任务二　同城提入交易

案例导入

1. 深圳南庆钢铁贸易有限公司开出一张票面金额为 1 万元的转账支票给深圳市大新基金股份有限公司，转账支票的签发日期为交易当日，深圳市大新基金股份有限公司出纳办理支票入账，对方交换号 104584001436，录入之后进行复核，银行柜员为其办理同城提入借方交易。（同城录入操作之前需确认是否已经进行场次切换，如已发生场次切换，则直接操作提入；如没有发生场次切换，则先场次切换之后再操作提入）

2. 深圳光耀投资有限公司持有一张付款人为深圳市晟创电子有限公司的进账单，进账单的签发日期为交易当日，交易金额为 5000，深圳光耀投资有限公司出纳来办理入账，对方交换号 104584001436，录入之后进行复核，银行柜员为其办理同城提入贷方交易。（同城录入操作之前需确认是否已经进行场次切换，如已发生场次切换，则直接操作提入；如没有发生场次切换，则先场次切换之后再操作提入）

3. 柜员将涉及深圳南庆钢铁贸易有限公司开出转账支票的同城提入借方交易进行单笔入账，银行柜员为其办理同城票据单笔入账。

【上机操作】

（1）–1 场次信息—录入。

支付结算—同城票据交换—同城场次切换交易

点击“录入”，在“场次信息—录入”弹出框内输入对方交换号：104584001436；下场日期：自行选择；下场场次：本场场次 +1；点击“执行”，完成操作（见图 7.136）。

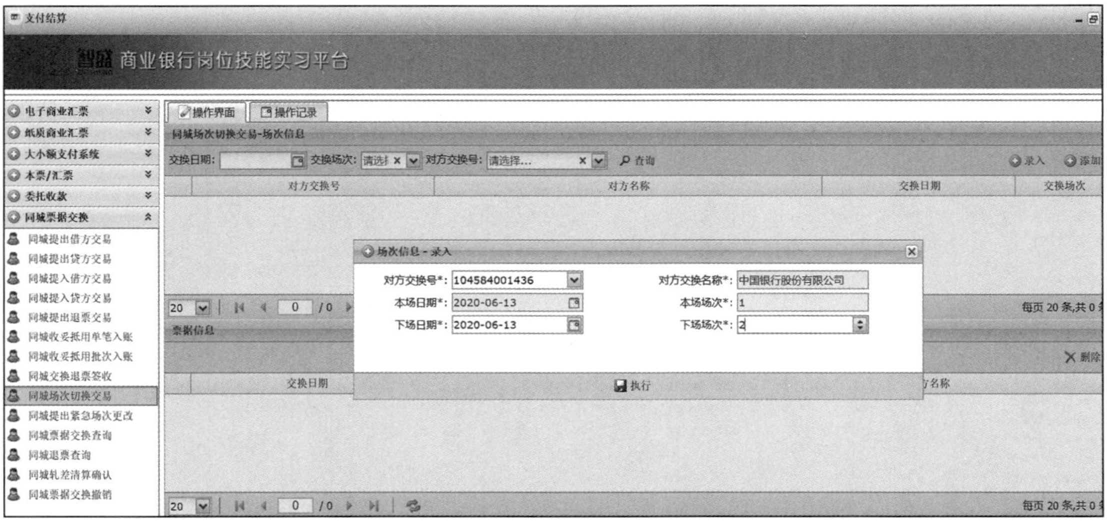

图 7.136　场次信息—录入

（1）–2 同城场次切换交易—添加。

选中录入的同城场次切换交易信息条，点击右上角的“添加”，该条交易信息添加到票据信息中（见图 7.137）。

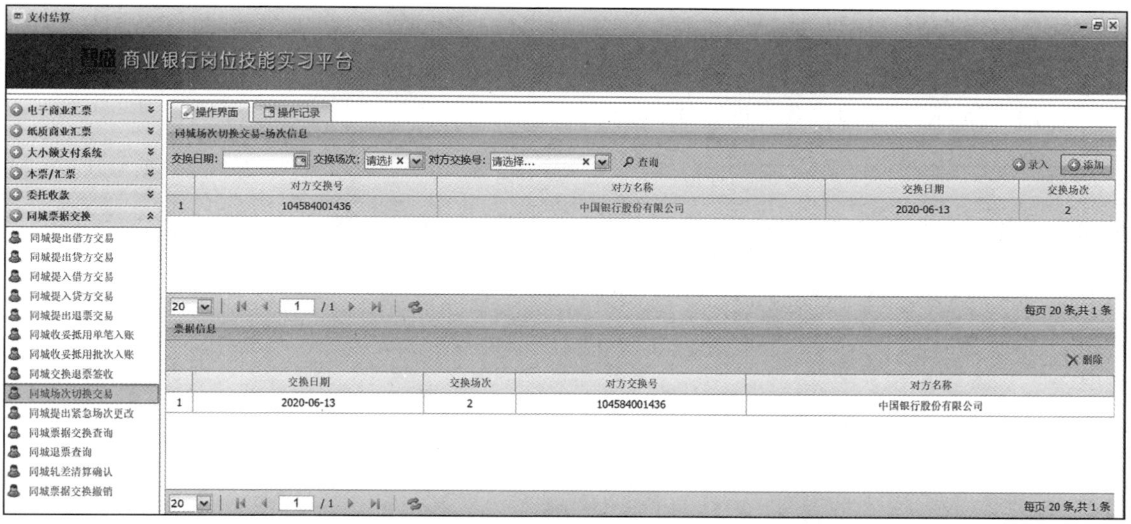

图 7.137　场次信息—添加

（2）支票出售。

凭证管理—支票出售

账号类型：对公账号；账号：深圳南庆钢铁贸易有限公司活期账号，屏幕回显票据信息。操作界面内录入证件类型：营业执照；证件号码：深圳南庆钢铁贸易有限公司统一社会信用代码；凭证类型：转账支票；开始号码、结束号码：空闲的整本转账支票的号段；点击“执行”，完成操作（见图 7.138）。

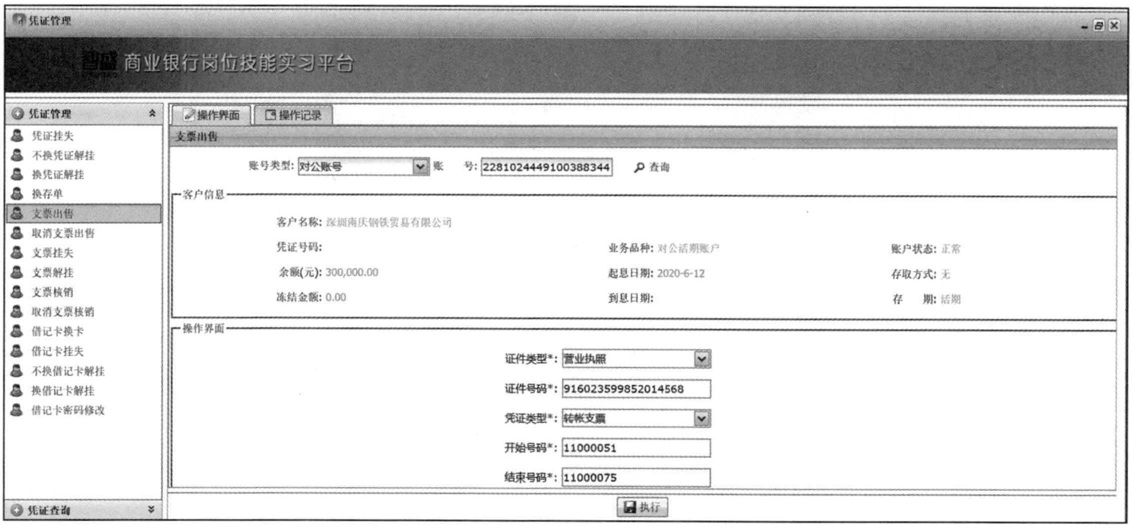

图 7.138　支票出售

（3）-1 同城提入借方交易—录入。

支付结算—同城票据交换—同城提入借方交易

点击“录入”，在“票据信息—录入”对话框中录入以下信息。

付款人账号：深圳南庆钢铁贸易有限公司账号；付款人凭证种类：转账支票；付款人凭证号码：已出售的空闲转账支票凭证号；签发日期：自行选择；收款人账号：深圳市大新基金股份有限公司账号；币种：人民币；金额：10000。

点击“执行”，完成操作（见图 7.139）。

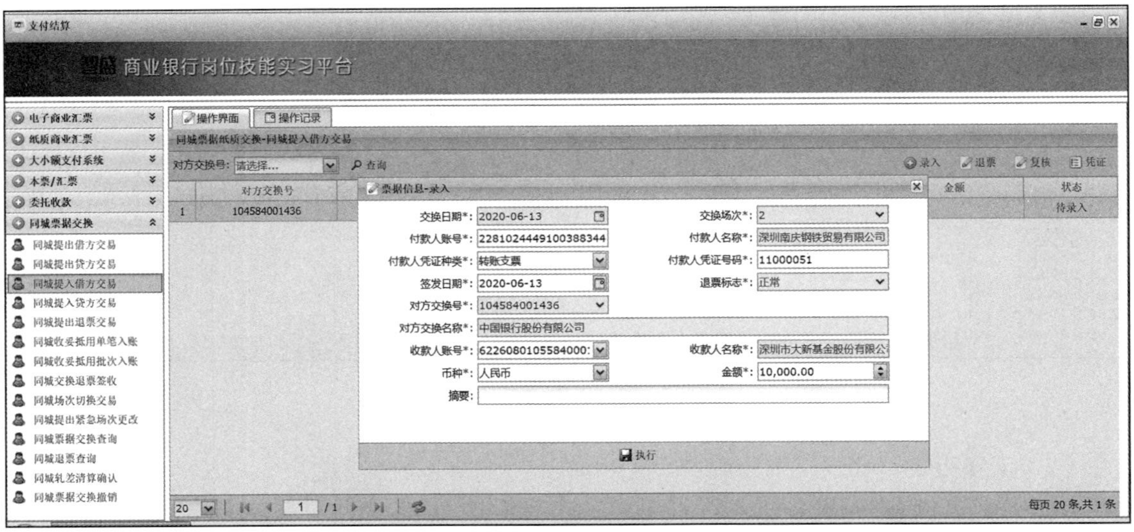

图 7.139　票据信息—录入

（3）–2 同城提入借方交易—复核。

选中已录入的交易信息条，点击“复核”，点击“执行”，完成复核（见图 7.140）。

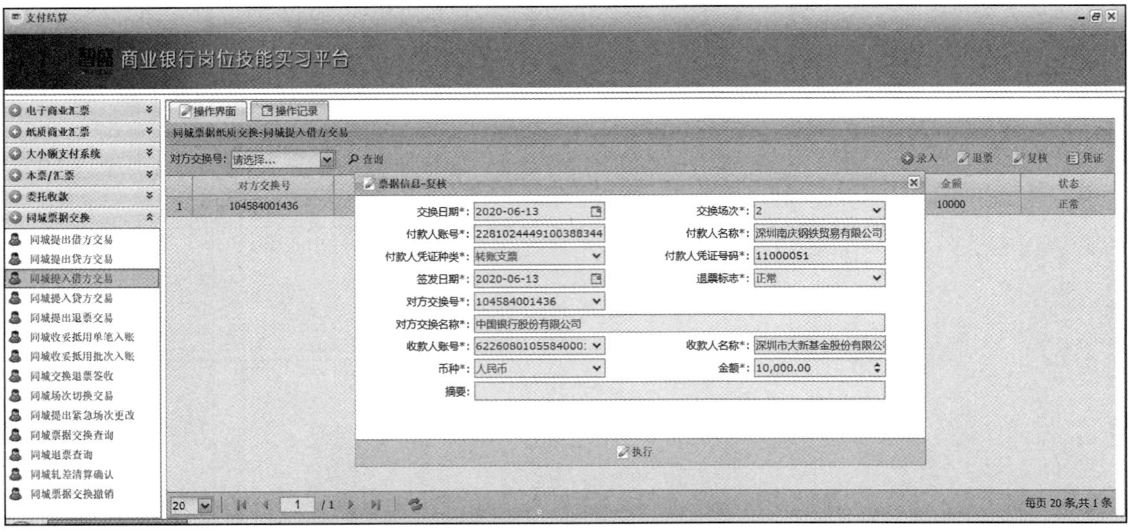

图 7.140　票据信息—复核

（4）同城场次切换交易（见图 7.141）。

支付结算—同城票据交换—同城场次切换交易

同城录入操作之前需确认是否已经进行场次切换，如已发生场次切换，则直接操作提入；如没有发生场次切换，则先场次切换之后再操作提入；步骤参考（1）–1 和（1）–2。

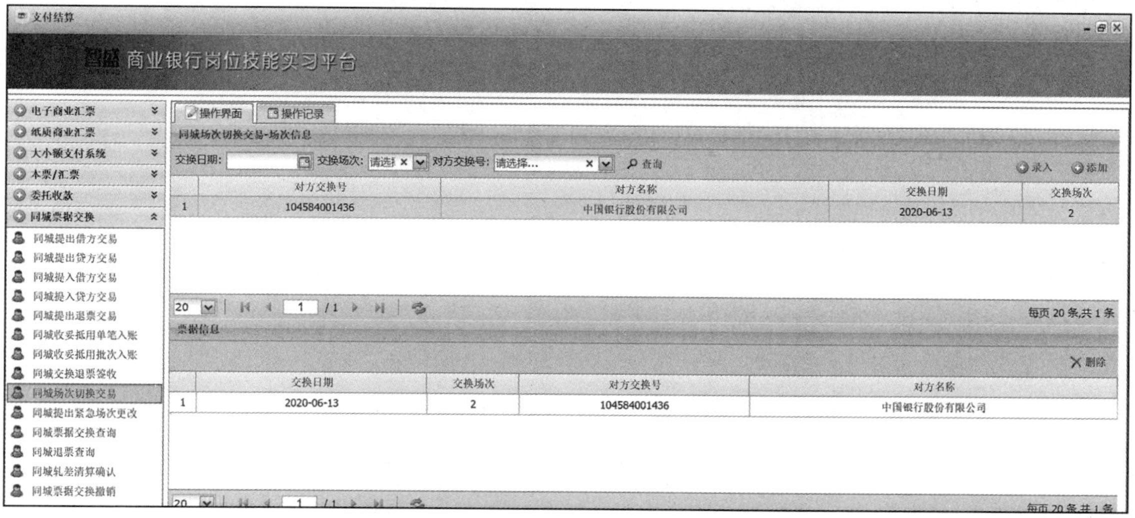

图 7.141 同城场次切换交易

（5）–1 同城提入贷方交易—录入。

支付结算—同城票据交换—同城提入贷方交易

点击“录入”，在弹出的“票据信息—录入”对话框中录入以下信息。

收款人账号：深圳光耀投资有限公司的账号；收款人凭证种类：进账单；收款人凭证号码：空闲的进账单凭证号；签发日期：自行选择；付款人账号：深圳市晟创电子有限公司的账号；币种：人民币；金额：5000。

点击“执行”，完成操作（见图 7.142）。

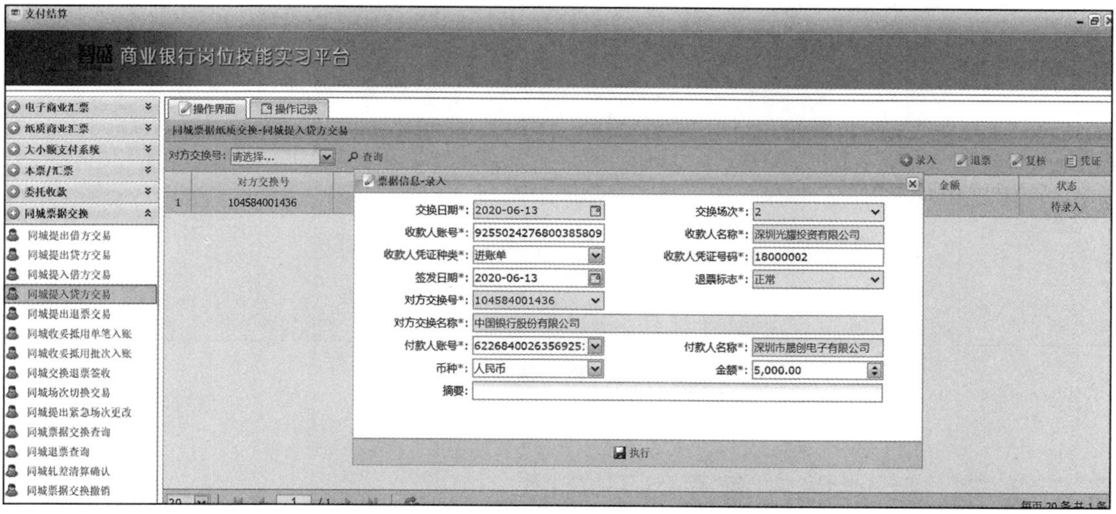

图 7.142 票据信息—录入

（5）–2 同城提入贷方交易—复核。

选中已录入的信息条，点击“复核”，在弹出的复核框中，点击“执行”完成操作（见图 7.143）。

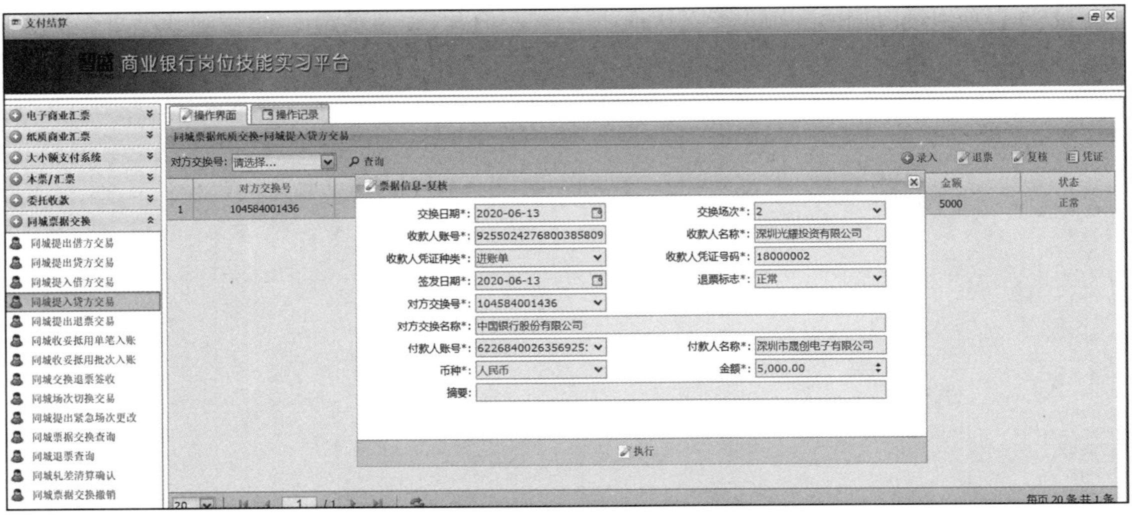

图 7.143　票据信息—复核

（6）同城收妥抵用单笔入账。

支付结算—同城票据交换—同城收妥抵用单笔入账

选中需要进行入账的交易信息，点击“入账”，在弹出的入账对话框中点击“执行”（见图 7.144）。

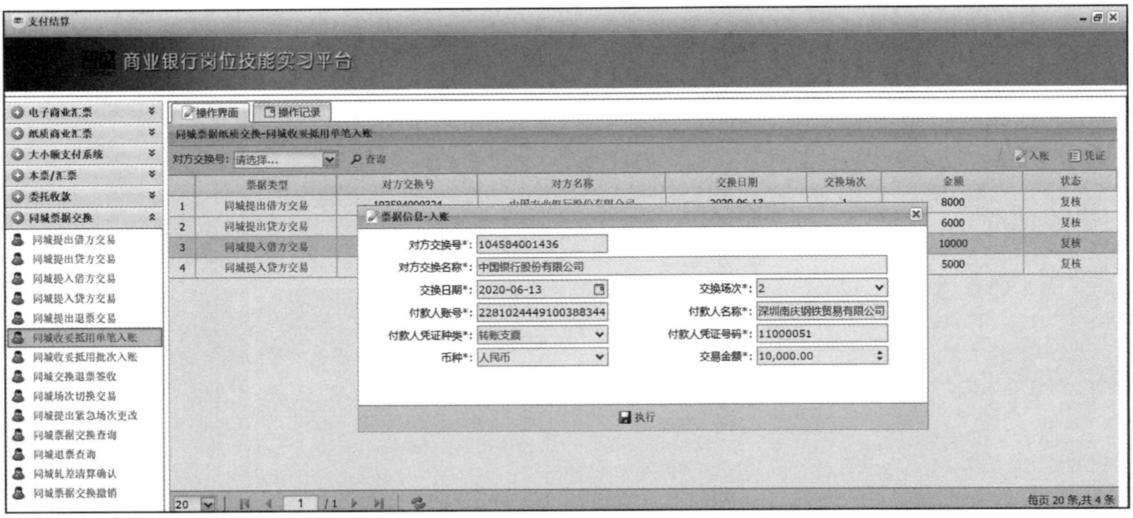

图 7.144　票据信息—入账

子任务三　同城提出退票以及签收

案例导入

1. 银行通过提出借方交易，提出的深圳市大新基金股份有限公司开出的转账支票金额格

式填写错误，深圳南庆钢铁贸易有限公司退回，银行作退回处理。（同城提出交易已经操作过的提出借方交易）

2. 银行对深圳南庆钢铁贸易有限公司退回的支票进行签收，银行柜员为其办理同城交换退票签收。

【上机操作】

（1）同城提出退票交易。

支付结算—同城票据交换—同城提出退票交易

选中深圳市大新基金股份有限公司开出的转账支票信息，点击“退票”，在弹出框的退票理由选中：金额填写不当；点击“执行”，完成操作（见图 7.145）。

图 7.145　票据信息—退票

（2）同城交换退票签收。

支付结算—同城票据交换—同城交换退票签收

选中退回的该笔支票信息，点击“签收”，弹出框内点击“执行”，完成退票签收（见图 7.146）。

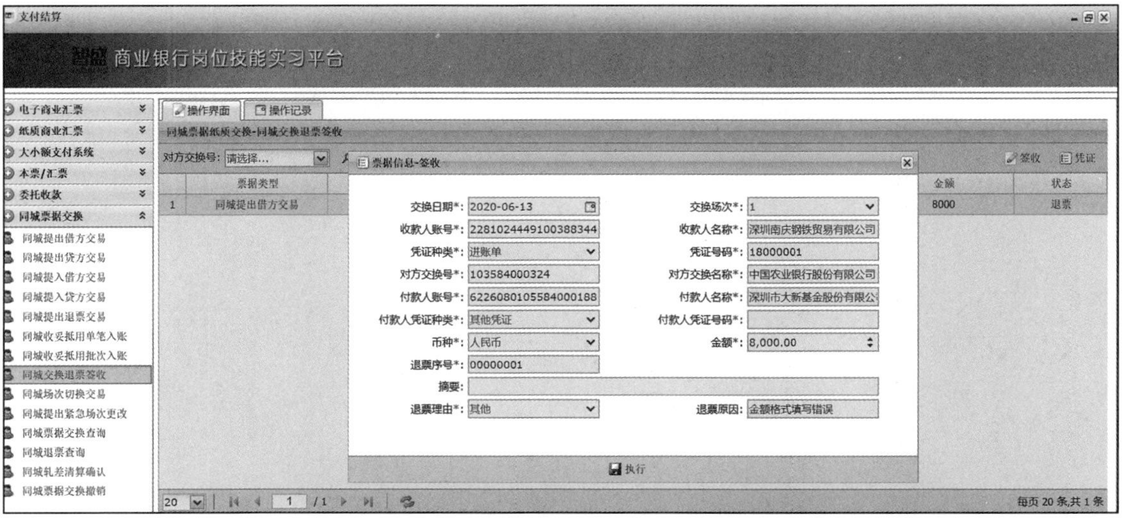

图 7.146　票据信息—签收

任务六小结

同城提出交易、同城提入交易、同城提出退票以及签收业务的操作流程

核心技能与概念

同城提出借方交易；同城提出贷方交易；同城提入借方交易；同城提入贷方交易；同城提出退票交易；同城收妥抵用单笔入账；同城收妥抵用批次入账

课堂讨论

已经录入且复核过后的票据，即当前状态为复核的业务，才能进行单笔入账吗？

项目八

贷款业务操作

学习目标

1. 知识目标

（1）了解贷款业务的种类。

（2）熟悉各类贷款业务基本规定。

（3）熟练操作各类贷款业务

2. 技能目标

（1）熟练操作单位贷款业务。

（2）熟练操作票据贴现业务。

（3）熟练操作个人零售贷款业务

任务一　个人贷款业务

个人零售贷款业务的基本规定如下所述。

（1）个人零售贷款业务是银行等金融机构为个人提供的有针对性的专业化的信贷服务，又称个人消费信贷。

（2）个人零售贷款包括个人住房类贷款（个人住房商业贷款、个人住房公积金贷款等）、个人消费类贷款（个人汽车贷款、助学金贷款等）、个人经营类贷款（个人助业贷款）等几类。

（3）个人零售贷款的还款方式按所签贷款合同规定分月等额偿还贷款。客户应于贷款合同规定的每月还款日前主动在其购房储蓄账户上存足其每月应还的贷款本息，由银行扣收每月应还款。如果提前还款，客户应提前一个月向银行提出申请，这样能免去所提前时间的贷款利息，但利率仍按原贷款期限的同期利率执行。

子任务一　短期汽车消费贷款（个人贷款业务 1）

案例导入

1. 客户吕云女士为购买小轿车，到本行办理“短期汽车消费贷款”业务。贷款需关联的个人存款账号为吕云在本行开设的个人借记卡账户，贷款金额为 3 万元，贷款月利率为 6.00‰，还款日期半年，贷款用途为汽车，担保方式为抵押，还款方式为等额偿还，利息偿还方式为借贷人偿还。

2. 经本行各级信贷部门审批并通过了个人客户吕云的贷款申请，综合柜员办理吕云的贷款全额发放业务。

3. 因央行调息，银行决定将贷款利率上调 10%。

4. 客户吕云需提前还贷，综合柜员为其办理“短期汽车消费贷款”现金提前全部还贷。

重要提示：

1. 经销商账户深圳市恒丰汽车有限公司资料（见图 8.1）：注册资金 300 万元，行业类别商业客户，公司成立于 2007 年 9 月 27 号，法定代表人赵昭，身份证号 433127198011251639，预留手机号为 13574356987，联系人蒋银，联系人手机 13374331258，财务人员来银行开立商业存款基本户，现金存款 30 万元。

2. 合同编号为当前年月日 +7 位数字，例如：201701190000001。

营业执照

统一社会信用代码 912036983617859364

名　　称　深圳市恒丰汽车有限公司

主体类型　有限责任公司

住　　所　深圳市宝安26区78号

法定代表人　赵昭

成立日期　2007年9月27日

重要提示

登记机关

2016 年 04 月 01 日

中华人民共和国国家工商行政管理总局监制

图 8.1　深圳市恒丰汽车有限公司营业执照

［上机操作］

（1）个人贷款合同管理。

贷款业务—个人贷款—个人贷款合同管理

点击“新增”，在弹出框内录入以下信息。

存款账户：吕云的借记卡活期账号；贷款类别：904（短期汽车消费贷款）；贷款金额：30000；贷款月利率（‰）：6；还款日期：自行选择；利息偿还方式：借贷人偿还；还款方式：等额偿还；贷款用途：汽车；担保方式：抵押。

点击“执行”，记录系统生成的借据号，完成操作（见图 8.2）。

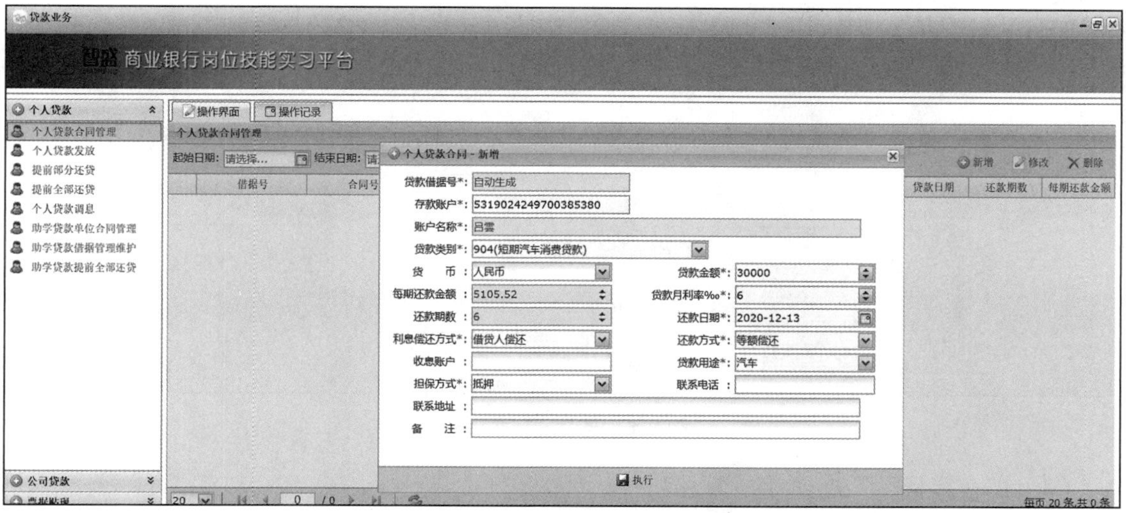

图 8.2　个人贷款合同管理

（2）开对公客户号。

对公业务—对公账户管理—开对公客户号

按照重要提示中的信息，录入开对公客户号的相关信息，点击“执行”，记录系统生成的客户号（见图 8.3）。

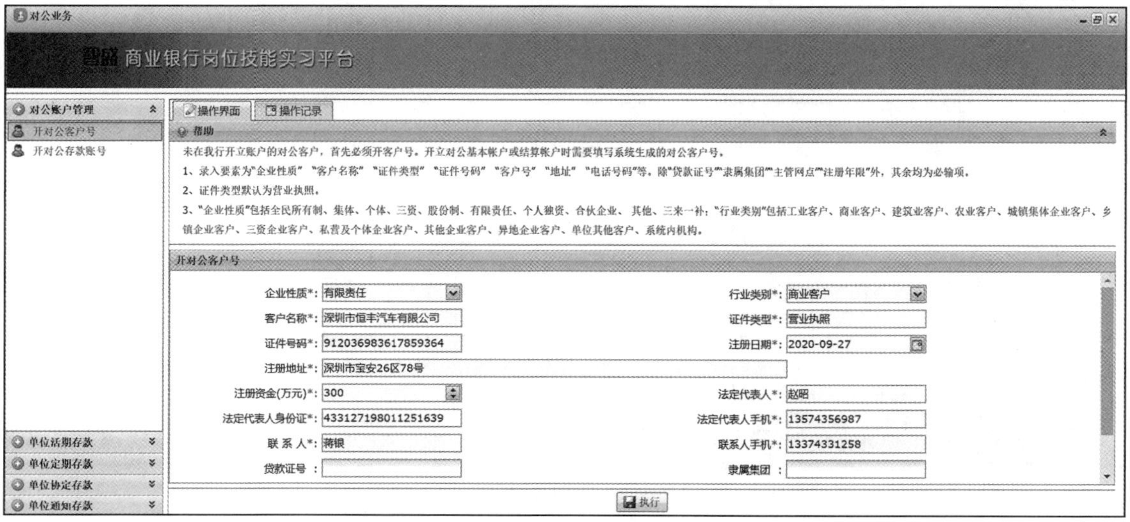

图 8.3　开对公客户号

（3）开对公存款账户。

对公业务—对公账户管理—开对公存款账号

录入深圳市恒丰汽车有限公司客户号，点击“查询”，屏幕回显票据信息；录入必输项内的账户信息，点击“执行”，记录客户账号信息（见图 8.4）。

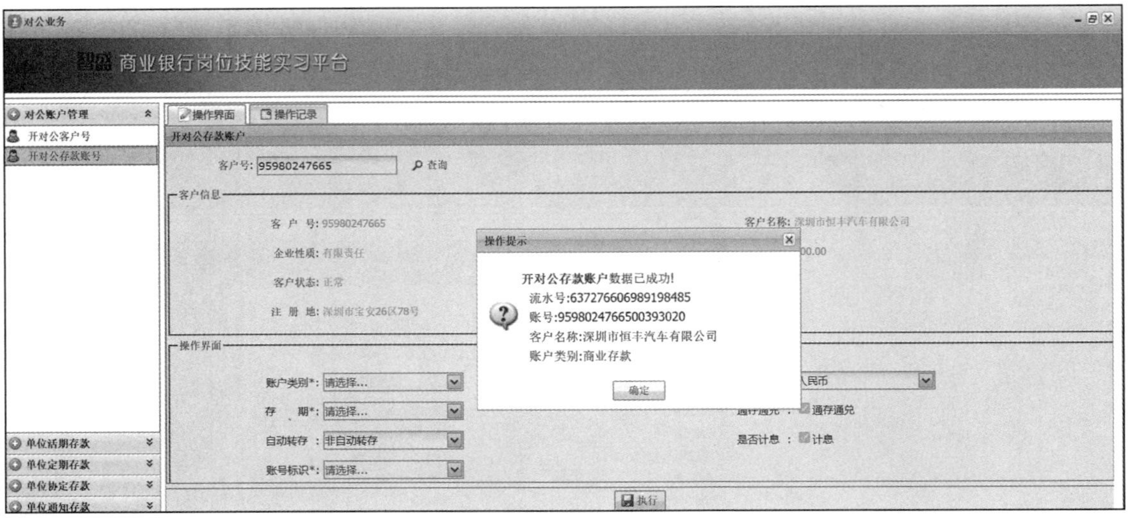

图 8.4 开对公存款账号

（4）现金存款。

对公业务—单位活期存款—现金存款

录入开立的深圳市恒丰汽车有限公司账号，点击“查询”，屏幕回显客户信息。在操作界面内录入货币：人民币；金额：300000。点击“执行”，完成操作（见图 8.5）。

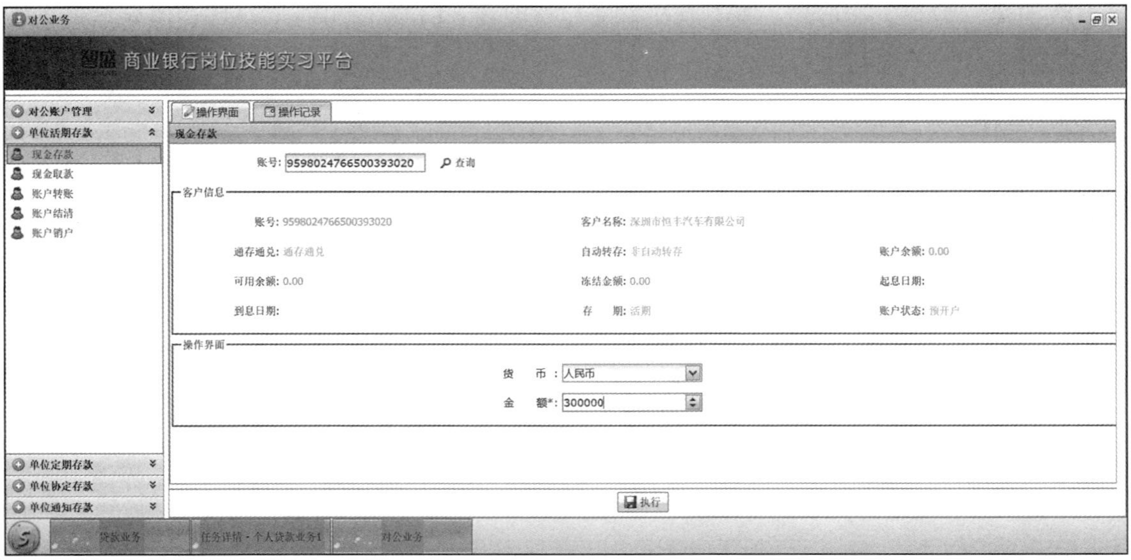

图 8.5 现金存款

（5）个人贷款发放。

贷款业务—个人贷款—个人贷款发放

录入借据号，点击“查询”，屏幕回显贷款合同信息；在操作界面内录入货币：人民币；贷款金额：30000；经销商账户：深圳市恒丰汽车有限公司账号；点击“执行”，完成操作（见图 8.6）。

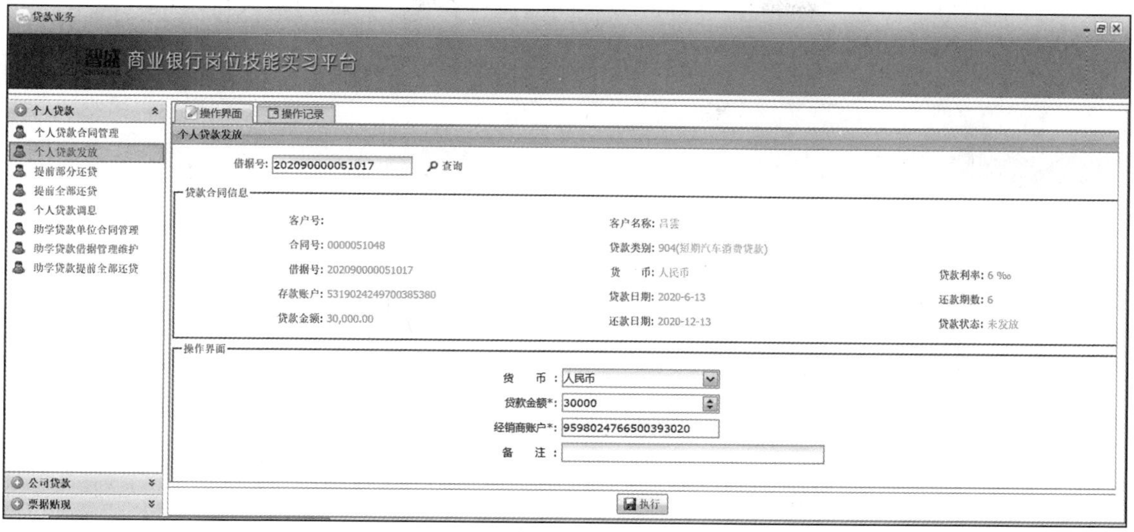

图 8.6　个人贷款发放

（6）个人贷款调息。

贷款业务—个人贷款—个人贷款调息

输入借据号，点击“查询”，屏幕回显合同信息；货币：人民币；调息方式：调整比例；调整比例 %：10；起始日期：若调息日期在 7 月 1 日之前，起始日期填 7 月 1 日；若调息日期在 7 月 1 日之后，则起始日期填下一年的 1 月 1 日。

点击“执行”，完成操作（见图 8.7）。

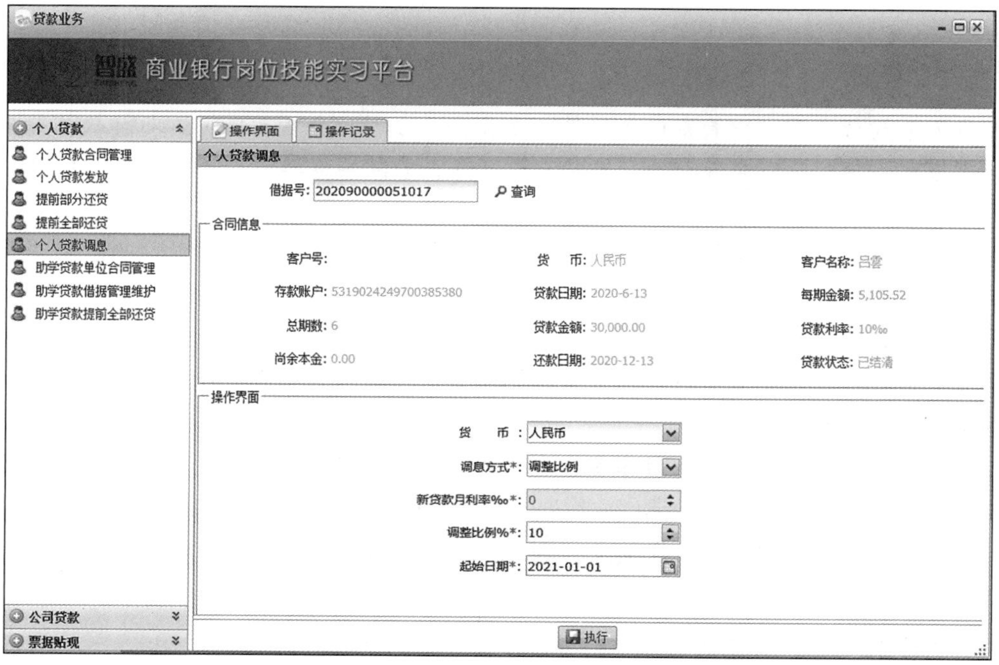

图 8.7　个人贷款调息

（7）提前全部还贷。

贷款业务—个人贷款—提前全部还贷

录入借据号，点击“查询”，屏幕回显合同信息；在操作界面内录入货币：人民币；金额：30000。点击“执行”，完成操作（见图 8.8）。

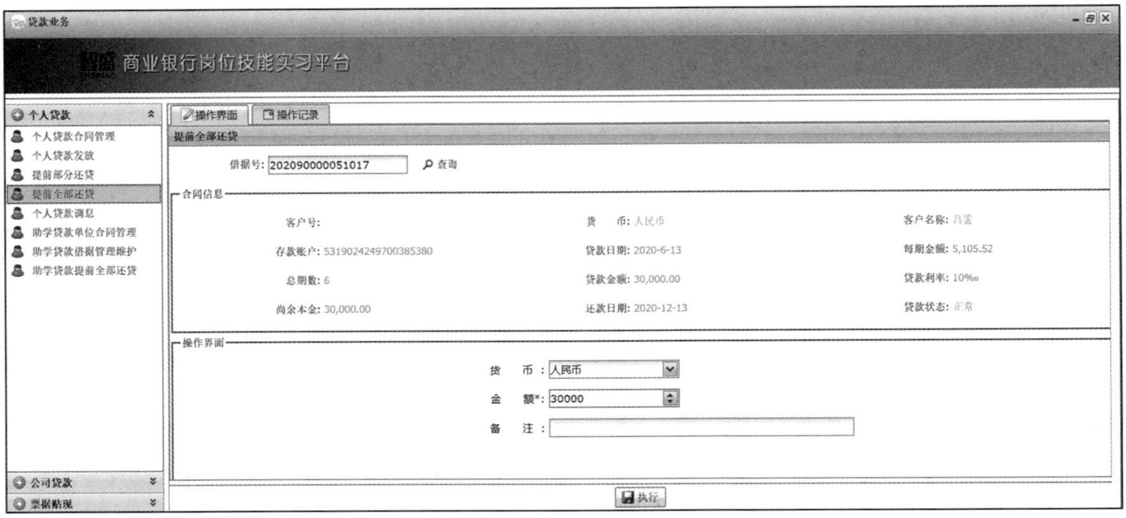

图 8.8　提前全部还贷

子任务二　中长期助学贷款

案例导入

1. 吕云来我行办理“中长期助学贷款”业务，并办理一个活期借记卡与贷款相关联。贷款金额 1 万元，贷款月利率 3.75‰，还款日期 2 年，贷款用途其他，担保方式为保证，还款方式为一次性偿还，利息偿还方式为借贷人偿还。

2. 在助学贷款单位合同管理新建一个单位合同号，并与之前建立的助学贷款借据号进行绑定。

3. 柜员为吕云发放助学贷款。

4. 客户吕云需提前还贷，银行柜员为其办理“中长期助学贷款”提前全部还贷。

重要提示：

1. 经销商账户为深圳市理工技术学院（见图 8.9），注册资金 1 亿元，行业类别单位其他客户，账户类别行政事业单位存款，法定代表人周隋，身份证号 442136196909125938，预留手机号为 15269874569，联系人周舟，联系人手机号 13112525444，财务人员来银行开立活期基本户，现金存款 100 万元。

2. 合同编号为当前年月日 +7 位数字，例如：201701190000001。

营业执照

统一社会信用代码 121000004312542542

名　　　称　深圳市理工技术学院

主体类型　集体

住　　　所　深圳市南山区学院大道506号

法定代表人　周隋

成立日期　1998年4月24日

重要提示

1、商事主体的经营范围由章程确定。经营范围中属于法律、法规规定应当经批准的项目，取得许可审批文件后方可开展相关经营活动。

2、商事主体经营范围和许可审批项目等有关事项及年报信息和其他信用信息，请登录深圳市市场和质量监督管理委员会商事主体信用信息公示平台（网址http://www.szcredit.com.cn）或扫描执照的二维码查询。

3、商事主体须于每年1月1日-6月30日向商事登记机关提交上一年度的年度报告。商事主体应当按照《企业信息公示暂行条例》等规定向社会公示商事主体信息。

登记机关　深圳市市场监督管理局

2015 年 09月 18日

中华人民共和国国家工商行政管理总局监制

图 8.9　深圳市理工技术学院营业执照

【上机操作】

（1）个人贷款合同管理。

贷款业务—个人贷款—个人贷款合同管理

点击“新增”，在弹出的对话框内录入以下信息。

存款账户：吕云的借记卡活期账号；贷款类别：915（中长期助学贷款）；贷款金额：10000；贷款月利率（‰）：3.75；还款日期：自行选择；利息偿还方式：借贷人偿还；还款方式：一次性偿还；贷款用途：其他；担保方式：保证。

点击“执行”，完成贷款合同新增，记录系统的借据号（见图 8.10）。

（2）开对公客户号。

对公业务—对公账户管理—开对公客户号

录入深圳市理工技术学院基础信息，点击“执行”，记录系统生成的对公客户号（见图 8.11）。

图 8.10　个人贷款合同—新增

图 8.11　开对公客户号

（3）开对公存款账号。

录入深圳市理工技术学院客户号，点击“查询”，屏幕回显票据信息；录入必输项内的账户信息，点击“执行”，记录客户账号信息（见图 8.12）。

（4）现金存款。

对公业务—单位活期存款—现金存款

录入深圳市理工技术学院账号信息，点击“查询”，屏幕回显客户信息；货币：人民币；金额：10000；点击“执行”，完成操作（见图 8.13）。

（5）助学贷款单位合同管理。

贷款业务—个人贷款—助学贷款单位合同管理

点击“新增单位合同”，点击“执行”，完成操作（见图 8.14）。

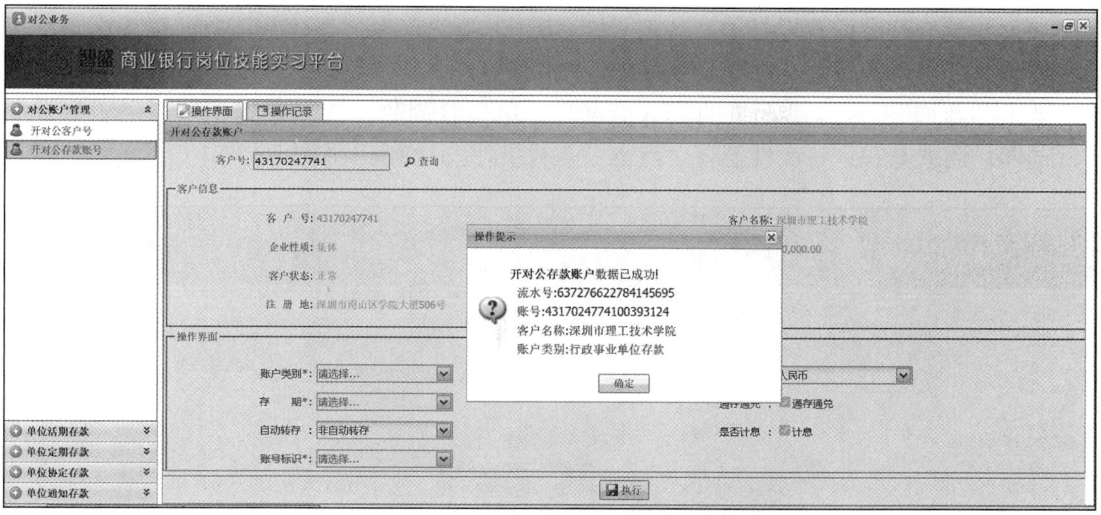

图 8.12　开对公存款账号

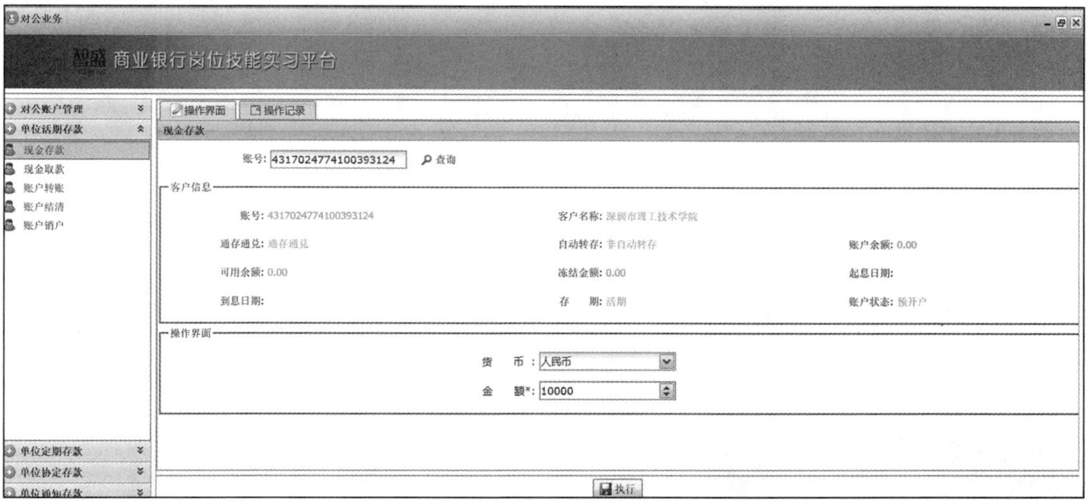

图 8.13　现金存款

图 8.14　助学贷款合同—新增

（6）助学贷款借据管理维护。

贷款业务—个人贷款—助学贷款借据管理维护

点击“新增”，录入已记录的贷款借据号，单位合同号：按重要提示填写；还款日期：自行选择；还款方式：一次性偿还。点击“执行”，完成操作（见图 8.15）。

图 8.15　助学贷款借据管理维护

（7）个人贷款发放。

贷款业务—个人贷款—个人贷款发放

录入借据号，点击“查询”，屏幕回显贷款合同信息；货币：人民币；贷款金额：10000；经销商账户：深圳市理工技术学院账号；点击“执行”，完成操作（见图 8.16）。

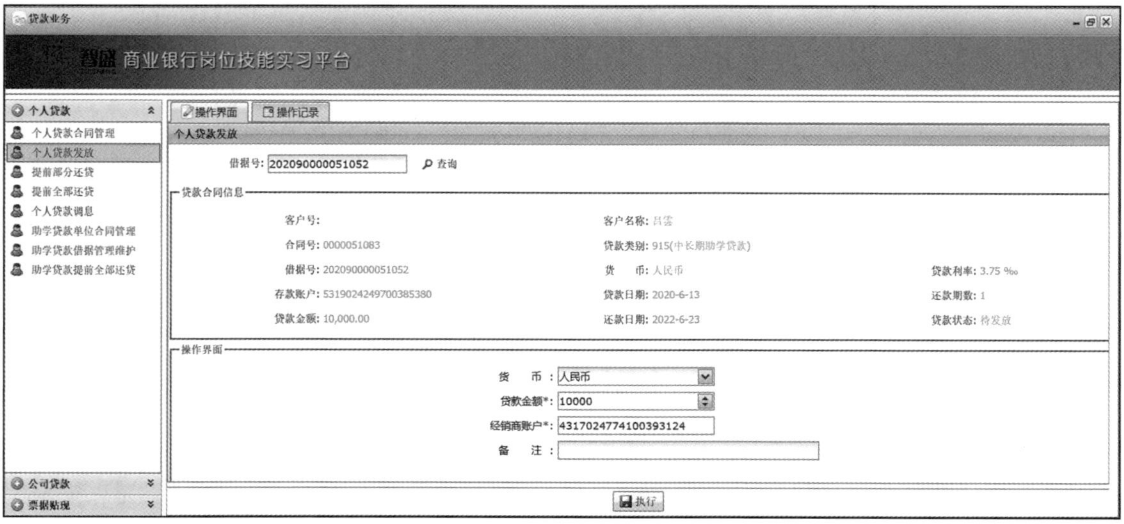

图 8.16　个人贷款发放

（8）助学贷款提前全部还贷。

录入借据号，点击“查询”，屏幕回显合同信息；货币：人民币；金额：10000；点击

"执行"，完成操作（见图 8.17）。

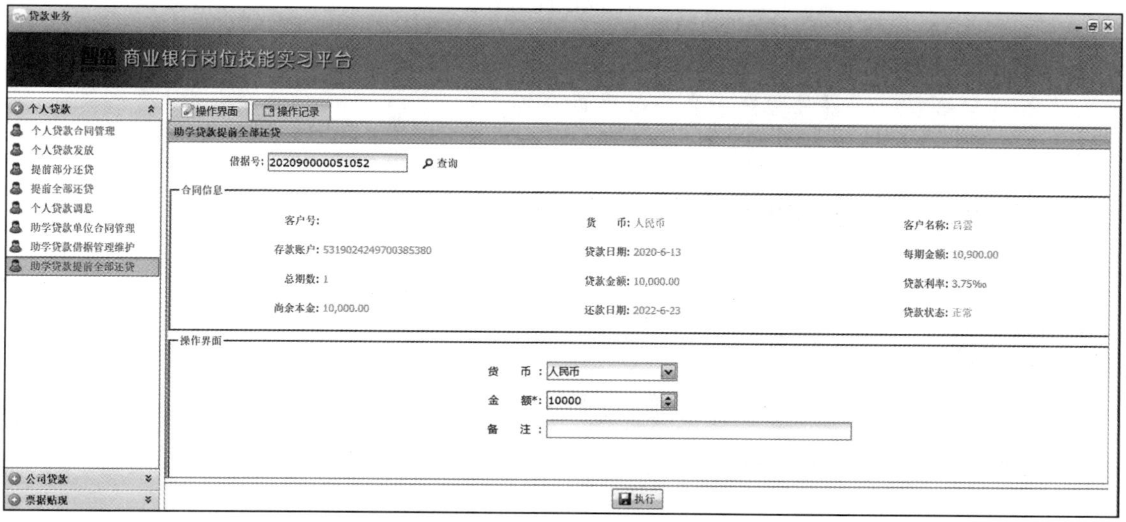

图 8.17 助学贷款提前全部还贷

任务一小结

短期汽车消费贷款、中长期助学贷款的操作流程

核心技能与概念

个人贷款合同管理；个人贷款发放；个人贷款调息；借据管理维护

课堂讨论

贷款类别若果是短期，期限为一年以下（含一年）吗？

任务二 公司贷款

1. 单位贷款发放有一次放款和分次放款两种方式。借款合同规定分次放款的，应按借款合同确定的次数、时间及金额分次签开贷款转存凭证（借款借据）办理转存。

2. 贷款开户需提供借款合同副本及相关保证、质押合同副本，核定贷款指标通知书，额度核准表，贷款转存凭证（借款借据）。有结算户的贷款单位填制的贷款转存凭证（借款借据）须加盖结算户预留印鉴；无结算户的贷款单位需办理预留印鉴手续；外币贷款转存凭证（借款借据）须加盖单位公章及法人名章。

3. 归还单位贷款分为借款人直接归还和营业机构直接扣收两种形式。

4. 贷款还款方式有先息后本和先本后息两种。系统默认还款方式为先息后本，当贷款处于非应计状态时，采用先本后息方式。

小贴士

贷款的程序

贷款一般分为以下几步：①贷款申请；②贷款受理；③贷前调查；④签订合同；⑤贷款发放；⑥贷后检查；⑦贷款归还；⑧贷款质量分析。

子任务一　中期流动资金保证贷款

案例导入

1. 深圳蓝旗投资有限公司用基本户办理“中期流动资金保证贷款”合同管理业务，贷款金额为 22 万元，贷款月利率为 5.00‰，担保方式为保证，还款日期 3 年，贷款用途为其他用途。

2. 经过银行信贷部门各级审批并通过了深圳蓝旗投资有限公司贷款申请，柜员为深圳蓝旗投资有限公司办理发放全额贷款。

3. 深圳蓝旗投资有限公司的“中期流动资金保证贷款”，因事务所资金周转出现问题，不能按时偿还，因此办理贷款展期，展期 3 个月，利率 8‰。

4. 深圳蓝旗投资有限公司用转账支票，还款类型一般还贷，全部偿还贷款。

【上机操作】

（1）贷款借据管理。

贷款业务—公司贷款—贷款借据管理

录入深圳蓝旗投资有限公司账号，点击“查询”，屏幕回显客户信息；贷款类别：119（中期流动资金保证贷款）；贷款金额：220000；贷款月利率（‰）：5；还款日期：自行选择；贷款用途：其他用途；担保方式：保证。点击“执行”，记录借据号，完成操作（见图 8.18）。

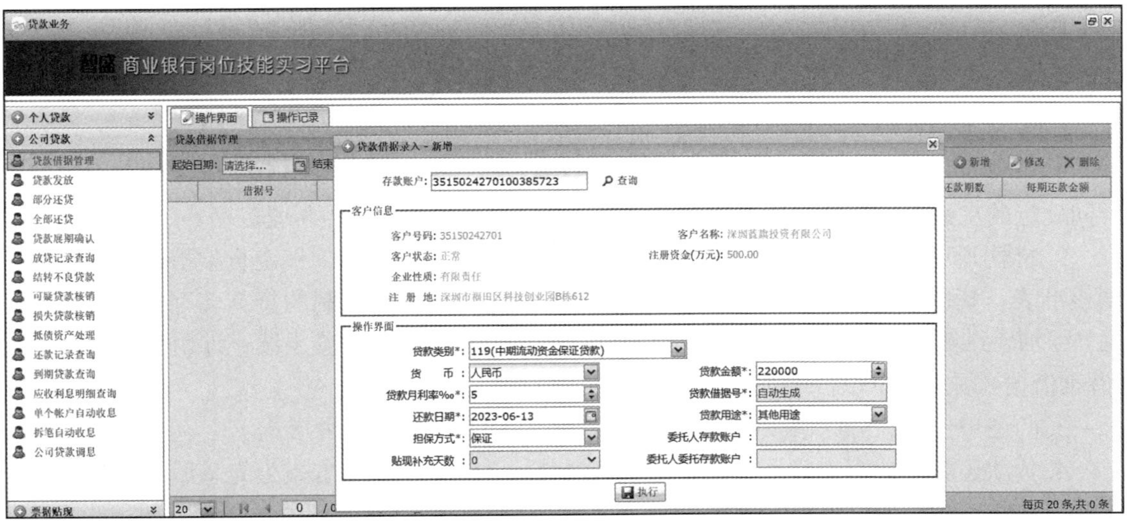

图 8.18　贷款借据录入

（2）贷款发放。

贷款业务—公司贷款—贷款发放

录入借据号，点击“查询”，屏幕显示贷款合同信息；在操作界面录入贷款类别：119（中期流动资金保证贷款）；存款账户：深圳蓝旗投资有限公司账号；贷款金额：220000。点击“执行”，完成操作（见图 8.19）。

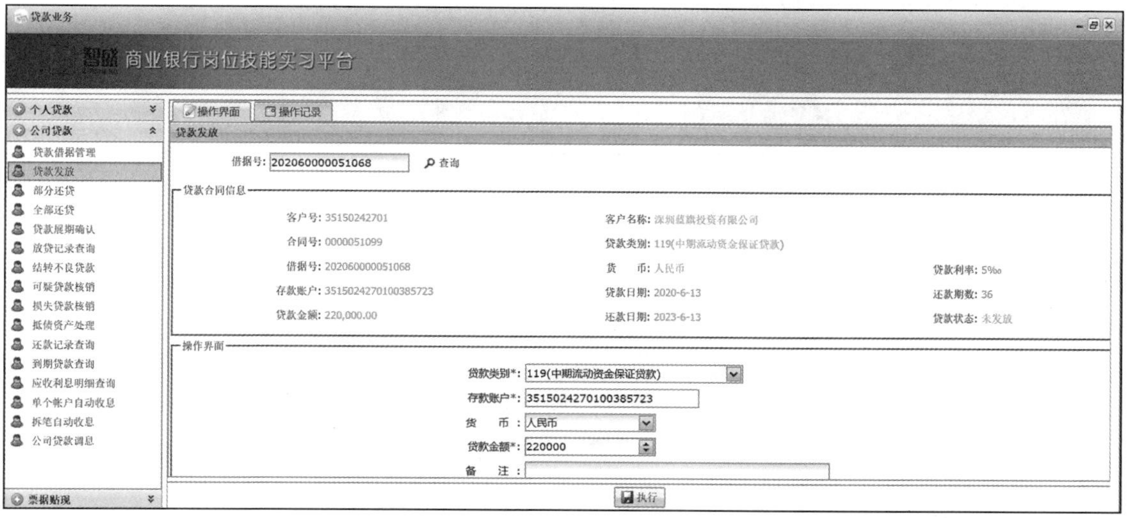

图 8.19　贷款发放

（3）贷款展期确认。

贷款业务—公司贷款—贷款展期确认

录入借据号，点击“查询”，屏幕显示贷款账户信息；在操作界面录入贷款余额：220000；原到期日：屏幕回显中的还款日；新到期日：原到期日后 3 个月；新利率（‰）：8。点击“执行”，完成操作（见图 8.20）。

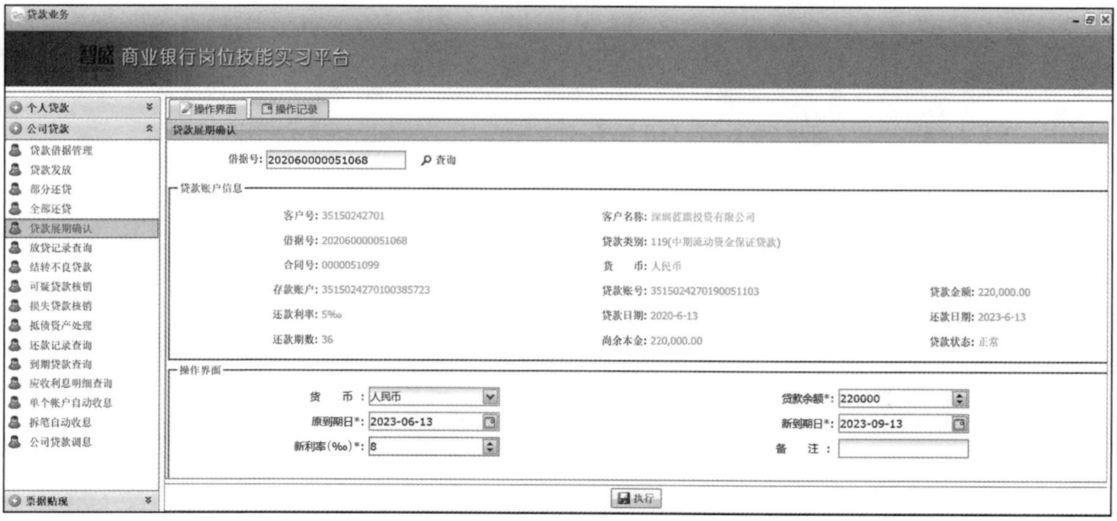

图 8.20　贷款展期确认

（4）支票出售。

凭证管理—凭证管理—支票出售

账号类型：对公账号；账号：深圳蓝旗投资有限公司账号，点击“查询”，屏幕回显客户信息；在操作界面录入证件类型：营业执照；证件号码：深圳蓝旗投资有限公司统一社会信用代码；凭证类型：转账支票；开始号码、结束号码：空闲的转账支票凭证号。点击“执行”，将支票出售给蓝旗公司（见图 8.21）。

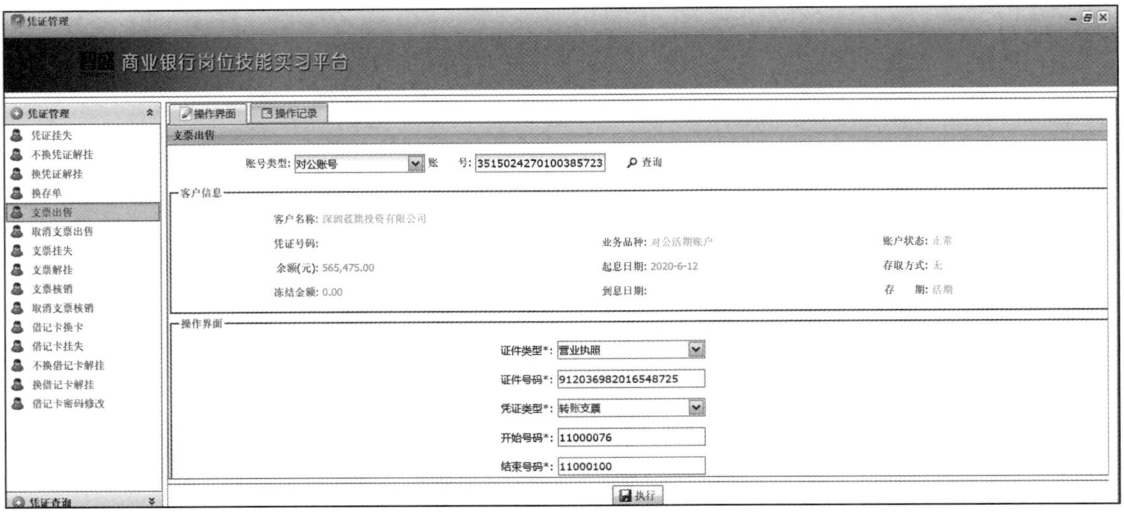

图 8.21　支票出售

（5）全部还贷。

贷款业务—公司贷款—全部还贷

录入借据号，点击“查询”，屏幕回显贷款账户信息；在操作界面录入凭证类型：转账支票；凭证号码：已出售整本转账支票中的可用凭证号；还贷类型：一般还贷；货币：人民币；还款金额：220000，点击“执行”，完成操作（见图 8.22）。

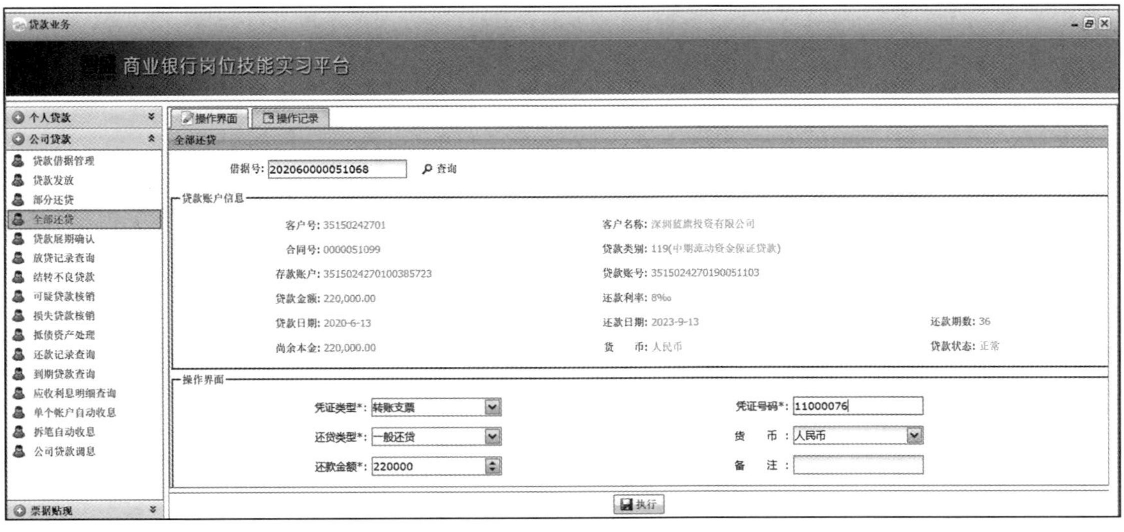

图 8.22　全部还贷

子任务二　商业短期抵押质押贷款

案例导入

1. 深圳新银贸易有限公司用基本户来银行办理“商业短期抵押质押贷款”合同管理业务，并将贷款与公司的基本户存款账户进行绑定，贷款金额15万元，贷款月利率7‰，担保方式为质押，贷款用途技术改造，还款日期半年。

2. 银行将贷款全部发放给深圳新银贸易有限公司。

3. 该公司财务选择其他方式，还款方式特殊还贷，部分还贷4万元。

4. 因贷款到期15个月没有结清，故柜员进行了结转不良贷款操作。

5. 该公司称已经无法还款剩余本金，只能偿还贷款利息，故柜员拆笔自动收息收取利息。

6. 柜员核销了这笔贷款。

重要提示：

1. 90< 结转日期－还款日期≤ 180，逾期类别为次级贷款，结转过后贷款状态为次级贷款；180< 结转日期－还款日期≤ 360，逾期类别为可疑贷款，结转过后贷款状态为可疑贷款；结转日期－还款日期 >360，逾期类别为损失贷款，结转过后贷款状态为损失贷款。

2. 借据号状态为正常状态时，可以结转为任何状态；借据号状态为次级贷款时，能结转为可疑贷款和损失贷款；借据号状态为可疑贷款时，只能结转为损失贷款。

3. 逾期类别包括次级贷款、可疑贷款和损失贷款。

4. 合同编号为当前年月日+7位数字，例如：201701190000001。

[上机操作]

（1）贷款借据管理。

贷款业务—公司贷款—贷款借据管理

点击“新增”，在弹出框内录入存款账户：深圳新银贸易有限公司账号，屏幕回显客户信息；在操作界面录入贷款类别：140（商业短期抵押质押贷款）；货币：人民币；贷款金额：150000；贷款月利率‰：7；还款日期：6个月后；贷款用途：技术改造；担保方式：质押。点击“执行”完成，记录借据号（见图8.23）。

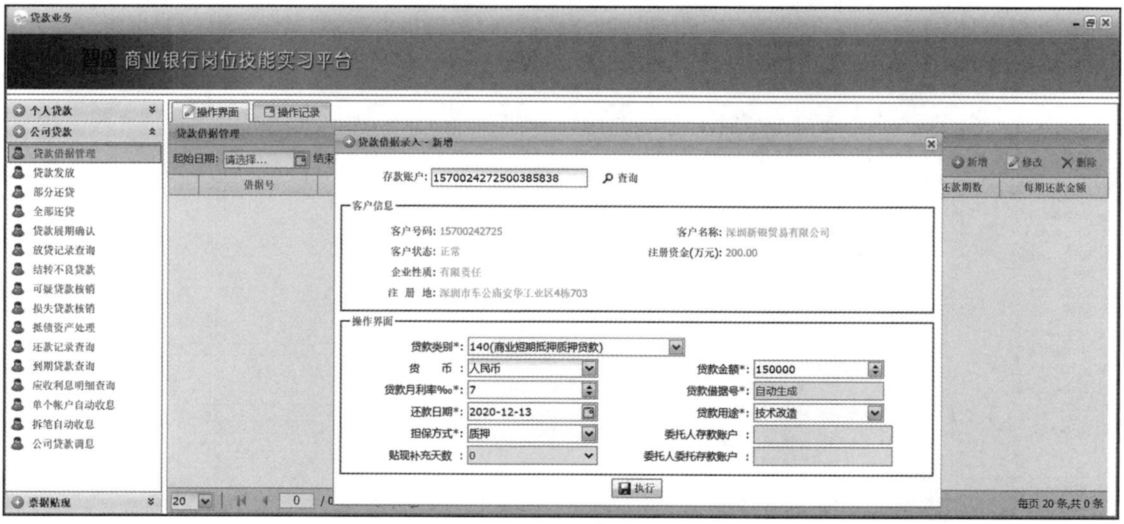

图8.23　贷款借据录入—新增

（2）贷款发放。

贷款业务—公司贷款—贷款发放

借据号：上一步骤记录的借据号，点击“查询”，屏幕回显贷款合同信息；贷款类别：140（商业短期抵押质押贷款）；存款账户：深圳新银贸易有限公司账号；贷款金额：150000。点击“执行”，完成贷款发放（见图 8.24）。

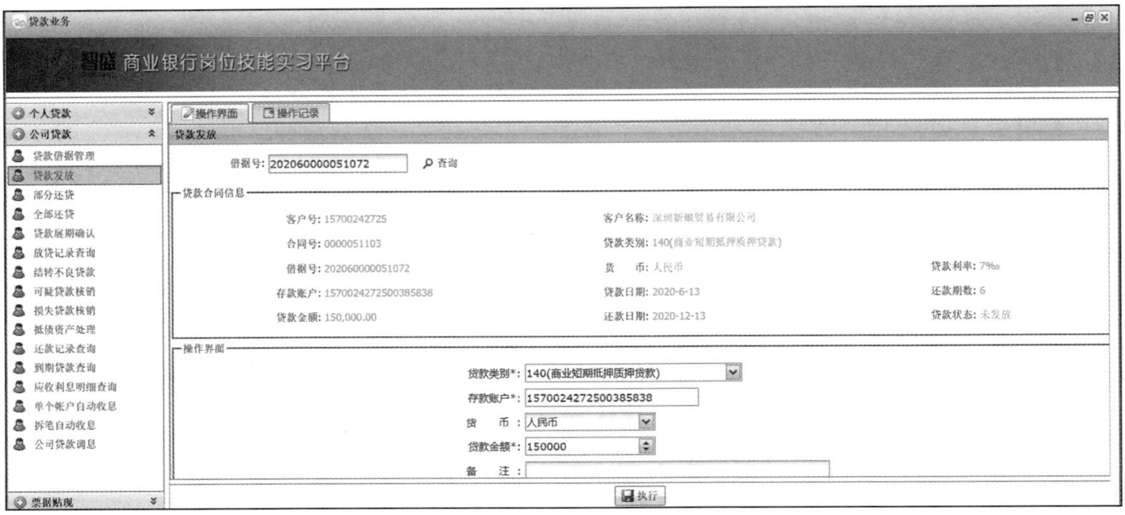

图 8.24　贷款发放

（3）部分还贷。

贷款业务—公司贷款—部分还贷

录入借据号，点击“查询”，屏幕回显贷款账户信息；在操作界面录入凭证类型：其他；还贷类型：特殊还贷；货币：人民币；还款金额：40000。

点击“执行”，完成部分还贷（见图 8.25）。

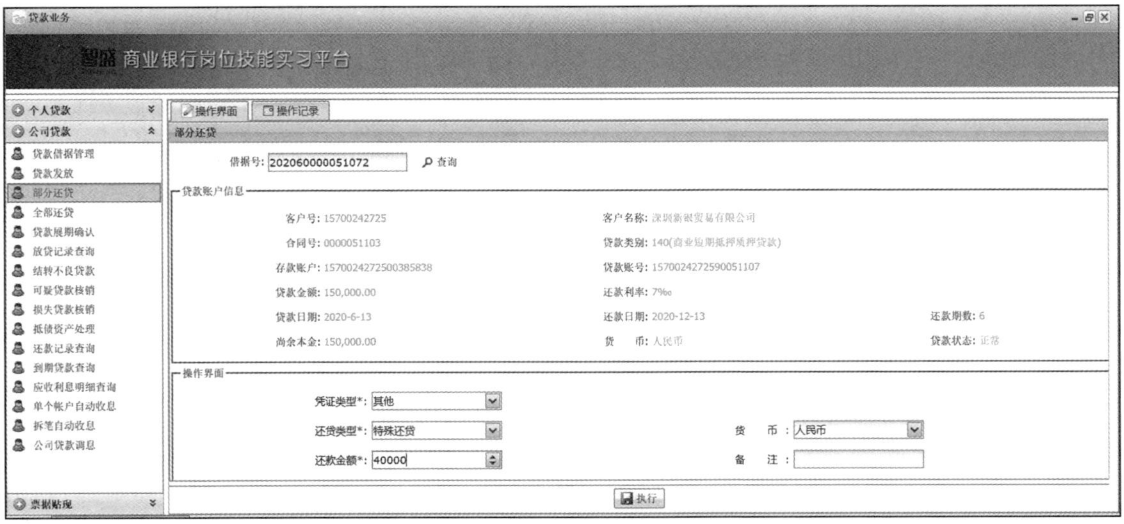

图 8.25　部分还贷

（4）结转不良贷款。

贷款业务—公司贷款—结转不良贷款

录入借据号，点击“查询”，屏幕回显贷款账户信息；在操作界面录入货币：人民币；结转日期：超过还款日期 15 个月；贷款余额：屏幕回显中的尚余本金；点击“执行”，完成操作（见图 8.26）。

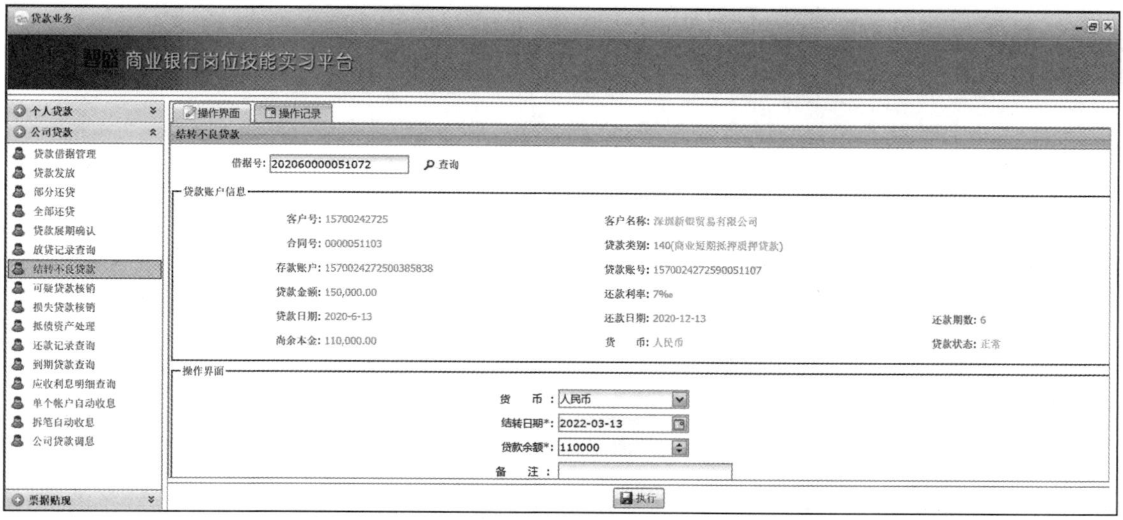

图 8.26 结转不良贷款

（5）拆笔自动收息。

贷款业务—公司贷款—拆笔自动收息

录入深圳新银贸易有限公司账号，屏幕回显存款账户信息；录入借据号，货币：人民币；收息金额：屏幕回显中的应收利息和；点击“执行”，完成操作（见图 8.27）。

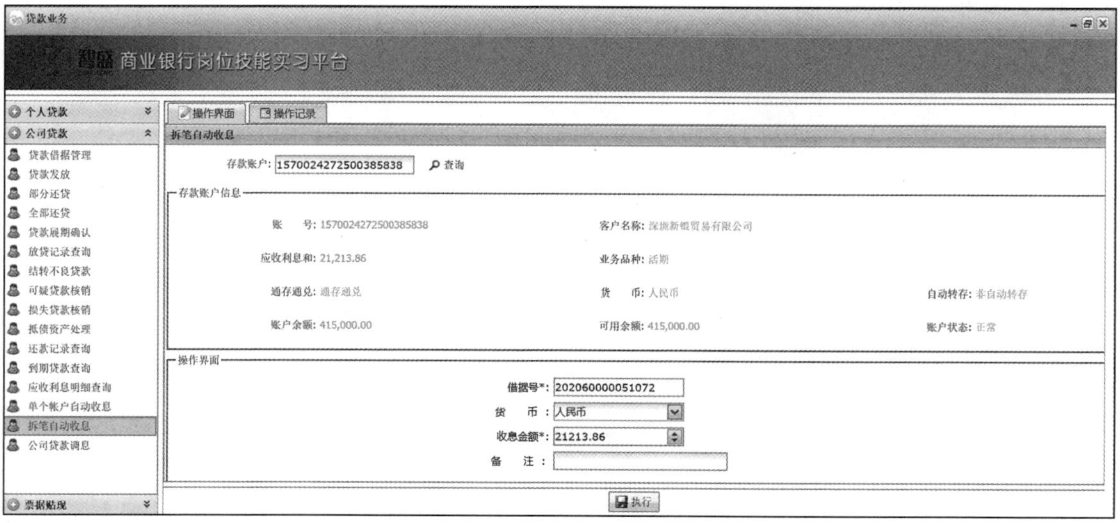

图 8.27 拆笔自动收息

（6）贷款核销。

参照重要提示的规则，选择损失贷款核销。

贷款业务—公司贷款—损失贷款核销

录入借据号，点击“查询”，屏幕回显贷款账户信息；货币：人民币；核销余额：尚余本金；点击“执行”，完成贷款核销（见图 8.28）。

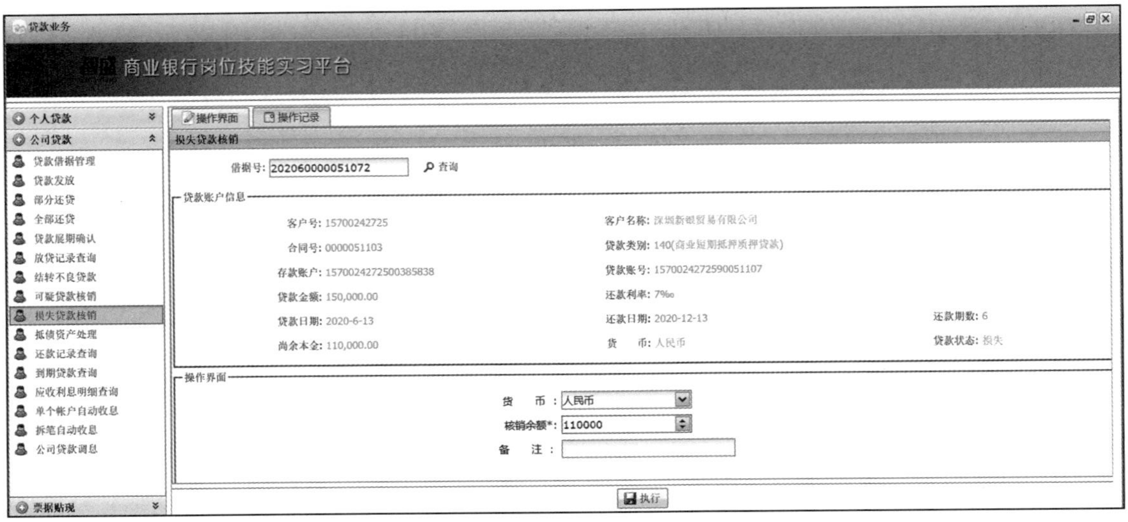

图 8.28　贷款核销

任务二小结

中期流动资金保证贷款；商业短期抵押质押贷款操作流程

核心技能与概念

贷款展期；部分还贷；结转不良贷款；拆笔自动收息；贷款核销

课堂讨论

贷款的 5 级分类是什么？

项目九

表外业务

学习目标

1. 知识目标

（1）了解表外业务的含义和业务种类。

（2）理解银行承兑汇票与贷款。

（3）掌握支付结算之间的关系。

2. 技能目标

（1）熟悉本实训平台表外业务的主要功能和操作模块。

（2）掌握表外业务的实训内容、操作步骤和业务原理。

表外业务指商业银行从事的不列入资产负债表，但影响银行当期损益的经营活动。主要包括担保类、承诺类和金融衍生交易类业务。本模块主要介绍银行承兑汇票、保函业务、收费业务和资信证明等业务的操作。

任务一　银行承兑汇票

银行承兑汇票是由在承兑银行开立存款账户的存款人出票，向开户银行申请并经银行审查同意承兑的，保证在指定日期无条件支付确定的金额给收款人或持票人的票据。银行承兑汇票是由出票人签发并由其开户银行承兑的票据。银行承兑汇票在流转过程中，分为签发托收（或背书或贴现）两个环节，本模块主要介绍签发银行承兑汇票这一环节，托收、背书或贴现环节在项目七“支付结算业务操作”和项目八“贷款业务操作”中分别介绍。

一、银行承兑的概念

银行承兑业务指签发银行承兑汇票的出票人，向其开户银行申请承兑，银行审查同意签章承兑后，将汇票交付给出票人，在约定的到期日，汇票的收款人或持票人凭票委托其开户银行办理收款，承兑银行见票后无条件支付票款的业务。

二、银行承兑的功能

商业银行开办银行承兑业务可以利用银行信用为客户提供担保，加快客户资金结算效率，推动市场信用体系的建立。随着市场经济不断丰富，企业的支付方式也不断多样化，其中银行承兑汇票是一种十分重要和有效的方式。

三、银行承兑的风险提示

（1）出票人签发银行承兑汇票必须有真实的商品交易为依据，即银行不得对外签发融资性票据。银行对签发无真实或无对价交易的汇票申请承兑的应拒绝受理，防止出票人利用银行承兑汇票拆借资金或套取其他银行贴现资金，并将此违反票据法的行为记入出票人的不良信用记录。

（2）承兑申请人应根据自身的资信情况交存相应比例的保证金，承兑行应按信用等级不同分别确定承兑申请人应交存的保证金作为担保。以存单、国库券等安全系数高、变现能力强的有价证券作质押担保的，其质押价值可相应抵冲应交存的保证金，其质押率最高不得超过 90%，但若以本行出具的存单作质押担保的，其质押率可按 100% 执行。以外资银行出具备用信用证作为银行承兑担保的，其开证金额可相应抵冲应交存的保证金，但开证银行的资信状况及备用信用证的真实性必须验证审查和确认。

（3）承兑金额大于交存保证金的差额部分，承兑申请人应提供银行认可的其他担保。

子任务一　银行承兑汇票 1

案例导入

1. 客户深圳蓝旗投资有限公司作为出票人出票一张期限 3 个月的银行承兑汇票，票据金额 2 万元，收款人为深圳仲岳股份有限公司，客户深圳蓝旗投资有限公司缴纳保证金比例 30%，手续费率 0.4‰，垫款利率 8‰，银行柜员录入此出票信息。

2. 因特殊原因，客户作废了此张银行承兑汇票，银行柜员为其办理承兑汇票作废业务。

[上机操作]

（1）承兑汇票录入。

表外业务—银行承兑汇票—承兑汇票录入

客户号：深圳蓝旗投资有限公司的客户号；出票人账号：深圳蓝旗投资有限公司账号；币种：人民币；票据号码：空闲的银行承兑汇票凭证号；票据金额：20000 ；合同号：按重要提示规则填写；收款人账号：深圳仲岳股份有限公司账号；到期日期：出票后 3 个月；保证金账号：深圳蓝旗投资有限公司账号；保证金比例（%）：30；垫款利率（‰）：8；手续费率（‰）：0.4。点击“执行”完成操作，记录借据号（见图 9.1）。

（2）承兑汇票作废。

表外业务—银行承兑汇票—承兑汇票作废

录入借据号，点击“查询”，屏幕回显票据信息；点击“执行”，完成作废操作（见图 9.2）。

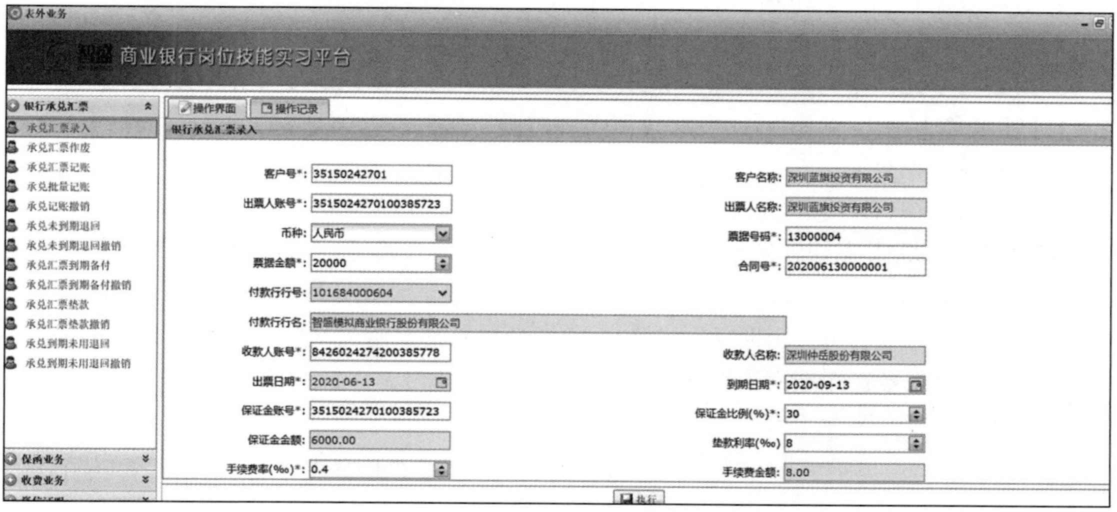

图 9.1　承兑汇票录入

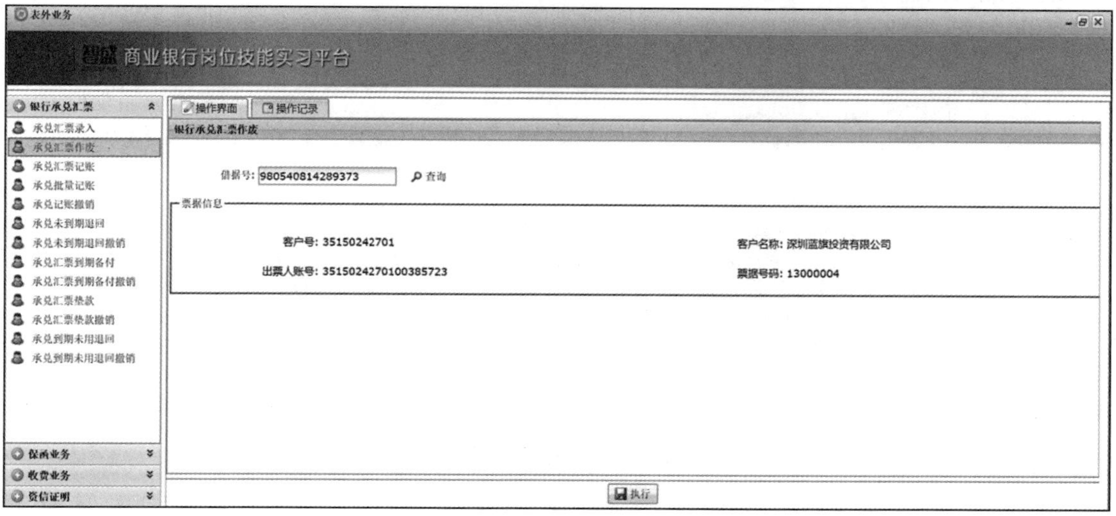

图 9.2　承兑汇票作废

子任务二　银行承兑汇票 2

案例导入

1. 客户深圳南庆钢铁贸易有限公司作为出票人出票一张期限 3 个月的银行承兑汇票，票据金额 1 万元，收款人为深圳新银贸易有限公司，客户深圳南庆钢铁贸易有限公司缴纳保证金比例 40%，手续费率 0.5‰，垫款利率 10‰，银行柜员录入此出票信息。

2. 银行柜员为深圳南庆钢铁贸易有限公司办理承兑汇票记账业务。

3. 银行承兑汇票未到期被退回处理，银行进行相关操作，未进行过挂失操作。（日期自行根据情况选择）

4. 客户通知取消未到期退回，银行柜员为其办理承兑未到期退回撤销业务。

5. 因银行承兑汇票到期，持票人来银行办理到期备付业务，银行柜员为其办理。

[上机操作]

（1）承兑汇票录入。

表外业务—银行承兑汇票—承兑汇票录入

客户号：深圳南庆钢铁贸易有限公司客户号；出票人账号：深圳南庆钢铁贸易有限公司对公账号；币种：人民币；票据号码：银行承兑汇票空闲凭证号；票据金额：10000；合同号：按重要提示规则填写；收款人账号：深圳新银贸易有限公司账号；到期日在出票日后3个月；保证金账号：深圳南庆钢铁贸易有限公司对公账号；保证金比例（%）：40；垫款利率：10；手续费率（‰）：0.5。

点击“执行”，记录借据号，完成银行承兑汇票录入（见图 9.3）。

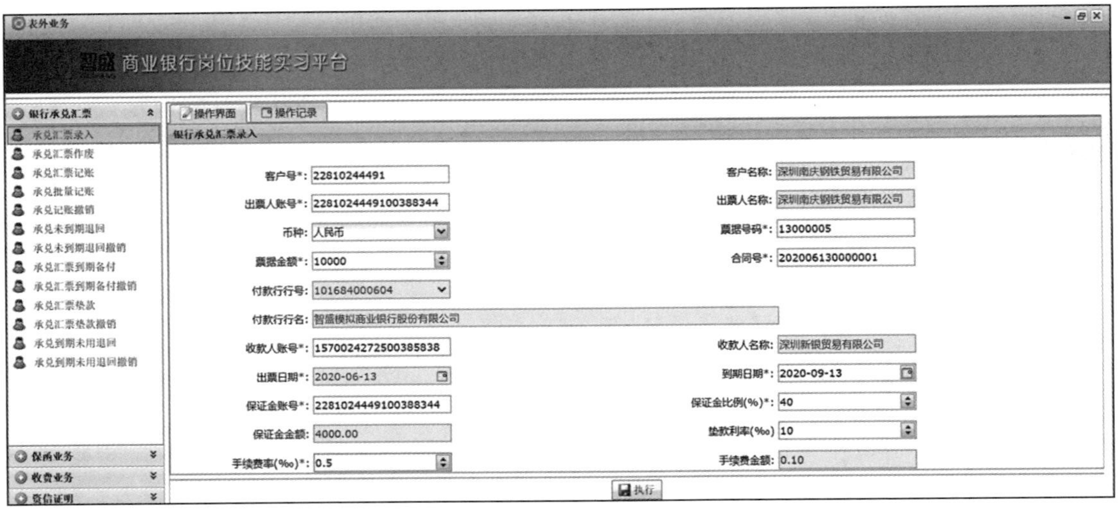

图 9.3　承兑汇票录入

（2）承兑汇票记账。

表外业务—银行承兑汇票—承兑汇票记账

录入借据号，点击“查询”，屏幕回显票据信息；点击“执行”，完成承兑汇票记账（见图 9.4）。

（3）承兑未到期退回。

录入借据号，点击“查询”，屏幕回显票据信息；退回日期：日期自行选择；是否挂失：否。点击“执行”，完成退回（见图 9.5）。

（4）承兑未到期退回撤销。

表外业务—银行承兑汇票—承兑未到期退回撤销

录入借据号，点击“查询”，屏幕回显票据信息；点击“执行”，完成操作（见图 9.6）。

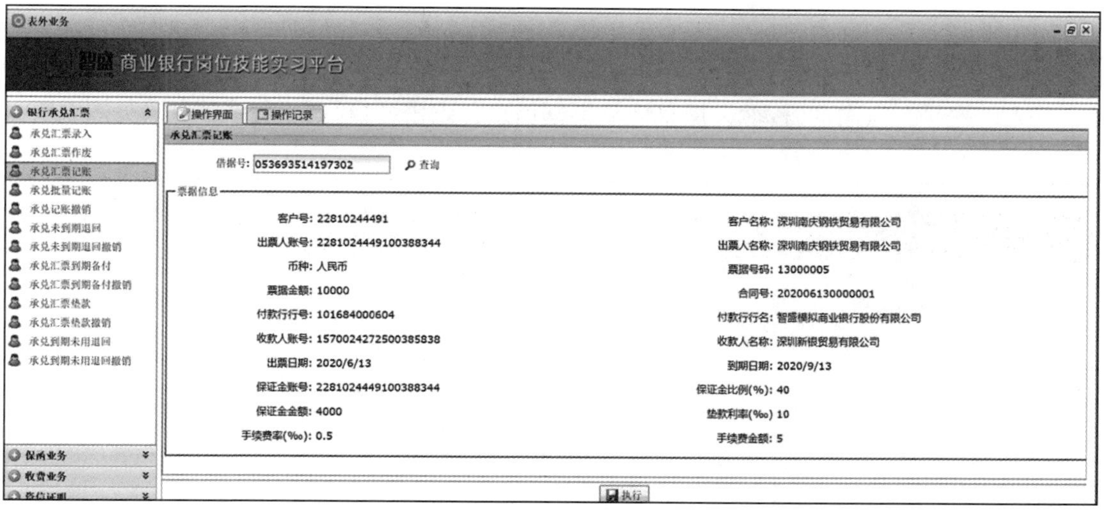

图 9.4　承兑汇票记账

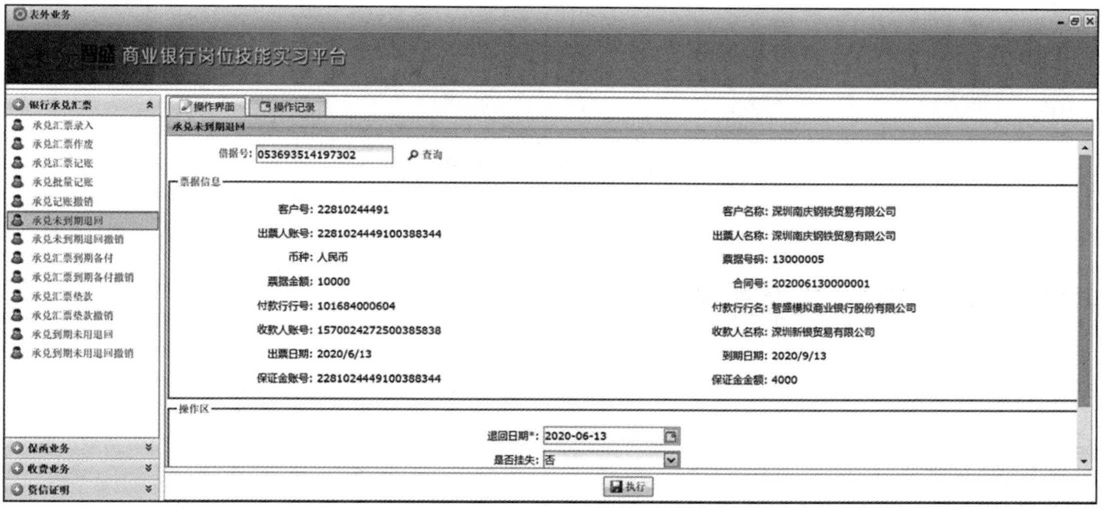

图 9.5　承兑未到期退回

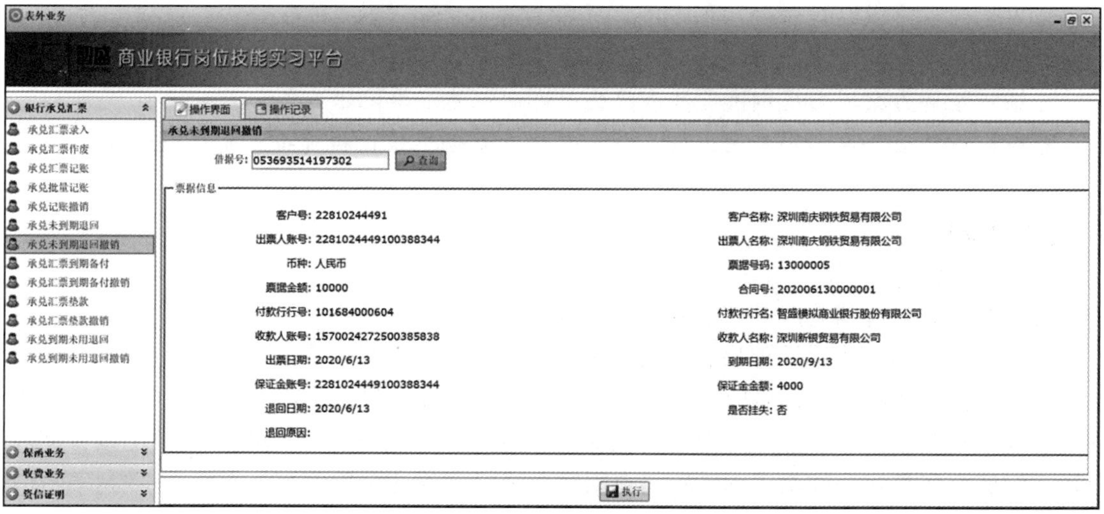

图 9.6　承兑未到期退回撤销

（5）承兑汇票到期备付

表外业务—银行承兑汇票—承兑汇票到期备付

录入借据号，点击“查询”，屏幕回显票据信息；点击“执行”，完成操作（见图 9.7）。

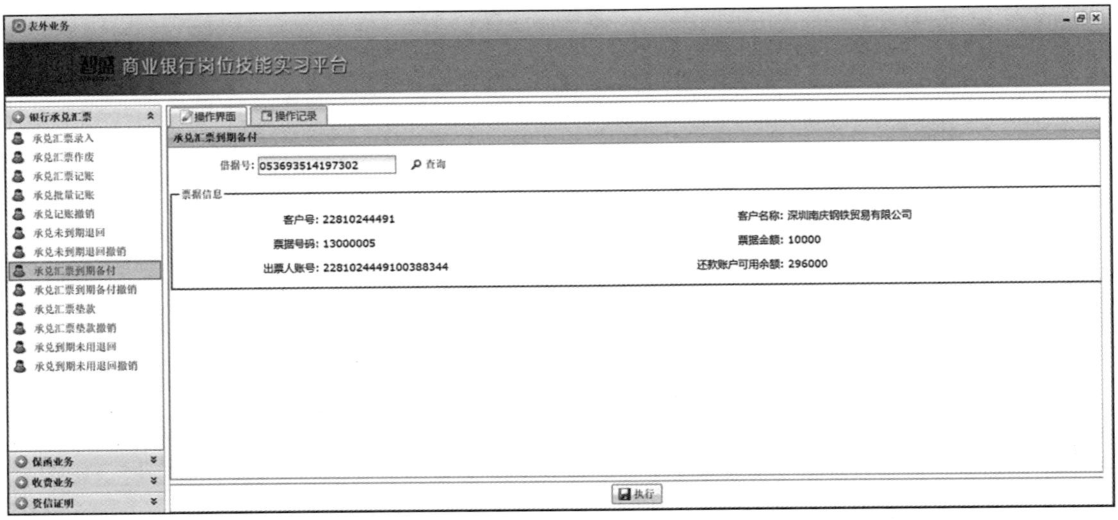

图 9.7　承兑汇票到期备付

子任务三　银行承兑汇票 3

案例导入

1. 客户深圳南庆钢铁贸易有限公司作为出票人出票 1 张期限半年的银行承兑汇票，票据金额 1 万元，客户缴纳保证金比例 50%，手续费率 0.5‰，垫款利率 15‰，收款人为深圳仲岳股份有限公司，银行柜员录入此出票信息。

2. 银行柜员为深圳南庆钢铁贸易有限公司办理承兑汇票记账业务。

3. 银行承兑汇票在到期日被退回，作未用退回处理，银行柜员将为其办理到期未用退回业务。

[上机操作]

（1）承兑汇票录入。

表外业务—银行承兑汇票—承兑汇票录入

客户号：深圳南庆钢铁贸易有限公司客户号；出票人账号：深圳南庆钢铁贸易有限公司账号；币种：人民币；票据号码：空闲的银行承兑汇票凭证号；票据金额：10000；合同号：按重要提示规则填写；收款人账号：深圳仲岳股份有限公司账号；到期日期：出票日期后 6 个月；保证金账号：深圳南庆钢铁贸易有限公司账号；保证金比例 %：50；垫款利率（‰）：

15；手续费率（‰）：0.5。

点击“执行”，完成操作并记录借据号（见图 9.8）。

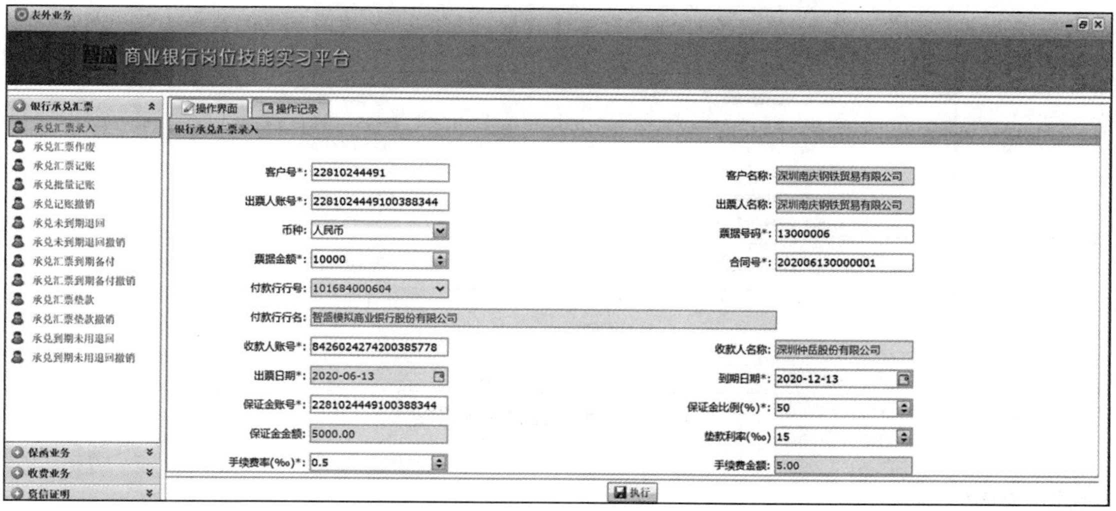

图 9.8　承兑汇票录入

（2）承兑汇票记账。

表外业务—银行承兑汇票—承兑汇票记账

录入借据号，点击“查询”，屏幕回显票据信息；点击“执行”，完成操作（见图 9.9）。

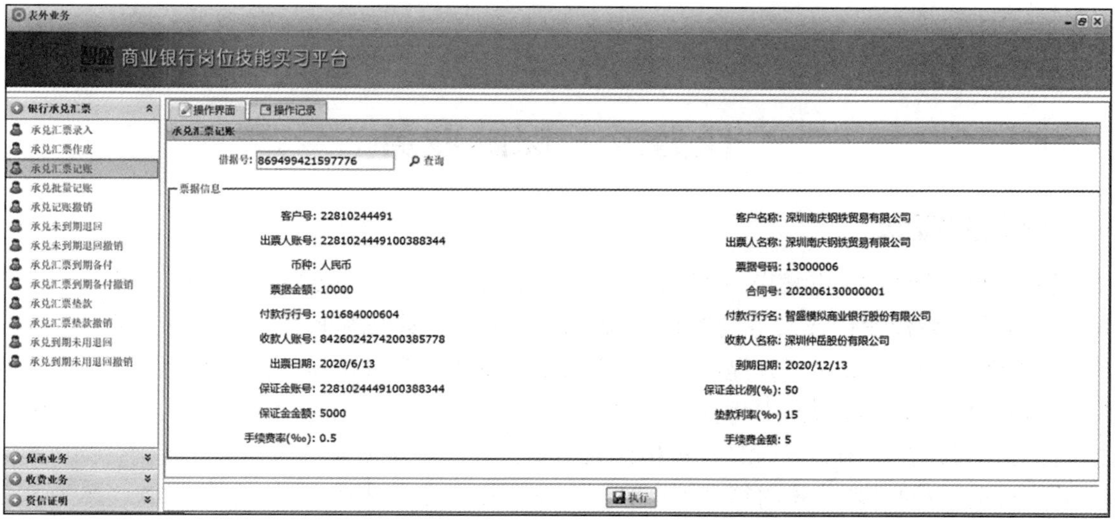

图 9.9　承兑汇票记账

（3）承兑到期未用退回。

表外业务—银行承兑汇票—承兑到期未用退回

录入借据号，点击“查询”，屏幕回显票据信息；点击“执行”，完成操作（见图 9.10）。

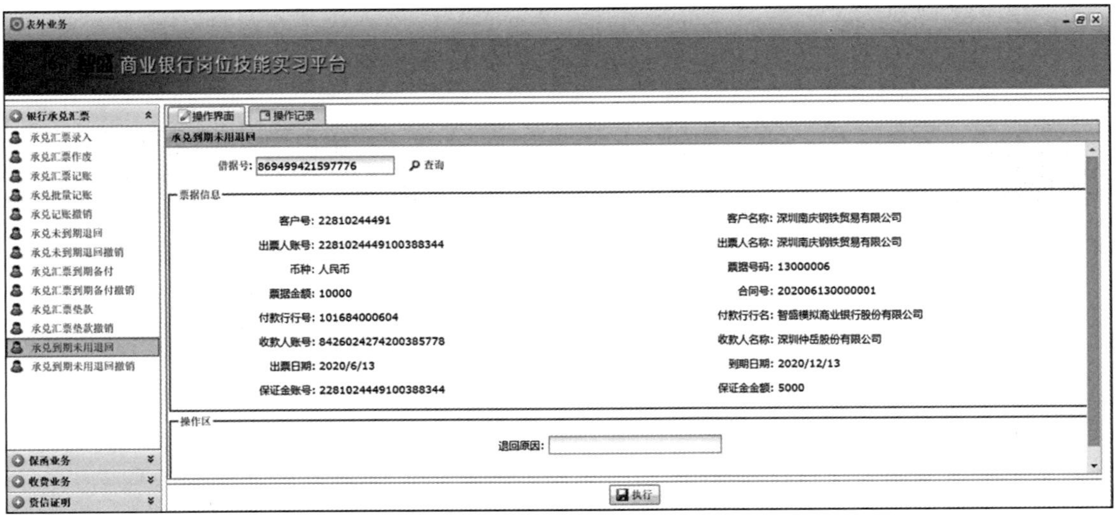

图 9.10　承兑到期未用退回

任务一小结

承兑汇票作废、承兑未到期退回、承兑到期未用退回操作流程

核心技能与概念

承兑汇票录入；承兑汇票记账；未到期退回撤销

课堂讨论

当票据状态为已签发的时候，还能进行到期未用退回操作吗？

任务二　保函业务

一、保函的概念

保函就是商业银行应某交易（贸易、合约等）的一方当事人要求，而向交易的另一方担保该交易项下某种责任或义务的履行所做出的，在一定期限内承担一定金额支付责任或经济赔偿责任，并由其或第三方提供反担保业务的书面付款保证承诺。保函包括委托人与收益人。委托人指保函基础合同中付款、履约的义务人，在申请保函时称申请人，在签订保函协议时称委托人，在保函签发时又称被担保人。委托人的特定债务行为指保函基础合同（又称主债务合同）中的付款、履约等义务行为。受益人指在保函基础合同中接收付款、履约等义务的权利人，同时是保函的接收人。

二、保函的内容

（1）保函的受益人名称及其地址。

（2）保函申请人名称及其地址。

（3）保函的种类及保函的担保目的。

（4）与保函有关的合同号、招标号或有关工程项目名称。

（5）保函的担保金额及使用的货币。

（6）保函的担保期限。

（7）保函的赔付条款，即保函的付款承诺及有关索赔条件的具体规定。

三、保函的种类

银行保函包括履约保函、不上网保函、上网保函、预付款保函、投标保函、维修保函、预留金保函、税款保付反担保函、海关风险保证金保函等。

（1）履约保函，指应劳务方和承包人（申请人）的请求，向工程的业主方（受益人）所做出的一种履约保证承诺。倘若履约责任人日后未能按合约的规定按期、按质、按量地完成所承建的工程，以及未能履行合约项下的其他业务，银行将向业主方支付一笔不超过担保金额的款项。该款项通常相当于合约总金额 5% ～ 10%。

（2）预付款保函，又称还款担保，指向工程业主（受益人）保证，如申请人未能履约或未能全部按合同规定使用预付款时，则银行负责返还担保函规定金额（或未还部分）的预付款。预付款担保的担保金额不应超过承包人收到的工程预付款总额。

（3）投标保函，指投标人（申请人）做出保证，在投标人报价的有效期内，投标人将遵守其诺言，不撤标、不改标，不更改原报价条件，并且在其一旦中标后，将按照招标文件的规定及投标人在报价中的承诺，在一定时间内与招标人签订合同，如投标人违约，银行将在担保额度的范围内向招标人支付约定金额的款项。该金额数通常为投标人报价总额的 1% ～ 5% 不等。

（4）维修保函，指应承包方（申请人）的请求，向工程业主（受益人）保证，在工程质量不符合合同规定，承包方（申请人）又不能维修时，由银行按担保函规定金额赔付工程业主。该款项通常为合同价款的 5% ～ 10%。

（5）预留金保函，又称留滞金担保，指应承包方（申请人）的请求，向工程业主（受益人）保证，在承包方（申请人）提前支取合同价款中尾欠部分款项而不能按期归还时，由银行负责返还担保函规定金额的预留金款项。通常为合同价款的 5% ～ 10%。

（6）税款保付反担保函，指对在银行开户的加工贸易企业，银行可为该企业出具以中国银行为受益人的反担保函。加工贸易企业在开展加工贸易业务中为免向海关缴纳税款保证金，需委托中国银行出具以海关为受益人的税款保付保函。

（7）海关风险保证金保函，指企业在开展加工贸易业务中需要向海关缴纳风险保证金时，向银行申请出具以海关为受益人的保函业务。

案例导入

1. 深圳新银贸易有限公司基本户缴纳 50% 保证金，开立了一张半年期投标保函，结算账户为保证金账号，借据金额 5 万元，开立之后进行打印。

2. 银行对深圳新银贸易有限公司的投标保函进行表外收入记账，手续费率为 0.5‰，垫款利率 8‰。

3. 银行对保函进行表外付出记账。（根据账户可用余额进行选择，当可用余额足够支付

借据金额，交易类型为正常；当可用余额不足以支付借据金额，交易类型为赔付）

[上机操作]

（1）–1 保函打印—创建保函

表外业务—保函业务—保函打印

点击“创建保函”，在弹出框内录入以下信息。

客户号：深圳新银贸易有限公司客户号；货币：人民币；凭证号码：空闲的保函凭证号；合同到期日期：开始日期后 6 个月；保证金账号、结算账号：深圳新银贸易有限公司活期账号；借据金额：50000；保证金比例（‰）：50，保证金金额：25000；保函品种：投标保函。点击“执行”，完成操作并记录系统生成的借据号（见图 9.11）。

图 9.11　创建保函

（1）–2 保函打印—打印保函。

点击“查询”，选中已创建的保函信息，点击“打印保函”，在弹出框中点击“执行”，完成操作（见图 9.12）。

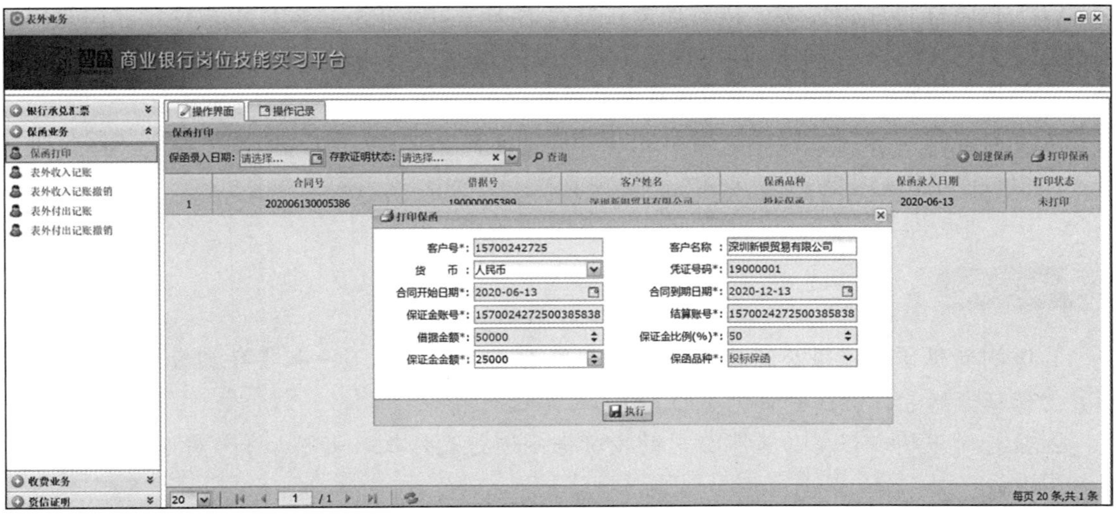

图 9.12　打印保函

（2）表外收入记账。

表外业务—保函业务—表外收入记账

录入借据号，点击“查询”，屏幕回显保函信息；手续费率（‰）：0.5；手续费：系统自动计算；垫款利率（‰）：8；凭证号码：保函打印中使用的凭证号码。

点击“执行”，完成操作（见图 9.13）。

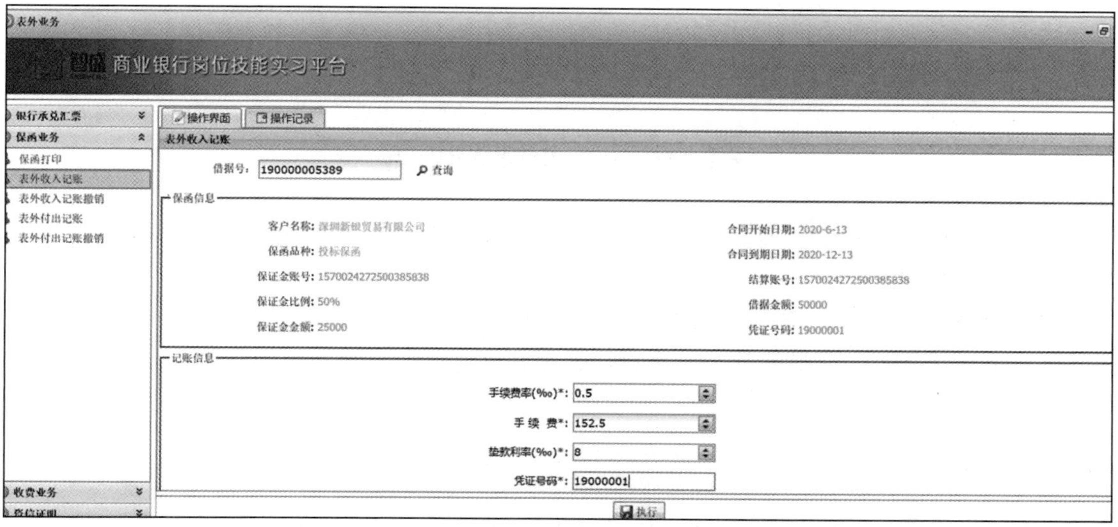

图 9.13　表外收入记账

（3）表外付出记账。

表外业务—保函业务—表外付出记账

录入借据号，点击“查询”，屏幕回显保函信息；付出金额：50000；交易类型：根据账户可用余额进行选择，当可用余额足够支付借据金额，交易类型为正常；当可用余额不足以支付借据金额，交易类型为赔付。

点击“执行”，完成操作（见图 9.14）。

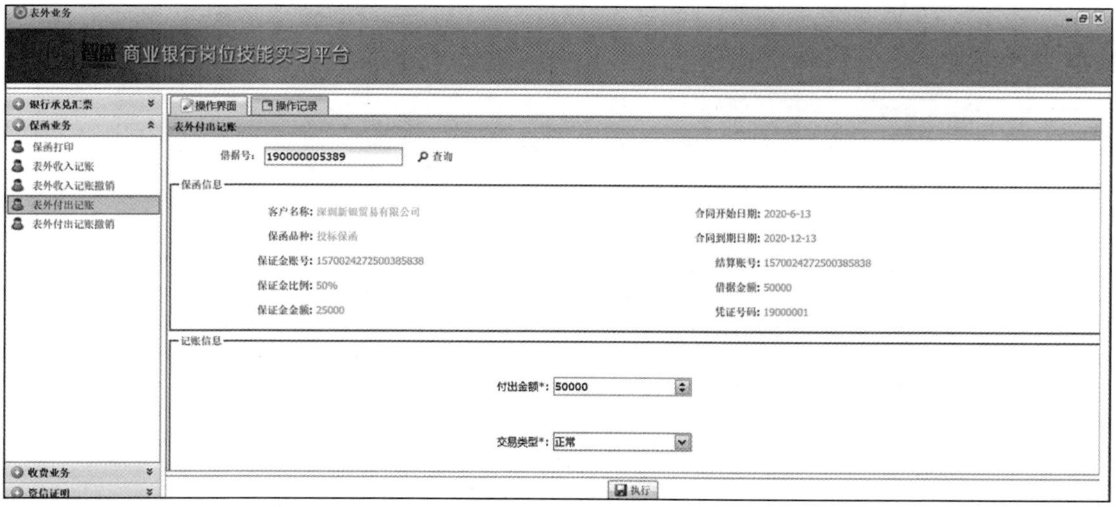

图 9.14　表外付出记账

任务二小结

创建保函、打印保函、表外收入记账、表外付出记账业务的操作流程

核心技能与概念

打印保函；表外收入记账；表外付出记账

课堂讨论

保证金比例范围为多少？

任务三　收费业务

银行收费业务通常指在为客户办理业务并提供相关服务时所收取的各种服务费用和手续费，主要以中间业务收费为主。

业务收费一般可分为10类：支付结算类、银行卡类、代理业务类、理财业务类、担保业务类、承诺业务类、交易业务类、基金托管业务类、咨询顾问类和其他类。

案例导入

肖可可女士持443136198602020568身份证来银行开立一个I类借记卡账户，预留的手机号为15587241365，家庭地址为深圳宝安33区裕安居2栋305，账户一次性存入现金2万元，银行现金收取工本费10元。

[上机操作]

（1）开个人客户号。

个人业务—个人账户管理—开个人客户号

根据任务说明中的内容，录入客户信息（红色*号内容为必输项），点击“执行”，记录客户号（见图9.15）。

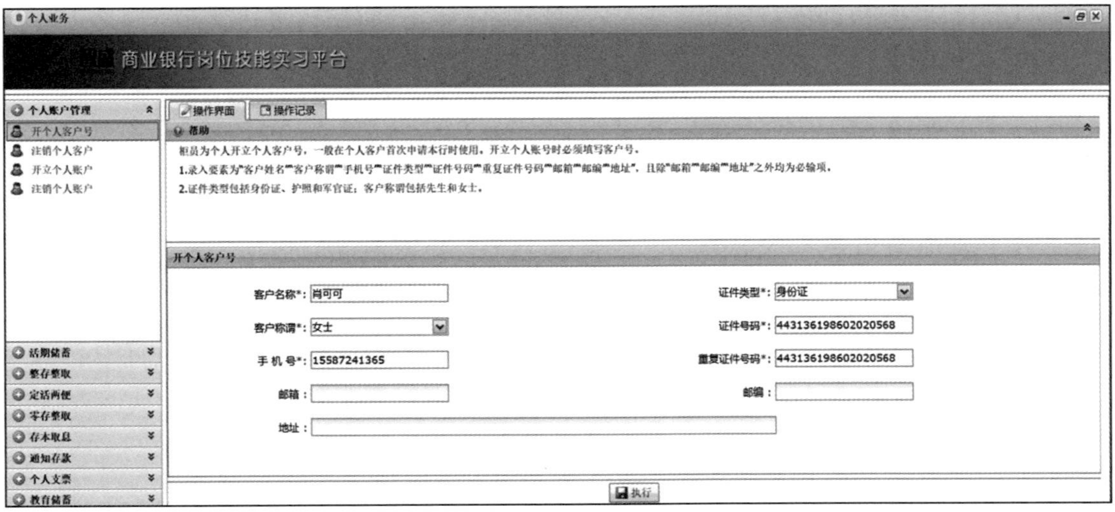

图9.15　开个人客户号

（2）开立个人账户。

个人业务—个人账户管理—开立个人账户

录入客户号，点击“查询”，屏幕回显客户信息；根据任务说明录入关键字信息，点击“执行”，记录系统生成账号，完成操作（见图 9.16）。

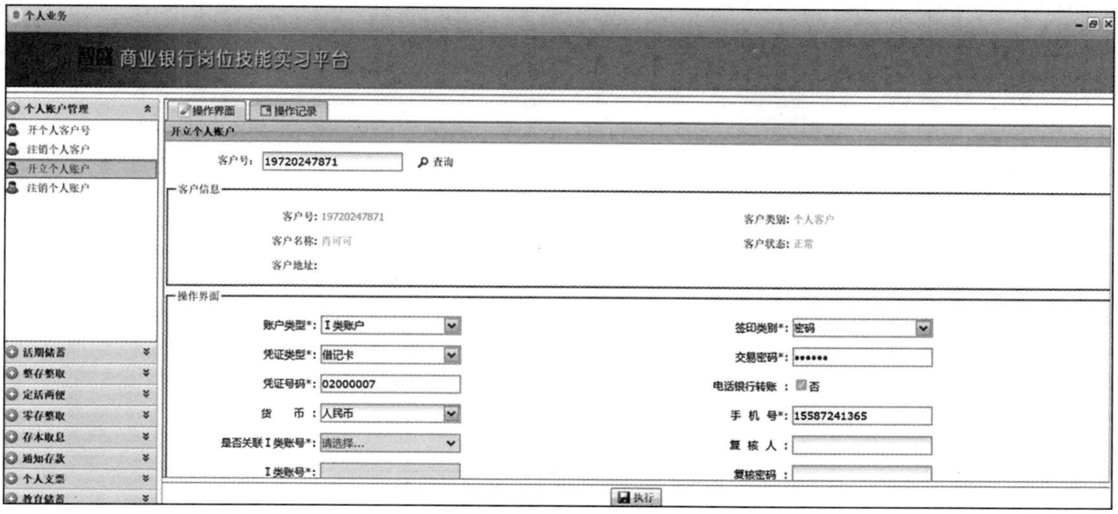

图 9.16 开立个人账户

（3）借记卡活期存款。

个人业务—活期储蓄—借记卡活期存款

输入账号，点击“查询”，选中信息条，点击存款，金额：20000；点击“执行”，完成操作（见图 9.17）。

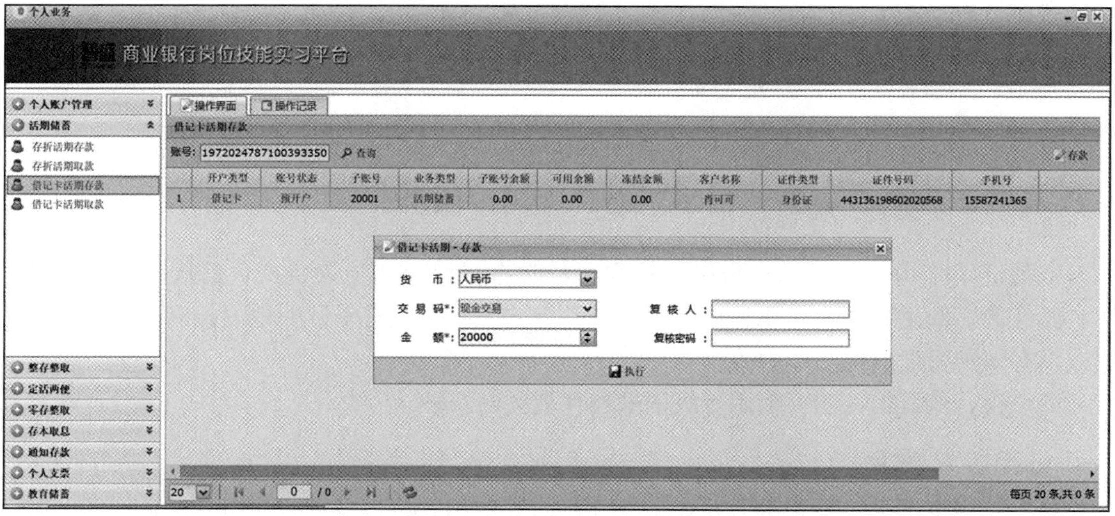

图 9.17 借记卡活期存款

（4）手工收取费用。

表外业务—收费业务—手工收取费用

录入账号，点击“查询”，屏幕回显账户信息，付费方式：现金；证件类型：身份证；证件号码：肖可可身份证号；费种类型：工本费；付费金额：10。

点击“执行”，完成操作（见图 9.18）。

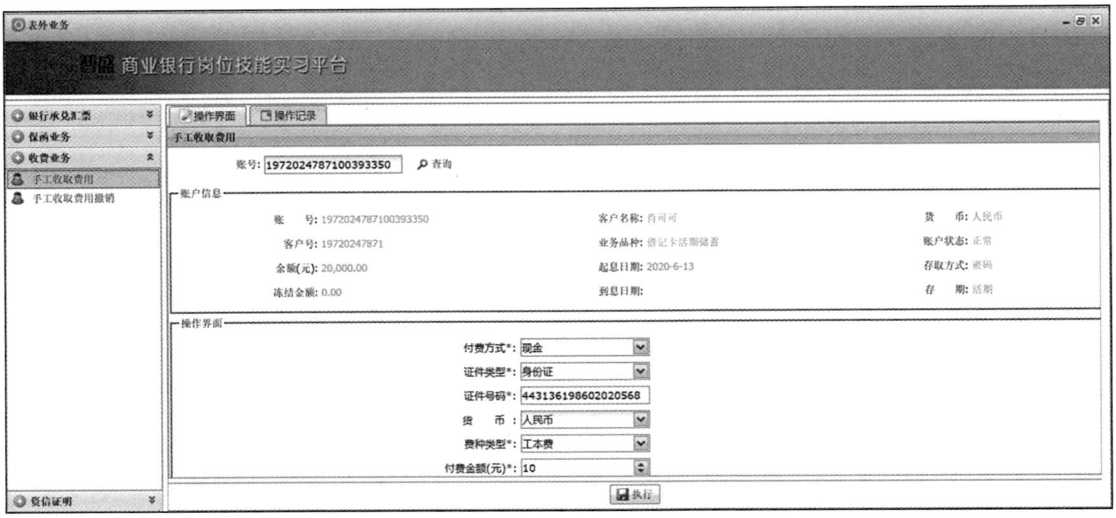

图 9.18　手工收取费用

任务三小结

收费业务的操作方法

核心技能与概念

手工收取费用、费种类型、付费金额

课堂讨论

“账号”“付费类型”“证件号码”“货币”“费种类型”“付费金额”均为必输项吗？

任务四　资信证明

资信证明指由银行或其他金融机构出具的具有足以证明他人资产、信用状况的各种文件、凭证等。此类证明文件不论以何种名义、形式出具，核心是证明他人拥有某项资产、债权或具有何种程度的经济实力等。

商业银行的资信证明有信用等级证书和存款证明两种。

（一）信用等级证书

信用等级证书是银行根据客户申请，经过对其信用状况进行调查、审核、评定后，其信用评级结果对外出具并仅用于专门用途的证明文件。

（二）存款证明业务

凡在银行开户的单位或个人因项目招标或其他经济事项的需要，可向银行提出申请出具存款证明。

（1）申请人为单位的，需提供单位经办人身份证件、单位介绍信或单位授权委托书及存款证明接收方要求出具存款证明的书面依据或其他有关证明材料，如公开招标的标书，发布招标信息的报刊、网站、网页资料，政府部门的公告、简报等。

（2）申请人为个人的，本人前来办理，出示有效身份证件及存款证明接收方要求出具存款证明的书面依据。

（3）存款证明仅证明申请人在证明开立前一日在银行的存款余额，而且不具备银行担保效力。对被公、检、法、税、海关等有权部门冻结的款项不得开具存款证明。

子任务一　资信证明业务 1

案例导入

1. 吕云女士因为出国旅游持借记卡来银行开立 1 份存款证明，证明金额 10 万元，证明书用途出国金融，是否贷款为否，自己亲自办理，半年后到期。

2. 吕云女士在证明生效日期之后刚好 3 个月的时候来办理存款证明提前解冻，银行柜员为其办理。

[上机操作]

（1）开立存款证明交易。

表外业务—资信证明—开立存款证明交易

点击“开立存款证明”，在弹出框中录入账户相关信息填写的账号余额必须大于 100000 元，不足的要补存）；打印份数：1；证明金额：100000；证明书用途：出国金融；是否贷款：否；证明到期日期：生效日期后 6 个月；起始凭证号：空闲存款证明凭证号。

点击“执行”，完成操作（见图 9.19）。

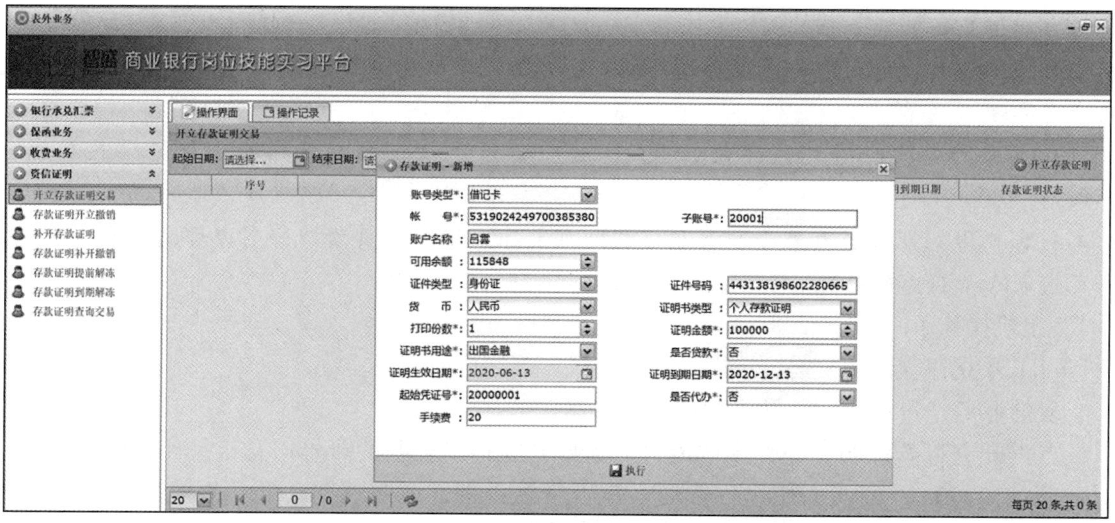

图 9.19　开立存款证明交易

（2）存款证明提前解冻。

点击查询，选中需要提前解冻的信息条，点击“存款证明提前解冻”，在弹出框内录入提前解冻日期：生效日期之后 3 个月；是否代办：否。点击“执行”，完成操作（见图 9.20）。

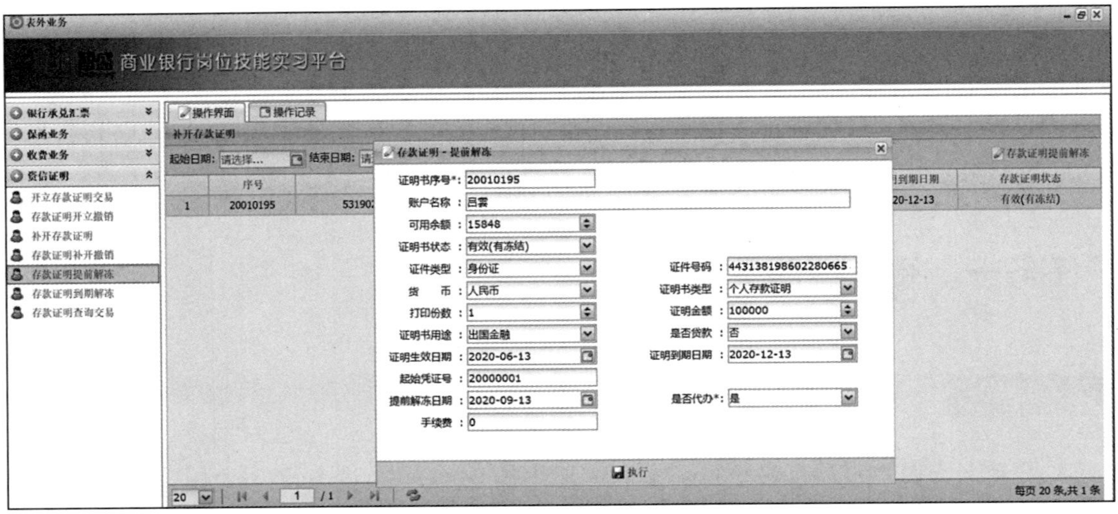

图 9.20　存款证明提前解冻

子任务二　资信证明业务 2

案例导入

1. 深圳蓝旗投资有限公司法定代表人使用基本户来银行开立 2 份存款证明，证明金额 30 万元，证明用途普通，是否贷款为否，法定代表人亲自办理，3 个月之后到期，银行柜员为其办理该业务。

2. 深圳蓝旗投资有限公司财务遗失所有存款证明之后，来银行办理补开业务，法定代表人亲自办理。

3. 公司财务找回遗失的存款证明，来银行办理存款证明补开撤销，法定代表人亲自办理。

4. 客户于到期日当天来办理存款证明到期解冻，银行柜员为该公司办理到期解冻业务，法定代表人亲自前来办理。

[上机操作]

（1）开立存款证明交易。

表外业务—资信证明—开立存款证明交易

点击开立存款证明，在弹出框内录入需要开立存款证明的账号信息；打印份数：2；证明金额：300000；证明书用途：普通；是否贷款：否；证明到期日期：生效日期 3 个月之后；起始凭证号：空闲的存款证明凭证号。

点击“执行”，完成操作（见图 9.21）。

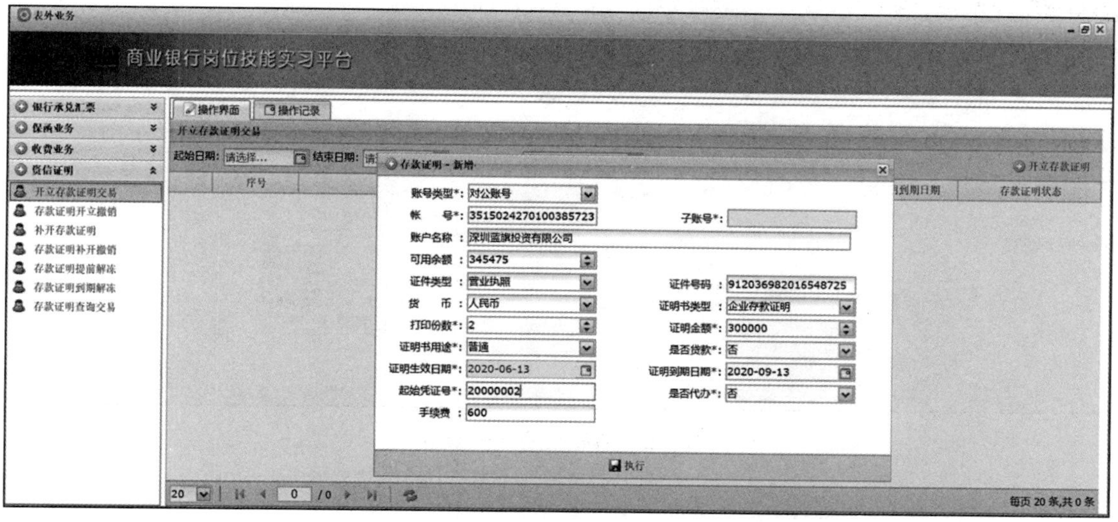

图 9.21　开立存款证明交易

（2）补开存款证明。

点击“查询”，选中需要补开存款证明的信息条。点击“补开存款证明”，在弹出框内录入需补开凭证号：遗失的存款证明凭证号；补开起始凭证：空闲的存款证明凭证号。

点击“执行”，完成操作（见图 9.22）。

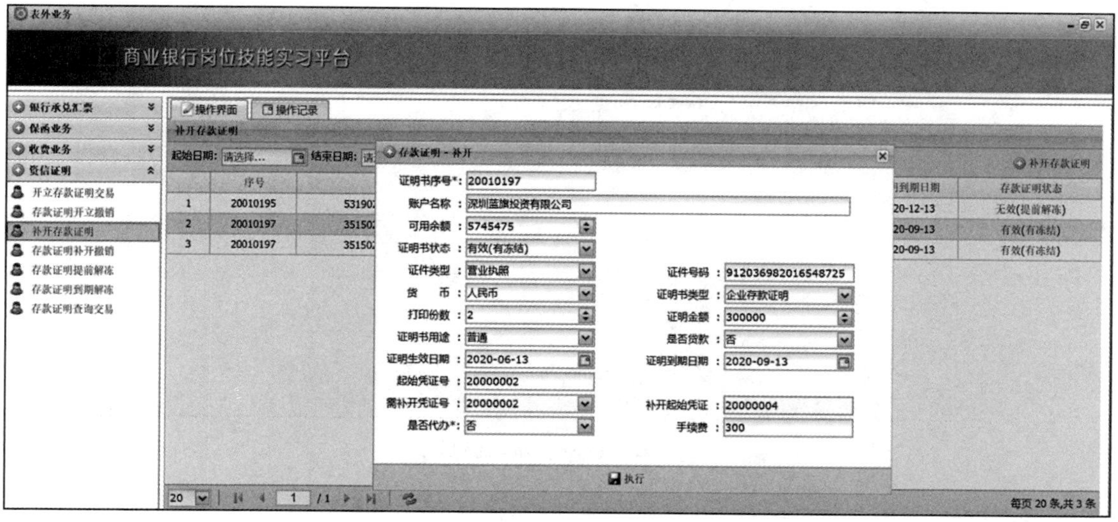

图 9.22　补开存款证明

（3）存款证明补开撤销。

表外业务—资信证明—存款证明补开撤销

点击“查询”，选中需撤销的补开信息条，点击“存款证明补开撤销”，录入是否代办：否。点击“执行”，完成操作（见图 9.23）。

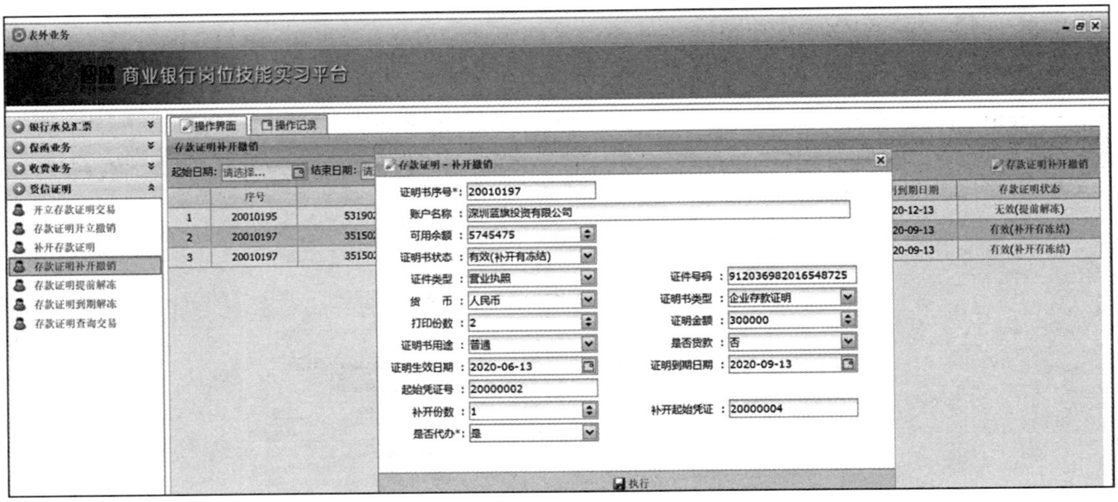

图 9.23　存款证明补开撤销

（4）存款证明到期解冻。

表外业务—资信证明—存款证明到期解冻

点击“查询”，选中需解冻的存款证明信息条，点击“存款证明到期解冻”，在弹出框内录入解冻日期：证明生效日期后 3 个月；是否代办：否。

点击“执行”，完成操作（见图 9.24）。

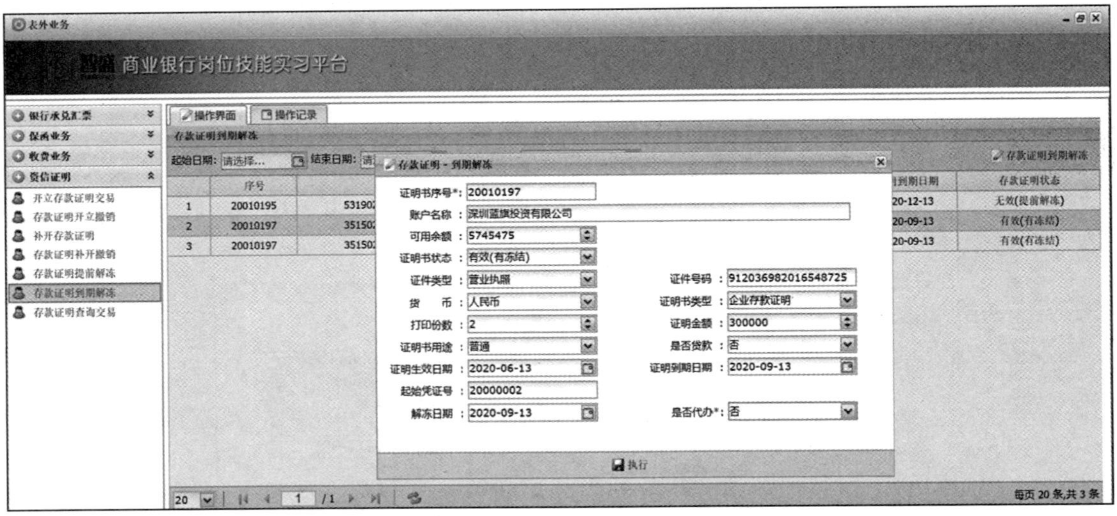

图 9.24　存款证明到期解冻

任务四小结

资信证明业务的操作方法

核心技能与概念

存款证明；补开存款证明；存款证明补开撤销

课堂讨论

补开存款证明一次开立最多 10 份，总份数不能超过多少份？

项目十

网银业务

学习目标

1. 知识目标

（1）了解网银业务的功能和优势，熟悉个人网银业务与企业网银业务的区别。

（2）熟悉网银修改中的注册管理、账户管理、操作员管理和证书管理的关联性。

（3）理解网银签约中信息查询、关联账户与网银证书之间的关系。

2. 技能目标

掌握网银签约、网银修改、网银撤销业务的操作要点。

网上银行（简称网银）是商业银行在互联网中设立的虚拟柜台，银行利用网络技术，通过互联网向客户提供开户、销户、查询、对账、行内转账、跨行转账、信贷、网上证券、投资理财等传统服务项目，使客户足不出户就能够安全、便捷地管理活期和定期存款、支票、信用卡及个人投资等。

网上银行的特点是客户只要拥有账号和密码，便能在世界各地通过互联网，进入网络银行处理交易，与传统银行业务相比，网上银行的优势体现在三个方面。

1. 大大降低银行经营成本，有效提高银行盈利能力

开办网上银行业务，主要利用公共网络资源，不需设置物理的分支机构或营业网点，减少了人员费用，提高了银行后台系统的效率。

2. 无时空限制，有利于扩大客户群体

网上银行业务打破了传统银行业务的地域、时间限制，即能在任何时候、任何地方、以任何方式为客户提供金融服务，这既有利于吸引和保留优质客户，又能主动扩大客户群，开辟新的利润来源。

3. 有利于服务创新，向客户提供多种类、个性化服务

通过银行营业网点销售保险、证券和基金等金融产品，往往受到很大限制，主要是由于一般的营业网点难以为客户提供详细的低成本的信息咨询服务。利用互联网和银行支付系统，容易满足客户咨询、购买和交易多种金融产品的需求，客户除办理银行业务外，还可以很方便地在网上买卖股票、债券等，网上银行能够为客户提供更加合适的个性化金融服务。按照服务对象，通常可以把网上银行分为个人网上银行和企业网上银行两种。

（1）个人网上银行。

主要适用于个人和家庭的日常消费支付与转账。客户可以通过个人网上银行服务，完成实时查询、转账、网上支付和汇款功能。个人网上银行服务的出现，标志着银行的业务触角直接伸展到个人客户的家庭 PC 桌面上，方便使用。

（2）企业网上银行。

主要针对企业与政府部门等企事业客户。企事业组织可以通过企业网上银行服务实时了解企业财务运作情况，及时在组织内部调配资金，轻松处理大批量的网上支付和工资发放等业务。

任务一　个人网银

案例导入

赵一生来银行办理网银签约业务，绑定了 USBKey8310307880，设置限额单笔 5000 元，日累计 2 万元。

[上机操作]

（1）个人网银签约—信息查询。

网银签约—个人网银签约

在个人网银签约信息查询选项卡中录入赵一生借记卡账号，屏幕回显该账户相关信息，点击“执行”，完成操作（见图 10.1）。

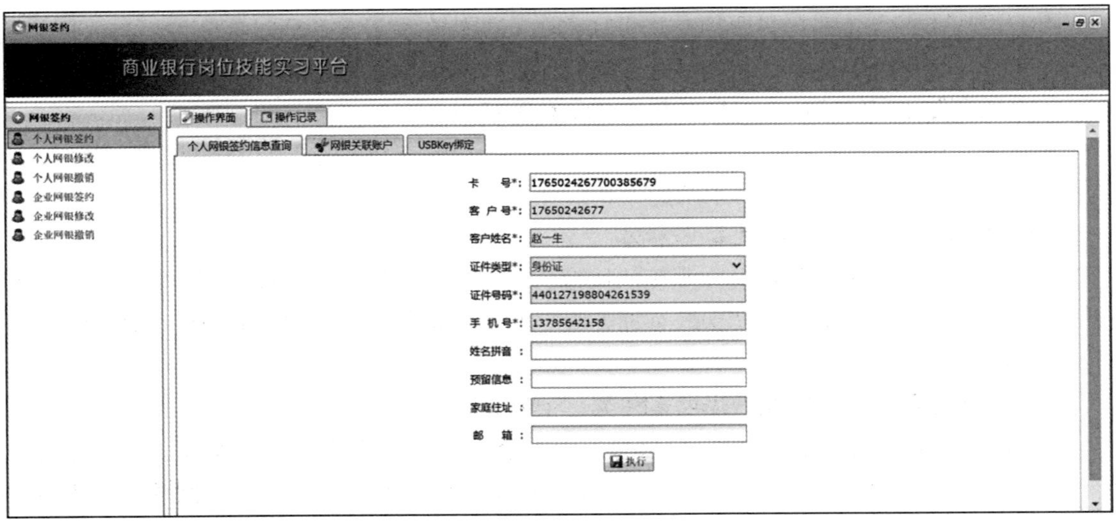

图 10.1　信息查询

（2）个人网银签约—USBKey 绑定

客户号：赵一生客户号；USBKey 编号：8310307880；单笔限额：5000；日累计限额：20000。点击“执行”，完成操作（见图 10.2）。

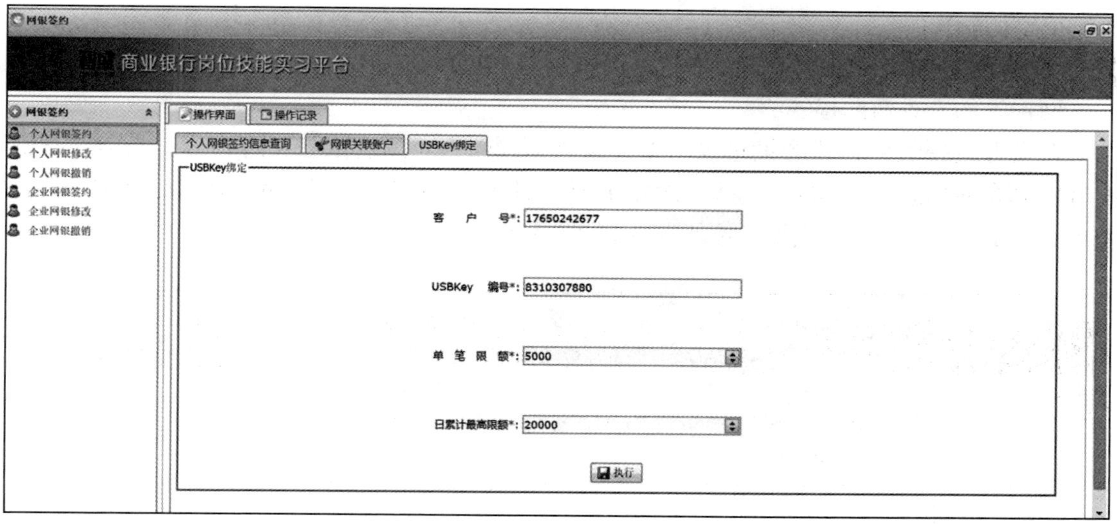

图 10.2　USBKey 绑定

任务一小结

个人网银业务的操作流程

核心技能与概念

个人网银签约；USBKey 绑定

课堂讨论

绑定了 USBKey 的账户，最高单笔限额为 100 万元人民币吗?

任务二　企业网银

案例导入

1. 深圳新银贸易有限公司法定代表人曾微（身份证 433127198804171568，手机号 13919182388）来银行办理企业网银签约业务，并决定关联本公司的基本户，签约类型为专业版网银，客户为普通客户。

2. 柜员将王妍设置成操作员，王妍身份证 433127198001251841，手机号 15698745168，操作员权限为管理操作员。

3. 王妍的 USBKey 为 8306952814，单笔限额 100 万元，日累计限额 500 万元，银行柜员为其办理企业网银证书绑定业务。

4. 因王妍离职，其管理操作员身份被取消，重新设定公司法人暂为管理操作员，USBKey、单笔限额和日累计限额保持不变，银行柜员为该公司办理企业网银修改业务。

[上机操作]

（1）–1 企业网银签约—信息查询。

网银签约—企业网银签约

在企业网银签约信息查询选项卡中，录入深圳新银贸易有限公司客户号，点击“查询”屏幕回显企业信息。经办人信息填写曾微的个人信息；签约类型为专业版网银，客户为普通客户。点击“执行”，完成企业网银签约（见图 10.3）。

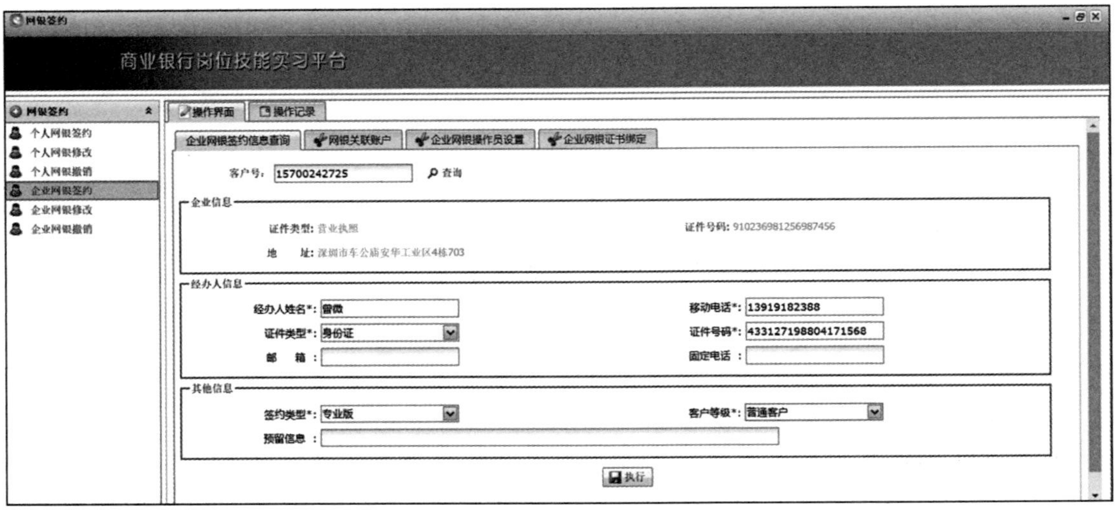

图 10.3　信息查询

（1）–2 企业网银签约—网银关联账户。

网银关联账户选项卡录入账号标识：基本户；关联账号：深圳新银贸易有限公司基本户的账号。点击“新增”，完成关联账号的写入（见图 10.4）。

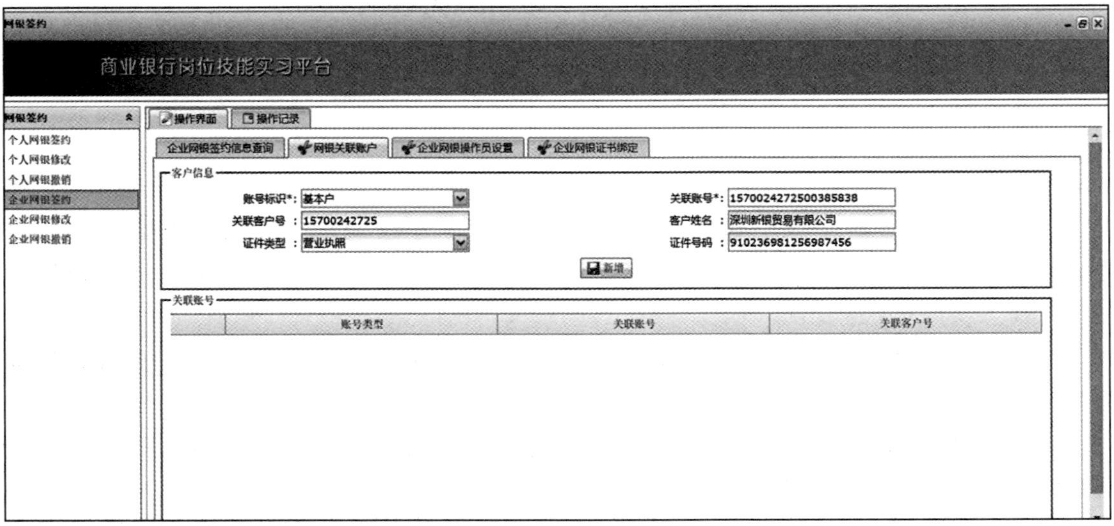

图 10.4　网银关联账户

（1）–3 企业网银签约—企业网银操作员设置。

企业网银操作员设置选项卡内录入操作员姓名：王妍；证件类型：身份证；证件号码：433127198001251841；移动电话：15698745168；操作员权限：管理操作员；关联客户号：15700242725；点击“新增”，写入系统（见图 10.5）。

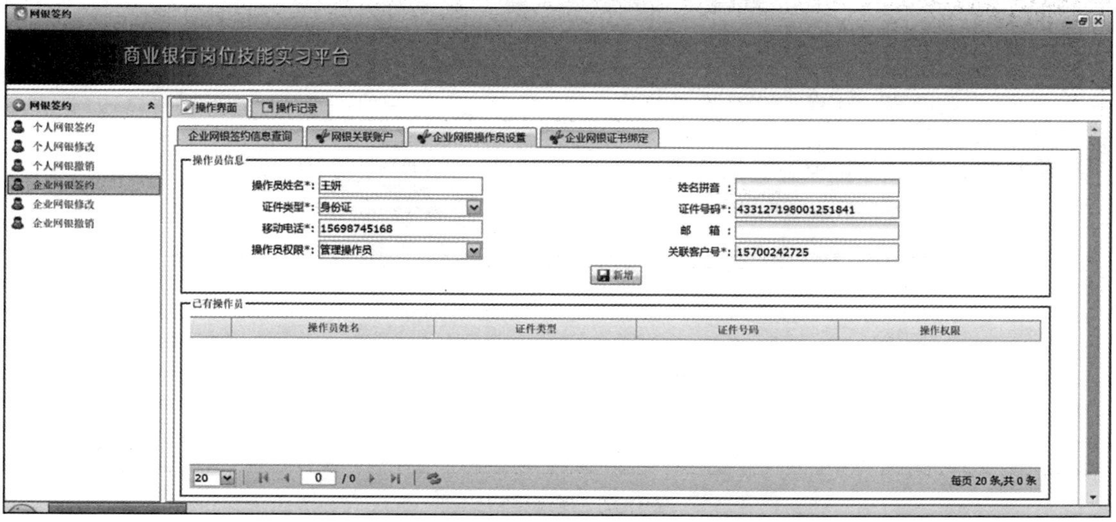

图 10.5 企业网银操作员设置

（1）–4 企业网银签约—企业网银证书绑定。

企业网银证书绑定选项卡中录入操作员姓名：王妍；USBKey：8306952814；单笔限额：1000000；日累计限额：5000000；关联客户号：15700242725。点击“绑定证书”，写入系统（见图 10.6）。

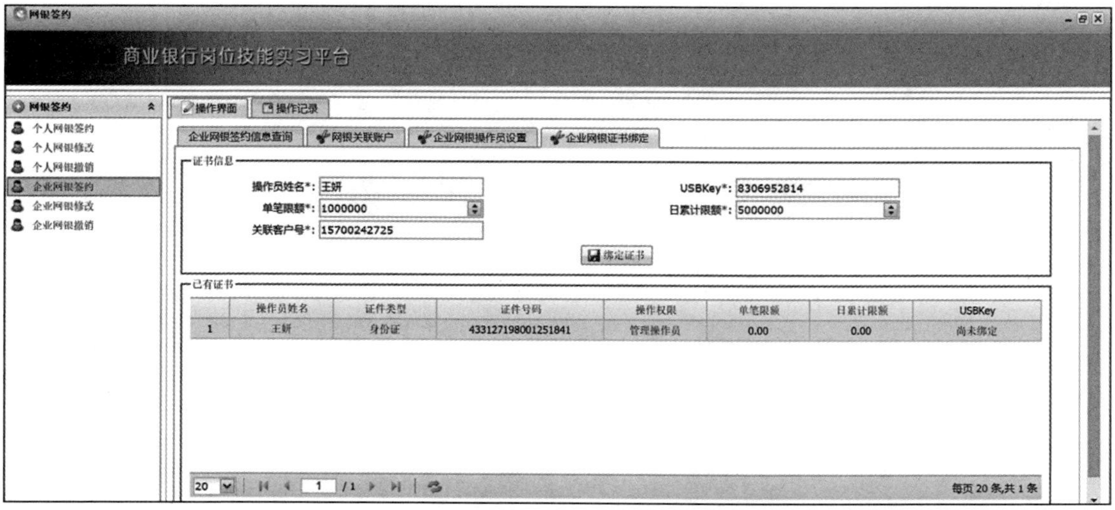

图 10.6 企业网银证书绑定

（2）企业网银修改。

网银签约—企业网银修改

在操作员管理选项卡中取消原操作员的绑定，重新录入操作员姓名：曾微；证件类型、证件号码、移动电话为曾微的个人信息；操作员权限：管理操作员；关联客户号：15700242725；点击“新增”，写入系统（见图 10.7）。

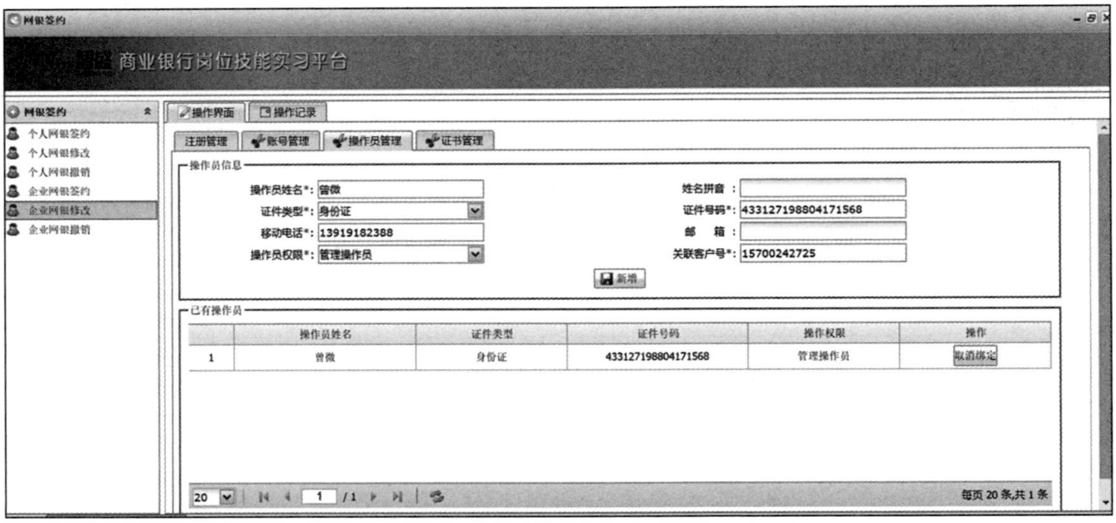

图 10.7　企业网银修改

任务二小结

企业网银的开通流程

核心技能与概念

企业网银签约；企业网银修改

课堂讨论

企业网银签约类型包括普通版和专业版吗？

项目十一

通用业务

学习目标

1. 知识目标

（1）了解账户信息修改和更正的规则。

（2）知晓差错发生后的更正方法。

（3）理解银行行规行纪，培养法律意识。

2. 技能目标

（1）熟练操作账户信息维护业务。

（2）熟练依法依规进行账户冻结与解冻操作。

本实训平台中的通用业务指的是，在操作过程中账户系统的辅助功能，银行的系统维护主要指对已开立的账户进行信息的修改和更正。在实际工作中，柜员操作时难免会出现差错，一经发现应及时更正。此外，随着时间的推移，客户的信息也可能发生变化，应及时修改。为此，商业银行应时常进行账户信息系统维护。常见的账户信息维护有：信息维护、账户维护和交易维护。

任务一　通用业务 1

案例导入

1. 舒惟楷将手机号变更为 15112211106。

2. 深圳丰汇科技有限公司的基本户被全部冻结，冻结原因书面冻结。

3. 柜员为深圳丰汇科技有限公司办理客户账户解冻业务。

[上机操作]

（1）个人客户维护。

通用业务—信息维护—个人客户维护

填写客户舒惟楷的身份信息，手机号 15112211106，点击“执行”，完成操作（见图 11.1）。

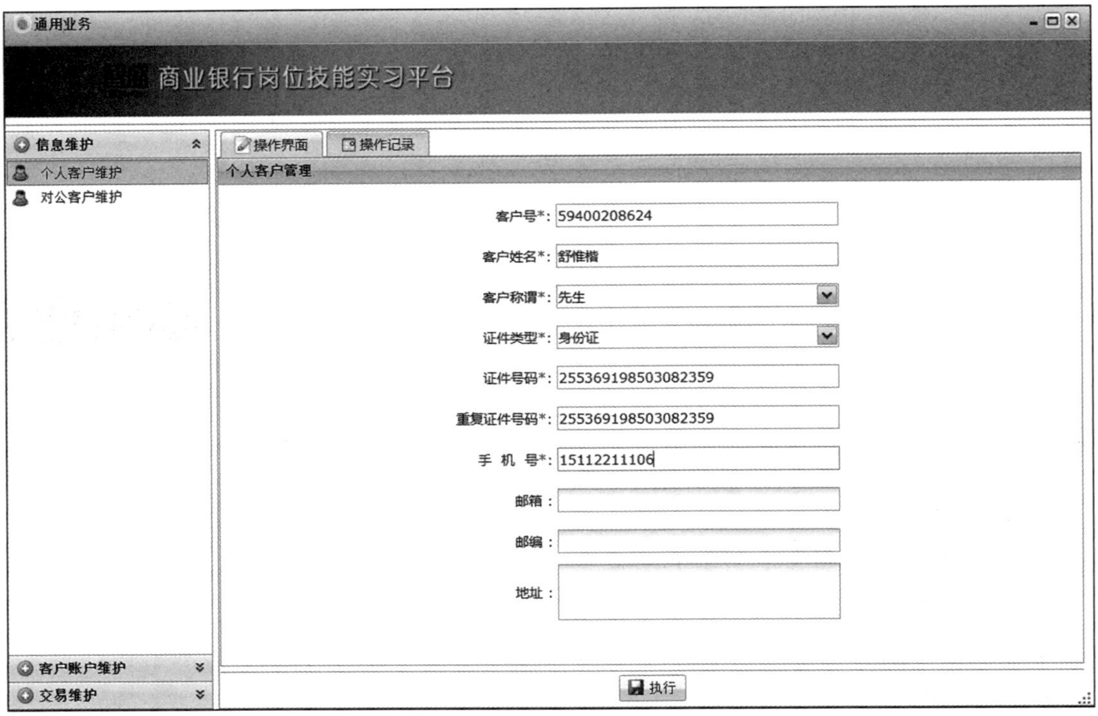

图 11.1　个人客户维护

（2）客户账户冻结。

通用业务—客户账户维护—客户账户冻结

录入深圳丰汇科技有限公司基本户账号信息，点击“查询”，屏幕回显客户信息。在操作界面录入该公司营业执照信息；冻结原因：书面冻结。点击“执行”，完成操作（见图 11.2）。

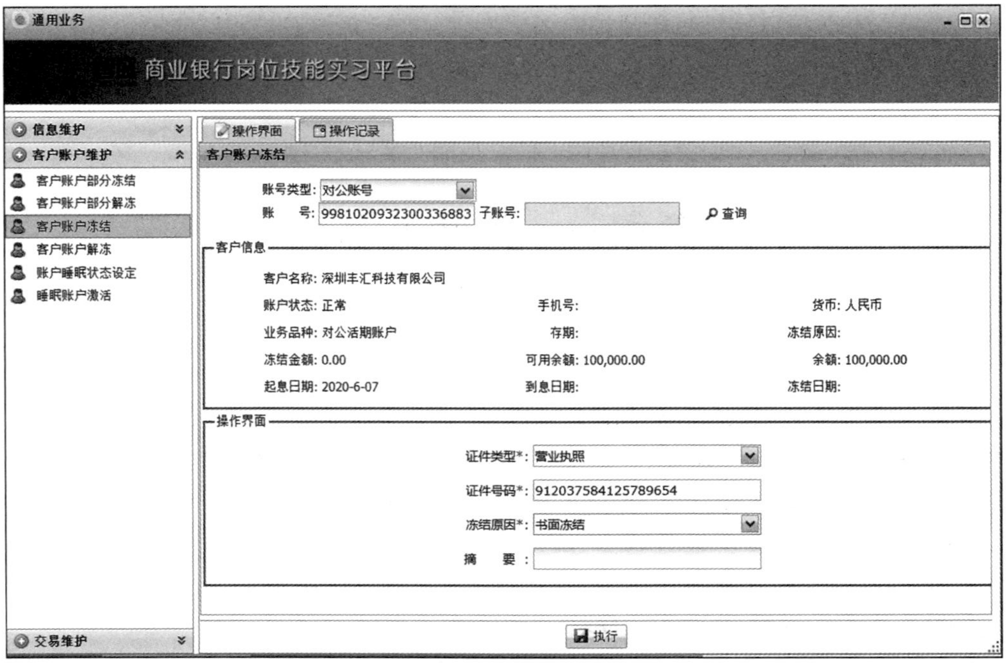

图 11.2　客户账户冻结

（3）客户账户解冻。

通用业务—客户账户维护—客户账户解冻

录入深圳丰汇科技有限公司账号信息，点击“查询”，屏幕回显客户信息；录入该公司营业执照信息，点击“执行”，完成解冻（见图 11.3）。

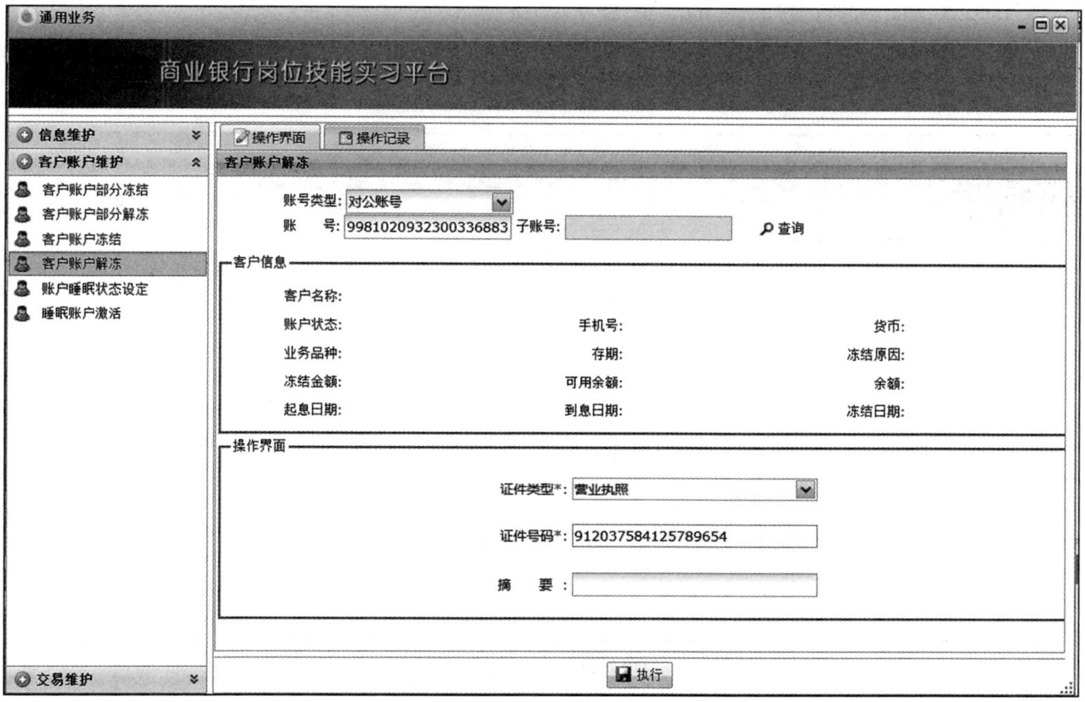

图 11.3　客户账户解冻

任务一小结

客户信息维护、账户冻结和解冻的操作方法

核心技能与概念

客户账户冻结；客户账户解冻

课堂讨论

冻结原因包括哪些？

任务二　通用业务 2

案例导入

1. 刘震手机号码变更为 15698523336。

2. 深圳蓝旗投资有限公司注册资金变更为 1000 万元，公司联系人变更为孙妍在，手机号为 13787956480。

3. 吕云的整存整取存单账号因涉及案件被立案部分冻结，金额为 1 万元。

4. 案件结束后，吕云的整存整取存单账号被立即解冻冻结的 1 万元。

【上机操作】

（1）个人客户维护。

通用业务—信息维护—个人信息维护

录入刘震客户号，屏幕回显该客户的相关身份信息，将手机号修改为 15698523336。点击“执行”，完成操作（见图 11.4）。

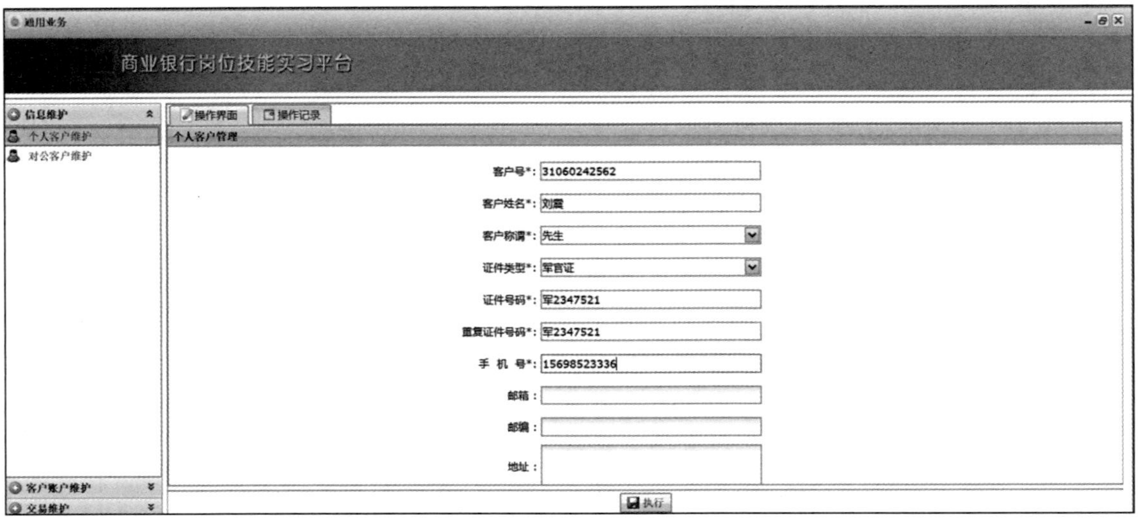

图 11.4　个人客户维护

（2）对公客户维护。

通用业务—信息维护—对公客户维护

录入客户号，屏幕回显该客户相关信息。注册资金变更为 1000 万元，公司联系人变更为孙妍在，手机号为 13787956480。点击“执行”，完成操作（见图 11.5）。

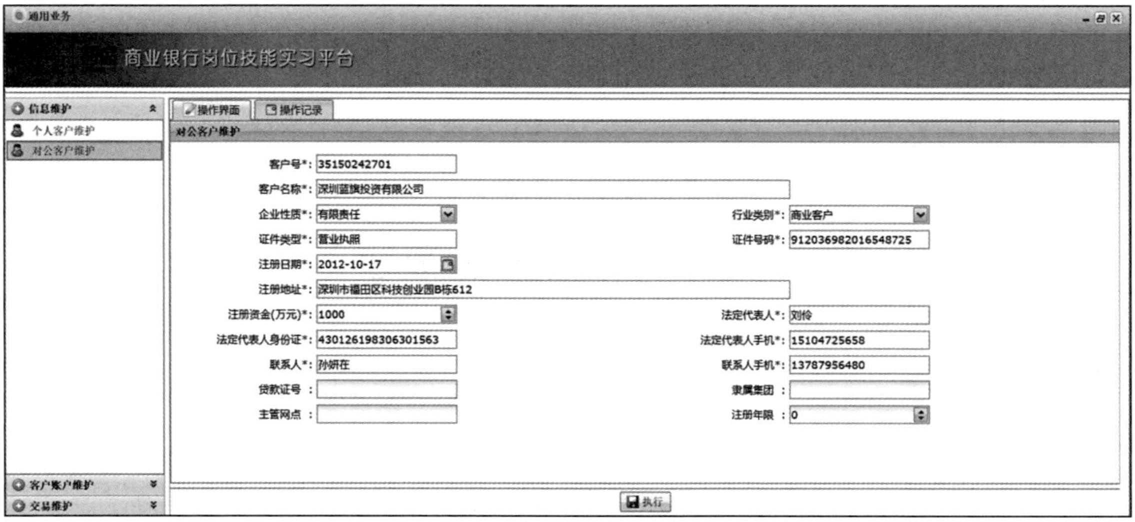

图 11.5　对公客户维护

（3）客户账户部分冻结。

通用业务—客户账户维护—客户账户部分冻结

输入存单整存整取账号，点击查询，屏幕回显该账号相关信息。在操作界面录入客户吕云的身份证信息；冻结金额：10000；冻结原因：立案冻结。点击“执行”，完成操作（见图 11.6）。

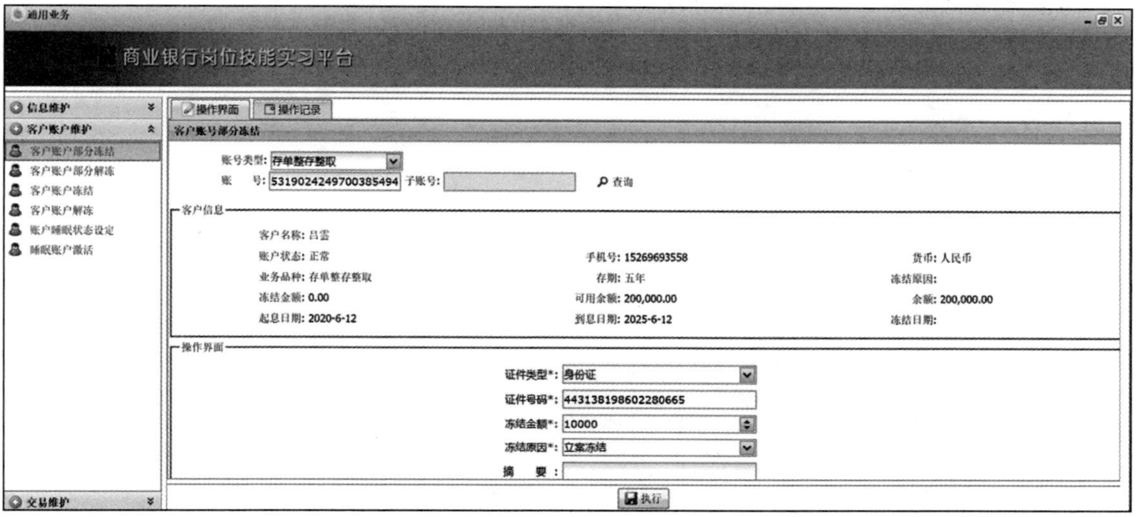

图 11.6　客户账户部分冻结

（4）客户账户部分解冻。

通用业务—客户账户维护—客户账户部分解冻

输入吕云存单整存整取账号信息，点击“查询”，屏幕回显客户信息；在操作界面录入客户身份信息，解冻金额：10000；点击“执行”，完成操作（见图 11.7）。

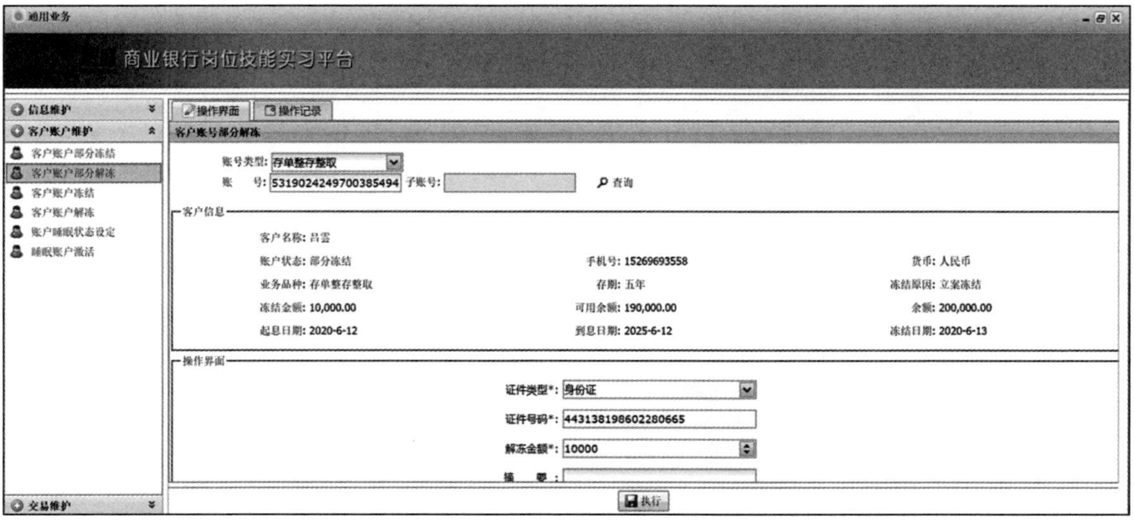

图 11.7　客户账户部分解冻

任务二小结

客户信息维护、账户部分冻结和解冻的操作方法

核心技能与概念

账户部分冻结；账户部分解冻

课堂讨论

单次部分冻结金额应该小于可用余额吗?

参考文献

[1] 黎贤强. 商业银行综合柜台业务[M]. 北京：清华大学出版社，2012.
[2] 董瑞丽. 商业银行综合柜台业务[M]. 2版. 北京：中国金融出版社，2012.
[3] 陈世文. 商业银行综合柜台业务实训[M]. 广州：华南理工大学出版社，2012.
[4] 罗晓娟. 银行代理业务[M]. 北京：机械工业出版社，2008.
[5] 张一梅. 银行电子化业务[M]. 北京：机械工业出版社，2008.
[6] 陈晟. 模拟银行操作实务[M]. 北京：中国人民大学出版社，2013.